思
问
siwen

思问

第三辑

熊林　主编

四川大學出版社
SICHUAN UNIVERSITY PRESS

“思问”辑刊编委会

（按姓氏拼音排序）

目录

马克思主义哲学

外国哲学

中国哲学

逻辑学

伦理学

美　学

哲学教学教改研究

马克思主义哲学

在理论与实践之间：关于阿多诺质的不可还原性的审美批评研究

时雨荷

摘要：马克思主义批判理论的路径并非一成不变，它经历了从传统的革命实践到文艺批评，再到二十世纪七十年代后的新转向。虽然形式多变，但以阿多诺为代表的批判学派的批判理论绝非空泛。他们的批判始终与现实实践紧密相连：在哲学层面，他们批判形而上学和相关主义认识论；在社会层面，他们批判西方主义和极权主义；在文化层面，他们批判理论文化工业。这表明，他们的批判从未脱离现实的实践维度。作为批判学派的核心人物，阿多诺关于理论与实践的观点具有重要的分析意义。他认为，理论本身就带有实践的面向。随着资本主义的发展越来越“铁板一块”，科学实证主义将生产方式乃至人的生活、人本身都进行了原子化的处理，理论与实践的关系陷入了越来越深的困境，这在艺术领域表现得尤为明显。阿多诺对艺术的理论批评揭示了理论的实践面向，这不仅是对马克思主义批判理论的一种发展，也为我们理解和反思当代社会提供了宝贵的视角。

关键词：涂鸦艺术　质的不可还原性　实践

阿多诺时常被诟病为“躲在象牙塔”内吃着“深渊大饭店”的饭菜、以人们为下酒菜的“高级知识分子”，尽管阿多诺的理论成为无数革命家的行动纲领，他仍坚决与各种实践革命拉开距离。阿多诺否认自己的社会批判理论是任何社会革命的行动纲领，他认为在活动开始之前，首先要保持冷静的理性思考，理论实践是更加可行的革命实践方式，这一观点也成为阿多诺被学生运动的参与者们攻击的一个重要原因——一方面，阿多诺被西德学生运动视为理论学派的知识分子领袖，人们（尤其是西德学生运动的学生）将反抗联邦共和国国内复辟的行动理论归功于批判理论学派，而阿多诺显然是这个学派十分重要的代表人物之一；另一方面，阿多诺认为自己的理论任务没有任何实践的目的。阿多诺认为，理论家和艺术家本质上都没有确定的目的。这不仅仅只是阿多诺和西德学生运动观念之间的冲突，同时也是一个悬而未决的悖论——社会批判理论应该如何与现实的实践结合起来？究竟如何在介入现实实践的情况下依旧保持理论的理性品质，不受实践变量的影响？再或者，理论是否能够介入实践？这一问题甚至可以追溯到古典时代，在长久的历史的变迁中，对这一问题的关切并未因具体的时代背景、时代的不同关切点而丧失其现实性。阿多诺的回答在现今仍有重要的启示意义。唯有在基本的哲学问题、理论内容上取得进展，在理论上有所支撑，才有可能将理论介入实践，以理论的力量支撑实践，为现实的问题提供可行的实质性的解决方案。阿多诺的审美理论批评是对这一问题的回答的进一步明确。艺术活动直接介入现实，可能遭遇被扭曲的现实异化的可能性，从艺术理论的中的整一性入手，借助质的不可还原性，与文化工业的轻松艺术划清界限，从质的不可还原的超越性中挽救异化扭曲的现实中日益式微的艺术批评，才能将理论的批评力量作用于现实。

一　理论与实践关系的困境——审美理论的有效性危机

1969 年 5 月 5 日，阿多诺在接受《明镜周刊》的采访时说："对'象牙塔'这个说法，我毫不畏惧。"阿多诺对象牙塔的态度是坦然的，阿多诺的回应也成为阿多诺的理论态度和政治态度的一种表征——不惧象牙塔。一方面代表象牙塔在理论与政治语境中应当保持某种纯洁性、独立性，另一方面也说明维护象牙塔的纯洁性、独立性具有深刻的政治意义。象牙塔，这一与现实拉开距离的空间，似乎带有某种形而上学性。以阿多诺为代表的理论家认为理论模式至少不应该被暴力地实现出来，至少应当在实践性质的抗议活动面前保持理性的思考。但现实往往不会如理论家所愿。理论家在将一个理论模式创造出来之后，也无法控制理论的走向，也无法决定理论将会在何等程度上、何等意义上被使用。因此，保证理论的无派别性十分重要，这是使得理论本身能够存续下去的一个重要条件。在象牙塔中，理论才能不被还原为原子式的科学实用主义的工具，脱离扭曲异化的现实世界。艺术也是如此，当艺术的唯一直接目的直接指向现实，失去质的不可还原性所创造的庇护所，艺术便难以抵抗现代社会对艺术进行的异化。

阿多诺自身对任何强迫性的举动都很抵制，无论是加入某一组织，还是在某一宣言上签名，抑或是成为某一运动的实质领袖或精神领袖，即便这些行为也许能够给人民带来马克思意义上的市民社会生活的改善，他依旧很排斥，这正是因为阿多诺对任何包含集体主义方案的示例的抵制，个体的意愿不能以革命事业或集体主义的名义被取消、被消弭，而当理论被用于社会革命时，总要以一种团体性的方式呈现出来。"如果理论还能作为唯一的统一科学的理想规范，那么实践就必然会被淹没在势不可挡的世界历史进程当中。”① 实际上，政党的纪律性与人民群众的自主性通常处于动态的张力中，有的时候甚至是相互冲突对立的两方，尤其在现实介入理论之后，情况变得更加复杂，政党的纪律性与人民群众的自主性之间的矛盾对立也往往被激化，极端化的矛盾也将给现实的实践带来完全不同的结果。“由推理逻辑发展而来的一般思想及其在概念领域内的支配作用，都是在支配现实世界的基础上得以提升起来的……在征服世界的进程中，自我学会了遵守现行秩序和接受从属地位……这种思想就像模仿巫术一样，把一切与对象相吻合的知识都变成禁忌。”② 阿多诺严厉地批评同一性思维掌控下的世界“最终变成了地狱”。他也无法预料到自己建立的理论模式会被人们以燃烧弹的方式实现，并且显然燃烧弹并不能实现阿多诺的理论所设想的蓝图，反而会限制蓝图实现的可能性。西德学生运动对阿多诺辩证思维的实践和运用恰恰破坏了思维的栖身之所。阿多诺最后不得不逃离被学生运动占领的法兰克福大学社会研究所，在瑞士的疗养地郁郁而终，这是理论与实践的悖论的一个缩影。理论与实践究竟如何共存？是否最终都会演化成阿多诺与西德学生组织之间的紧张对立？理论是否永远无法与具体实践结合起来？左派思潮是否天生具有这样的内在矛盾，并且无法克服、扬弃自身矛盾？否定辩证法似乎在现实的应用中丧失其自身效力了，之后，这些悬而未决的矛盾也被束之高阁，否定辩证法与实践的结合的尝试也逐渐成为一个“过时的范式”，人们转而追求其他可以“与实践结合起来”的理论。但是，人们却忽视了否定辩证法自身的实践的面向，理论本身也可以成为一种实践。如果只是将阿多诺关于“不畏象牙塔”的口号视为一句口号，无疑是不恰当的，也是极为草率的。阿多诺的口号仍有展开、挖掘其内在价值的意义，我们也应当追问下去：一个又是批判的、又是实践的社会理论家，如何能够既进行理论思考，同时赋予其独立的理论思考以实践意涵？理论的现实的政治性又在何处？理论家对象牙塔的维护又具有什么样的政治意涵？阿多诺将对现代社会的批评从艺术审美领域展开，那么在审美领域中，艺术理论与艺术实践的关系又是如何的？总而言之，理论家和实践者、象牙塔和实践的关系相互纠葛，无论是批评理论自身的发展，还是既有的实践运动，显然都仍是“去是”的状态，都是尚未完成的。

阿多诺对象牙塔的回应态度，不仅仅是阿多诺的对政治的立场态度，也是对理论的态度。二十世纪七十年代之后，西方知识界表现出受“后现代主义影响”的特点，主张回归现实的个体生活世界，凸显政治诉求，首要的追求目的转向改善市民社会的具体人的境况，在艺术领域则体现为先锋艺术的大行其道。尽管如此，理论与现实仍然面临着

① 马克斯·霍克海默、西奥多·阿道尔诺：《启蒙辩证法》，渠敬东、曹卫东译，上海：上海人民出版社，2006年，第24页。

② 《启蒙辩证法》，第10页。

无法较好地融贯的情况。如今我们所面临的理论与现实的困境，所谓理论用之于现实的不融洽困境的现实依据与阿多诺当时的处境并没有本质上的差异。也许象牙塔本身就是一个既能够承载理论又能够接纳现实的“无人之地”，由质的不可还原性构造的形而上性质的艺术的飞地拥有在理论和现实之间自由切换的能力，既能给审美领域的人以自由之感，又能够现实地给人以改变思考方式的可能性，质的不可还原性是审美艺术领域既能承载理论又能接纳现实的“无人之地”的基石。“无用之用”的哲学的自我批评是阿多诺的“象牙塔”，如前所述，困境犹在，但阿多诺的态度、口号在如今仍然振聋发聩，仍有现实意义，理论的实践面向并不应该被抛弃，不仅如此，理论的实践面向是真正能够对现实产生批判的唯一路径。

从艺术入手切入理论与实践在现代社会的关系的困境，能帮助我们更好地理解理论与实践的关系问题。先锋艺术毫不留情地向现代艺术发出质疑：“何谓艺术?”现代艺术自摆脱中世纪的宗教领域束缚之后就面临着“确定性”的问题，先锋艺术的艺术实践更使得这一问题尖锐化，现代艺术始终无法完全回答有关自身的“身份”问题，“身份”像一把达摩克里斯之剑，悬在现代艺术的颈项之上。这正是理论与实践的张力的体现，也是艺术本身的性质所无法避免的宿命。一方面，艺术所蕴含的真理与哲学真理有相似之处，艺术并非非理性的偶然产物，相反，艺术是主体理性的作品，因此艺术极具认识的价值。对于艺术作品真理性内容的解读，也就是阿多诺美学理论中的关键之处。另一方面，艺术不同于哲学的地方，在于二者对待“非存在”的态度分野。艺术要拯救“非存在”，在这个意义上对形而上学展开批判。自巴门尼德伊始，哲学对思维与存在的“同一性”的追求便从未止息其热情，巴门尼德认为哲学不应关注那些虽然可感可见但却不可思不可知的不断流逝的经验世界，因此，哲学所关注的应是虽然不可感不可见但却可思可知的、完满的普遍永恒的理念世界。将世界分为理念世界与经验世界，并认为前者优先于后者的观念，从古希腊一直发展到现代西方哲学中的理性主义，并在黑格尔那里达到顶峰——柏拉图追求理念世界，认为一切事物都是对理念的“摹仿”，艺术更是“影子的影子”；在黑格尔那里，绝对理念是世界的本体，万事万物是绝对理念的外化并回归自身的过程。“美是绝对理念的感性显现，艺术史即绝对理念‘外化’的历史，艺术内容即绝对理念无疑优越于其外观（Schein）即审美形式。”[①] 在对理性、存在的追求下，经验世界的艺术内容变相对地成为无意义的“非存在”。艺术对待“非存在”的态度与理性主义的哲学不同，艺术因自身的感性维度，不仅要面向经验世界，更要“拯救”非存在，拒斥形而上学对“非存在”的压抑。

---

① 常培杰：《阿多诺论艺术作品的“真理性内容”》，载《哲学动态》2016年第8期。

艺术作品并不服从于理念的普遍性力量。艺术作品的中心是时间的东西和特殊的东西，它们是作为这些东西的形象而以这些东西为准的；艺术作品所具有的更多意义只是体现在形象中。根据抽象和具体而来的艺术模式连同其“永恒”的等级都是空洞的，因为在任何艺术活动中都要求具体化，这绝不局限于语言。①

在阿多诺看来，艺术作品是特殊的，不会屈服于理念的普遍性力量。艺术自身蕴含着对同一性天然的反感。艺术作品中时间性的、特殊性的东西才是艺术的核心，这些东西承载了艺术自身的意义，并且是丰富丰厚的意义，甚至无法用语言简单描述，这与形而上的超越性拯救有着相似之处。与之相反，同一性试图将一切（乃至艺术本身）都抽象化，同时也将艺术的意义消解了。艺术的永恒也随之消散。

二　先锋艺术——作为文化工业的产物

现代性解构了过去，只有当下的瞬间才是能够把握的，一切都是短暂易逝的，当下的瞬间蕴含了未来，朝向未来，当下才能不断涌现，现代性艺术也因此不断求新。对求新的追求产生了现代艺术不断自我革新的内驱力，不断对自我革新、自我批评，抓住不断涌现的当下时刻的要求造就了先锋派艺术。先锋派艺术的兴起与文化工业有着密不可分的关系，文化工业促使我们追求独特性、先锋性，追求那些似乎是时代前沿的东西。“长期以来，生产系统一直规定身体是为社会机构、经纪机构以及科学机构服务所造就的生产系统，这些机构越是复杂和精致，身体所能得到的经验便越是贫乏。”② 然而，在现代社会文化工业的视域下，这些看似独特的东西实则是被程式化制造出来的，人们对先锋性的追求也被固定下来——每个人都希求先锋性，对先锋性的需求变成了固定不变的东西。人们希望以自由的方式、自然的名义摆脱固定的程序，但在现代社会，本就不存在这样的自然状态。在规范已然被固定的社会中没有自由可言，就像在错误的社会中不会有正确的生活一样，先锋派所追求的只能是一场幻梦。

先锋派艺术只追求面向未来的、新生的事物，某种程度上与本雅明提出的“自然历史”观点的反题类似。

保罗·克利的《新天使》画的是一个天使看上去正要从他入神地注视的事物旁离去。他凝视着前方，他的嘴微张，他翅膀张开了。人们就是这样描绘历史天使的。他的脸朝着过去。在我们认为是一连串事件的地方，他看的是一场单一的灾

① 阿多诺：《克尔凯郭尔：审美对象的建构》，李理译，北京：人民出版社，2008 年，第 24 页。
② 《启蒙辩证法》，第 29 页。

难。这场灾难堆积着尸骸，将它们抛弃在他的面前。天使想停下来唤醒死者，把破碎的世界修补完整。可是从天堂吹来了一阵风暴，它猛烈地吹击着天使的翅膀，以至他再也无法把它们收拢。这风暴无可抗拒地把天使刮向他背对着的未来，而他面前的残垣断壁却越堆越高直逼天际。这场风暴就是我们所称的进步。①

本雅明在《历史哲学论纲》中对克利的画作《新天使》分析道，现代人对新事物、对未来的追求与迷恋只是现代人的最后一瞥，所谓进步史观，实则是人类的堕落。克利所画的新天使被大风裹挟，这股名为进步的大风将天使吹向黑暗的未来虚空，天使目光所及之处是飞逝而过的过去，新天使永远看向历史的过去，看向僵死之物堆积而成的废墟。先锋派艺术对未来的新生之物抱有希望，某种程度上，先锋派艺术蕴含着未来的、不断涌现的当下与新天使所看到的僵死的废墟一样，所谓的面向进步，实则只是被名为"希望""进步"的风吹向无望的空虚，重复发生着不可避免的悲剧罢了。进步历史主义对进步持有信念，认为目前的悲剧只是为了进步付出的代价。先锋派艺术追求当下与未来的流变、并坚信更新的即更好的未尝不是一种进步史观，但是，将未来的进步视作希望，灾难只会反复产生。

趋新的先锋派最初想要追求的是每一个流变的当下，先锋派的现代性在本雅明那里被表述为"自然历史"。先锋派对待现代性与本雅明、阿多诺对待"自然历史"的态度并不一样。前文已经说到，先锋派寄希望于蕴含着未来的当下，对当下怀有信心。"自然历史"表现出与之不同的悲观态度。"自然历史"将哲学的对象确立为历时流变的非存在事物，确实是现代性的另一种表达，但是我们更应该看到阿多诺和本雅明的另一重态度——我们一方面要和历史进步主义分道扬镳，同时也要看到腐败的陈朽的东西。在某一时刻要把时间的流逝打断，不让它如此这般存在、发展下去，要将之"爆破"，从历史中炸出来，要往回看，而非创造一个往前走的未来。将之打断，再回头去看破败的灾难，才能拯救非存在，否则灾难会不断发生，天使眼前的僵死之物的陈尸所将越堆越高。当下流变的历史的积极与消极的两种面向，我们都要把握到，不能单纯否定当下流变的现实历史本身。本雅明否定了历史进步主义的乐观，认为历史进步主义没有往回看，只是一味往前，没有看到产生灾难的机制。新天使永远看向历史的过去，希望只能在废墟中生长出来，只有保护痛苦的记忆才能保证历史的质变。记住痛苦，才能打断不合理的但是又在存续下去的秩序。进步指的并非人类整体的进步，而是被现代资本主义局限在"权力"的进步上，但这与普罗大众并没有太多关系。"对进步权力的适应既引

① 汉娜·阿伦特主编：《启迪：本雅明文选》，张旭东、王斑译，北京：生活·读书·新知三联书店，2012年，第10页。

起了权力的进步，又每每带来退化的结果，这种退化所展现的并不是进步的失败，而恰恰正是进步的成功。势不可挡的进步的厄运就是势不可挡的退步。”[①] 如果没有这个过程，宇宙就呈现为一个大灾难，同一场悲剧将会在不同的时间段不断重演。先锋性艺术已经看到了客体的优先性，注意到了具体流变的感性经验的客体的鲜活要素，但并没有改变灾难的再一次发生，就像卢卡奇批评的那样，先锋性的艺术没有体现社会性。先锋艺术追求个体的展现，比如乔伊斯《都柏林人》所描绘人的孤独的生存状态，因为没有放到社会语境中，以至于将会成为永恒的孤独的状态。也就是说，先锋艺术所追求的每一个当下的转瞬即逝的、具体而流变的感性经验脱离了历史的社会的语境。也是因此，先锋艺术解构了艺术自身的“身份”，使得现代艺术在丧失确定性后面临着更为棘手的“身份”问题。并且，先锋艺术对审美内容的重心偏移，忽视审美内容的整一性，既是导致其丧失历史性的原因，也是导致其丧失历史性的结果。很难说现代社会中的先锋艺术有自己内在的评价机制，不过，强调艺术要为某一理念或者社会服务的组织模式，又容易让艺术成为意识形态的宣传机器，让艺术只为外在的规则服务。

哲学起步于存在、同一性，理性主义的哲学以同一性为根据，但为了追求同一性，现实客体的真实存在状态被抛弃、压抑了。艺术止步于此，艺术面向哲学贬斥的具体而流变的感性经验，但极端的现代性艺术，由于只是看到当下这个转瞬即逝的瞬间，没有看到与资本主义媾和的“文化工业”的背景，没有看到整体的运作机制，于是导致艺术的悲剧一次次上演。艺术对同一性的态度十分暧昧，可以说艺术自身存在着以上的悖谬，如同走在万丈深渊上的钢丝上，一不小心就会落入形而上学推崇的存在或绝对理念中，或者忽视现代性艺术所处的“物化”现实的背景。现代性要求艺术把握新事物、当下的瞬间，因此艺术必须摆脱以形而上学为基础的理念、存在、同一性，只有这样，艺术才能获得历史性，真正面向自然历史。但卢卡奇的批评并非没有意义，过度强调流变的感性经验的先锋艺术恰恰失去了历史性。阿多诺认为，首先，无论是理念论还是经验论，都是为了获得同一性。“思维应以客体优先性为准则，不能为了构建思维同一性，就压制或者舍弃客体现实；思维与存在的同一是可能的，但只能以客体的真实存在状态为依据，借助‘摹仿’构建‘非同一的同一性’，而成功的艺术作品就是最佳模型；艺术以客体的非同一性为模型构建自身，其中的各要素平等存在，是一种非压抑性的‘星丛（constellation）’网络。”[②] 审美内容和审美形式都不能放弃，阿多诺所说的“非同一的同一性”，是以客体的真实存在状态为依据的形而上学性的整一性。阿多诺和本雅明

---

① 《启蒙辩证法》，第 28 页。

② 《阿多诺论艺术作品的“真理性内容”》。

的审美救赎一定程度上中和了艺术自身所携带的矛盾。社会批判理论中的审美救赎表明，艺术除了遵循自己的逻辑之外，还有一定的功能性，只不过不像传统的马克思主义那么强调派性的功能性，自律艺术有功能性，但不能为艺术之外的东西服务。“审美理念对他来说是产生于现实之后的一般理念，是通过对历史的特殊成分的分离获得的。这样，他的美学就陷入一种最终会夺去它的对象的唯名论中。”[①] 从阿多诺对克尔凯郭尔的批评中也能看到阿多诺继承了马克思主义的历史性，艺术的审美形式的整一性对物化扭曲的现实具有敏感性。“只能在同一性遭到否定的多样性中获得新的同一性。”[②] 现代社会将符号与图像分离，资本主义下的现代科学中的实证主义将一切都进行精细的划分，无论是各个学科，还是经济的生产范式，乃至于人的正常生活，都被无限细分，现代社会中的人类存在丧失了整体性，陷入原子式的境况之中，因此，人与产品、人与他人、人与自己都是异化的。“在通往现代科学的道路上，人们放弃了任何对意义的探求。他们用公式替代概念，用规则和概率替代原因和动机。原因只被当作衡量科学批判的最后一个哲学概念：或许因为它是惟一能够继续为科学批判提供参照的古老观念，是创造性原则的最后一个世俗化形式。”[③] 哲学想要弥合符号与图像的分离，但无能为力，艺术可以做到这一点。自律艺术拥有整体，拥有自己的一块飞地，但这与资本主义追求分类、量化的生产方式相违背，自律艺术被限定也就成为必然。

综上，无论是理性主义式的对形而上学审美存在的追求，还是先锋艺术，或者自律艺术，在现代社会都会被限定。接下来，笔者将以涂鸦艺术为例，说明艺术的两难境地。

三　理论与具体实践的矛盾——以涂鸦艺术为例

起源于二十世纪六七十年代的涂鸦艺术秉持着“走上街头”进行抗议或者革命的目的，其艺术理念从一开始就与现实的实践一根同源。涂鸦艺术家走上街头、直接介入现实，是涂鸦艺术理论带来的原因，也是涂鸦艺术理论带来的结果。

涂鸦艺术的信念感与现实有着密切的联系，可以说正是因为现实的不公，才发展出如此这般的呈现方式。“走上街头”的口号往往意味着革命与表达抗议的需求，这需求是对法律、财产以及所有权的绝对规则的抗议，在涂鸦艺术的语境中，艺术成为争取现实权利的一种手段。涂鸦艺术也成为表达人们态度的图像化的口号：艺术是民主的、平

---

① 《克尔凯郭尔：审美对象的建构》，第 23 页。
② 《启蒙辩证法》，第 40 页。
③ 《启蒙辩证法》，第 3 页。

等的，艺术需要广为人知，人人皆可成为艺术家，艺术应从画廊中、博物馆中、私人藏品中解放出来，艺术应成为面向公众，并且由大众掌握艺术，而非简单受艺术的“质询”。涂鸦艺术的理念具有一定的解放意涵，从“精英”的艺术到“大众”的艺术，表现了人们对自身权利的捍卫。艺术曾经距离人们很遥远，接触高雅文化需要极高的社会物质条件的保障，换句话说，艺术的门槛很高，不是谁都能受艺术浸染的，艺术甚至是“贵族”所特有的。但艺术在今天似乎显得更加民主，无论是客观上科学技术水平发展、物质生活条件的改善，还是法国大革命“自由、平等、博爱”的口号越来越深入人心，艺术日益变得民主起来，也就不足为奇了。艺术的平等性之所以能够作为攻击法律、经济、财产、所有权上的不平等的一把利剑，一个重要的原因在于，获得艺术上的关于平等的承认只用付出最小的代价。就像涂鸦艺术家做的那样，在纽约市的地铁口喷涂色彩、在广告牌和建筑上留下自己的痕迹，既是个人能够承担得起的，同时又能让自己成为“艺术家”，而不止是当一个艺术的旁观者。即便失败，也不过是涂鸦作品被清洗。相比较在经济领域的反抗可能招致倾家荡产、政治领域的解放可能招致公民权力的被取消，丧失社会承认的身份，获得艺术的承认所需要付出的代价实在显得微不足道，也因此，在艺术领域的反抗、斗争吸引了越来越多的人的加入，涂鸦艺术就是一个很好的例子。不过，这与现代社会对艺术的定位有关。无论是政治还是经济，每一个领域都关乎人在现代社会的生存境况，一个关乎生命存续，一个关乎主体性身份的承认，而艺术早已被现代社会划归到被圈禁的飞地中，艺术因为自身的无关紧要，才拥有了吸引人们加入艺术领域反抗的“优势”，因为无关紧要，所以需要付出的代价小，也正是因此，现代社会对艺术式的反抗的镇压强度并不如对政治、经济领域的反抗那么强，因为现代社会中的艺术早已被拔掉了锐利的爪牙。

随着喜欢涂鸦艺术的人的加入越来越多，涂鸦艺术自身也得到看似“越来越规范性”的发展，以至于在建筑墙壁、地铁车厢上喷绘的大型涂鸦成为城市景观的一部分。① 一方面，发展到二十世纪八十年代，开始涌现大量的涂鸦艺术家，这些艺术家蜚声艺坛，涂鸦艺术摇身一变，从“在街头留下痕迹”，到现在在高级画廊展出展览。一方面，涂鸦艺术作为一种反艺术体制的公共艺术形式，在其发展的鼎盛时期，走向了其对立面。从前涂鸦艺术号称要解放艺术，要让艺术走向平民百姓，但现在涂鸦艺术却在高级画廊展出，这些涂鸦艺术家又何尝不是成为原本反抗的艺术体制的一部分？另一方面，涂鸦艺术被很多地区界定为违法行动。一些地区为涂鸦艺术划归了固定的活动场

① 所谓景观，此处是说涂鸦艺术成为某一区域糅合了经济、文化诸方面的景象，涂鸦艺术似乎变得更高雅了。

所，并不公共的“公共墙”成为涂鸦艺术唯一合法的活动场地。更有甚者，一些地区明令禁止涂鸦艺术，对私自涂鸦者进行严厉的处罚，如新加坡就将对涂鸦者处以鞭刑，涂鸦艺术作品也被大规模清除。涂鸦艺术之所以被界定为违法行动，招致如此严苛的对待，是因为其试图直接冲破现代社会为之划定的界限，试图直接在现代社会中发出未闻之音。也就是说，直接介入现实的涂鸦艺术，很有可能让自己所受的限制越来越多，遑论改变现实的理想了。当现实参与进来，现实与理论结合起来，很容易使得变革不可控。涂鸦艺术表达的冲破牢笼的目的带有某种反抗意识，而反抗一定会有一个反抗的对象。但这个所反抗的对象在什么时候能够被反抗？换句话说，涂鸦艺术反抗的行动什么时候才时机成熟？这是一个很困难的问题，而现在被反抗对象重重限制的涂鸦艺术并非在时机成熟时做出的反抗，反而是在时机不成熟时进行斗争，因此落得更深的桎梏之中，或被悬挂于展厅，或被宣布为“不合法”的艺术活动，再或者，就此妥协，成为原本反抗的艺术体制的一部分，走向自己的对立面。我们并非反对艺术的政治性。就涂鸦艺术的特性而言，涂鸦艺术的在地性更要求其行动需要谨慎。公共环境决定了涂鸦艺术的政治性质，因为公共领域是所有人所共有的地方，在这个地方开展的艺术创作似乎会更少地受到主权者的控制，但这也是一把双刃剑，涂鸦艺术的在地性比其他艺术更为迫切地需要公共空间作为其创作的载体。反观现如今的涂鸦艺术，街头涂鸦已经不被允许，涂鸦被限制于某个艺术展厅，需要经过重重审核才能展出，这已经违背了涂鸦艺术的本意，也削弱了涂鸦艺术的斗争力度。相当于涂鸦艺术自行自发同时也被迫地为自己划了界，只有在界限之内活动才是“合理合法”的，而这样的涂鸦艺术显然也无法再对自己所冲破反抗的对象造成任何威胁，其最终目的为自身所限制，成为自己为自己创造的牢笼。

本雅明的侏儒与木偶的譬喻也适用于涂鸦艺术。按照本雅明关于“操纵”的观点，看上去是侏儒操纵木偶，使得木偶能够下棋，真正的下棋者是侏儒。但本雅明对这幅图画的拼接方式不同，他转换了视角，从服侍的角度言说木偶和侏儒之间的关系，侏儒与木偶之间地位调转，变成了侏儒服侍木偶，木偶从被主宰者变成了主宰者。涂鸦艺术和木偶是同质的。艺术家利用涂鸦艺术表达自己的想法，这也是现代社会视域所普遍承认的视角。而涂鸦艺术一步步走向自己的反面，从自由涂鸦、自律地表达，逐步被限制活动范围，甚至于要获得自己所反抗的对象的首肯才能开展涂鸦活动，说明在涂鸦艺术理论没有发展到足够支撑涂鸦艺术自由自律地在现实中活动。涂鸦者掌并没有握涂鸦的一切权力，而是反过来，像侏儒服侍木偶一样，更有甚者，是现代社会中扭曲异化的涂鸦艺术掌控了涂鸦艺术家。因此，应该区分涂鸦艺术的多重面向，将当下在展厅中展览、经过首肯才得以进行的涂鸦艺术与自由自律的涂鸦艺术划界。“在对事物的直观被作为诱惑而受到驱赶的地方，唯有思想坚守阵地，它的独白只有通过它自身产生的矛盾而发出声音。”① 现实只有在独白的充满矛盾的时间进程中清楚地表现为历史。自由自律的涂鸦艺术所言之音是异化扭曲的社会环境所听不到的，那么，自由自律的涂鸦艺术也就不能直接介入现实生活、作为现代社会中的涂鸦艺术活动的行动纲领。自由自律的涂鸦艺术与当下异化扭曲的社会环境本就不相容，自由自律的涂鸦艺术之声于扭曲的社会环境而言是未闻之音，是在社会的地平线之下的。意识形态塑造下的现代社会并不容许地平线之下的声音叫嚣着冲出地平线的限制，因此，涂鸦艺术被深深限制住了，要么生存——涂鸦艺术至此之后只能发出这个扭曲的社会环境所允许它发出的声音，维护意识形态，融入这个扭曲的异化的社会，成为它的一部分，走向艺术的反面；要么死亡——涂鸦艺术自此之后销声匿迹，再也不出现在地平线之上，再也不出现在大众可见的视域中。实际上，涂鸦艺术别无可选，它只能选择生存下去。“思想用数学、机器和组织等物化形式对那些把它忘在脑后的人们实施了报复，放弃了思想，启蒙也就放弃了自我实现的可能。启蒙对一切个体进行教育，从而使尚未开化的整体获得自由，并作为统治力量支配万物，进而作用于人的存在和意识。”② 在技术的中介下，现实社会的维度不需要形而上学的表达，以至于艺术的概念、艺术的范畴都被放弃，技术中介下的异化的社会自有一套能够自行运转的机制，不需要主体的自主性，也不需要艺术的自律范畴。涂鸦艺术别无可选，这是因为人是在社会秩序中被塑造的，而秩序的不断完善杜绝了漏洞的可能性。社会为了实现严格的控制，将主体的原则转变为中立的规则，并且以看上去是中立的价值掩盖其统治性。但究其根本，社会采纳的以技术为中介的规则本身就是一种统治工具。在社会系统中，似乎艺术并没有能力做出非此即彼的选择，毁灭的选项是不可选的，毁灭已经被社会除名了，反抗并没有意义。“而具有整体表现性的艺术，在各个细枝末节上都效仿科学，并重新迎合着世界，成为意识形态的复制品，成为一种温顺的再生物。”③ 现代社会内化了科学作为中介，科学的划分原则将一切领域都进行切割，以至于艺术也被分离了，现代社会中的涂鸦艺术的目的也被切割，愈发陷入一种原子化的境况之中。未闻之音被切割出去，被圈养的涂鸦艺术永远无法完成它总体性的理想。“借助包揽着一切关系和感情这一总体社会的中介，人们再一次变成了与社会进化规律和自我原则相对立的东西，变成了单纯的类存在，他们在强行统一的集体中彼此孤立。”④

---

① 《克尔凯郭尔：审美对象的建构》，第 37 页。
② 《启蒙辩证法》，第 33 页。
③ 《启蒙辩证法》，第 13 页。
④ 《启蒙辩证法》，第 29 页。

四 困境解决的一种可能性——质的不可还原性

在克尔凯郭尔的人生三阶段中，从审美阶段到伦理阶段，最后到宗教阶段，每一阶段都是在生存论的意义上强化质的无限差异性。在审美阶段，还只是避免做选择，保持在选择之外的场域中。到伦理阶段，克尔凯郭尔认为我们的生命并不只是单纯的时间性存在，也不是单纯的永恒性存在。换言之，人并不是像动物一般，悬溺于无限的时间中，也做不到像天使一样作为永恒性的存在而存在，这也不意味着人就是亚里士多德的形式和质料的复合体。相反，“我们处于时间和永恒之间的平衡中，生活在它们之间不可还原的距离中，在时间之中却在永恒之前”①。平衡于时间和永恒之间，不落入任何一方的张力，就是克尔凯郭尔所说的辩证法。时间与永恒之间的张力在生存论的意义上为生命提供能量，是支撑生命生存下去的激情所在。但生存并不意味着调和时间与永恒之间的张力，所谓平衡于时间和永恒之间，意味着要永远处在时间与永恒的张力所构造的空间中，不但不能调和乃至消弭二者的张力，反之，为了生命生存的激情，要强化张力。时间和永恒之间绵延着“无限的质的差异”，这是基督徒生存的空间——“做一个基督徒，就是听着永恒的呼唤，活在时间里；就是听着教堂的钟声，活在永恒里。是永恒把我们挑选出来，把我们个体化”。②

到了人生三阶段之宗教阶段，亚伯拉罕作为沉默者约翰内斯之“信仰骑士”的形象登场。亚伯拉罕在上帝的试探中挥刀向自己的儿子，显然这在生存三阶段中的伦理阶段中是违背伦理的，但在宗教阶段中却不存在这一问题——宗教阶段中的伦理本身就是一种试探性的存在。永恒的上帝的伦理标准与处于时间中的人的伦理标准不同，以人为标准的伦理并不能被用以诘问上帝，亚伯拉罕免于承担杀子的伦理责任的原因就在于宗教阶段将伦理的目的论悬置起来了，在绝对的至高者上帝面前，个体的普遍伦理被剥夺，个体只能以最赤裸的姿态直面上帝。也就是说，客观确定的普遍伦理的不足只能由个体的主观的笃定与虔诚的信仰补足，个体的主观的虔敬与上帝这个绝对他者之间构成了一个神秘的空间，也是由于绝对他者的不可知性、绝对的超越性，主观的个体与绝对他者之间的关系便具备了不可还原性。这并不意味着“无话可说”，反而为批判主体的批评构造了一个能够言说的空间。在普遍伦理下，标准是固定的，亚伯拉罕只具有杀死以撒——成为伦理上不道德的；或不杀死以撒——伦理上不是不道德的这两个选择，但普

① 约翰·D. 卡普托：《如何阅读克尔凯郭尔》，周荣胜译，北京：北京联合出版公司，2021 年，第 24 页。

② 《如何阅读克尔凯郭尔》，第 25 页。

遍伦理已经决定了唯一的答案，留给个人的选择的自由空间几乎完全被剥夺了。克尔凯郭尔在道德阶段描述的留给亚伯拉罕的选择，与现代社会留给艺术生存还是毁灭的选择一样，都是没得选的选择。亚伯拉罕只能选择抽刀劈向自己的儿子，这在伦理领域是不道德的，但如果立足于宗教信仰的阶段，亚伯拉罕便获得了拯救。艺术同样也没得选，在现代社会只能选择生存下去，但如果立足于质的不可还原性所构造的空间，艺术便也获得了真正的拯救。"随着启蒙的发展，只有真实的艺术作品才能避免对既存事物的单纯模仿。"[①] 艺术作品本身就具备反同一性的力量，但艺术作品的困境在于，文化工业以效仿他们引以为荣的科学的方式侵占了艺术，艺术变成意识形态的复制品。所谓太阳底下无新事，不能以自我的方式表达出不同的可能性的世界，就是克尔凯郭尔在《爱的作为》中想要消除的绝望状态的世界，也就是文化工业中创造出的艺术品，这样的艺术品不过是重复罢了。转向宗教阶段后，普遍伦理被取缔，人以自己个体化的面貌直面绝对他者，也就出现了各种不同的面向。

克尔凯郭尔的宗教阶段是对审美阶段以及伦理阶段的跨越，绝对他者构造出的宗教空间是一个具有积极意义的、建构性的空间，克尔凯郭尔给予其以积极的社会蕴涵。阿多诺将这一不可还原的质的无限差异去神秘化，在阿多诺那里，艺术可以体现实践与审美之间的不可还原性，实践与审美之间构筑的空间为批评扭曲、异化的现代性经验提供了可能性。

阿多诺的象牙塔，是为知识分子构筑的一个言说可能性的空间。象牙塔在认知上要与现实的政治生活、公共生活分离，这并不意味着知识分子要全然脱离政治生活，对政治抱有冷漠性，相反，这是知识分子能够对政治进行批判的前提。唯有脱离了现实政治、与现实公共生活拉开距离，才能有机会以个体的身份审视政治、审视公共生活，而不是在意识形态已经塑造了的"地平线"上对公共生活进行批评——后者甚至并不能构成批评，公共生活下的批评与克尔凯郭尔的伦理生存阶段的批评一样，都是基于普遍概念给出的，实际上是完全不自由的批评。审美个体是从个体的理想化概念的角度来批评异化的社会经验，是超越了公共生活的批评，公共生活的意识形态概念并不构成对审美个体的约束，和克尔凯郭尔的宗教生存阶段一样，也就是说，审美个体可以类比信仰骑士，公共生活可以类比普遍伦理，现代主义艺术又可以类比绝对他者。阿多诺借用现代主义艺术、审美构造出一个质的无限差异的空间，并以此为反抗异化的现代性经验、对抗反智的大众社会，以及提出与公共生活完全不同的可能性，提供了必要前提条件。

阿多诺认为，关于可能性的思考是一切真正思考得以成为可能的前提。为言说不可

---

① 《启蒙辩证法》，第 13 页。

言说的东西留下空间的意义就在于此。自启蒙之后，或者说，自实证主义的科学观念大行其道之后，思想的自由不复存在，认识被限制在重复性之中，思想不再是思想，而是意识的同义反复。“思想机器越是拘泥于存在物，便越是盲目地满足于再现这些存在物。”① 思想一味地被还原为数学公式的可计算性，可计算成为衡量是否把握世界的标准，这一标准限定了主观理性的绝对胜利——只有所谓“事实”能被还原为数学公式的计算过程，因此只有“事实”在说话，主观真理拥有了绝对的话语权，人的真实理性只能依从于“事实”，那么，每一个“事实”，乃至每一个个体都只能作为数学的运算法则中的一环而存在，笼统而决断地将“事实”与个体统摄于数学的计算框架下，个体的特殊性、个体性被取消，也就没有为非同一性的内容留下空间。“想象力萎缩了。这一灾难不能只归于个人已经退避到社会及其物质生产背后的缘故。在机器发展已经转变为机器控制的地方，技术和社会的发展趋向总是相互交织在一起，最后导致的是对人的总体把握。”② 在数学法则、实用主义的支配下，个体以及个体的想象力只能作为被支配的质料存在于主观理性的视域下。人的思想意识被整合到当下的社会秩序中，人的思想、想象力与社会的整体架构融为一体，想象力被规训了，人们也接受了想象力在数学法则的支配下只能被规训的事实，同时，人的真正命运也被规训、被瓦解、被取缔了，仿佛只有当下这个启蒙后的、由主观理性统摄的世界才是唯一的世界，人们再也不具备想象另一个完全不同的可能世界的能力。阿多诺揭示道。对于个体的人来说，想象力——一种能够想象另一个与当下完全不同的世界的能力，是进行思考、进行真正的思想探究的必要前提。如果当下现有的世界成为唯一可能的面向，那么毫无疑问，世界的规则的呈现也只可能是现代社会所承认的原子式的规则，当这套规则被人们“自愿”固化为唯一的永恒不变的规则的时候，随着规则的不断内化，人的异化也就成为必然。“强制就是要挽救已逝的过去，把它变为活生生的现实，而不是用作进步的材料。但这种强制只能在艺术中实现。在艺术里面，历史被看作是过去生活的现实再现。一旦艺术放弃认识，继而与实践分离开来，那么社会实践就像默认愉悦一样默认了艺术，然而塞壬之歌还远没有被贬低为一种艺术。”③ 在某种意义上，突破当下世界，设想一个与之完全不同的可能世界，实际上也是艺术自律的一种表现。自律艺术突破了现代社会将一切都纳入历史进步主义范畴的做法，在自律的艺术中，过去——真正具有历史性的时刻，不再是堆砌历史进步主义的材料，而是活生生的存在，是过去生活的现实再现。阿多诺对自律艺术的表达实际上是从消极层面说明艺术自律所持有的形而上空间，从而规避了自由、自

① 《启蒙辩证法》，第 21 页。
② 《启蒙辩证法》，第 28 页。
③ 《启蒙辩证法》，第 26 页。

律概念落入意识形态束缚的可能性，反而呈现出更为积极的、更富批判意涵的表达。质的无限差异将形而上的关于可能性思考的空间与现实既定的现存制度、游戏规则、意识形态化的表达阻隔开，在形而上的、思想的层面给出另一套与当下社会不同的方案，不仅是自律的表征，同时也具有积极的实践意味——它将理论的力量从扭曲的现实表达中解放出来，从而为我们提供了唤醒大众思考的可能性。

克劳斯的工作也佐证了阿多诺的观点。克劳斯试图在语言的形式和内容上对日常语言进行处理，将报纸等日常生活经常使用的语言使用方式打断了，这一工作甚至使得报纸成为可引用的。本雅明评价他的工作为“就算躲在日记最隐蔽的地方也还是躲不开声音的冲撞，声音乘着词的翅膀，要把用语从用语的黑夜里带走”①。克劳斯要恢复语言的艺术性，是因为诸如报纸等日常生活的用语，如果被日常的方式把捉，成为以沟通、传达甚至是以命令、呼唤、传讯为目的的语言，那么报纸乃至生活本身将很有可能成为被权力意识形态所掌握的工具。现代社会中的报纸已然成为意识形态在文化领域自说自话的一种工具，这是因为报纸只是被视为现实建制、社会环境中的“工具”，报纸只能以被现代社会地平线所承认的方式呈现，但克劳斯通过将语言艺术化，证明了语言自身仍存在未闻之音，语言需要被区分为社会生活中的语言以及形而上的自律空间中的语言，后者是与前者完全不同的。克劳斯也构造了一个不同于当下的语言，这个语言是有批判意涵的空间的。

涂鸦艺术也是如此，如果涂鸦艺术是为了表达某种意图，成为表达意图的传讯工具，也很容易被某种意识形态掌握，从为自己表达转向为自己的对立面表达，再进一步，甚至说不出话。这也就能解释涂鸦艺术的现状了。生存还是死亡？这是面对涂鸦艺术的选择，实际上涂鸦艺术也无法做出选择，只能选择生存下去，然而生存就要委身于当下的社会环境，就意味着涂鸦艺术要永久性地失声。那些挂在展厅中的、被圈禁在某一个固定的场所的涂鸦艺术，已经永久性地失去了言说涂鸦艺术最初目的的能力。“只有靠精神永恒再现的力量，人们才能得到摆脱自然的生存方式。”② 要想听到未闻之音，涂鸦艺术便需要区分出一个与当下完全不同的涂鸦艺术，区分出质的不可还原的涂鸦艺术，从而能够以艺术的方式表达出涂鸦艺术自身想要言说的内容，而非适用性地表达自身。

结　语

尽管自律艺术、质的不可还原性仍存在很多问题，但不可否认的是，审美领域为社

① 杨俊杰：《本雅明历史哲学论纲考辨》，北京：中国社会科学出版社，2018年，第172页。
② 《启蒙辩证法》，第26页。

会批评提供了一个新的视角，艺术的批评意涵值得被重视。本文首先揭示出理论和实践在政治、艺术领域的冲突，以先锋派艺术为例，说明艺术自身便具有理论与实践的双重特性，这也造成了艺术的内在矛盾。阿多诺描述了艺术的批评功能与解放潜能，对艺术进行了否定性的界定和澄清，一方面认为自律艺术不能像先锋派艺术那样直接介入日常生活，另一方面又构造了超越性的、超常的审美领域，这个超常的领域与我们的自由、想象力有关联。在这个领域内，人们仿佛赢获了某种自由，弥合了符号与图像的分离，但实际上我们不得不长时间生活在所谓的日常生活领域。更为棘手的是，在现代社会，通常的艺术都是文化工业产品，提供的是幻觉，是反复重复的艺术内容。现代社会下的多数人和奥德修斯船舰上的水手一样，“用蜡塞住水手们的耳朵，让他们竭尽全力地划桨，想要活命，就绝对不能听到海妖们的诱惑之声，一直到他们无法再听到这种声音为止”①。因此没办法听到阿多诺所说的改变视听言说的东西。艺术构造了有可能对人的能力造成影响的空间，但并不保证提升人的能力，也不会给人提供一个具体的内容。并且，现代社会自我生产出艺术作为反对自我的力量，并且同时将这些反对力量吸纳，使得现代社会变得更加精致、更加牢不可破。如何安置理论与实践的关系问题对社会批判有着重要的意义。由此，笔者引出第三章，通过质的不可还原性构造了一个形而上学式的空间，艺术作品既朝向现实的经验，也朝向普遍的形而上学性，艺术作品综合了唯名论与唯识论，这种“同一性的非同一性”虽然具有乌托邦性质，但能够对现代艺术、现代社会做出批评。哲学要求对自身进行反思，质的不可还原性也要求艺术对自身进行反思，以过滤审美经验中非理性的部分。艺术作品虽然因为面向当下现实，是历史性的、变动不居的流变之物，但因为与哲学的合作，批评家帮助艺术尽可能把握真理性的内容，避免艺术被外在的条件俘获、服务于外部规则。

回到艺术的自留地中去，回到艺术的象牙塔中，这并不是一句空洞的口号。人有着回到形而上学空间的原始冲动。一方面。被异化的社会塑造的人对形而上学的空间怀有恐惧，害怕倒退回去；但另一方面，由于异化的社会制度造就的非人处境，人又对遥远的形而上学空间有所向往。被圈禁在现实制度中的艺术并非人们真正向往的家园。被圈禁的艺术放弃了认识，主动放弃了力量，即便能够在现存社会制度中存续下去，但也只是被作为一个独立的、不会影响到社会制度的领域而存在。在《启蒙辩证法》中，塞壬的歌声便是人们希望听到的艺术，但这种艺术对现存制度会造成很大的威胁，因为塞壬拥有知识，拥有一种潜在的颠覆现代社会的力量。塞壬的歌声代表着与当下艺术截然不同的、单纯自律的艺术，追求着更为总体性的目标——让异化世界中的、但凡听到塞壬

---

① 《启蒙辩证法》，第 27 页。

的未闻之音的人，都能回到艺术的形而上学之乡中，让人们都具有想象的能力。文化工业的轻松艺术只是单纯的重复，是作为大众欺骗的艺术。与当下完全不同的、一种全新的可能性，才是人们所追忆的根。

涂鸦艺术为我们提供了一个有力的例证，同时也是对阿多诺思想中精英主义的回应。与其说阿多诺追求的是高雅艺术，倒不如说阿多诺追求的是与当下不同的另一种面向，追求的是另一种可能性的空间。重要的并不是推崇高雅艺术，而是要审查艺术的语言功能，审查艺术在为谁说话，避免艺术也落入意识形态构造的虚假承诺中。只有坚持住想象的可能性，持守那个形而上的艺术空间，艺术才能完成它的目标，说出现代社会的未闻之音。

虽然阿多诺反对先锋艺术那种要求艺术直接介入现实的主张，但并不代表阿多诺否认艺术对现实的改造功能。阿多诺对自律艺术的辩护说明，自律艺术所具备的审美形式的“整一性”可以发挥社会批判的作用。“整一性”，既带有形而上学性的理性特点，规避了现代性艺术只强调无意识冲动的偶然性的致命缺点，同时，也没有丧失历史性，“整一性”指向具体现实，有丰富的历史内涵，形而上学性的质的不可还原性并没有成为绝对的不可变易的“理念”“存在”，也正是因为质的不可还原的维度，艺术才能够完成跨越划定的边界，对其他领域造成影响——整一的形式是理性的产物，超越了艺术自身的物性维度，与现实的扭曲异化划清严格的界限，因此艺术能够保证自身意义的客观性，艺术的审美形式才获得了“言外之意”，才有机会让人们听到“未闻之音”。

（时雨荷，四川大学哲学系硕士生）

个体生命的复归

——奥斯维辛后阿多诺对海德格尔死亡观的批判

——崔兆萱——

摘要：阿多诺对海德格尔的批判贯穿其学术生涯始终，尤其是在死亡问题上，更是对海德格尔的“向死而是”思想展开了不遗余力的批判。本文试图对他们在死亡问题上的分歧展开勘察、对死亡在二者理论体系中的定位进行梳理，从而理解二者在哲学讨论中的根本分歧。除此之外，通过分析二者对奥斯维辛事件的不同应对方式，进一步窥探哲学在理论纬度之外的现实张力及其与现代人个体生命实践的内在关联。

关键词：海德格尔　阿多诺　死亡　奥斯维辛

人类对生命意义的思考与追问，从古到今绵延不绝。而在思考生命意义时，绕不开对死亡的讨论。在海德格尔之前，不乏许多关于死亡鞭辟入里的见解，但他们不是将死亡现成化为成生理事件，就是将死亡视作社会事件或某种超验事件。这些思考全部将死亡对象化为一种现成的、暂时尚未来临的事件。死亡本身并不在场，对死亡的理解也都板结化为某种概念、理论、立场等等。海德格尔“向死而是”思想的独特性在于，首次通达了死亡的在场性，死亡如其所是地在场。进而也就使得个体生命在场、使得生之境遇澄明、使得生命意义敞显。阿多诺则是将这样的个体生命放在有血有肉的、矛盾急剧尖锐化的现实情境当中，从两个方面对向死而是提出了批判。如果说海德格尔使得个体生命在场，那阿多诺的批判则通向了个体生命的复归。二者关于死亡的讨论具有典范性，我们既要将死亡当作个体生命之思的起点，又不能在这种思考中忽视了生命本身的个殊与复杂性。

在海德格尔理论内部，《是与时》第二编第一章以“此是之可能的整体是和向死而是”为标题集中探讨了死亡问题，揭示出死亡在其生存论－是态学构想中的关键作用。在阿多诺理论内部，其代表作《否定辩证法》一书的第三部分第三节以“对形而上学的沉思”为题展开了“奥斯维辛之后”“今日之死”等对死亡问题悲愤的追问。作为原本设想中《否定辩证法》的一章，1964年出版的《本真性的行话》更是对以《是与时》为核心的海德格尔之死亡观展开了彻底的批判。本文第一节将着重分析海德格尔在《是与时》中的“向死而是”思想及其在海德格尔是态学构想中所处位置。本文第二节将以《否定辩证法》《本真性的行话》为核心，展开阿多诺对海德格尔死亡思想在两个维度上的主要批判。基于以上两节的考察，本文将在第三节展开进一步研究，首先指出阿多诺对海德格尔向死而是思想的批判仍存在的不足，其次揭示二者在形而上学本体论上的核心差异。本文最后试图探究，在梳理了阿多诺对海德格尔的批判之后，在巨大的现实张力中，海德格尔的是态学能否照亮现代人的个体生命实践?

一 海德格尔的向死而是

在海德格尔这里，无论是想把此是看作整体、还是想让此是告别沉沦状态本真在世，我们都需要对生存论上的死亡概念进行阐明，由之赢获更为源始的、奠定是态学基本问题之基础的此是之是。在《是与时》的第二编“此是与时间性”开篇，海德格尔首先对前文进行的准备性的此是分析进行了回顾：我们通过操心结构的提出，可以进一步在是态学上对此是结构整体的整体性进行把握。但在是态上，我们毕竟是从一种日常在世的平均状态与非本真的沉沦生存活动入手，由此赢获的操心结构并不足以给出实际此是“最源始的是之整体性”[①]。与此同时，海德格尔提出“任何解释都具有它自己的前有、前视和前概念”[②] 这一诠释学处境。在这一处境中，处在前有中的生存论分析仅仅是一种非本真、不完整的此是之是。源始性要依托于生存论上的整体性和本真性，至此我们也就面临着两个问题：首先是作为能是的此是如何不再亏欠，获得整体性，其次是此是如何本真在世。

海德格尔首先提出，需要避免“他人死亡的可经验性”对我们进一步理解死亡所造成的困扰。此是虽然无法在自身的死亡当中抵达整全，因为那就意味着此是的在此被完全剥夺，但此是毕竟是与他人一道共同是，我们或许可以经历他人的死亡从而获得某种关于死亡的客观经验。死者本身虽然不再在此，但参加葬礼的我们却仍可以在世界中与他共同是着。然而，这种对死亡的经历并不是真正意义上的自身经验，经历与亲历不同，面对他人的死亡，我们仅仅是在侧而已。通过这种在侧，**我们可以在心理学上或是生物学上对他人之死进行理解，但却无法在是态学上探寻到任何东西**。对他人之死的

① 海德格尔：《是与时》，溥林译，第186页。

② 《是与时》，第187页。

“经验”不能够替代此是自身的死亡。“任谁也不能从他人那取走他的死”①、“每一此是向来都必须自己承担自己的死”②。

此是作为有生命的是者，和其他有生命的是者一样，有生理意义上的死亡，但此是不同于仅仅活着的东西，此是的终结要与某种生物生命的终结相区别。**海德格尔将生存论上的死亡与生理意义上的死亡做出了区分，将生理意义上的死亡**称作“亡故”。此是只要还没有亡故，就总是以向死而是的方式生存着，死亡先于一切形式的亡故。此是本真地死着时，并不需要依赖于任何实际的亡故经验，但亡故作为一种对死亡理解的沉沦样态，要奠基于死亡的本己领会。“人并非亡故时才有死，亡故恰好是有死的彻底丧失。”③ 这里的死不同于现成是者的终结，在其中此是并未彻底完成，也未简单消失，更未就绪成为某种上手是者而变得能够加以利用（建造房屋、修理道路的结束）。

“死亡所意指的终结并不意味着此是的终结一是，而是这种是者的一种向着终结而是。死亡是此是一是着就接纳过来的一种去是的方式。”④ 亡故意味着此是的终结是（Being-at-an-end），而死亡则意味着此是的向着终结而是（Being-towards-the-end）。这里的“向着”并非是指预先有一个此是，而死亡事件则现成地摆在此是对面，随着此是年龄的增长，它在生命线程上离自己的出生事件越来越远，向着处于线程尽头的死亡事件越来越近。正像人们耳熟能详的“不要输在起跑线上”，这也就引导了出生作为事件处于起跑线，死亡作为事件立于终点线的外在理解。

然而“我们不是一步步走向还在远处尚未到场的死亡，在我们的‘走向’本身中死亡已经在场……向死而是的‘向’实质上就是死亡一是本身的绽出。”⑤ 死亡绝不能被看作事件，而是“必须作为可能性而被理解，作为可能性而被形成，并在同它的关联中作为可能性而被承受”⑥。在海德格尔的是态学中，“可能性”占据着关键地位。此是是可能性高于现实性的。虽然在流俗世界中，此是背负着种种自己愿意或不愿意的现成性，但其有潜质突破这种现成性，去领会和展开自己的可能性。而死亡是所有可能性中最为特殊的一种，一方面，死亡使其他一切可能性都变得不再可能，另一方面，死亡作为最本己的可能性不能够被替代，“死亡具有“去是”（可能性）和“向来属我性”（本己性），而这正是此是的生存论性质”⑦。这种可能性不是一种空洞的、待选择的逻辑上

① 《是与时》，第 193 页。
② 《是与时》，第 194 页。
③ 余平：《思想的虔诚》，成都：四川大学出版社，2023 年，第 24 页。
④ 《是与时》，第 198 页。
⑤ 《思想的虔诚》，第 25 页。
⑥ 《是与时》，第 210 页。
⑦ 张志伟：《在存在与存在者“之间”——《存在与时间》中的此在生存论》，载《南京大学学报（哲学·人文科学·社会科学）》2016 年第 1 期。

的可能，而是此是刚一是就承担起来的、时时刻刻界定着其生存的是之可能性。

想要对死亡在生存论一是态学上的结构进行清理，要借助作为**此是之基本情状的操心**。在操心结构中此是之是的基本性质被表达为三点，即**先行于自己的“生存论性”、已经在世界中的“实际性”和依寓于在世界之内来照面的是者的“沉沦”**。死亡在生存论一是态学上的结构要依赖于此是操心结构的生存论性、实际性和沉沦在死亡现象中的显明。

首先是先行于自己的生存论性，向着终结而是意指“终结悬临在此是面前。死亡不是某种尚未现成的东西，不是缩小到某种最小值的最后的亏欠，而是一种悬临”①。现成意义上的亡故可以被理解为亏欠，是生命不断消耗、被缩小到最小值最后的亏欠。生存论意义上的死亡并不是在生命消耗到最后一刻才来临，而是从此是开始是着就始终悬临于此。

其次是已经在世界中的实际性，死亡不同于其他未定的、任由此是展开的可能性，而是一种必定出现、无从选择的可能性。“缘在的生存与一颗种子的发展成熟而完成（产生新的种子）不一样，它不用等到发展的尽头才死亡；它从生存于世那一刻起就活在死亡这个最不可避免的可能性或缘分之中。”② 只要此是生存着，它就已经被抛入了死亡这种可能性。此是作为被抛的在一世界一中一是，向来已经被托付给了自己的死亡，只要还未经历自身的生理性亡故，此是的每时每刻都是实际的向死而是。

最后是沉沦，最本己的向死而是首先和通常被以逃避的方式掩盖着。此是“以沉沦的方式死着”③，消融于操心所及的被抛的世界。但这种日常对自己的错置、对死亡的逃遁也仍是向死而是的样态。毕竟只有此是能够拥有本真生存的可能性，也才谈得上对这种可能性的错置与逃遁。“日常沉沦着地在死亡面前躲避是一种非本真的向死而是。非本真性以可能的本真性为根据。”④ 错置与逃遁并不是必然的，此是的可能性始终高于现实性。现实性要从可能性中获得，非本真性的现实恰恰指引向那种本真的可能性。通过对生存、实际性和沉沦的描述，海德格尔得出了**“死就其是态学上的可能性而言奠基在操心之上”**的结论。作为此是之基本情状的操心与作为此是最极端之可能性的死亡具有分环勾连的关系，这保证了“此是的整体是”被提出的正当性。

但仅仅停留在向死而是和操心之间的关联还不够，这种联系应在一种**更为切近的具体化即日常性中得到进一步的界说**。在日常性中，此是自身是在公共性解释中的常人，

---

① 《是与时》，第 201 页。
② 张祥龙：《海德格尔思想与中国天道》，北京：中国人民大学出版社，2011 年，第 104 页。
③ 《是与时》，第 202 页。
④ 《是与时》，第 208 页。

而这种公共性的解释要在闲谈中获得。在闲谈中，常人对死亡的态度是："人终有一死，但暂时尚未。"因此也就对现在的自己还构不成威胁。这里的"人"其实是无人，这里的"死"也不再是可能性，而是出现在公众面前、被现成化的事件。常人不仅借此给临死者逃避死亡的祝福与安慰，阻止其直面最本己的是之可能性，还极力避免丧葬事件打断其日常的操劳，将他人之死视作不得体与社会的麻烦。"甚至'想到死'都会被公众视为懦弱的害怕、此是的不可靠和阴暗的遁世。常人不让在死亡面前有所畏之勇气生起。"[①] 对死亡的畏被颠倒成对亡故这一事件的怕，常人将事件上的确定性赋予以时间上的不确定性，这看似是对死亡确知的承认，实则削弱着其确定性并减轻了让人惶惶不安的被抛感。

与此同时，闲谈中的"但暂时尚未"也将我们引向了常人的自我理解：常人首先和通常将自身指引向那可操劳的东西。"日常性挤入到操劳的迫切性中，并摆脱了那令人厌烦的、'无所作为的对死亡的思考'的羁绊。"[②] 与其思考死亡问题这类"天上的问题"，不如好好斟酌一下工作晋升、保研出国等"脚下的问题"以避免"坠入井中"。操劳将最切近的日常中的各种迫切性，放在了死亡之不确定性的前面。这也是常人逃避不确定性、"重返自己一直倍感安定的烦忙世界"[③] 最为近便的路径。

基于前期的工作，海德格尔给出了**生存论一是态学上的死亡概念："作为此是之终结的死亡是此是那最本己的、无所关联的、确知的但自身又是不确定的、不可逾越的可能性。作为此是之终结的死亡是在这种是者向着它的终结而是中。"**[④] 首先，死亡是最本己和无所关联的可能性。此是只能在个别化为自己本身的情况下赴死。有所操劳地依寓于……是、操神地同……一起是，在这里都丧失了效力。"切身性将缘在从与人们同在的各种散漫关系中拉了回来。"[⑤] 此是认清了自己对常人的依赖毫无意义，得以脱离沉沦状态、展开其最本己的能是、本真地是它自己。"先行到无所关联的可能性中去将先行着的是者迫入到下面这种可能性中：从它自己本身那儿出发自己本身承负起自己那最本己的是。"[⑥]

其次，死亡是确知又不确定的可能性。死亡可以确知为真，但究竟何时死是不确定的。确知的不确定性使得此是在时刻悬临的威胁面前充分地敞开自己，这种威胁要在处身性的情绪中获得理解："那能够把不断的、绝对的、从此是那最本己的个别化了的是

---

① 《是与时》，第 204 页。
② 《是与时》，第 207 页。
③ 《思想的虔诚》，第 27 页。
④ 《是与时》，第 207 页。
⑤ 《海德格尔思想与中国天道》，第 104 页。
⑥ 《是与时》，第 211 页。

中生起的对此是本身的威胁进行敞开的处身性，是畏。在畏中，此是处在它自己的生存之可能的不可能性的无面前。”① 只有对死亡这样一种最本己的可能性有所畏，才能使此是在整体去是的过程中将是之意义显现出来。畏不同于怕，怕总是对应着引起害怕之物，而畏则启示着无。“怕在某种程度上来说，还只是对象性思维方式的延续；畏则不同——畏不知其所畏者是什么。”② 无是一种根基，恰恰在无之中才生出了有，这些“有”指各个是者，而“无”就是使是者整体立身于此的境域。“畏”这样一种处身性的情绪启示着“无”，从而为此是打开了一个意义不断生成的境域：身处其中的此是可以自由地做出自身的选择、筹划迎面而来的诸多可能性、通过一系列“去是”的生存活动使其自身的是之意义显现、也使与它打交道的其他是者的是之意义显现。死亡作为一种最本己的可能性始终如影随形地逼视着此是，只有此是真正亲自承受住了“畏死”这样一种本真情绪，自觉地直面死亡这个最极端的可能性，才能够在“去是”的过程之中摆脱自身的沉沦状态，从而本真地生存在世。

最后，死亡是不可逾越的可能性。这种不可逾越让此是不再逃避、还自己以自由。无论是先前拥有，还是正在或即将涌来的各种偶然可能性，在死亡这种不可逾越的可能性面前，都变得足够渺小以至于可被逾越。死亡作为可能性，无法用量化标准被表述为大小，因为它使生存之其他可能性都变得不再可能。与此同时，“先行到不可逾越的可能性中去，也把所有位于这种可能性之前的各种可能性展开了出来”③。此是只有先行到死这种最极端的可能性中去，才能对原本或是基于被操劳之物、或是基于他人而出现在其视野中的可能性，进行本真的理解与抉择，真正赢得作为整体能是去生存的可能性。

在对向死而是及其在海德格尔是态学构想中所起到的作用进行基本梳理、获得大致理解之后，我们仍然可以追问一句“之后呢?”在严密的逻辑论证之后呢？死亡问题被说尽了吗？人是有死的是者，这种有死并非指他们在世间的生活有一个尚未来临的、名为“亡故”的终点，而是指他们不同于其他动物和全知全能全善的神，有且只有人以向死而是的方式生存着。由之也可以看到海德格尔的古希腊思想源流：无论是英雄得胜归来时，奴隶在其耳畔低语的“你是有死的”，还是德尔菲神庙上“认识你自己”的神谕，都显示出人这一有限存在者的特殊性。“人有死，所以人有限，所以人无论如何都已经敞开了自身。有限，才有敞开；无限，便无敞开。”④ 神是无法写诗或展开爱智的哲学

① 《是与时》，第 213 页。

② 罗松涛：《向死而在——试论海德格尔在存在论层面上对死亡的思考》，载《兰州学刊》2006 年第 6 期。

③ 《是与时》，第 212 页。

④ 《思想的虔诚》，第 35 页。

思考的。诗是奥秘与想象力的产物，产生于对未知的好奇和想象力的不断运作。爱是丰盈之神与贫乏之人生下的孩子，产生于由贫乏向丰盈不断的向往与追求。好奇、想象、向往、追求……都是人作为有限存在者所特有的生存方式。如果人类可以长生不死，那这世上岂不少了许多别离、痛苦、遗憾，多了许多哲人师长的智慧、全家团聚的温情？恰恰相反，正是因为有死，人才会有情感与欲望、精神与意义，有了别离便加倍珍惜相聚，有了痛苦便反衬出幸福，有了遗憾便尽力追求圆满，有哲人师长的离世便有了杏坛讲学、薪火相传、前仆后继，有骨肉分离的伤痛便有了唇齿相依、患难与共、金瓯永固。正因人对笼罩着其一切生存领域、贯穿着其一切生存活动的死亡有所领受，才进一步体认了自身的有限。这种有限使得一切精神文化乃至文明得以传承延续、使得人类作为类存在物的整体得以繁衍生息。死亡的根本意义，就在于其提供了否定的力量、敞开的力量、历史与文明得以传承的力量，也就是人之为人的力量。

二　阿多诺对向死而是的两重批判

即便如此，针对海德格尔向死而是的思想，仍然可以提出进一步的质疑：是否真的有本真状态？本真与非本真在生存状态上是否无法做出任何区分？向死而是是否也就意味着时刻意识到死亡的悬临？海德格尔在死亡问题上的推进，在多大程度上能够应对现代处境下个体生命实践的问题？作为个体，从理解海德格尔的向死而是思想，到本真生存在世，还有多远的距离？他要如何面对珀格勒等人提出的质疑：“难道海德格尔不是通过其思想的明确取向才陷入——而不仅仅是意外地——与国家社会主义接近，并从未真正摆脱这种接近？”①

阿多诺对海德格尔死亡问题的批判，或许可以为我们的质疑提供一个切入点。无论是其于 1931 年发布的《哲学的现实性》这篇就职演说，还是其代表作《否定辩证法》，抑或是 1964 年出版的集中批判存在主义哲学的著作《本真性的行话》，都可以看到其中对以《是与时》为核心的海德格尔思想所进行的批判。本文将以《否定辩证法》《本真性的行话》为核心，展开阿多诺对海德格尔向死而是思想在两个维度上的主要批判。

在第一个维度上，海德格尔的向死而是思想是迎合了集体心理需求的、社会建构的、服务于统治的意识形态工具，阿多诺以精神分析视角揭示了其中的内在逻辑：现代个体是虚弱和残缺的，无力面对灾难所带来的压抑与痛苦，海德格尔的向死而是思想正中现代个体下怀，许诺以诱人的本真性与整体性，将是者切身遭遇的灾难赋予是态学上

① Otto Pöggeler, *Martin Heidegger's Path of Thinking* (trans. Dan Magurshak and Sigmund Barber; Atlantic Highlands: Humanities Press, 1987), p. 272.

的肯定意义。在这种死亡崇拜中，个体实现了自欺与心理整合，发展出对压抑与痛苦进行颂扬的受虐倾向。

阿多诺借助弗洛伊德的人格结构理论对之进行阐发，在超我对本我的压抑过程中，自我往往将压抑的命令伪装为合理化的需要，并植入本我的潜意识中，使个体甘愿接受被压抑的命运，放弃享受真实快乐的权利。同时，超我会提供一系列的幻想满足来补偿本我欲望，让本我在虚假满足中放弃抵抗。弗洛伊德语境下超我对本我的压抑，实质上也就是“理性文明对内在自然的压抑，社会同一性对个体非同一性的统摄控制”①。

而此种死亡形而上学的全部意识形态之恶都植根于“人的意识至今都持续性地虚弱，以至于难于承受死亡经验，或许根本不能接受这种经验”②。对死亡形而上学的拔高解除了死亡经验。海德格尔通过对死亡这种此是之有限性的分析，通达了此是之本真性与整体性，暗合了对某种超越与永恒的需求。这也就是向死而是思想能够捕获人心之处，文本理解上的困难却对应着实践上的简单取巧，“只要投身于本真性的行话之中，即使现实生存上的生活不做任何改变，也可以在乏味的常人生活的躯壳下实现超越，接近存在本身……海德格尔哲学提供了一个诀窍，让常人无须艰苦劳作，在现有的命运中即可获得本真的永恒”③。其实，资本主义制度不可调和的矛盾是个体无法获得真实满足的根本原因，纳粹政治将这种矛盾带来的压抑与痛苦推至极处。海德格尔的向死而是思想对这些问题三缄其口，成为个体在极端处境下进行自我欺骗与心理整合的绝佳工具。“这死亡作为此是的生存论视域……倒退到了死亡崇拜之上：因此这种行话从一开始就与扩充军备协调一致。”④ 在死亡崇拜中发展出了对压抑与痛苦进行颂扬的受虐倾向，乃至最终沦为纳粹政治的宣传工具，“一旦他们听到那种潜力，便开始齐声反复朗诵：没有什么比不再有死亡更糟糕的了。我们可以推测，所有这些人都是本真性行话的信徒……在政治上，它则是为战争的不可避免性作宣传”⑤。

在第二个维度上，海德格尔的向死而是思想污蔑了事实性，这种空洞导致了对具体社会历史情境的脱离。在具体社会历史情境中，首先，本己又无所关联、确知又不确定、畏作为向死而是的关键均被消解。其次，个体死亡与集体牺牲之间不可弥合的差异也显露出来，海德格尔先前对此差异的忽视正与纳粹政治不谋而合。

① 许秩嘉、姜延军：《剖析种族主义的思想利刃：霍克海默、阿多诺对精神分析理论的吸收运用》，载《华侨大学学报（哲学社会科学版）》2021年第5期。

② 阿多诺：《否定辩证法》，王凤才译，北京：商务印书馆，2019年，第421页。

③ 谢永康、陈源：《被遗忘的理性精神——论阿多诺对海德格尔哲学批判的客观逻辑》，载《马克思主义与现实（哲学社会科学版）》2022年第2期。

④ 阿多诺：《本真性的行话》，谢永康译，上海：上海人民出版社，2021年，第102页。

⑤ 《本真性的行话》，第117页。

海德格尔认为，流俗观点将死亡认作不断出现的现成事件，而他选择对亡故与死亡进行区分，前者是生理性的事件，而后者才是向死而是中所要强调的死亡。此是本真地死着时，并不需要依赖于任何实际的亡故经验，但亡故作为一种对死亡理解的沉沦样态，要奠基于对死亡的本己领会。阿多诺认为海德格尔使死亡脱离了事实性，而事实性却恰恰是能够对死亡进行谈论的基础。与抽象的是之谈论相比，具体的社会历史情境更应具有优先性。一种空洞、内倾的死亡谈论无法取代社会政治批判。“死亡作为一般概念所标识的是所有的死亡，而不是向来本己的死亡。死亡作为事件，恰恰是事实性的，它不应该是本真的死亡。”“作为生物学上的原现象，不能从历史的缠绕中抽出来……就像一个人的死亡归根到底是肉体的死亡一样。”① 对于事实性的污蔑，导致向死而是思想脱离了社会实践的历史整体，这种脱离社会历史情境的死亡谈论是空洞的：“是之观念在哲学中已经失去了力量；它只不过是一个空洞的形式原则，其古老的尊严有助于掩盖任何内容。”②

在奥斯维辛这一具体的社会历史情境之下，一方面，本己又无所关联、确知又不确定、畏作为向死而是的关键均被消解掉了。

> 随着通过行政管理手段对数百万人的谋杀，死亡变成了某种再也不令人害怕的事情……死亡作为留给个体最后的、最可怜的东西也被剥夺了。在集中营中，不再是个体的死亡，而是试验品的死亡。集中营里的施虐狂们预先通知他们的牺牲者：明天你们将化作一缕青烟从这个烟囱中缓缓升入天空……个人即使在他形式的自由中也是可互换的、可替代的，正如在清算者的脚下一样。③

屠杀式的死亡不再是最本己又无所关联的。奥斯维辛中的囚徒在身心遭受极端折磨的处境下，逐渐失去了感觉、失去了意志，乃至失去了自己。绝对的整合使得个体性被敉平，原本最本己又无所关联的死亡可以在集中营中实现交换与替代。囚犯们有着相似的神态，他们不再作为人，而是作为隐去姓名的编号在大规模的种族灭绝中销声匿迹了。与此同时，面对纳粹所宣告的确定行刑日期，确知为真而又不确定何时发生也不再可能了。其中作为处身性情绪的畏消失了，以至“不仅没有海德格尔渲染的畏，甚至连常人的怕也不见了”④。本己又无所关联、确知又不确定、畏等向死而是的关键都被消解了，乃至于死亡本身的尊严也被毁灭了。“流行的死亡形而上学不过是社会对下述事

---

① 《本真性的行话》，第 109 页。
② Peter E. Gordon, *Adorno and Existence* (Cambridge, MA: Harvard University Press, 2016), p. 41.
③ 《否定辩证法》，第 414 页。
④ 张一兵：《阿多诺：奥斯维辛之后不再写诗》，载《福建论坛（人文社会科学版）》2001 年第 1 期。

实的无力的安慰：通过社会变化使人们失去了对他们来说曾经应该忍受的东西即死亡，失去了死亡与生命从根本上说史诗般统一的感受。”①

另一方面，在这种粘连着的、共同体的牺牲中，个体自我与他者的实际性苦难都被海德格尔轻飘飘地越过了。“是之神话呼唤淹没了他者的呼唤，淹没了最具体、最事实的是之呼唤，这既是正义的呼唤，又是正义被呼唤的地方。”② 在《形而上学导论》中，海德格尔使用了受希特勒推崇的奋斗（Kampf）一词，将为是而奋斗的进程，融入一种命运与伟大的神话之中，“试图告诉德国人，参与是之问题乃是伟大的历史奋斗，将影响他们的民族命运”③。海德格尔在这里能否算是，将是之问题与纳粹政治进行了某种混淆乃至共谋？而这种混淆或共谋并非思想转向的产物，而是思想内在逻辑的延伸？倘若这种对奋斗的鼓吹，仅仅是与某种纳粹意识形态的巧合，海德格尔就不应当未表露丝毫对牺牲者的悲悯。“这些犹太人的形象，这些毁容的形象，这些肢解和苦难的形象，从未出现在‘是’的思想中。它们始终是问题之外的问题——从来没有被质疑过，从来没有被思考过，从来没有被缅怀过，它们是最令人不安的遗忘。它们与思想无关。”④ 灾难凸显出奋斗的意义、意志的胜利，而这却不足以使边缘者、局外人、被遗忘者的牺牲被忽略乃至合理化。

三　对话的可能

阿多诺对海德格尔向死而是思想的两重批判很大程度上建立于其“非同一性”的思想基础。在《否定辩证法》的《导论》中，阿多诺将否定辩证法界定为：“辩证法是一以贯之的非同一性意识，它并不预设一种立场。”这里的非同一性指的是“非概念、个别、特殊”。在《否定辩证法》第二部分“否定辩证法：概念与范畴”中，阿多诺从西方哲学史的角度对同一性进行了阐发。他指出了同一性的四种含义，其中最为关键的是同一性指的认识论意义上主体与客体的重合。但阿多诺认为这种主体与客体的同一性有可能造成主体对异于自身的他者的扭曲甚至强暴。只要宣称某种绝对的第一因，总会以次于它的东西作为参照，第一哲学总是与二元论绑在一起。但如果没有与这种绝对第一性（如“我思”意义上的主体）相对而言的第二性（如“我在”意义上的客体或对象世界），这种第一性也不再成立。如果没有第二性，绝对第一性的一方也只是空洞的范畴而已。更进一步的是，大多数哲学家都将这种绝对第一性和第二性关联物进行一种等级

---

① 《否定的辩证法》，第 370 页。

② John D. Caputo, *Demythologizing Heidegger* (Bloomington: Indiana University Press, 1993), p. 74.

③ *Demythologizing Heidegger*, pp. 41—42.

④ *Demythologizing Heidegger*, p. 212.

制意义上的划分，也就是将灵魂与肉体、主体与客体、精神与物质、自由与必然、目的与手段、人与环境等分出高下与主从，一方面构建出二元对立的关系，另一方面还要想方设法将第二性的关联物同化乃至吞噬，这种自我中心化、自我目的化的同一性思维方式确立了“主体的优先性”。阿多诺认为奥斯维辛事件是同一性原则的终极结果。“奥斯维辛集中营证实纯粹同一性的哲学原理就是死亡！”因为“种族灭绝是绝对的一体化”，这与资产阶级文明的同一性原则一致，“没有这一原则就不会有奥斯维辛集中营”①。

阿多诺对海德格尔向死而是思想的批判仍存在一些不足之处。**首先在是态学差异上，海德格尔在是之层次和是者层次上做出区分，这或许可以回应阿多诺的质疑**。在阿多诺那里，形而上学的基本问题是两个世界关系的反思，这两个世界在哲学史上常常被表述为本质与现象、一与多、普遍与特殊、同一与非同一……这些区分被阿多诺概括为主体与客体的区分。在海德格尔看来，“要区分人与是者的派生关联和人与是的本源关联，我们的任务在于超出我们通常所处的派生关联”②。若从海德格尔的立场出发，那么阿多诺的批判显然没有超出其所要批判的对象，而这正是必须受到批判的。因为阿多诺的批判始终滞留于主体与客体、概念与实体的框架之中，并没有真正理解在是与是者层次上作出双重区分的意义，而是仅仅停留在是者层次上进行批判。

其次是阿多诺对海德格尔任务的误解，海德格尔将工作着力于重提是之问题、揭示是者与是态学的双重结构，其伟大之处就在于这种重提与揭示，而非对某一确定现成答案的给出。在《是与时》开篇，海德格尔就已经交代了本书的基本意图：“我们用‘是着’这个词究竟在意指什么，今天我们已经有了关于这个问题的答案了吗？绝对没有……现在也正是首先要再次唤醒对这个（是之意义）问题之意义给予某种理解的时候了。具体地拟定出‘是’之意义这个问题，乃是下面这部论文的目的。”③《是与时》最后一节末尾仍是以问号而非感叹号或句号作结，是之问题不是一个已有现成答案的问题，而是期待我们回答的问题，海德格尔不是要用对自己的依赖取代我们对其他思想家的依赖，而是要让我们脱离绝对依赖，恢复读者的自主性。《是与时》不是著作，而是道路。思想的道路是由海德格尔出发继续前行的道路，也是此是“向来属我”的道路。“有一条从原始的时间到是之意义的道路吗？”④ 这一问题仍在呼唤、仍在敦促。

除此之外，即使海德格尔用以支持其形而上学思想的只是一个虚假浪漫的基础，阿多诺的“辩证法不是立场”似乎已经有意地避免任何稳固的基础。“持续的否定和反思

---

① 《否定的辩证法》，第 363 页。
② 张柯：《探基与启思——海德格尔对德国古典哲学的整体评判研究》，北京：商务印书馆，2023 年，第 70 页。
③ 《是与时》，第 9 页。
④ 《是与时》，第 341 页。

正是否定辩证法的精神所在，也是批判理论的动力之源……非同一性总是处于“尚未”之中，而这一过程中除了否定和反思之外再无确定的内容，所以这个“尚未”就仅仅意味着一种乌托邦式的前景。”[①] 阿多诺坚持主体和客体对于是者的重要性，但这些又必须在两者的辩证关系中才能理解，而这种辩证关系又不可能是一个先在的事实。阿多诺似乎既构成了对形而上学的批判，又避免了此是与是的复杂关系，但在否定的辩证法中除了持续的否定和反思之外，再没有任何可以依据的稳固基础。

在根本上，海德格尔与阿多诺在向死而是思想上的核心争论，要溯因于二者在形而上学本体论上的分歧。海德格尔将形而上学视为是的衍生和遮蔽，而阿多诺则将其视为对主客体辩证关系的压制。若选择前者，那就可以绕开主体与客体、概念与实体的区分，直接回到先于这些区分的源始境域中去；若选择后者，则要求坚持这种区分，并通过主体将两者的关系加以改造。而争论也就在于，**形而上学问题最终要诉诸一种更为本真的存在还是诉诸主体自身的再次启蒙**？

在明确了阿多诺与海德格尔在死亡问题与形而上学本体论上的核心差异之后，仍然有待思考的是：**在多大程度上，海德格尔的向死而是思想可以消解奥斯维辛中无意义、血淋淋的痛苦**？无论是怎样激烈的交流或批判，都应成为我们思考的起点而非终点。奥斯维辛不只是纳粹的集中营，也一般地象征着人类遭受的巨大灾难与伤害，我们虽不是纳粹大屠杀的亲历者，但作为共同体中的一员，在不远的过去乃至现在也同样遭受了一场场巨大的灾难，“山的艰险已被抛在身后，横在我们面前的，是平地的艰难”[②]。我们都是未被火焰灼烧也未被泥土掩埋的亲历者与幸存者，对待过去艰险的态度也就影响着我们如何应对面前的艰险。面对海德格尔与阿多诺在死亡问题上的“对话”，作为亲历者与幸存者，我们要做的不是二选其一，然后满足于低保似的答案并结束争论，从此过上看似理性、正义的生活。即使其他所有问题都可以被一种现成理论回应乃至消解，死亡问题也永远不能。死亡问题永远是个殊和不完整的，对此没有清晰无误的唯一指向标。但也就是对话中的张力、中断、争论、摇摆、撕扯让我们反复易辙、晕头转向之际，真正的意义世界才生生不息、奔涌现身而来。

如果说第一步是见到海德格尔与阿多诺的理论差异，第二步是将这种差异在具体的社会历史情境（奥斯维辛事件）中展开分析，那么最后一步的旨归则是要见自己，见众生。生命的复归最终要寄托于每个现代人自己的生命实践。把二者的思想视作不可逾越

---

① 谢永康：《形而上学批判的不同路径——论阿多尔诺与海德格尔的根本性分歧》，载《哲学研究》2005 年第 11 期。

② 贝托尔特·布莱希特：《诗歌的坏时代——布莱希特诗选》，黄雪媛译，桂林：广西师范大学出版社，2024 年，第 ii 页。

的著作中给出的标准方案，才是真正地与思想家擦身错过。在死亡问题上，我们要选择何者的道路抑或重新修改、构建何种道路？这种发问方式就已经陷入了迷途，死亡不是“问题”，道路也无法被“构建”，完成同时就意味着限制与锁闭。合理的目标不是给出关于死亡的标准答案，而是从融贯的个体生存视域进行感受与回应。思想家作为讲述者，所讲出的是自己的道路，思想之为道路，就在于其不断的生发与可能性。无论是海德格尔宣称的死亡的向来我属，还是阿多诺对非同一性的呼唤，都不是要给出放之四海皆准的答案，而在于结尾处仍敦促着发问：“有一条从原始的时间到是之意义的道路吗?”这条道路即使有，也需要在真实的个体生命中被经历而非被灌输。关于死亡问题的思考，不是平整唯一的道路，也不是先天给予的阳光普照，而是从不放弃疑问和追问的姿态、不断返回到同一问题的觉醒，是每个人都要苦苦追寻、最终可能于缝隙中漏进的微光。

（崔兆萱，四川大学哲学系本科生）

外国哲学

大度为何是德性之冠的语文学背景

——浅论亚里士多德对“μεγαλοψυχία”概念之理解的历史线索

安宸漾

摘要：本文通过考察荷马两部史诗（《伊利亚德》和《奥德赛》）中的“μεγάθυμος”、伊索克拉底《埃瓦戈拉斯》中的“μεγαλοψυχία”以及亚里士多德《尼各马可伦理学》中的“μεγαλοψυχία”的伦理学概念及其语文学和历史联系，试图论证：亚里士多德对于“μεγαλοψυχία”的理解以及描述在相当大的程度上与伊索克拉底的颂歌式传记《埃瓦戈拉斯》有关，同时，伊索克拉底的《埃瓦戈拉斯》借由“μεγαλοψυχία”一词，联结了荷马史诗与亚里士多德伦理学论述。本文同时指出，黑格尔显然忽略了伊索克拉底的颂歌传统及其较早使用“μεγαλοψυχία”一词的事实，武断地认为亚里士多德在谈论大度时是以亚历山大为蓝本的，这一观点是不正确的。

关键词：《埃瓦戈拉斯》 《尼各马可伦理学》 μεγαλοψυχία 语文学

亚里士多德在《尼各马可伦理学》中这样说道：

> 所以大度似乎是德性之冠：它使它们变得更伟大，而且又不能离开它们而存在。所以做一个真正大度的人很难，因为没有崇高就不可能大度。所以，同大度的人特别相关的重大事物主要是荣誉与耻辱。他对于由好人授予的重大荣誉会感到不大不小的喜悦。他觉得他所获得的只是他应得的，甚至还不及他应得的。因为，对于完美的德性，荣誉不是充分的奖赏。(1124a1—7)

亚里士多德的断言“大度似乎是德性之冠”将“大度”这一概念置于诸德性之首，但亚氏给出的论证相对比较简单，似乎是从经验世界中通过观察而归纳得出的，即大度的人似乎是这样的人：

表 1 亚里士多德对于大度之人的具体描述

1	自视重要并且也配得重要的以及最重要的事物的人。(1123b16—17)
2	对于荣誉和耻辱抱着正确的态度的人，……所关切的是荣誉。(1123b21—22)
3	必定是好人。(1123b29)
4	似乎对每种德性都拥有得最多。(1123b29—30)
5	不会去做耻辱的事情。(1123b32)
6	无求于人或很少求于外人，而愿意提供帮助。(1124b19—20)
7	不争那些普通的荣誉，不去在别人领先的地方与人争个高低。……不急切地行动，除非关涉重大的荣誉。……不会忙碌于琐事，而只是做重大而引人注目的事情。(1124b24—27)
8	不会崇拜什么。……不会记恨什么。……尤其是别人对他所做的不公正的事情，而宁愿忘了它们。……不会议论别人什么，既不谈论自己也不谈论别人……不想听人赞美，也不希望有人受谴责。(1125a3—8)
9	行动迟缓、语调深沉、言谈稳重。(1125a12—13)

从表 1 可以看出，亚里士多德将这些看似极度“美好、适中”的品质赋予大度之人，认为大度之人具有种种符合中道的德性。可以说，大度之人所具有的以上特征使其体现出内在德性与外在荣誉互相匹配的某种适度，即自我主观评价（对自我德性的认知）与外界“客观评价”（各种荣誉）达到了完美的契合，亚里士多德便据此认为大度是德性之冠，正如亚里士多德所言：“过度与不及都破坏完美，唯有适度才保存完美。”(1106b11—12)“大度”的古希腊语是“μεγαλοψυχία”（拉丁转写为 *megalopsuchia*），或者可译为“宽宏大量”①，其中“μεγαλο-”意为“伟大”，“ψυχία”意为“灵魂”或“精神”，亦即说，这个词的原初含义为“伟大灵魂”。亚里士多德对“大度”的概念有着相当程度的赞扬和褒赏，然而，当亚里士多德对“大度”一词进行相关论述时，是否存在着某种语文学（philological）以及语用学（pragmatical）的语境，亦即“大度”这一词语在古希腊语中究竟在何种情况被使用，这一词语究竟有无什么使用上的文学或者历史传统；更进一步，所谓“大度”，或者说“伟大的灵魂”② 究竟指的是什么呢？这个所谓的“伟大的灵魂”究竟有没有原型呢？甚至可以继续追问，在亚里士多德之前，有哪

① 在英语中，μεγαλοψυχία 这个词被译为 greatness of soul，high-mindedness，lordliness 或者 magnanimity（参见 *LSJ* 及 *Middle Liddell*）；有时候这个词还可以在贬义上表达“傲慢”（arrogance，参见 *Middle Liddell*）。关于这个词的汉语译法，见亚里士多德：《尼各马可伦理学》，廖申白译，北京：商务印书馆，2003 年，1123a35 注释。

② 尽管“大度”这一中文翻译是否能够对应“μεγαλοψυχία”仍然值得商榷，但作为通行译法，本文中的“大度”和“伟大灵魂”指的均是古希腊词语“μεγαλοψυχία”；如无特别说明，下文中“大度”和“伟大灵魂”均指的是“μεγαλοψυχία”。

些重要的作家还使用过“伟大灵魂”这一词语呢？为了探究亚里士多德描述“大度”时更为广泛抑或深层的背景，笔者拟从语文学（philology）的角度出发，探讨亚氏如此使用“大度”或“伟大灵魂”一词并褒扬持有“大度”或“伟大灵魂”之人的理由，以探查亚里士多德使用这一词汇时的语文学背景，同时给出其历史线索。

一　黑格尔及斯图亚特的观点

黑格尔注意到了所谓“大度”的原型问题；廖申白先生在《尼各马可伦理学》“大度”一章的脚注中指出：

> 黑格尔认为，亚里士多德在这一节的讨论是以亚历山大为模型的。那种杰出的天才与恶构成那个人的巨大灵魂。斯图尔特……认为，尽管亚里士多德的讨论可能有某种这样的联系，但未必在以某个人为模型。行动迟缓、语调深沉、言谈稳重毕竟只是一个这样的大度的人的外部特征。也许可以这样说，就像荷马史诗中某些英雄的某些方面一样，亚历山大的某些方面，例如他的高贵地位以及某些品质，被亚里士多德纳入了大度的人的理想图景。①

黑格尔在《哲学史讲演录》中详细地讨论了“大度”的道德原型，并将其归宿到了亚里士多德的学生——亚历山大大帝（Alexander the Great，356 BCE－323 BCE）身上。黑格尔指出：

> 在亚历山大的教育里面，那能够归功于亚里士多德的哲学教化的是：亚历山大的精神禀赋的特有的伟大、那自然的本性，得到了内在的解放，被提高到完满的、自觉的独立，……他达到了这种对自己的完满的确信，这种确信是只有思想的无限勇敢才能给予的；他达到了不为特殊的、狭隘的计划所限，并将这些计划提高到一个完全普遍的目的，去将世界建设成一个普遍地互相往来的社会生活，建立一些不受偶发的个性所控制的国度。②
>
> ……
>
> 亚里士多德……只是规定说，最好的人应该统治国家（不管人们要怎样干，事实上也老是最好的人在统治国家）：因此，他并没有那么关心于规定国家制度的形式。“因为如果将最好的人同美德及政治能力都远不及他们的人一样平等看待，那

---

① 《尼各马可伦理学》，1125a16 注释。

② 黑格尔：《哲学史讲演录》（第二卷），贺麟、王太庆等译，上海：上海人民出版社，2013 年，第 260 页。

对于最好的人是不公道的。因为一个这样卓越的人，就等于人中之神。”此处无疑地亚里士多德是想到了他的亚历山大，以为他应该像神一样来统治人，而没有任何人能够统治他，甚至法律也不能。[①]

黑格尔甚至认为亚历山大具备“世界历史的人格”，“完成了希腊世界……给了希腊的存在一个美满的典型。亚历山大完成了他的工作，实现了他的理想；并且把最高尚、最灿烂的影像留传给了后世。”[②]

黑格尔对亚历山大的赞美溢于言表，他甚至偏颇地认为是亚历山大及其军事远征将古希腊文化和科学的种子播撒到了广阔的亚细亚大陆，这些种子也成为印度和中国古代科学发展的起源。[③] 暂且不论黑格尔这些言论的偏颇与舛误，可以从黑格尔关于亚历山大的上述两段论断中看出这样一条思路：身为百科全书式的伟大哲学家亚里士多德，同时作为“深刻的、精通的、有抽象思维能力的形而上学家”[④]，其学生亚历山大必然是亚氏超越常人的哲学教育之结晶；黑格尔就此认为亚里士多德担任亚历山大的老师是一种荣耀与光辉[⑤]，同时认为亚里士多德对亚历山大的教育倾注了心血，亚历山大的存在甚至证明了思辨哲学卓越的实践力。

可以说，黑格尔对亚历山大的赞扬反映了其对历史理性的一贯理解，即历史是通过一系列重大人物（英雄）和事件，按照理性的逻辑推进的，正如黑格尔所认为的，“推动精神关于自己的知识的形式向前开展的运动，就是精神所完成的作为现实的历史的工作”[⑥]。黑格尔在其历史哲学的论述中，将亚历山大视为历史进程的工具、文化融合的推动者以及历史变革的象征。黑格尔诙谐地运用了“理性的狡狯”（List der Vernunft）来描述历史理性与英雄的关系，以色列学者什洛莫·阿维内里（Shlomo Avineri）就此指出：“‘理性的狡狯’通过意向与结果的辩证法把‘世界历史的个体’（即历史中的英雄人物）变成在历史中实现理性的工具。”[⑦] 黑格尔认为历史是理性（世界理性主宰）的展现，而伟大的个人（英雄），如亚历山大，则是这种世界理性的工具抑或媒介，或者可以说是在人间实行世界理性的代理者，因此“一个‘世界历史个人’不会那样有节

---

① 《哲学史讲演录》（第二卷），第 346 页。

② 黑格尔：《历史哲学》，王造时译，上海：上海书店出版社，2001 年，第 272 页。

③ 《哲学史讲演录》（第二卷），第 261 页。

④ 《哲学史讲演录》（第二卷），第 259 页。

⑤ 《哲学史讲演录》（第二卷），第 259 页。

⑥ 黑格尔：《精神现象学》（下），贺麟、王玖兴译，北京：商务印书馆，1979 年，第 269 页。

⑦ 什洛莫·阿维内里（书中译为施洛莫·阿维尼尔）：《意识和历史：黑格尔与马克思的理性的狡脍》，见沃伦·施泰因克劳斯（Warren E. Steinkraus）编《黑格尔哲学新研究》，王树人等译，北京：商务印书馆，1990 年，第 136 页。

制地去愿望这样那样事情，他不会有许多顾虑。他毫无顾虑地专心致力于‘一个目的’”①。黑格尔甚至为这样的“世界历史个人”所带来的破坏后果进行开脱，认为“(他们) 可以不很重视其他伟大的、甚或神圣的利益。这种行为当然要招来道德上的非难。但是这样魁伟的身材，在他迈步前进的途中，不免要践踏许多无辜的花草，蹂躏好些东西”②。黑格尔“毫无顾忌、专心致力于一个目的”的描述和亚里士多德对大度之人“不会忙碌于琐事，而只是做重大而引人注目的事情”(1124b27) 的描述几乎如出一辙；因此，对于黑格尔来说，大度这种作为德性之冠的美德也应当赋予亚历山大。

更进一步说，对于黑格尔的历史哲学逻辑而言，亚历山大通过其武力远征，不仅拓宽了古希腊的地理和文化边界，并且促进了不同文化之间的交流与融合，特别是希腊文化与东方文化的结合，为世界文明一体化进程与发展奠定了某种基础；同时，亚历山大的远征开辟了一个新时代，这一时期尤其以文化融合、知识传播和艺术创新（犍陀罗艺术风格）为特征，黑格尔视这种融合为理性的显现，因为它推动了人类社会的整体进步。黑格尔尤其强调历史的发展是通过重大变革来实现的，而伟大的历史人物（英雄）是推动这些变革的关键，亚历山大通过建立广阔的帝国，改变了当时世界的政治格局，这种变革也成了理性历史观中不可或缺的一环。

综上所述，黑格尔对亚历山大的赞誉不仅溢于言表，也就此更进一步地认为亚里士多德在谈及“大度之人”时，描绘的对象自然是其伟大的学生——亚历山大；然而，实际上是这样的吗？

约翰·亚历山大·斯图亚特（John Alexander Stewart）教授对黑格尔的判断进行了合理怀疑。在其注释（*Notes on the Nicomachean Ethics of Aristotle*）中，斯图亚特指出：

> 他并不表现出钦佩之情，因为在他眼中没有什么是伟大的。这种精神若发生在真实的人身上会使人无法忍受。但是亚里士多德的大度之人（μεγαλόψυχος）并非一个真实的人。他是哲学中的理想创造，如同悲剧中的菲洛克特忒斯（Philoctetes）或安提戈涅（Antigone）。他是亚里士多德对于人类卓越所必需的理论观察（θεωρία）的具体表现。他“观察”自己性格的宇宙（κόσμος）或美好和谐（beautiful harmony），并不允许任何外在的事物主导他的思想或行为。通过这种方式，他实现了自足（αὐτάρκεια）或自主（autonomy），并且在比其他有道德的人在更加充分的意义上“拥有所有美德”，这些人仅通过他们的实际洞察力和自知之明(φρόνησις)

① 《历史哲学》，第 32—33 页。
② 《历史哲学》，第 33 页。

> 意识到道德法则。高尚之人是具有最高推测能力的人。如斯宾诺莎的理想，他拥有直观知识（*scientia intuitiva*），并且在每一个有德的行为中清晰地看到整个人类本性的世界，而较少推测力的好人只能模糊地看到。“内在的道德法则”的永恒景象通过其崇高，使他的心灵得到升华；而心灵的升华，即 μεγαλοψυχία，则通过他举止的尊严和与众不同显露于外。高的推测能力因此对于大度之品质（μεγαλοψυχία）来说是本质的，不是每个有德的人都可以是大度之人（μεγαλόψυχος）。
>
> ……
>
> 很难确定亚里士多德在描绘大度之人（μεγαλόψυχος）时，到底在多大程度上受到了他所知的特定个人的影响。尽管似乎有迹象表明存在这样的参考，但可以说，这种现实主义的尝试会使作品失色而非增色，……亚里士多德无疑像康德那样意识到大度之人的概念——他自成一家法则——的理想性，正如康德对其“善良意志”（Good Will）的理想性认识一样。然而，与康德不同的是，亚里士多德试图将道德自主的理想具象化，因此他欣然加入了更多生理和心理描述的细节而非伦理理想的表现。……黑格尔认为亚里士多德以亚历山大大帝作为大度之人的模型，这一观点尤为不妥（unfortunate）。亚历山大的冲动天才和他的恶习，使他与和谐发展的大度之人截然不同。[1]

可以从斯图亚特的以上讨论中看出，在亚里士多德的伦理学语境中，具有大度这一德性的人象征着完美的和谐（κόσμος）与自足（αὐτάρκεια），是超越个人欲望和情感冲动（尽管这并非必须，因为这些情感对大度之人来说并无影响），以理性和道德原则作为行动指南和生活方式的伦理学典范，如同皮埃尔·阿多（Pierre Hadot）的评论：“超越人的东西构成人的真正人格，宛如人的本质在于他之上的存在。”[2] 亚里士多德对于大度这一德性的描述与亚历山大的生活方式和性格特征形成了鲜明对比，毕竟亚历山大更以其冲动和黩武而为人所知，不能仅仅因为大度之人“只是做重大而引人注目的事情”而做出毋庸置疑的判断。因此，黑格尔的看法可能源于对亚里士多德哲学理想的误解，或者是一种过于简化的历史人物与哲学理想之间的对比。从更广泛的哲学、伦理学角度来看，亚里士多德的大度之人是一种追求道德完善和理性自律的理想类型，进而引发了关于何为真正的道德典范以及人类理性的最终目标的思考。

然而，亚里士多德对大度的描述仅仅像斯图亚特所描述的那样是一种理想性认识

---

① Stewart, J. A., *Notes on the Nicomachean Ethics of Aristotle* (*Vol. I*) (Oxford: The Clarendon Press, 1892), pp. 335－336.

② 皮埃尔·阿多：《古代哲学的智慧》，张宪译，上海：上海译文出版社，2017年，第101页。

吗？尽管斯图亚特承认，亚里士多德描述大度这一德性时似乎有迹象表明存在某些原型参考，但他将亚里士多德的“大度”与康德的“善良意志”进行类比，认为大度只是一种伦理学的理想构筑。康德的“善良意志”是形而上学的概念，强调的是意志的道德价值并不在于行动的结果，而在于其出发点和动机的纯洁性。康德的善良意志不依赖于任何条件和结果，是基于纯粹理性的自律行为原则，即人应根据能成为推而广之的普遍法则的原则来行动，因此康德更加关注个体内在的道德决策过程，强调道德行为应超脱于感官世界的影响和结果，纯粹基于理性判断，所以，康德的伦理学理想构筑侧重于道德意志的纯粹性和普遍性原则，而非个体的社会功能和道德实践中的卓越表现。相反，亚里士多德的“大度”（μεγαλόψυχος）虽然有理想化的元素，但并不仅仅是一个纯粹理想的概念。亚里士多德在其伦理学语境中常常结合具体的人物特征和行为来阐释道德德性，这使得他的描述同时具有现实基础和理想指向。他的大度之人表现出的是一种在社会中实际可行和值得尊敬的人格特质，具有这种人格特质的人物在古希腊社会是特别受到推崇的。

亚里士多德对大度之人的描述涉及个体的自我认识、自我尊重、自我实现以及对自己能力和地位的适当评价。这些特质不仅仅是理想化的构筑，它们在古希腊社会中被视为优秀领导者或英雄以及公民所应当具备的实际伦理特质。大度之人能恰当地评价自己的价值，不因外界的赞誉或批评而动摇，他们的行为基于对自身优秀品质的确信和对公正的承诺。因此，亚里士多德对大度的描述包含理想化的元素，但是是基于现实世界中可观察到的人格特质和行为模式提出的，这种特质在古希腊文化和哲学中有着深厚的根基，并在实际社会交往与公共事务中具有相当的重要性和广泛的应用。本文下一节将描述“大度”这一德性的语文学来源并阐述荷马的叙事传统。

二　荷马史诗的传统

荷马虽然没有直接使用“μεγαλοψυχία”一词，却使用了“μεγάθυμος”① 这一词来描述具有伟大品格却充满悲剧性的英雄；《伊利亚德》中，荷马在许多地方使用了“μεγάθυμος”这一词，② 譬如形容斯凯狄俄斯（Schedius）和埃披司特洛波斯（Epistrophus）等人类英雄，以及阿格诺尔（Agenor）和厄勒斐诺耳（Elephenor）③ 等半人半神英雄，他们均具有高贵的血脉和所谓“伟大的心灵”。在《伊利亚德》中，

① 在英语中，“μεγάθυμος”一词译为“great-hearted”（参见 *LSJ*）。

② 多达 51 处，如 Hom. *Il*. 1.123; Hom. *Il*. 1.135; Hom. *Il*. 2.53; Hom. *Il*. 2.518; Hom. Il. 4.464; Hom. *Il*. 4.467; Hom. *Il*. 13.598; Hom. *Il*. 15.439; Hom. *Il*. 23.168; Hom. *Il*. 23.694; 等等。

③ Hom. *Il*. 2.518; Hom. *Il*. 4.464; Hom. *Il*. 4.467.

“μεγάθυμος”常常与英雄的道德决策和行为挂钩，这些描述不仅映射出道德与权力、责任与牺牲之间的复杂张力，更体现出荷马作品中对人性、英雄主义和命运的深刻反思。在古希腊文化中，英雄被视为不仅拥有卓越的战斗技巧，而且具备崇高的道德和精神品质，通过使用“μεγάθυμος”一词，荷马强调了这些英雄的精神层面与伦理取向，表明他们不仅仅是力量与强大的象征，更是道德和理想的化身。特别值得注意的是，荷马用“μεγάθυμος”来描述希腊人民或军队（即 Achaeans，译为亚加亚人或亚该亚人，古希腊四大部族之一）[①]，这种文学的修饰似乎透露出某种民族意识形态的觉醒，英雄叙事与民族叙事的融合更进一步地推动了“μεγάθυμος”作为德性的普遍认同性；荷马通过赋予多个希腊英雄“μεγάθυμος”的品质，很有可能在塑造一种共同的民族文化认同，这种描述不仅彰显了希腊英雄的共同价值观，也反映了古希腊社会对于理想人物特质的普遍认同和尊崇。

在《奥德赛》(*Odyssey*) 中，荷马用“μεγάθυμος”来描述阿喀琉斯（Achilles）、奥德修斯（Odysseus）、忒勒玛科斯（Telemachus）等英雄，[②] 这与《伊利亚德》的修辞倾向几乎是一致的。值得注意的是，不论是在《伊利亚德》还是《奥德赛》中，荷马将“μεγάθυμος”同时用于描述人类及半人半神的英雄。在荷马的英雄叙事中，英雄往往与神明有着千丝万缕的联系，通过使用“μεγάθυμος”一词，荷马进一步将人类英雄与半人半神英雄联结在一起，他们身上有着某种共同的联系，均展现出了超越常人的力量和智慧、深厚的复杂情感与无法挣脱人性幽暗的挣扎。这一叙事传统反映了在古希腊，英雄往往被视为人与神之间的桥梁，他们的行为和命运也不可避免地受到了神的影响或控制，正如李孟阳指出的那样：

> 与不朽不老的诸神不同，人受制于自然的生成与毁灭。……尽管英雄比常人显露出更多的“神性”，但人的本性和人的境况难以承受这种神性：在阿基琉斯的故事里，似乎只有人性的彻底毁灭才能成全神性。[③]

荷马通过将“μεγάθυμος”一词应用于人类和半人半神英雄，不仅加深了这种神性与英雄性的关联，同时，在《伊利亚德》和《奥德赛》两部史诗中，荷马构建了一个英雄主义统一的叙事框架，这种叙事框架仿佛是海德格尔所谓的天地人神合一的四方之域，这个四元世界乃是天地人神相互的镜像游戏（mirror-play）：

---

① Hom. *Il*. 1. 123; Hom. *Il*. 1. 135.

② Hom. *Od*. 15. 2; Hom. *Od*. 3. 189; Hom. *Od*. 3. 364.

③ 李孟阳：《末代英雄与神人分离——评〈荷马：史诗的共鸣〉》，载刘小枫、彭磊主编《古典学研究（第 2 辑）：荷马的阐释》，上海：华东师范大学出版社，2018 年，第 177—178 页，第 180 页。

> 四者的每一位都以自己的方式反射其它的现身。每一位因此以自己的方式反射自身，进入处于四者的纯然性之中的自身。这种反射并非肖像般的描绘，反射照亮了四者的每一位，转让它们自身的现身进入相互隶属的纯一。……进入自由的反射是这样的一种游戏，通过相互转让的包容的拥抱，四者的每一位和每一位达到信赖。四者中没有任何一位坚持自己个别的独特性。①

无论是人类英雄还是神话人物，他们共同参与塑造了英雄史诗的中心主题——荣誉、命运和对人性幽暗的探索，同时体现出一种具有毁灭倾向的悲剧性，荷马运用"μεγάθυμος"一词使得这一主题更加明显与连贯。

然而，"μεγάθυμος"一词与"μεγαλοψυχία"究竟有何关联呢？美国圣约翰学院（St. John's College）学者埃里克·塞勒姆（Eric Salem）认为，亚里士多德使用的"μεγαλοψυχία"是对荷马使用的"μεγάθυμος"的翻译（translation），以说明血气（thumos）在大度这一德性中的重要性。② 对于含有血气成分的大度，"唯有基于实践理性的规范，血气作为一种灵魂官能才能实现道德的完善，从而成为一种德性"③。

可以想见，古希腊传统英雄叙事对亚里士多德的伦理学描述产生了重大影响，进而影响了他对"μεγαλοψυχία"的看法。然而，难道就像塞勒姆所注释的那样，即使荷马并没有使用"μεγαλοψυχία"这个词，我们却可以说是荷马史诗直接给予了亚里士多德伦理学论述的灵感吗？

三　埃瓦戈拉斯的文本

尽管含有"大度"这一德性所蕴含的伦理要素与道德内容已经在荷马史诗中被广泛书写和运用，甚至已然被古希腊民众所熟稔、实践，实际上，亚里士多德才是真正意义上的，第一个广泛使用这一词汇、并对其作出伦理学阐释的重要哲学家。④ 然而在亚里

---

① 海德格尔：《诗·语言·思》，彭富春译，戴晖校，北京：文化艺术出版社，1991年，第158页。

② Eric Salem, *In Pursuit of the Good: Intellect and Action in Aristotle's Ethics* (Philadelphia: Paul Dry Books, 2009), p. 178, 2 ‖ Magnanimity and Justice, note 21. 关于大度与血气的关系，参见陈斯一：《亚里士多德论血气的德性》，载《现代哲学》2019年第1期。

③ 《亚里士多德论血气的德性》。

④ 就目前的资料（Perseus Digital Library）而言，亚里士多德在《尼各马可伦理学》（*Nicomachean Ethics*）1107b，1123a，1123b，1124a，1125a，1125b；《优台谟伦理学》（*Eudemian Ethics*）1231b，1232a，1232b，1233a；《论美德和邪恶》（*Virtues and Vices*）1249b，1250a，1250b；《修辞学》（*Rhetoric*）1. 6. 9，1. 9. 5，1. 9. 11，2. 12. 11中提到并论述了"μεγαλοψυχία"一词。其他作者中，只有与亚里士多德同时代，甚至同年出生、同年去世（公元前384—前322）的雄辩家、政治家狄摩西尼（Demosthenes）比较广泛地运用了这一词，他在三处提到了这个词，一是《金冠辞》（或译《金冠辩》，*On the Crown*）18. 68，二是《反菲利浦辞》（*Against Leptines*）20. 142，三是《反阿里斯托格伊同》（*Against Aristocrates*）23. 205；这些都是演讲时的发言，非常简短，并非像亚里士多德那样深入地讨论这个词的伦理学意义。

士多德之前的、现存的古希腊文本中，较早的使用案例出现在伊索克拉底（Isocrates，公元前 436—前 338）的《埃瓦戈拉斯》（*Evagoras*）当中。笔者认为，亚里士多德对于"*μεγαλοψυχία*"概念的理解受到了伊索克拉底的《埃瓦戈拉斯》的深刻的影响。

伊索克拉底在《埃瓦戈拉斯》中提到"*μεγαλοψυχία*"一词三次，第一处（DK［189］3）是：

εὑρήσομεν γὰρ τοὺς φιλοτίμους καὶ **μεγαλοψύχους** τῶν ἀνδρῶν οὐ μόνον ἀντὶ τῶν τοιούτων ἐπαινεῖσθαι βουλομένους, ἀλλ᾽ ἀντὶ τοῦ ζῆν ἀποθνήσκειν εὐκλεῶς αἱρουμένους, καὶ μᾶλλον περὶ τῆς δόξης ἢ τοῦ βίου σπουδάζοντας, καὶ πάντα ποιοῦντας, ὅπως ἀθάνατον τὴν περὶ αὐτῶν μνήμην καταλείψουσιν.①

其英语翻译是：

［F］or we shall find that men of ambition and **greatness of soul** not only are desirous of praise for such things, but prefer a glorious death to life, zealously seeking glory rather than existence, and doing all that lies in their power to leave behind a memory of themselves that shall never die. ②

第二处（［198］45）是：

μέγα φρονῶν οὐκ ἐπὶ τοῖς διὰ τύχην ἀλλ᾽ ἐπὶ τοῖς δι᾽ αὑτὸν γιγνομένοις: τοὺς μὲν φίλους ταῖς εὐεργεσίαις ὑφ᾽ αὑτῷ ποιούμενος, τοὺς δ᾽ ἄλλους τῇ **μεγαλοψυχίᾳ** καταδουλούμενος: φοβερὸς ὢν οὐ τῷ πολλοῖς χαλεπαίνειν, ἀλλὰ τῷ πολὺ τὴν τῶν ἄλλων φύσιν ὑπερβάλλειν: ἡγούμενος τῶν ἡδονῶν, ἀλλ᾽ οὐκ ἀγόμενος ὑπ᾽ αὐτῶν: ὀλίγοις πόνοις πολλὰς ῥᾳστώνας κτώμενος, ἀλλ᾽ οὐ διὰ μικρὰς ῥᾳθυμίας μεγάλους πόνους ὑπολειπόμενος:③

其英文翻译是：

---

① Isocrates, *Isocrates in three volumes(Vol. III)* (ed. & trans. LaRue Van Hook; Cambridge, MA: Harvard University Press; London: William Heinemann Ltd., 1961), p. 4. 因为我们要着重讨论每段文本与亚里士多德文本之间的相似性，因此特意引用相关段落全文。

② *Isocrates in three volumes(Vol. III)*, p. 5.

③ *Isocrates in three volumes, (Vol. III)*, p. 28.

[H] e was proud, not of successes that were due to Fortune, but of those that came about through his own efforts: his friends he made subject to himself by his benefactions the rest by his **magnanimity** he enslaved: he inspired fear, not by venting his wrath upon many, but because in character he far surpassed all others: of his pleasures he was the master and not their servant: by little labor he gained much leisure, but would not, to gain a little respite, leave great labors undone;①

第三处（[201] 59）是：

ἠπίστατο μὲν γὰρ πολλοὺς καὶ τῶν Ἑλλήνων καὶ τῶν βαρβάρων ἐκ ταπεινῶν καὶ φαύλων πραγμάτων μεγάλας δυναστείας κατεργασαμένους, ᾐσθάνετο δὲ τὴν Εὐαγόρου **μεγαλοψυχίαν** καὶ τὰς ἐπιδόσεις αὐτῷ καὶ τῆς δόξης καὶ τῶν πραγμάτων οὐ κατὰ μικρὸν γιγνομένας, ἀλλὰ καὶ τὴν φύσιν ἀνυπέρβλητον ἔχοντα καὶ τὴν τύχην αὐτῷ συναγωνιζομένην:②

其英语翻译是：

For the king well knew that many men, both Greeks and barbarians, starting from low and insignificant beginnings, had overthrown great dynasties, and he was aware too of **the lofty ambition**③of Evagoras and that the growth of both his prestige and of his political activities was not taking place by slow degrees: also that Evagoras had unsurpassed natural ability and that Fortune was fighting with him as an ally.④

① *Isocrates in three volumes(Vol. III)*, p. 29.

② *Isocrates in three volumes, (Vol. III)*, p. 36.

③ 不太清楚拉鲁·范·胡克（LaRue Van Hook）为何在此处将“μεγαλοψυχίαν”翻译成“崇高的抱负”（the lofty ambition），尽管这可能是一种文学上的对译，即“μεγαλο-”对译为“lofty”，而“ψυχίαν”对译为“ambition”。同时，胡克可能认为“大度”是不能“快速成长”的，因此将其译成了“抱负”。但这样的翻译是不符合这一词汇的原意的，因为，一则找不出第二例“μεγαλοψυχία”表达“抱负”或者“野心”的、其他古希腊世界重要作家的用法，二则胡克似乎没有注意到古希腊世界认为“大度”和“荣誉”是可以相互促进、共同成就的，“大度”也具有一种“生长性”。

④ *Isocrates in three volumes(Vol. III)*, p. 37.

先搁置这些引用的文段，对伊索克拉底的《埃瓦戈拉斯》进行简单的介绍。[①]《埃瓦戈拉斯》大约成书于公元前370年前后，这是一部篇幅很长的对塞浦路斯国王埃瓦戈拉斯的颂歌式传记（encomiastic biography），其主要内容是尼科克勒斯（Nicolas）在为纪念其逝去的父亲埃瓦戈拉斯而举办的节日中赞颂埃氏的光辉事迹。伊索克拉底在《埃瓦戈拉斯》中声称这部作品是第一篇为同时代人而作的散文颂词。[②] 在这部作品中，伊索克拉底描绘了一个"虚心好学、从来不去想不义之事、凭借慷慨结交朋友的人"[③]，尽管作品中描述的埃瓦戈拉斯很大程度上与其真实的历史形象有所不符。塞萨洛尼基亚里士多德大学（Aristotle University of Thessaloniki）哲学系教授埃万杰洛斯·阿列克西奥（Evangelos Alexiou）对此评价道："伊索克拉底的出发点的确是基于历史事件的，然而伊氏选择了这样一种解释方式来表现埃瓦戈拉斯：比起历史人物，他更像是一个政治理想。"[④] 也就是说，伊索克拉底将埃瓦戈拉斯视作完美政治人格和领袖的化身，他被赋予了伊索克拉底的政治理想。伊索克拉底师承苏格拉底，他受到了苏格拉底较为深刻的影响；因此，伊索克拉底非常重视灵魂学说（这与亚里士多德非常类似），认为"对准备让年轻人成为对城邦有用的人来说，对灵魂的培育是最高贵的追求"[⑤]。而在政治方面，伊索克拉底追求团结、自由与和谐，并认为具有鉴识贤能人才的政治领袖可以导引希腊走向繁荣，他据此赞成贤明君主制（这一点和柏拉图很像）。[⑥] 然而，为何选择伊索克拉底的文本与亚里士多德的描述进行比较呢？这主要基于两个原因：一则伊索克拉底是较早广泛使用"μεγαλοψυχία"一词的重要文学家或哲学家，且在几乎与亚里士多德相同的意义上使用"μεγαλοψυχία"，这与亚里士多德的伦理学语境是契合的，二则伊索克拉底将"μεγαλοψυχία"一词彻底用在了凡人英雄之上，这与亚里士多德的人神分离倾向是一致的，下一节将深入比较两者的相似之处。

---

① 关于伊索克拉底及其作品更为详细且权威的介绍，参见 López-Cruces, J. L., Fuentes-González, P. P., "Isocrate d'Athènes," in *Dictionnaire Des Philosophes Antiques III d'Eccélos à Juvénal* (ed. Richard Goulet; Paris: CNRS Éditions, 2000), pp. 891—938；另外，关于其著作《埃瓦戈拉斯》，可以参考 Evangelos Alexiou, "The Rhetoric of Isocrates' Euagoras: History, Ethics, and Politics," *Isocrate, Entre jeu rhétorique et enjeux politiques* (ed. Christian Bouchet and Pascale Giovannelli-Jouanna), in *La Collection Études et Recherches sur l'Occident Romain (CEROR)*, Issue 47(2015): 47—57. 令人感到幸运的是，伊索克拉底的演说集已被翻译为中文并出版，参见埃斯基涅斯：《古希腊演说辞全集 04 · 伊索克拉底卷》，冯金鹏译，长春：吉林出版集团，2015年；李永斌教授在导言中详细介绍了伊索克拉底的生平及其作品。《埃瓦戈拉斯》这部作品的详细信息可参见阿纳尔多·莫米利亚诺：《古希腊传记的嬗变》，刘小枫主编，孙文栋译，北京：华夏出版社，2021年，第56—65页；《古希腊演说辞全集 04 · 伊索克拉底卷》，第227—229页。令人遗憾的是，李永斌是按照英译本迻译的，将"μεγαλοψυχίαν"一个词翻译成了三个词。

② 《古希腊传记的嬗变》，第56页。

③ 同上。

④ 引自 Evangelos Alexiou, "The Rhetoric of Isocrates' Euagoras: History, Ethics, and Politics".

⑤ 李永斌：《导言》，见《古希腊演说辞全集 04 · 伊索克拉底卷》，第18页。

⑥ 参见李永斌：《导言》，见《古希腊演说辞全集 04 · 伊索克拉底卷》，第20—23页。

四 伊氏与亚氏文段的比较

我们具体分析一下这三个文段，看看“μεγαλοψυχία”究竟在何种意义上被使用。第一个文段讲述了大度之人（即埃瓦戈拉斯，下同）应该具有的特征，即大度之人应当将生死置之度外，热切地追求战场上的荣誉；这一描述与亚里士多德对“大度”一词的描述极其近似，亚里士多德认为大度之人是与重大的荣誉相关的（1125a35）。

第二个文段进一步描述了大度之人所应该具有的特征：大度之人（a）不会因为运气所造就的成功感到沾沾自喜，相反，他们仅仅会因为自己努力而得来的东西所喜悦；（b）各种朋友会因为其大度和恩惠而集结在他的身边；（c）具有某种近似害怕的威严，但这种威严并不是来自“迁怒”，而是他远超诸人；（d）并非快乐的奴隶，而是它的主人；（e）仅仅做一些小事却能有着极大的收获，同时不会因为琐碎的收获而兴师动众。这些特征，尤其是（a）、（b）两项与亚里士多德的描述非常接近，试比较：

> （大度的人）同时也适度地关切财富、权力和可能会降临到他身上的好的或坏的命运。他既不会因好命运而过度高兴，也不会因坏命运而过度痛苦。（1124a15—16）
>
> （大度的人）不纠缠琐碎的事情，也不喜欢去冒险。因为值得他看重的事物很少。但是他可以面对重大的危险。当他面对这种危险时，他会不惜生命。因为他认为，不能为活着而什么都牺牲掉。他乐于给人以好处，而羞于受人好处。因为给予人好处使得他优越于别人，受人好处使得别人优越于他。……而大度的人想做一个超过别人的人。（1124b6—15）

伊索克拉底和亚里士多德都描述了大度之人并不关心“好运”，同时他们具有“远超过他人”或者“优越于他人”的特征，他们因为自己灵魂的高贵和伟大，认为自己是自己命运的主人，同时常常感到一种超出性或者说是优越感，但这种超出性或优越感必须与“指向他人的恩惠与帮助的实际举动”相配合，否则便失去了使用“μεγαλοψυχία”的语境。

再看第三个语段，笔者已经在脚注中反驳了拉鲁·范·胡克（Larue Van Hook）的译法处理，认为“μεγαλοψυχίαν”一词在此处仍然是“大度”的意思。这个语段给出了一个非常具体的语境：埃瓦戈拉斯的“大度”与其名声和政治能力快速地成长，并给予了一个非常重要的提示，即所谓的“大度”是与名声（presitge）相辅相成、互相促进的。亚里士多德与这一观点不谋而合，他说："它（大度）使它们（荣誉）变得更伟大，而且又不能离开它们而存在。"（1124a1－2）也就是说，大度是和荣誉相关的，当荣誉被赋予大度之人时，这项荣誉会变得更加伟大，类似的，巨大的荣誉因为和大度之人相匹配，而体现出了相当程度的契合完美的适度。

总而言之，在伊索克拉底的描述中，大度的人不仅追求荣誉，而且愿意为之牺牲生命，显示了对荣誉的极高评价和追求；亚里士多德也强调，大度之人与重大荣誉相关，他们处理荣誉的方式显示了一种非凡的尊严和自我控制。其次，伊索克拉底强调了大度之人通过个人努力实现目标的能力，而非仅依靠运气；亚里士多德同样认为，大度之人对自己的能力和价值有着正确的认识和评价，他们的行为基于自身的优秀品质而非外界因素。再次，伊索克拉底描述的大度之人在追求荣誉和自我实现的过程中显示了强烈的独立性和主动性，这与亚里士多德的大度之人自主控制自己的生活和选择，不被外在事物所左右的特征遥相呼应。同时，我们似乎可以看到另一个重要的特征，即伊氏与亚氏摆脱了荷马史诗叙事中所谓"神"的影响，将"大度"的品质彻底赋予了"凡人"——亚里士多德甚至认为"大度"之人所重视的荣誉是他们反向赋予神的（1123b19），而非神赋予他们的，这无疑打破了人之命运受神摆布的传统叙事，使伦理学的研究更加转向于人之本身。①

结　语

本文试图从语文学的角度出发，以论证如下观点：亚里士多德对于"μεγαλοψυχία"的理解以及描述在相当大的程度上与伊索克拉底的颂歌式传记《埃瓦戈拉斯》有关，同时，伊索克拉底的《埃瓦戈拉斯》借由"μεγαλοψυχία"一词，联结了荷马史诗与亚里士多德伦理学论述。笔者同时认为，黑格尔显然忽略了伊索克拉底的颂歌传统及其较早使用"μεγαλοψυχία"一词的事实，武断地认为亚里士多德在谈论大度时是以亚历山大为蓝本的。在上述文本对照后，可以发现亚里士多德对于"μεγαλοψυχία"的理解更可能来自伊索克拉底对于塞浦路斯国王埃瓦戈拉斯的描述；伊索克拉底在《埃瓦戈拉斯》中对"μεγαλοψυχία"的描述与亚里士多德在《尼各马可伦理学》中的分析非常相似，笔者就此认为，从语文学的角度来看，二者几乎是从相同语境出发来探讨"μεγαλοψυχία"这一概念的。经由上述讨论，我们可以知道"μεγαλοψυχία"作为一个伦理学概念具有以下历史线索：

---

① 参见 Mary P. Nichols, *Aristotle's Discovery of the Human: Piety and Politics in the Nicomachean Ethics* (Notre Dame: University of Notre Dame Press, 2023), pp. 91－93.

荷马史诗（《伊利亚德》和《奥德赛》）中的“μεγάθυμος”——伊索克拉底《埃瓦戈拉斯》中的“μεγαλοψυχία”——亚里士多德《尼各马可伦理学》中的“μεγαλοψυχία”。

尽管三者各有侧重，然而逮至亚里士多德，“大度”作为德性之冠，完成了它的伦理学及语文学背景的构建。

（安宸漾，华侨大学哲学系本科生）

论时间的内在化与认识功能的历程

——从"客观时间"经"主观时间"至"内时间意识"

孙星

摘要：时间是一个在哲学史上从古希腊一直探讨至今的主题之一，对时间的理解也层出不穷，始终没有得出定论。尽管如此，哲学史上对时间的讨论却呈现一个明确的趋势，即时间被不断内在化于主体当中，并且伴随着这种内在化，时间的认知功能也越来越凸显。本文试图通过对亚里士多德的客观时间、奥古斯丁的心灵时间、康德的先验时间，以及胡塞尔的内时间意识的分析来显示这条线索。

关键词：亚里士多德　奥古斯丁　康德　胡塞尔　时间

引　言

时间是什么，对日常的我们来说，时间仿佛就是钟表上指针均匀的流逝，但这却不是在回答时间是什么这个问题，于是它便持续地困扰着哲学家。历来哲学家们对时间进行了无数的讨论与分析，当然对时间是什么仿佛依然没有一个明确的答案，不过哲学史上对时间的理解却展现出了一条明确的线索，就是时间有一个不断内在化于主体的过程，并且伴随这一过程，时间在认知当中所扮演的角色也越来越重要。本文试图通过对亚里士多德、奥古斯丁、康德以及胡塞尔对时间的分析来呈现这条线索。

一　亚里士多德的客观时间

亚里士多德在《物理学》中讨论了他对于时间的理解。亚里士多德将时间与运动联系在了一起，因为"若无变化，也不会有时间。因为当我们的思想没有发生变化，或者虽然变化发生了但却没有觉察时，我们就不会认为时间已经发生了"①。不过时间显然

---

① 亚里士多德：《物理学》，徐开来译，北京：中国人民大学出版社，2003 年，第 112 页。

又不是运动，因为运动只存在于运动着的事物当中，而时间则同等存在在一切地方，并且运动是有快有慢的，而时间则无快慢，相反，快慢需要由时间来确定。所以，亚里士多德认为，时间不是运动，但又不能没有运动，那时间必然是运动的什么。

运动在亚里士多德那里有多个含义，而在讨论时间与运动时，他多用位置变化的运动来例证。如上一段所说，只有当我们意识到了运动变化的发生，我们才意识到时间的流逝，而运动作为位置的变化是一个连续的有先有后的变化，因此，也只有我们在做出了这种先与后的区分的时候，才能意识到时间：

> 运动有多少，时间也总是被认为已经过去了多少。先于和后于的首要含义是在地点方面；在那里，他们表现为位置。此外，既然积量中有先于和后于，那么运动中也必然有和积量相类似的先于和后于。但是，由于时间总是和运动相互一致的，所以，时间中也就有了先于和后于……只有在我们把握了运动之中的先于和后于的感觉时，我们才说时间已经过去了。①

亚里士多德在这里引入的是“量”这个概念，在运动和时间这里，量这个概念是具有连续性的，同时也分先后，那么其就是可以作为一种被计数的存在。所以，时间就不是运动，而是运动得以计数的数目。亚里士多德区分了两种数目，一种是被计数的数目，另一种是用以计数的数目，显然时间是作为前者。最终，亚里士多德对时间的定义就是：“时间乃是就先与后而言的运动的数目，并且是连续的。”②

正是在以上的意义上，亚里士多德的时间可以被视为一种客观时间，因为其将时间与运动绑定在一起，并且以计数和运动为基础来对时间进行理解，时间被他当作了运动的属性或状况。但是，不能说亚里士多德对时间的理解是纯粹客观的，在对时间的感知方面，亚里士多德依然保留了主观因素。如上文所说，时间的发生需要我们思想的变化以及对变化的觉察。进一步，亚里士多德则说明了时间与灵魂的关系：

> 如若计数者不能存在，某个可以被计数的数目也不能存在，因而显然就不会有数目存在；因为数目或者是已被计数的，或者是可能被计数的。但是，如果除了灵魂和灵魂的理智之外，再无其他东西有计数的资格，那么，假若没有灵魂，也就不能有时间，而只有以时间为其属性的那个东西，即运动存在了，如果没有灵魂运动也可能存在的话。③

---

① 《物理学》，第 113 页。
② 《物理学》，第 116 页。
③ 《物理学》，第 124—125 页。

也就是说，灵魂是感知时间的前提条件。亚里士多德在这里的表述或许会被认为与前面“时间在一切地方同等存在”相矛盾，其实不然，亚里士多德在这里说的“没有时间”是在主观意义上说的，即无法感知到时间，而非时间绝对地不存在，在客观意义上，时间自始至终被其依附于任何一种运动之上，而运动持续存在，则时间在客观意义上也持续存在。①

所以，总体来看，由于亚里士多德将时间依附于绝对的运动之上，因此其时间是一种客观时间。并且在亚里士多德对时间的讨论中，时间作为被认识的对象并未承担起主体的认识论功能，而要使时间的认知功能显现，则需要将时间内在化到主体中。

二　奥古斯丁和康德的主观时间

（一）奥古斯丁的心灵化时间

奥古斯丁对时间的思考从属于其创世说。上帝从无中在瞬间创造万物，时间也是其创造物之一，奥古斯丁说道：“你创造了一切时间，你在一切时间之前，而不是在某一时间中没有时间。”② 但是关于时间是什么，奥古斯丁却无法回答，他说道：“那么时间究竟是什么？没有人问我，我倒清楚，有人问我，我想说明，便茫然不解了。”③

奥古斯丁关于时间所肯定的一点在于，关于过去、将来和现在的事物是一定存在的，否则便不会有过去、将来和现在的时间。但是奥古斯丁对时间的思考产生茫然的地方在于对过去、将来和现在的时间长度的测量上。

首先对于过去和将来的长度的测量。一方面，奥古斯丁表明，我们明确地会谈论百年之前或十天之后长短的时间，即关于过去和将来的长度。但是奥古斯丁又坚持一点，即过去作为已经不存在和将来作为尚未存在，都是不存在的，而不存在的就没有长短之说。这进一步就涉及现在长度，既然过去和将来是不存在的，没有长短，那现在是否有长短。奥古斯丁思考的结果是：现在是没有丝毫长度的。在将时间划分为过去、现在和将来的基础上，奥古斯丁的思考如下：

> 一百年能否全部是现在？如果当前是第一年，则第一年属于现在，而九十九年属于将来，尚未存在；如果当前是第二年，则第一年已成过去，第二年属于现在，其余属于将来。一百年中不论把拿一年置于现在，在这一年之前的便属于过去，以

① 张蒙：《亚里士多德时间学说探析》，载《学理论》2023年第6期。
② 奥古斯丁：《忏悔录》，周士良译，北京：商务印书馆，2010年，第257页。
③ 《忏悔录》，第258页。

后属于将来。为此一百年不能同时都是现在的。[①]

而之后奥古斯丁进一步把现在的范围缩小至一年、一个月、一天，最终发现由于其无限可分的性质，现在最终被缩小至没有任何长度。至此，关于时间的矛盾之处最终显现出来，一方面，我们能明确觉察到时间的长度，以至于在不同长度的时间进行比较，另一方面，上述的考察向我们表明了过去、现在和将来是没有长短的。

为了解决这一问题，奥古斯丁把时间内在化，由于我们对时间长度的觉察是在心灵中发生的，那么不妨把时间也置入心灵当中。于是时间便不再被划分为过去、现在和将来，而是过去的现在、现在的现在以及将来的现在三类。这样，过去和将来就不是不存在的，而是存在的，并且是存在于我们的心灵当中。奥古斯丁因此表明："过去事物的现在便是记忆，现在事物的现在便是直接感觉，将来事物的现在便是期望。"[②] 过去的事物消逝，但是由于记忆依然存在于我们的心灵当中，当我在现在进行回忆的时候，我们并不是抓住真实的过去，而是提取其在我们心灵当中所留下的印象。将来尚未存在，对于将来的计划，奥古斯丁将其分为了计划与计划的行动，前者属于现在，后者属于将来。我们对将来的计划并不是无端的，而是以现在已经存在的原因和预兆为基础，奥古斯丁以预言日出来进行解释："我看见的是现在，而预言的是将来；我不是预言已经存在的太阳，而是预言尚未存在的日出，但如我心中没有日出的影像，和我现在谈日出时一样，我也不能预言。"[③] 通过将时间主观化，其不再是没有长度的时间，而是心灵的延伸。过去、现在和将来的划分也对应了人心灵的记忆、注意与期望的三种能力。所期望的东西，经由注意最终进入回忆当中。

可以看出，奥古斯丁对时间的思考明确将其内在化于人的心灵中，并且与胡塞尔的内时间意识的整体结构有很大的相似性，当然后者分析更为系统化与精确化，这一定程度也说明了胡塞尔对奥古斯丁的肯定："每个想要探讨时间问题的人都应当仔细地研读《忏悔录》第十一篇的第 14 章至第 28 章。因为，与这位伟大的、殚思竭虑的思想家相比，以知识为自豪的近代并没有能够在这些问题上做出更为辉煌、更为显著的进步。"[④] 同时，将时间内在化也赋予了时间一定的认知功能，不过奥古斯丁对这方面的分析并不多，或者说其并未充分意识到时间的认知功能，而将时间的认知功能作为重点进行分析的则是之后的康德。

---

① 《忏悔录》，第 259 页。
② 《忏悔录》，第 263 页。
③ 《忏悔录》，第 262 页。
④ 胡塞尔：《内时间意识现象学》，倪梁康译，北京：商务印书馆，2010 年，第 37 页。

（二）康德的先验时间

康德将时间理解为感性的先天直观形式和先验的生产性的想象力产生的图型，这两者都体现出其将时间进一步内在化和对其认知功能的强调。前者在先验感性论当中，康德通过对时间进行形而上学的阐明和先验的阐明，证明了时间作为内在于我们感性的先天直观形式。后者则在《纯粹理性批判》第二部分的先验逻辑中，面对纯粹知性概念和经验性的直观之间的不同质问题，时间作为先验图型发挥着联结两者的作用，它一方面是形式的，与范畴同质，另一方面是感性的，与显象同质，从而可以将知性范畴和客观经验现象联结起来。

由于休谟的怀疑论对形而上学的摧毁性，康德为了解决经验论和唯理论遗留下来的难题，转变主体与对象的关系，让对象符合我们的先天认识形式，这也就是"哥白尼革命"。在先验感性论中，康德是为了说明显象的表象只有在我们感性的先天直观形式当中才能被接受。在这部分中，康德将时间论证为主体的纯直观形式之一，为此他进行了形而上学的阐明和先验的阐明。共有五条：第一，时间不是从经验中抽引出来的经验性的概念；第二，时间是为一切直观奠定基础的必然表象；第三，时间只有一维，是前后相继的；第四，时间不是推论出的，而是感性直观的纯形式；第五，时间作为本原的表象是无限制的。① 其中一、二、四、五条分别论证了时间的先天性、必然性、惟一性和无限性，属于形而上学的阐明，第三条属于先验的阐明，并且康德在第二版《纯粹理性批判》中做了进一步补充。通过四条形而上学的阐明，康德展现了时间的本质属性，即纯粹直观，只有在这样一个惟一的无限制的时间的纯直观形式之下，显象之表象才能够进入我们的知觉当中并为我们所认识。在确立时间本质属性的基础之上，通过先验的阐明说明了只有在时间的直观形式之中，变化和运动的概念才有可能，两个矛盾对立的规定才会在一个事物中被发现，即前后相继地被发现，从而说明了普遍运动所阐述的先天综合知识的可能性。这样，作为感性纯直观形式的时间具有先验观念性和经验实在性，先验观念性是时间阐明之后的结论，经验实在性是先验观念性的必然推论，如果我们抽掉感性直观的主观条件，时间就什么也不是，它不能像牛顿所说的自存，也不能像莱布尼茨所说的依附于对象，但时间依然具有客观的现实性，是就每次能够被给予我们感官的所有对象而言的客观有效性。因此，康德在先验演绎部分总结了时间的这种功能："我们的表象可以不论由何处产生出来……它们最终是作为内心的变状而属于内感官的，并且我们的一切知识作为这样一种变状，最终毕竟都是服从内感官的形式条件即时间

---

① 康德：《纯粹理性批判》，邓晓芒译，北京：人民出版社，2017年，第27—28页。

的，如它们全都必须在时间中得到整理，结合和发生关系。”①

在完成了纯粹知性概念的先验演绎，即解释了“概念能够先天地和对象发生关系的方式”② 之后，康德认为需要将感性直观中的表象归摄于知性范畴之下才能形成知识，面对概念与表象之间的不同质问题，康德在原理分析论中给出的回答是，必须要通过一个中介性的“第三者”把他们联结起来，这个第三者的表象就是先验图型，即先验的时间规定，它同时与范畴和显象同质。图型是想象力的产物，是想象力为一个概念取得它的形象的某种普遍处理方式的表象，所以想象力是范畴能够把感觉对象归摄于其下的根本原因。康德对想象力做了多种区分，在这里指的是先验的生产性的想象力，它产生的就是纯粹知性概念的图型：

> 一个纯粹知性概念的图型是某种完全不能被带入任何形象中去的东西，而只是合乎某种依照由范畴所表达的一般概念的统一性规则而进行的纯综合，是想象力的先验产物，该产物就所有那些应先天地按照统觉的统一性而在一个概念之中关联起来的表象而言，就与一般内感官的规定依照其形式（时间）诸条件而发生关系。③

所以，先验的图型就与包含有时间的表象具有相通之处从而起到“第三者”的中介作用。就图型的如何运用而言，康德将范畴全部转化为图型，从而与作为内感官形式的时间相联结。“图型无非就是按照规则的先天时间规定而已，这些规则是按照范畴的秩序而与一切可能对象上的时间序列、时间内容、时间秩序及最后，时间总和发生关系的。”④ 量的图型是数，属于“时间系列”；质的图型可以理解为程度，即“时间内容”；关系的图型属于“时间的秩序”；模态的图型是“时间的包容性”。总结而言，知识需要将感性与知性结合，只有先验的生产性的想象力所产生的先验图型即先验的时间规定具有这种功能，一方面，就它是普遍的并且建立在某种先天规则之上而言，它与范畴同质，另一方面，就一切经验的杂多表象都包含时间而言，它又与显象同质，因此，范畴在显象上的应用借助先验的时间规定成为可能，后者作为知性概念的图型对显象被归摄到范畴之下起中介作用。⑤

康德的先验哲学一上来就将时间内在化到了自我意识当中，并赋予了其极高的地位。可以说，康德为了解决知识何以可能的问题，在各个阶段都把时间放在核心的位置，在先验感性论中，时间是我们先天的直观形式，杂多表象只有在其中才能被我们接

① 《纯粹理性批判》，第 88 页。
② 《纯粹理性批判》，第 62 页。
③ 《纯粹理性批判》，第 108 页。
④ 《纯粹理性批判》，第 110 页。
⑤ 《纯粹理性批判》，第 107 页。

受和整理，在纯粹知行概念的图型法中，时间作为可以将知性与感性进行联结的中介。在每一个阶段中时间都发挥着无法替代的作用。

三 胡塞尔的内时间意识

时间问题也是现象学的核心问题，胡塞尔就时间问题进行了长久的探讨，一致持续到晚年，形成了数量庞大的手稿。其最大的突破就是形成了一种“域性时间”观，即时间是作为时间之流而存在的，否定了时间的可分性，时间不再被分为一个个点瞬间，其宽度也得以被拓展，“现在”不再是一个“点”，每一个时刻我们不仅意识到的是现在，我们还意识到有在下一瞬间的东西向我们涌现，也意识到现在正在流逝成为过去，以及已成为过去的东西流逝成为更远的过去。

胡塞尔的内时间意识是一种立义时间。立义（Auffassung）指的就是“将某物立义为某物（Auffassen von etwas als etwas）。前一个某物是指尚未被立义的感觉材料，如各种对颜色、长度、硬度等等的感觉；后一个某物是指被立义之后的对象，如这个东西、这张桌子等等”①。胡塞尔对客观时间采取了悬搁的态度，“我们所接受的不是世界时间的实存，不是一个事物延续的实存，以及如此等等，而是显现的时间、显现的延续本身。但这却是绝对的被给予性，对它们的怀疑是完全无意义的”②。这是由现象学的态度和方法决定的，可以被现象学利用的只有实项的意向的内在以及意向的被构成的超越。③ 所以对时间的现象学研究所可以利用的素材就是“时间立义”（Zeitauffassung），它具有两重性质，一方面，它是客观之物在时间中对我们显现的体验，另一方面它具有立义的特征，它可以通过立义使时间素材被构造成一个完整的客观之物而被我们直接感知。所以，胡塞尔所谓“内时间”是一种对时间流的意识体验，具有构造客观对象之物的功能。总之，时间性必须被看作构成任何对象的形式的可能性条件。④

胡塞尔对时间的思考起源于其对布伦塔诺“原初联想”的批判。胡塞尔认为布伦塔诺的原初联想具有心理学的色彩，这种规律“是一个在已有心理体验的基础上对心理体验进行新构建的心理学规律”⑤。布伦塔诺认为，过去的东西是以想象的方式显现出来的，是想象使得表象的连续得以可能，于是想象便成为“原造性”（produktiv）的，也就是说，对于时间流逝的意识是由于想象才得以可能。胡塞尔的现象学坚持的是“明见

---

① 倪梁康：《胡塞尔现象学概念通释》，北京：商务印书馆，2016年，第64页。
② 《内时间意识现象学》，第39页。
③ 张祥龙：《朝向事情本身：现象学导论七讲》，北京：团结出版社，2003年，第48—49页。
④ 扎哈维：《胡塞尔现象学》，李忠伟译，上海：上海译文出版社，2007年，第82页。
⑤ 《内时间意识现象学》，第51页。

性”的原则，即强调当下感知的优先性和真实性，只有感知所产生的“原初印象”才是一切的开端，那么想象力的再生显然违背了这一原则，再生的表象并不是从感知中来，而是由想象得来，那么通过想象获得的关于过去的表象就不真实了，所以“如果把对过去的原初意识看作是一种想象表象的话，那么我们在对时间进行直观时，是无法形成一个过去与现在相连接的连续统一的”①。在胡塞尔这里，“感知”才是奠基性的意识行为，因此胡塞尔此时（《逻辑研究》时期）所关注的问题就是：我们能否以及如何感知一个过去的表象？他认为布伦塔诺的问题在于没有区分意识活动（Akt）和意识内容（Inhalt），即“没有区分行为、立义内容和被立义的对象”②。布伦塔诺一直在“内容”的层面解决问题，胡塞尔认为，“我们不仅在原生内容上，而且也在被立义的客体和立义的行为上发现时间特征、演替和延续。一个局限于单一层次的时间分析是不够的，毋宁说，它必须追究所有的构造层次”③。胡塞尔指出，解决问题的关键不在于“意识内容”而在于“意识活动”，于是他提出了诸如“回忆感知”（Erinnerungswahrnehmung）这样的概念，目的就是指明我们可以在当下直接“感知”到过去。

胡塞尔不同于经验主义的地方在于，每一个现在不再是“点”状瞬间，而是“域”性瞬间，胡塞尔称之为“时间晕”(Zeithof)：每一个当下的现在点都有过去与未来与它紧密衔接，从而组成了一个“晕圈”。晕圈的中间部分就是“现在”，周围部分就是“过去”和“将来”，他们之间是可过渡的，因此，“这个‘被给予’感知的东西必定是一个时间上广延的东西，不是一个单纯的时间上的点状物”④。这个“时间晕”中心的“现在”，胡塞尔后来用“原印象”（Urimpression）进行了替代。“原印象”是我们对时间客体进行延续性把握得以可能的“起源点”，并且更重要的是，这个“原印象”也是一直处在不断的变异当中，胡塞尔以一段声音的例子来说明：“这个意识被包容在持续的变化之中：切身的声音——现在（即以意识的方式、在意识“之中”不断地变化为一个过去，一再地有新的声音——现在（Ton-Jetzt）来接替那个过渡到变异之中的声音）。”⑤ 并且胡塞尔是在“立义内容－立义范式”上来对“原印象”进行理解，前文已经说过，“立义”就是将某物立义为某物，即将一堆感觉材料统摄为一个对象。尽管“原印象”在不断变异，看似每一个现在都是有差异的，但胡塞尔指出这是一种“现象学的差异”，“原印象”始终“与绝对的时间位置相符合，它也是‘这个’个体性原源

① 罗松涛：《面向时间本身》，北京：中国社会科学出版社，2008年，第75页。
② 《内时间意识现象学》，第53页。
③ 《内时间意识现象学》，第54页。
④ 《内时间意识现象学》，第239页。
⑤ 《内时间意识现象学》，第68页。

泉，并因此而是绝对的时间位置的原源泉”[①]。时间客体在延续中保持着同一性正是因为每一个新的“原印象”都与之前已经流逝的“原印象”持有相同的立义内容，具有完全相同的立义。

基于这种明见的、有广延的时间意识，胡塞尔在第11号手稿中区分了两种回忆：原生回忆（primäre Erinnerung）和再造的回忆（reproductive Erinnerung），他表明我们在当下能够感知过去，是因为有一种“原生回忆”，尽管这两种回忆所表象的对象都不是“现在本身在此”，但“原生回忆”之所以是“原初”的是因为它与现在紧密相连，是处在“现在点”的“时间晕”中，因而是不可重复的。而“再造的回忆”就如其概念名称一样，具有一种“再造”和“更新”的功能，即可以随时在任何时候回想曾经感知过的事物，它并不是和“原生回忆”一样是对刚刚过去的感知这一“行为”的意向，而是感知的曾经感知过的表象“内容”。现在我们可以理解那个经典的“旋律例子”，在T1时刻我们感知到音符a，标记为T1（a），时间流向T2，下一个音符b出现，但是在T2时刻，我们不是只感知到b，而是依然有a被保留在意识当中，这样旋律才能连续，标记为T2（T1（a），T2（b）），所以，音符a的时间属性依然是属于过去的，意识内容的时间性并未发生改变，改变的是意识行为的时间性，对a的感知由于“原生回忆”得以再次出现在T2时刻，并且会在这段旋律的将来所有时刻都保持着持续呈现。

前文表示，胡塞尔这一时期主要关注的是我们如何感知一个过去的表象，因此他对于“将来”这一维度在《内时间意识现象学》中并没有进行过多讨论。不过既然我们的时间意识是一条“流”，那么处在流中的每一个现在必然面向将来，因此时间晕中必然也是有一个“将来”（Zukunft）的，和对过去的意向一样，我们在现在当下也会对将来有一个意向，胡塞尔称为“直观性的期待”（anschaulich Erwartungen）或者叫“原初期待”，这是在当下的感知中对将来的意向，一个在时间上广延的感知“充实着一个期待或占据着一个完全不确定类型的空乏将来意向”[②]。所以，一段旋律之所以是完整的，光凭对已经过去的音符的原初回忆是不够的，我们必然在听到一段旋律中的一个音符的时候去期待下一个音符的到来，这样才可以构成一段完整的旋律。于是，“所谓‘原初时间域’就是一个由‘新鲜回忆’—‘绝对现在（点）’—‘直接将来’组成的三维结构，而这三个‘部分’并非一成不变，它们处在一种动态的关联中，胡塞尔明确指出：‘现在是某种相对的东西’（Relatives）”[③]。

而胡塞尔关于“将来”的思考最终在之后的《关于时间意识的贝尔瑙手稿》中成为

---

① 《内时间意识现象学》，第111页。
② 《内时间意识现象学》，第238页。
③ 《面向时间本身》，第91页。

重点。此时胡塞尔关于原初时间域的术语体系已经完成转变并最终确定下来，以“滞留”（Retention）替代了“原初回忆”，以“前摄”（Protention）替代了“直接将来”，以“原体现”（Urpräsentation）替代了“原印象”，形成了“滞留一原体现一前摄”的结构。早期胡塞尔曾坚持意向性是需要当下的相应感知对其进行最大化的充实的，但是关于“将来”的问题正是，它不像“过去”一样是得到过当下感知的，“将来”是尚未到来，恰恰是没有感知到的，于是前摄的这种意向就只是一种空的、得不到充实的意识，这或许是胡塞尔早期对时间意识的讨论中滞留和前摄篇幅不平衡的原因所在。不过此时胡塞尔已不再坚持曾经要求的意向最大化充实的观点，在《内时间意识现象学》增补文字的第12篇手稿中就说“每一个原初构造着的过程都是通过前摄而激活（beseelt）的，它们空乏地构造和接受来者，使它得到充实”①。因此，胡塞尔这时已经认为原体现的充实是由空乏的前摄导致的，这一定程度上与之前胡塞尔以“原印象”为中心地位的时间意识思考相冲突，但实际上这是对于原初时间域理论的一种完善。肖德生表明，这种转变表明胡塞尔不再是以“原体现”去揭示“前摄”与“滞留”，而是以后面两者去规定前者。② 每一个“原体现”都具有意向性，因此“现在（或者原体现）是两种‘当下化’行为的界限点，是滞留与前摄的界限点。因此，就像把握自我在感知意识中就在其中存在，它也不断地具有敞开的将来视域，具有可能的现时期待的视域”③。因为在每一个切片式的三维时间域当中，处在中心位置的现在是不断受到过去和将来的影响的，时间之流的特征使“现在”不是静止不动的，相反，现在一直受到滞留和前摄的“挤压”，现在不断流逝，滞留在了时间意识当中，而将来不断充实成为现在，原初时间域由此构成。进一步，胡塞尔在贝尔瑙手稿中认为在滞留当中也存在着前摄，因为在原体现的现在是必然具有一个前摄意向的，那么作为曾经是当下的滞留，必然也首先会承载一个前摄意向，这是“因为前摄性的意识不是一个瞬间意识，而是一个持续的意识，它在每一个瞬间以同样的方式指向将来的进入者，一如它的确也对其向滞留性面的补充部分有效”④。这也就是说，不仅每一个当下是趋向将来的，就连已经消逝的过去也是趋向将来的。因此，“我们可以说，每一个‘现在时段’作为一个晕圈性视域，都是对于之前众多‘现在时段’的变异了的滞留性保持，同时，也是对这些先前流逝了的‘现在时段’之前摄性的意向充实，并且还是对将要到来之物的空乏意向的前摄”⑤。

---

① 《内时间意识现象学》，第96页。

② 肖德生：《胡塞尔在贝尔瑙手稿中对前摄的描述与分析》，载《中山大学学报（社会科学版）》2011年第3期。

③ 胡塞尔：《关于时间意识的贝尔瑙手稿》，肖德生译，北京：商务印书馆，2016年，第38页。

④ 《关于时间意识的贝尔瑙手稿》，第59页。

⑤ 《面向时间本身》，第225页。

可以看出，同康德一样，时间在胡塞尔那里也担任着认知的重要功能，是其解决“如何意识到连续统一体”难题的关键。可以说，在胡塞尔这里，时间被其进一步内在化成为先验自我的内时间意识，其不是康德那里的静态分析，而是对时间体验的动态分析，事物的质料不断进入流动的意识河流之中，并被其构造出来。时间在胡塞尔这里不再是线性的形式而是滞留，原体现和前摄三者交互一体的域性形式，这种原初的时间域，也就是现象学的时间才是构成其他各种时间的基础。

结　语

通过从亚里士多德，到奥古斯丁和康德，最终到胡塞尔对时间的分析可以看出，哲学史上对时间的思考经过了一个不断内在化的过程。并且在这个内在化的过程当中，一个必然的发展趋势是，时间也开始在人的认知当中承担着越来越重要的地位。当然哲学史上对时间的分析远不止本文所涉及的那么多，在胡塞尔之后依然有许多哲学家对时间进行思考，其学生海德格尔就是其中的代表，对于海德格尔生存论意义上的时间本文在这里不做过多分析，需要说明的是，海德格尔对时间的分析也依然符合时间的内在化历程，此在在根本上是以时间性的方式生存的，进一步，在海德格尔看来有一个比认知更为基本的模式，即生存，因此在海德格尔那里，时间又被其进一步置于了给认知进行奠基的地位。总之，尽管我们似乎依然无法弄清楚时间到底是什么，但时间已经越来越被我们内在化，越来越在我们认知的过程中扮演着重要的角色。

（孙星，四川师范大学哲学学院硕士生）

意志的自行隐蔽和自行开启

——论晚期谢林哲学中的意志及其双向运作

——买买提依明·吾布力——

摘要：晚期谢林认为，意志能够自行发生差异化，进而在自身中生成自身，因此他将意志指明为本原。作为本原的意志自身差异化为“根据”和“实存”，而这种差异化的运作根植于意志的内在欲求：意志在根本上欲求意志自身；但由于意志自身不是存在者，它欲求非存在者，即虚无。就此而言，作为向着虚无的一种能动运作，意志自行隐蔽。但基于辩证法，谢林又指出，意志的自行隐蔽同时伴随着意志对存在者的欲求，这种欲求是意志的自行开启。意志的自行隐蔽和自身开启是同一个意志的双向运作，这一运作永恒地发生为存在者整体的开端性基础。

关键词：谢林　意志　隐蔽　开启

一般而言，学界普遍认为谢林在1809年所作的《论人类自由的本质及相关对象》（以下简称《自由论》）一文是其思想从早期过渡到晚期的分界线。从《自由论》开始，谢林从早期的自然哲学或同一哲学过渡到晚期的启示哲学。促使谢林实施这种过渡的，是莱布尼茨提出来的形而上学问题，即“为什么毕竟有某物存在而不是虚无?”这一问题。也就是说，为了回答这个问题，谢林不再仅阐述处于理性之大全一体中的存在者，而是开始追问这种大全一体或“绝对者”本身是为何以及如何被开启为大全一体的。而作为一种体系性的哲学家，谢林的这一追问必然从某个“本原”开始。在其晚期思想中，谢林在不同的语境里以不同的方式命名了这一本原。在《自由论》和《世界时代》等文本里，“意志”被标示为“本原”的一个名称。的确，如果要将谢林哲学中的“本原”归结为一个名称，那么它最好是“绝对者”。[①] 然而，正如谢林所指出的那样，“名

① 先刚：《永恒与时间：谢林哲学研究》，北京：商务印书馆，2008年，第106页。

称是没用的，关键在于事情本身”[①]。但即便如此，每一个名称都标示着本原的不同面向。因此，这里的问题在于，当谢林把意志标明为本原时，他是如何通达并揭示“事情本身”的。

对于揭示事情本身而言，将意志指明为本原是有所裨益的。谢林的问题是理性的大全一体本身是如何被建立起来的。而大全一体作为大全一体，只能从其自身而来、在其自身中得以发端并成其所是，因为大全一体便是一切，在它之外没有它可以由之而出的另一个根据。因此，大全一体只能自身生成。然而，它又必须从某个根据中生成。因此，大全一体要成其所是，必须在自身中发生一种“自身错位/异化”[②]，进而生成自己的根据；而且这种“自身错位/异化”事件必须从自身的本原中自行发生，这个本原自身是无根据的，否则将需要其他的根据作为这种事件的根据。在谢林看来，只有意志才能胜任这个任务：正是在这种自行错位和自行异化的意义上，谢林将意志指明为本原。这里的问题在于，意志何以能够被标示为本原，以及作为本原的这一意志何以发生“自行错位”和“自行异化”。在已有的研究中，关系到晚期谢林思想之源动力的这一论题往往被忽略。为了探讨这个问题，本文将沿着谢林在《自由论》和《世界时代》等文本中的思路，阐明意志的本原特性，并讨论意志之双向运作的实质及其后果。

一　作为本原的意志

从谢林的哲学中可以看出，大全一体或绝对者在其自身中、从其自身而来成其所是，需要一个根据，大全中的存在者由此而来成其所是；而“由……而来成其所是”，即由根据而来“存在起来”的实存行为，是异于根据的另一种东西。因此，谢林区分了“实存”和“根据”。[③] 这里的“根据”并不是以其单一规定性处于机械因果联系中的先行者，而是实存者由之走出并基于它而持立于自身的那个基底。对此，海德格尔恰当地解释道：“对谢林而言，‘根椐’始终都是指：载一基 、基底、‘基础’——ὑποκείμενον（载体）——也就是说，非 ratio（原因，理由）意义上的那种‘根据’，不是那种就 ratio（原因，理由）陈述一个命题为什么成立或不成立而言，与‘后果’概念相对的那种意义上的‘根据’。”[④] 作为这样一种载体或基质，根据并不随着自身所奠基的东西之出现而消失，而是始终实行着自己的奠基活动。由于它不是理性的因果性说明的对象，“这个根据就其自身则永远不会出现在思想之中，但它却是理性进行设定的那个永久的可能

① 谢林：《论人类自由的本质及其相关对象》，先刚译，北京：北京大学出版社，2019 年，第 98 页。
② 王丁：《存在、历史与自由——谢林晚期哲学的基本问题》，载《哲学研究》2020 年第 9 期。
③ 《论人类自由的本质及其相关对象》，第 33 页。
④ 海德格尔：《谢林：论人类自由的本质》，王丁、李阳译，北京：商务印书馆，2018 年，第 214 页。

性本身。"[①] 因此,"在根据里面始终有某种无规则的东西,仿佛有朝一日会重新爆发出来,而且无论在什么地方,秩序和形式看起来都不是原初的东西,毋宁仅仅意味着一种最初无规则的东西获得了秩序"[②]。这里所提到的"有着规则、秩序和形式"的世界,乃是实存着的世界,只有基于"无规则的东西",即基于根据,世界才实存起来获得自己的规则、秩序和形式。这种"获得"行为,乃是在绝对者自身中发生的事件,这种事件意味着绝对者从自身那"无规则"的、"捉摸不定"的、"永不露面"的残余物中走出来,将自身从黑暗的深渊带向光亮的启示,持立于自身的存在状态中。

这表明,根据谢林,在"绝对者"或者在存在者整体中包含着根据和实存这"两种本质"。但是,这两种本质并不是截然分开的:根据是实存的根据,实存唯基于根据才得以持立于自身成为实存者,此两者是差异化运动的相互关联项,是绝对者自行分离的结果,是"自身错位/异化"的结果。这里仅仅指明了根据和实存的分离状态,而尚未涉及绝对者"自身错位/异化"这一事件本身是如何发生的。而要揭示这一事件是如何发生的,即揭示根据何以成为根据,实存何以成为实存,需要指明此两者源于其中的本原。谢林把这种"在全部根据和全部实存者之先,因此一般说来在全部二元性之先"运作着的"本质"称作"原初根据"(Urgrund),或"非根据"(Ungrund),并指出,"这个东西先行于全部对立,所以这些对立在它里面既不可能区分开,也不可能以某种方式现成地摆在那里"。[③]

而正如谢林所指出的那样,根据既是现实的根据也是思想的根据,[④] 这里的本原也既是存在自身的本原,也是思想能通达的最终本原。先行于全部对立,意味着这个本原既不是根据,也不是实存。在此意义上,它是"先于存在"的,因为只有根据和实存作为自行差异化的结果被开启出来之时,存在才得以发生;而本原恰恰是这种差异化得以发生的源始可能性和基础。谢林把这一基础标示为"意志"。这就是说,在这种"'先于存在'的东西中,即应当且必须被设定的东西,就是存在的直接的、未被规定的潜能,谢林现在把它称作意志。这里,需要区分"意志"和"意愿"。对此,舒尔茨(Walter Schulz)恰当地写道:"可能性就是意志(Wille),现实性则相对地作为对意志的现实化就是意愿(Wollen)。"[⑤] 在《自由论》中,谢林首先确立为本原的不是意志(Wille)而

---

① 瓦尔特·舒尔茨:《德国观念论的终结:谢林晚期哲学研究》,韩隽译,北京:中国人民大学出版社,2019年,第2页。

② 《论人类自由的本质及其相关对象》,第36页。

③ 《论人类自由的本质及其相关对象》,第93页。

④ 《德国观念论的终结:谢林晚期哲学研究》,第104页。

⑤ 《德国观念论的终结:谢林晚期哲学研究》,第251页。

是意愿（Wollen）。[①] 但到了《世界时代》，谢林明确将意志指明为本原：

> 无条件者，一切本质的谓述者，一切存在者和一切存在的谓述者，纯粹就其自身来看，根本就是一个纯净的意志。但是，从它漠不关心地对待存在者和存在（“存在者＋存在＝实存”）来看，它就是我们一直寻找的那个无矛盾的东西，亦即一个无所欲求的意志（Wille der nichts will）。[②]

“本原”之所以被标示为“意志”，是因为在谢林这里，本原至少要满足如下三个条件：

（1）本原必须是绝对自由的，即它必须自行发生差异化，从自身中分离出根据和实存，进而在自身中、从自身生成自身；

（2）本原必须持续地、永恒地是本原，即它必须是生命、自由和行动的不竭源泉；

（3）本原作为实存者的本原，因而作为非实存者，其自身并不存在；然而，作为大全一体，它又必须存在。

而在谢林看来，只有意志才能满足这些条件。谢林写道：

> 如果一个东西的自由不是体现在它“既能够是某个东西，也能够不是这个东西”，而是体现在它“既能够实存着，也能够不实存着”，那么这个东西就其自身而言，就其本质而言，只能是意志；因为只有一个单纯的、纯净的意志才拥有这个自由；要么发挥作用，亦即实存着，要么保持为一个不发挥作用的东西，亦即不实存着。唯有它才有资格仿佛站在存在和“非存在”的中间。因此，那个自由的谓述者，那个可以理睬对立的东西，那个既可以把自己作为存在者和存在而加以肯定，也可以不加以肯定的东西，就其本质而言，只能是一个纯粹的、纯净的意志。[③]

可以看出，在谢林这里，意志处于一种双重运作中。一方面，意志“就其展开自身而言，它只能以一种自由的方式，按照它自己的冲动和意愿、纯粹从自己出发、展开自身”[④]。也就是说，意志自由地展开自身。但另一方面，意志作为源始的本原，在根本上是无所欲求的：它走向静默。但这种“展开”和“消隐”在根本意义上是相互关联着的。这是因为，虽然“一切现实的东西（自然界，物的世界）都以行动、生命和自由为

---

① 《论人类自由的本质及其相关对象》，第 24 页。

② 谢林：《世界时代》，先刚译，北京：北京大学出版社，2018 年，第 170 页。

③ 《世界时代》，第 169—170 页。

④ 《世界时代》，第 143 页。

根据”[①]，但是这种行动、生命和自由作为一种运动，“从来都不是为了它自己的缘故而运动，毋宁说，一切运动都是为了静止而运动。任何一个行动，假若它不是把一个安息的、泰然任之的意志当作自已的背景，那么它必然会消灭自身；因为一切运动都仅仅寻求静止，而静止乃是运动的充饥之物，换言之，唯有依靠静止，运动才获得其威力，并维持自身”[②]。

更进一步说，意志的这种双向运作乃是它的“既是又不是”的状态或“既肯定又不肯定”的行为自身，因为“‘非根据’（如同已经证明的那样）的唯一存在方式，就是分化为两个同样永恒的开端”[③]。而作为“非根据”的意志分化为两个永恒的开端，乃是意志自身内在地双向运作的结果。因此，对作为本原的意志进行深入阐明的任务，将自身带到了意志的双向运作跟前。只有基于意志的这种双向运作，绝对者才能自由地实现自行差异化，“根据”和“实存”将获得自身作为其所是的本质，这种本质包含着作为同一者的意志自行分离的实质。因此，除了指明意志的双向运作性，更为重要的是进一步标示出这种运作的发生方式。

二　意志的隐蔽和开启及其同一性

上文已指出，根据谢林，作为本原的意志在其本原性中是休止的、冷漠的、镇静的、安息的、漠不关心的。因此，本原的意志被设想为无所欲求。然而，“无所欲求的意志”就像“没有角的三角形”一样是自相矛盾的，因为意志之为意志，其本质就在于“关联着的欲求”，它是一种指向性行为状态。那么，如何理解无所欲求的意志？实际上，无所欲求的意志仍是有所欲求的：它所欲求的是虚无。意志意愿虚无，是因为意志在其本原性运作中首先欲求自已，“它永恒地拥有它所欲求的东西（即它自己，作为主体和客体，作为真正意义上的本质）”[④]。

那么，意欲着自已的意志为什么是意欲着虚无？在谢林看来，意志的休止状态是“最初的核心尚未被照亮的”的“混沌”状态。[⑤] 在这种状态中，意志尚未把握自身，尚未将自己实现出来。换言之，它尚不是它自己。如此这般静止的意志“无意识地”渴求成其所是，“在永恒性的内部，在没有经过它的行动，也不为它所知的情况下，一种寂静的渴求必然会自己产生出来。其渴求的目标，是到达自身，发现自身，享受自

① 《论人类自由的本质及其相关对象》，第 25 页。
② 《世界时代》，第 171 页。
③ 《论人类自由的本质及其相关对象》，第 95 页。
④ 《世界时代》，第 171 页。
⑤ 《论人类自由的本质及其相关对象》，第 54 页。

身”[1]。但是，意志所欲求的自身又是什么？由于意志始终是朝向性活动，它本身所标示的是存在者的缺失状态，因此它是虚无。[2] 换言之，在意志那里“既没有这个东西，也没有那个东西，既没有善，也没有恶，既没有存在者，也没有存在，既没有好感，也没有反感，既没有爱，也没有愤怒，唯一有的，就是一种趋向所有这些东西的力量”[3]。因此，意志欲求自身，意味着意志所欲求的是“非存在者”；在此意义上，意志欲求自身就是欲求虚无。由于作为这种虚无的意志就其本质而言总是渴望着、总是欲求着，因此它自身总是呈现为一种缺乏。这意味着，只要意志在根本上欲求着自身，那么它总是处于继续欲求的状态中，它不得不永不停息地欲求着。这表明，意志总是否定着被它所“欲求到”的东西。意志的这种否定归根结底是它的自我否定，对此，谢林指出：“永恒意志把自己设定为永恒性的单纯意志，并在这个意义上把自己设定为一个被否定的东西。它把自己设定为被否定的东西，而它自己同时也是一个做出否定的意志。”[4] 这种永不停息的自我否定，意味着向着虚无挺进的这种否定不会遇到任何一种“坚硬内核”来阻抗这种否定。这意味着，意志的这种运作只能被标示为它的自行隐蔽、自行收缩。这就是说，隐蔽和收缩并不是意志自身的缺乏所带来的静态缺失状态，而是意志自身之积极的、动态的且活跃的力量。凭借于这种活跃力量，作为“虚无”的意志获得了自身的规定性：

> 它（意志）之所以是“非存在者”，并不是因为它缺乏光明和本质。毋宁说真正的原因在于，它是一种积极的封闭性，一种主动要返回到深处和隐秘处的努力，亦即一个发挥作用的力量，而这个力量按其本性而言同样必然是一个存在者，亦即一个可认识的东西。[5]

这就是说，只有凭借这种动态的自行隐蔽和自行收缩，凭借一种积极“能动”地欲求“虚无”的意愿行为，纯粹的意志才作为如此呈现自身，才能获得自己的本质规定性。而本原性意志之所以能够凭借这种自行隐蔽、自身否定行为发现自身、达到自身，是因为与这种隐蔽行为一齐发生的自行开启、自身肯定的行为。之所以发生意志的自我肯定，乃是因为意志的自我否定。这里，谢林基于自己的德国观念论传统，突出了辩证法式矛盾的生发力量。根据这种矛盾律，只要发生否定，那么必然发生肯定。这就是

---

① 《世界时代》，第 175 页。
② 《世界时代》，第 171 页。
③ 《世界时代》，第 173 页。
④ 《世界时代》，第 179 页。
⑤ 《世界时代》，第 185 页。

说，在纯粹意志的内在性中存在着矛盾，而“矛盾不仅是可能的，而且是必然的”①。在谢林这里，矛盾的这种必然性同时是矛盾的必要性，因为“假若没有矛盾，就不会有生命，不会有运动，不会有进步，只剩下全部力量的一种死一般的寂静”②。由于本原性意志是原初生命，它必然渴望生长，生长的力量发生为意志的欲求行为。由此观之，这样一种意志在意愿自身之际，将自身看作虚无；而当这种“看作”发生之际，意志便开启了自己的存在。

这是如何发生的？谢林在这里突出了意志之自行隐匿的表达形式。根据谢林，当意志的欲求行为，即意志的自行隐蔽被付诸文字之际，意志已经开始认识到自己是一个非存在者。而恰恰就在那里，本原性意志的意愿行为已被说出。而说出意愿的“话语”作为逻各斯，乃是理智。③ 这就是说，欲求自己的意志渴望着达到自身、把握自身、认识自身；而这种认识，只能通过言说着意志的意愿行为的语言才能实现自身。因此，欲求着自身的意志同时“是一个带着憧憬的意志，而它所憧憬的东西就是理智”④。这意味着，随着纯粹意志的自行隐蔽，意志也开始通达理智，理智和意愿自行合并为一个开启世界的力量：

> 一旦那个退缩回自身的渴望受到理智或投射在原初自然界里面的光的激励，它就使各种力量分离（放弃黑暗），而恰恰通过这个分离，那个封闭在已分离的东西里面的统一体就把隐蔽的生命图景召唤出来，首先产生出某种可把握的东西和个别东西。⑤

这意味着，意志的自行分离发生为意志的自行召唤；凭借此召唤，意志变得可把握。根据谢林，通过开启这样一种可把握性，使存在者得以生成的这种意志行为乃是意志的自行开启。意志的自行开启在与自行隐蔽对立的意义上发生，并导致诸多分离和对立。用谢林在这一时期的语词说，这里所分离的，乃是否定和肯定、收缩和膨胀、下降和上升、黑暗和光明。这种分离并不是作为意志的某种外在的附加属性：这种分离就是意志自身的生发，意志只有在这种分离中、作为这种分离实现自己、成为自己，而在每一组被分离者之间存在着张力。由此可见，这样一种分离和对立并不是消极的、需要被克服的力量；这一力量是世界得以成其所是的活跃力量。由于意志的否定和肯定是活跃的，因此意志的自行隐匿和自行开启也是活跃的。正是就意志之被激活的活跃性而言，

① 《世界时代》，第 158 页。
② 《世界时代》，第 159 页。
③ 《论人类自由的本质及其相关对象》，第 38 页。
④ 《论人类自由的本质及其相关对象》，第 36 页。
⑤ 《论人类自由的本质及其相关对象》，第 39 页。

意志的自行隐蔽和自行开启是意志的双向运作。

从上文阐释可以看到，这样一种分离和对立，实际上是纯粹意志自行隐蔽和自行开启的差异化运作，而根据和实存的分离恰恰植根于纯粹意志的这种差异化。之所以如此，是因为意志意愿自身，即意愿虚无，所意愿的乃是那非存在者，即作为基底或载体成为实存之基础的事件，这个事件便是谢林所说的“根据”；而纯粹意志意愿理智进而开启一个世界，所意愿的乃是“实存”。这就是说，“根据”和“实存”均作为本原性意志的意愿而发生：“根据”作为意愿虚无的意志，“实存”则作为意愿理智的意志。意志的自行隐匿导向“根据”（或“无根据”），意志自行开启则导向“实存”（或“启示”）。这是纯粹意志“走出自身和走向自身”的行为，[①] 通过自己而产生出自己的行为，这样一种“产生”的行为意味着存在者整体成其所是的开端和生成。因此，谢林将这一意志称作“走向启示的第一个遥远开端。”[②] 这里的启示乃是“自我启示”和“朝向希望”[③]：就意志而言，启示意味着由“根据”而来把握自身、认识自身、照亮自身，进而开启存在者整体的存在状态，并且以实存的姿态朝向未来。于是我们可以说，意志的双向运作是最原初的开端，同时也是启示。

需要指出的是，意志的“自行隐蔽和自行开启”这种双向运作，即意愿“虚无”的意志和意愿“存有”的意志，并不是两个意志，也不是同一个意志的两个部分。意志的双向运作乃是纯粹意志之“积极地意愿虚无”这单一的行为：由于这一意志始终欲求着虚无，因此它隐蔽自身，但由于这是一种积极的欲求行为，因此它作为开端开启着世界。这就是说，“就它始终是意志而言，正因为它已经成为一个积极的否定性意志，所以它必定会在自身内产生出另一个与之相对立的意志，这个意志愿意自己成为一个现实的存在者和存在”[④]。

既然意志的双向运作不可分割地共属一体，那么随此双向运作而生成的“根据”和“实存”也是共属一体的。正如海德格尔所解释的那样，“根据与实存各自在其样态中都是绝对者整体并且都作为根据与实存而共属一体、不可割裂。持立于自身的渴望所意愿的，与理智的道语所意愿的，以及它提升入表象活动之光亮的东西，都是同一个东西”[⑤]。

作为同一者，意志的双向运作，即意志的开端性启示只能是一齐发生；又由于本原的纯粹意志自身只能作为意志的双向运作而实现自己，因此并不存在这样一个状态，在

---

① 《谢林：论人类自由的本质》，第 258 页。
② 《世界时代》，第 186 页。
③ 王丁：《论晚期谢林“启示”概念的三重内涵》，载《同济大学学报（社会科学版）》2015 年第 5 期。
④ 《世界时代》，第 221 页。
⑤ 《谢林：论人类自由的本质》，第 257 页。

那个状态里意志是静止的、安息的。这就是说，本文按“静默的纯粹意志—意愿虚无的否定性意志—意愿存在者的肯定意志”这一顺序进行阐述，并不意味着意志自身就按照这个时间顺序发生；作为同一者，作为同一个意志，意志的开端性启示，即意志的自行隐蔽和自行开启只能一并发生。由于意志完整地是自行隐蔽（正如它完整地是自行开启）[①]，意志的开端性启示所发生的那个时间点，即历史学意义上可以确定的“当时那会儿”是不存在的。[②] 因此，意志的开端性启示总是被经验为过去已经发生过的事件。另一方面，由于意志的“根据”和“实存”作用一直发生着，意志的开端性作用又是永恒的。[③] 在此意义上，意志的双向运作一方面被经验为“过去已经发生”，另一方面被经验为“当下一直发生着”。

结　语

本文指出，晚期谢林将意志指明为本原；而只有凭借其自行隐蔽和自行开启的双向运作，意志才能够是开端意义上的本原。虽然意志的这两种行为作为同一者一齐发生，但在阐明意志的双向运作时，谢林还是强调了意志之自身隐蔽相对于其自行开启而言的根本性。意志和理智结合进而开启存在者整体的过程，总是植根于意志自身更加源始的隐蔽。自行隐蔽的意志并不是因为其隐蔽而不再对存在者的生成产生作用；恰恰相反，存在者之为存在者，乃是以意志的自行隐蔽为根据的。这样一来，意志的自行隐蔽获得了突出的重要性。而意志的自行隐蔽意味着意志欲求着虚无。在谢林这里，虚无的形象被标示为“黑暗”“混沌”“下降”“收缩”，这既是一种状态，也是一种活动。这样一种虚无只能作为自身隐蔽者、离开者、曾经发生者而得到经验。这就是说，本原性意志只能在其自身离去的踪迹中并作为这种踪迹得到把握；它永远作为隐蔽自身的原初绝对者，处于隐蔽状态中。在此意义上，意志是一种深渊，对其进行把握的每一次努力都是以它进一步遁入深渊为条件。因此，很难理解这样一种深渊如何能够被置入一个作为科学的体系哲学里。因此，要理解谢林何以能够将这一深渊纳入自己的体系里，首先需要理解谢林对“体系”的界定，进而理解作为深渊的意志在这一体系中是如何得到科学的把握的。但这已经不是本文的任务了。

撇开深渊和体系之间的关系不谈，谢林针对意志的双向运作所展开的阐释留下了值得探讨的哲学论题，因为它标明了体系所蕴含的一种“深渊”。意志作为深渊，一方面

---

① 《世界时代》，第 224 页。
② 《谢林：论人类自由的本质》，第 261 页。
③ 《世界时代》，第 239 页。

以基质或潜能的样态对存在者的存在事件起基础性作用，但另一方面它永远地逃避着理性的概念性把握：它是本原性的支配力量，但它本身拒绝被照亮。就这一深渊是一切被把握的可能性之外的可能性而言，它是一种敞开之境；然而这一敞开之境同时是黑暗的深渊。而这样一种“黑暗的敞开性”是谢林以后的当代西方哲学所要考察的重要论题之一。如果晚期谢林可以被认为是这一论题的发起人之一，那么他对意志及其双向运作的阐明或许是这种开端的支点。

（买买提依明·吾布力，山东大学哲学与社会发展学院博士生）

苏贾第三空间理论对二元论的突破与问题

——曹羽琪——

摘要：苏贾继承老师列斐伏尔本体论上存在的三元辩证法，突破时空二元论，将空间置于开放的空间—时间—社会三元关系中。空间性认识论上，他超越了物质空间与精神空间对立的空间二元论，相比列斐伏尔的社会空间，构建了更开放的第三空间。我们比较两人的空间体系，区分了改造前后的二元、二元论与两重性，以深入理解二元对第三空间的构建作用。二元论转化为第三元的两重性，且第三元也基于自身框架重构了前两元。但是第三空间的彻底开放性，会导致历史空间化、社会空间化，以致陷入空间决定论。我们需据本体论建构的平等三元关系，在二元关系双向运动中正确认识第三空间，才能实现彻底开放性，避免历史、社会被空间统摄，从而正确指导实际的空间分析。

关键词：苏贾　第三空间　二元论　三元辩证法

二十世纪六七十年代，社会科学和人文科学中由关注时间问题，转向重视空间问题，以列斐伏尔的空间生产理论、福柯的空间权力理论等为标志，出现了空间转向。二战后全球经济重建，工业化加速发展，推动了城市化进程的发展；资本、商品、信息的跨国流动加速，也促进了全球化进程的发展。城市化、全球化引发社会空间结构变化，空间问题的复杂性和重要性日益显现，人们开始不再将空间仅仅视作物理空间，而是更多关注空间在社会关系、生产实践和权力话语等中的作用。

亨利·列斐伏尔（Henri Lefebvre，1901—1991）作为法国马克思主义哲学家，以《空间的生产》（*La Production de l'espace*）一书，开启了空间批判理论。他提出了“感知的一构想的一实际的”“三位一体”的空间观，但是他仅在《空间的生产》第一章“本书计划”中专门阐述了这种空间性三元辩证法，后续章节并未详述，导致许多学者容易忽视这一基础性的分析框架。[①]

列斐伏尔的学生爱德华·苏贾（Edward Soja，1940—2015）注意到了老师空间性三元辩证法的基础性地位，总结、描绘了两幅三元辩证法的图：一是本体论上存在的三元辩证法，以存在为中心，其他三元包括空间性、历史性、社会性围绕存在构成一个圆圈，在本体论上形成“空间性一历史性一社会性”的三元辩证法。另一幅则是认识论上空间性三元辩证法，即感知的一构想的一实际的空间性三元辩证法。这种三元辩证法不仅仅是对空间的分类，更是对空间本质的深刻探讨。

作为美国城市研究洛杉矶学派的领军者，苏贾从后现代地理学的角度阐发这种空间转向，写了“空间四部曲”，《后现代地理学》（*Postmodern Geographies*）、《第三空间》（*Thirdspace*）、《后大都市》（*Postmetropolis*）和《寻找空间正义》（*Seeking Spatial Justice*）。当时很多非地理学者从不同角度探讨了空间问题，如列斐伏尔和米歇尔·福柯（Michel Foucault，1926—1984），很多地理学家引用他们的著作，以期实现地理学科的合法化。[②] 但是他们常常误读了这些著作，所以苏贾希望从地理学的视角准确阐释列斐伏尔等人对空间的认识，推动地理学与社会学等其他学科交融，推动地理学家参与跨学科建设，从而拓展空间研究的范围，深化空间问题的认识。[③] 苏贾基于列斐伏尔的两种三元辩证法，破除传统二元论思维，对第一空间和第二空间进行肯定性解构和启发性重构，[④] 发展出“第三空间”理论。

一　传统的二元论思维

自古希腊以来就有二元论思维，区分了干和湿、有序和无序、理念和现象等，近代笛卡尔在寻找知识体系的阿基米德点时，则提出著名的身心二元论。至今，人们构建出了众多二元对立，如真实和想象、主观和客观、主体和客体、物质和精神、抽象和具体、手段和目的、连续和非连续等。在理想状态下，不同观点之间的对立可能会形成各自的派别和思维方式，例如客观主义与主观主义、唯物主义与唯心主义等。然而，列斐伏尔在《在场和缺场》（*Presence and Absence*）中指出，这种二元对立关系在形成过程中实际上会消失，取而代之的是一种镜像效应下的图像和反射关系。一个实体可能会消

---

① 苏贾（索杰）：《第三空间——去往洛杉矶和其他真实和想象地方的旅程》，陆杨等译，上海：上海教育出版社，2005 年，第 84 页。

② Edward W. Soja, “Keeping Space Open,” *Annals of the Association of American Geographers*, Vol. 89, No. 2(1999):348−353.

③ Lefebvre Henri, *Key Writings* (ed. Stuart Elden, Elizabeth Lebas and Eleonore Kofman; Bloomsbury: Bloomsbury Academic, 2017), p. 353.

④ 《第三空间——去往洛杉矶和其他真实和想象地方的旅程》，第 102 页。

灭另一个实体，从而使对立关系转变为镜像关系。[①] 如果无法形成压倒性优势，两者则会在逻辑上达成妥协，互相表象（mutual representation）。[②] 但是无论哪种情况，二元关系都处于有限性和封闭性之中。

我们可以看到时空问题一开始处于传统的二元论思维下，时间和空间往往是对立的两方，总是一方想要压倒另一方。时空关系问题的发展受时空概念阐释变化的影响，尤其是空间概念的变化。在传统的认识中，人们更为重视时间，因为时间与变化相关，而且时间与人的生命活动紧密联系，生命活动发生在特定时间，生命的终结以个体时间的停滞为标志。而空间起初被视作物质的、地理的空间，是被动的、静止的容器或场所，故而常常被忽视。福柯如此概括空间和时间的特性："空间在以往被当作僵死的、刻板的、非辩证的和静止的。相反，时间却是丰富的、多产的、有生命力的，也是辩证的。"[③] 可见，起初物质层面的空间概念实则没有力量与时间匹敌，不足以构成互相表象的对立两极。也就是，时间取得压倒性优势，处于主导、中心地位；空间只处于附属、边缘地位。

我们主要看在资本主义社会发展初期和成熟阶段，二元论思维影响下时间和空间地位变化以及它们之间的张力。在资本主义初期呈现出空间时间化的特征，即时间试图消灭空间。马克思指出，社会必要劳动时间决定商品价值量，时间成为衡量价值的标准。初期由于生产力水平相对较低，在社会必要劳动时间不变的前提下，资本为了获取绝对剩余价值，只能通过延长工人的劳动时间来实现加速生产，从而获取更大利益。此外，就商品运输而言，要求商品以最少的时间完成运输，即要求市场流通速度更快，破除空间距离的障碍。随着交通运输业的发展，人们能够通过海运、航空、陆路等更快到达更多不同的地方或国家。而且人们往往通过时间长度来衡量地理距离。例如，十八世纪末从伦敦到纽约通常借助帆船，需要六到八周；十九世纪中期，蒸汽船代替帆船成为跨大西洋的主要运输工具，航线时间缩减至十到十四天。

资本主义发展趋于成熟后呈现出时间空间化的趋势。一方面，生动的时间被固化在物理空间中。列斐伏尔指出，在自然中时间在空间中得以理解，例如太阳升起落下、天气冷暖变化等。但随着现代性的来临，时间从社会空间中消失了，被凝固成无差别、同质化、量化的物理空间。例如，时间仅仅被专门的测量仪器像钟表所记录，而且这些仪器就像时间一样被孤立化和功能专门化了。[④] 另一方面，资本主义社会生产方式开始转

---

① *Key Writings*, p. 92.

② *Key Writings*, p. 92.

③ 苏贾：《后现代地理学——重申批判社会理论中的空间》，王文斌译，北京：商务印书馆，2023年，第181—182页。

④ 亨利·列斐伏尔：《空间的生产》，刘怀玉等译，北京：商务印书馆，2021年，第140页。

向榨取相对剩余价值，更加关注技术和场所。在全球化浪潮下，空间更加成为资本需要占领的领域：生产空间、市场空间的扩张，日益成为获取相对剩余价值的关键。

随着二十世纪全球化、城市化兴起，空间地位逐渐提高，甚至相对于时间处于优势地位。但是列斐伏尔并不赞同这种二元论思维下时间、空间二元对立关系。他认为二元论思维割裂了时间和空间，将它们视作独立且对立的两个实体，使它们置于单一的、封闭的有限关系中。也就是，时间和空间两方都想在社会中占据优势地位，即使暂时力量均衡，但是两方都并不满足于这种平衡的关系，它们都在暗中积蓄力量，以期打破僵局获得主导地位。他主张以整体的视角看待时空问题，认为时间和空间在社会生产、再生产中相互交织、相互生成。列斐伏尔把时间和空间放入一种空间－时间－社会的三元关系中，他认为三者地位平等，没有一方具有特殊优势，破除了历史决定论，从而构建本体论上的三元辩证法。这种三元关系是无限的、开放的，不是仅仅只存在三元，而是有更多可能性和想象空间，因而更能阐释、分析存在的复杂面向。

在空间性认识论上，列斐伏尔也破除了物质空间和精神空间的二元对立，构建包含而又超越空间物质性和精神性的广义的社会空间概念。苏贾使用“空间性”（spatiality）来指称广义的“社会空间”概念，即包含“感知的－构想的－实际的”三个面向的空间概念，以区别于传统的空间认识。苏贾基于老师存在的三元辩证法，继承空间性三元辩证法，在认识论上，构建了一种新的破除空间二元论的“第三空间”，以承载三元关系带来的无限性和开放性。

二　“第三空间”理论的构建

“第三空间”理论超越了传统空间的二元论思维，具有无限性和开放性，我们将接着探究苏贾如何破除空间的二元论，引入作为第三元的“第三空间”，即如何破二生三。苏贾像列斐伏尔，也以批判空间的双重幻象为构建新的空间理论的前提。空间的双重幻象是由历史决定论引发的模糊的幻象和透明的幻象，是需要被破除的对空间思维的两种简化。但是，我们在批判传统的空间二元论时，不是要完全否定其中的二元，而是同时也要认识到前两元在构建第三元中的作用。

“第三空间”理论中，苏贾的第一空间、第二空间和第三空间分别继承了列斐伏尔提出的三种空间，即空间实践、空间表象和表征性空间。但是这三种空间的涵义并非完全等同，源于它们在两人构建的空间体系中所处位置和发挥作用的不同。我们将通过澄清两者的差异，深入认识苏贾空间体系中前两元和第三元的关系，以及苏贾构建的第三元“第三空间”对列斐伏尔广义“社会空间”的发展。

（一）批判空间的“双重幻象”

批判空间的“双重幻象”是破除历史决定论的第一步，也是空间性三元辩证法的基础。① 列斐伏尔批判“双重幻象”，引入“社会空间”作为第三元。苏贾详细阐述了“双重幻象”表现在空间思维中的两种简化，即两种空间简化论，他写道：

> 后启蒙运动属于历史决定论的传统，不是将空间性简化为历史行为稳定的和不具备问题框架的场所，就是将空间性简化为虚假意识的源泉，即对各种基本的社会关系的一种神秘化。②

第一种简化是，将空间性简化为一种反映历史行为的容器。因而这种空间性相对历史处于从属地位，自身不能独立构建问题。这种场所的简化是对空间“模糊的幻想”，苏贾比作为近视。在这种观点下，空间性仅被视为由感知认知的实在表象，被限制在近似经验主义或实证主义的视野下。因此，“模糊的幻想”无法真正理解具体的空间性生产过程。它将空间性还原为“物质的客体和形式”，类似于流行科学对空间的认知，往往受牛顿的绝对空间和爱因斯坦的相对空间等理论影响。

第一种简化在物质层面，而后者则在意识或心理层面。苏贾对意识的理解在基本社会关系层面，是社会生活中关涉权威、话语、意识形态的社会意识，而不是单纯的个体的心理意识。这种虚假意识是对空间“透明的幻想”，苏贾比作远视。远视的视野也运用了还原的方法，将空间性还原为“单单是一种心理构想、一种思维的方式或一种观念作用的过程”。虽然远视能看到表象背后空间性的生产，但是它将生产置于“有目的的唯心主义和非物质化的反思性思维的直觉王国”中，而非具体的社会现实，这也是空间性理解的误解。

这两种简化论分别将空间孤立地看作物质空间和精神空间，而没有看到两者之间的交织和联系。虽然两者都不是对空间性的完备阐释，但是两者都蕴含更完备的阐释空间性的潜力。苏贾认为，物质空间“作为社会中一种具有构建力量的物质客观性”，精神空间“作为集体意识的一种愈益积极部分的观念主观性”，两者交互互动，能生发社会空间，即第三空间。

---

① 《第三空间——去往洛杉矶和其他真实和想象地方的旅程》，第 83 页。
② 《后现代地理学——重申批判社会理论中的空间》，第 198 页。

（二）苏贾和列斐伏尔的三种空间概念

在《第三空间》中论述第一空间和第三空间时，苏贾已明确指出它们不同于列斐伏尔的空间实践和表征性空间。尽管他可能为了强调第二空间和空间表象之为“统治的空间”的共性，在用语上不够严谨，没有明确指出两者的差异。第二空间和空间表象都强调了空间的意识形态性，都是统治的空间，但是第二空间更侧重社会中个人或群体的想象，而“空间表象”更注重专家、权威的想象。

空间实践是社会实践在空间场域中的表现，包括了社会活动的各种方面、要素和发展阶段在空间中的映射。空间实践不仅涵盖了社会生产和再生产，也同时能在掌控和取用空间之时，逐渐生产出空间。因此，空间实践既是生产的过程，也是生产的结果。而且，它是具体的、经验的、在物理层面上可直接感知的空间，如人们的住宅、工作场所、娱乐场所，还有城市、乡村、国家间的交通网络等。苏贾将这种空间实践称为“重新定义的第一空间的物质基础”，强调了其物质性和客观性。虽然第一空间与空间实践一样反映物质基础，但是第一空间作为被批判的对象，缺乏对空间生产和社会关系的深刻理解，没有空间实践的动态性和社会张力。

表征性空间是亲历的空间，即实际的“社会空间”。它与社会生活中隐匿的方面密切相关，常通过象征体系来表现。不同于空间表象，表征性空间是被统治的空间，是空间表象发挥其控制力量的场所。因此，这种空间中蕴含着统治、服从和反抗的关系，同时也是社会斗争的空间。苏贾指出，“它具有潜意识的神秘性和有限的可知性，它彻底开放并且充满了想象，因此非常接近于我所指的第三空间”①。在这里，苏贾也指出了表征性空间和第三空间的相似之处：两者都包含真实和想象，兼具唯物主义和唯心主义的特征。但是，在涵义上，表征性空间主要关涉亲历的空间，而苏贾的第三空间则包含了感知的、构想的与生活的三种空间性，因此第三空间更具彻底的开放性和更大的包容性。在社会批判领域，第三空间理论解释了后大都市化进程，并与女权主义、后殖民主义等空间话语相结合，在城市、性别和种族领域中开启了新的发展。第三空间不仅仅局限于表征性空间的维度，而是涵盖了更广泛的社会和文化实践，从而提供了一种更为全面的分析框架。

两人的三种空间概念各自存在差异，根本上源于他们整个空间体系构建不同。列斐伏尔的空间性三元辩证法本质上是一种“三位一体”的概念，他区分的三种空间实际上只是空间分析的三个面向，而不是彼此独立存在的实体。列斐伏尔强调空间本身具有总

---

① 《第三空间——去往洛杉矶和其他真实和想象地方的旅程》，第 86 页。

体性，旨在“重新发现生产过程的统一性”。因此，尽管他划分了三种空间，这三者实际上是统一的、一体的，而非割裂的、排斥的或孤立的。其中，“空间实践”和“空间表象”是通过批判双重幻象，容纳于广义的“社会空间”中改造过后的两元，即作为被引入的第三元的“空间”的两种面向。但是苏贾提出的“第一空间”和“第二空间”是未经改造和批判的两元，分别会引发模糊幻象和透明幻象，因而是对空间性片面的、错误的认识。因此，列斐伏尔改造后得到“三位一体”的社会空间概念，相当于苏贾通过批判第一空间和第二空间而构建的第三空间的前身。

（三）苏贾第三空间理论中的三元关系

澄清列斐伏尔与苏贾的三种空间概念的差异，区分未经改造的二元和改造后的二元，能帮助我们深入认识苏贾空间体系中第三元与前两元的关系，以及苏贾第三元“第三空间”彻底的开放性。

混淆未经改造的二元和改造后的二元会误以为由二元生成的第三元中仍存在没有被破除的二元论。苏贾在《后现代地理学》中有关“空间两重性”言：“各种矛盾主要缘起于生产的空间的两重性，即既是社会活动的结果/具体化/产品，又是社会活动的手段/预先假定/生产者。”[①]我们借此做出如下区分：未经改造的二元是传统的二元论，而第三元中改造后的二元可视作第三元中的两重性。我们不否认第三空间“亦此亦彼”的逻辑中存在二元关系，包括物质和意识、真实和想象。第三元融合了前两元，但这并不意味着陷入二元论的窠臼。二元论指的是非此即彼的两种对立，而第三元的生成则超越了这种对立，摆脱了传统的非此即彼逻辑。虽然超越了二元论，但在三元关系中依然存在二元关系，我们需要第三元中两重性的合理性和张力。

第一空间和第二空间构成了二元对立，其内部分别包含的真实和具体、想象和抽象等特性也构成了二元对立。第三空间正是为了打破这种二元对立而引入的。第一空间的历史最悠久，人们往往通过空间的物质形式理解空间。随着观念的发展，人们将地理学想象投射到现实中，通过观念理解物质现实，从而发展出第二空间。第二空间和第一空间之间的关系是什么呢？提出第二空间是为了反驳第一空间的“过分封闭、强制客观性”，是主观唯心主义对客观唯物主义的反抗。然而，在反抗中第二空间仅通过思维理解物质现实，消磨了第一空间的基本历史性和社会性。基于它们生成的第三空间则融合并超越了它们的对立特性，空间内部的一对对矛盾推动空间的不断运动和发展，从而使第三元在发展中包含并超越前两元。

---

① 《后现代地理学——重申批判社会理论中的空间》，第197页。

而且，第三元在融合前两元时，以自己的框架去阐释并改造了前两元，从而改造过后的二元关系实则在第三元的阐释下形成了统一，成为第三元中的两重性。改造后的二元关系是统一中的对立。第三空间是社会的产物，是一种生产的社会关系。那么，改造后的第一空间的物质性和第二空间的意识性被容纳、统摄于“第三空间”中，应在统一的生产和再生产的话语中重新阐释、理解。

在苏贾所称的他者化－第三化策略中，第三空间生成意味着由非此即彼的逻辑转向亦此亦彼的逻辑，在空间性三元辩证法中三元的关系不同于黑格尔、马克思提出的正题－反题－合题或肯定－否定－否定之否定的逻辑。“肯定－否定－否定之否定”就同一事物发展过程而言，是同一矛盾开展的三个阶段。其中，第三阶段“否定之否定”是通过对立面的两次质变发展而来的相对完善的阶段，对事物的发展具有重构意义。这个第三阶段并不是对第一阶段的完全重复，也不是另一个全新事物的展开，而是同一事物在运动周期内的一种回归。因此，“否定之否定”并非对第二阶段的简单否定，也不是前两阶段的简单综合，而是在更高阶段上，对第一和第二阶段的积极和消极方面进行扬弃后的统一。相比于第一阶段，扬弃后的“否定之否定”是同一事物在螺旋上升过程中，达到的更高的发展阶段。“否定之否定”的逻辑是针对同一事物历时的、线性的发展过程。基于肯定而生成否定，再基于肯定和否定而生成否定之否定，呈现出历史的线性发展逻辑。

而亦此亦彼的逻辑并不处于这种时间框架下，而是在空间框架中呈现，具有同时性。第三空间和前两元的关系并不是同一事物的不同发展阶段，而是三者就是不同的面向或事物。正是由于“他者”作为不同事物或不同选择项，才能突破二元对立，打开新的认识可能性，使三者能够在同一时间共存，表现出一种同时性。

三　第三空间彻底开放性的问题及解决路径

第一空间和第二空间的二元论，转化为第三空间中的两重性，为实现第三空间彻底的开放性奠基。第三空间的彻底开放性是苏贾对列斐伏尔“三位一体”的社会空间最为突出的改造和发展。苏贾如此描述第三空间：

> 它彻底开放，不断累积新知，而不只是一味地接受二元化的问题。这另一个选择项所具有的特权只是策略性的而不是先决的，它是对抗封闭性二元论的手段。第三化吁请进一步的伸展，它超越的不仅是二元，也超越“三”本身。①

---

① 《第三空间——去往洛杉矶和其他真实和想象地方的旅程》，第83页。

第三元的超越性在于两个层次：一是超越二元对立，二是超越第三元本身。因为第三元不是认识最完善的境地，对第三元的认识也仍处在动态的、发展的过程中，并且基于这种暂时性完善的认识不断前进。第三空间作为第三元的开放性在于能“保持‘真实和想象’的同时性及重新组合的开放姿态”，能同时是真实的和想象的、具体的和抽象的、实在的和隐喻的。[①] 苏贾指出第三空间呈现出知识总体的复杂性，它容纳一切，就像《阿莱夫》小说中“阿莱夫”之为“空间中的一个包罗万象的点”，具有无限性。

第三空间有彻底的开放性，它无所不包。这种开放性背后是“亦此亦彼”的逻辑。这种逻辑是空间的而非历史的，因为它驱除了历时性，而仅存共时性。第三空间的开放性排除了历史维度，所有事物都汇聚在空间之中，也就是说空间容纳了所有事物。“所有事物”也就包括历史、社会，那么历史、社会都被空间化了，因此这种彻底的开放性有使空间变成唯一决定因素的风险，有走向空间化本体论的风险。

因此，空间彻底开放性的认识与本体论上的“空间性一历史性一社会性”的三元辩证法存在矛盾。苏贾继承列斐伏尔的存在的三元辩证法，在提升空间地位的同时，承认空间、历史和社会三者处于平等的三元关系中，彼此互相联系，不能孤立存在。在他者化一第三化策略中，苏贾称空间作为引入的第三元，只具有战略上的特权，提供一种曾被忽视的分析视角，而在本体论上并没有特权。

而且，受理论分析影响，实际分析中苏贾也过于强调空间而忽视了历史维度。历史和空间关系上，历史维度逐渐退去，附属于空间维度，变成空间的历史。历史和社会关系上，历史不再是社会发展的决定性因素，空间的生成才会推动社会发展。因此，空间相比历史处于优势地位，理论上的“空间性一历史性一社会性”平等的三元关系在实际的城市分析中却逐渐变成空间一社会之间的二元关系，走向一种空间决定论。

苏贾在《第三空间》最后七至九章中，将“第三空间”理论应用于洛杉矶城市分析。洛杉矶按中心和边缘可分为洛杉矶市府礼堂，即城市权力中心所处的“洛杉矶城堡”，以及奥兰治郡，即外城。“洛杉矶城堡”是政府部门、各级官员聚集的地方，充斥着监控与服从的关系，是意识形态、统治力量控制的“第二空间”。外城奥兰治郡聚集想象和现实，但是在人口分布、居住问题和城市规划问题等方面与阿姆斯特丹相比，开放性仍不够彻底。阿姆斯特丹才是苏贾理想的彻底开放的第三空间，是洛杉矶未来向理想第三空间发展的方向。

我们以阿姆斯特丹的占地运动为例，来看苏贾如何进行城市分析。占地运动中，年轻人占领市中心废弃的办公室、工厂等，要求拥有与其经济能力适配的住房的权利，并

---

① 《第三空间——去往洛杉矶和其他真实和想象地方的旅程》，第82页。

且住房权利应放在政府政治日程的首位。[①] 最终，阿姆斯特丹城市中心兴建了大量社会和公共住房，解决了严重的住房短缺问题，同时也安置了大量移民。然而，苏贾在分析这一问题时仅将其视作空间层面的挑战，而未深入分析其历史渊源，未剖析这种资源分配不平衡背后的物质基础、生产关系和生产力等。他局限于对阿姆斯特丹和洛杉矶住房问题及对策的横向比较，而忽略了纵向对比的历史维度。所以，苏贾将城市发展中的问题局限于空间范畴，并将变革的动力仅归因于空间。住房问题的解决动力仅是占领地理空间，反抗第二空间的意识形态的统治，在第三空间层面上发起运动、进行斗争。因此，从住房问题的视角看，社会发展仅受空间对社会这一单向链条的影响，而忽视了时间或历史对社会发展的作用。历史逐渐在与社会和存在的关系中退隐，而空间则被提升到本体论的地位。这种趋势存在将城市分析局限于空间—社会维度的风险，可能导致对历史维度的忽视，以及对社会发展动力的单一解释。

因此，尽管苏贾在本体论上强调三者地位平等，但是我们看到苏贾在理论分析空间的开放性中引发的历史空间化和社会空间化，以及在实际分析第三空间的实践中背离了自己的理论建构，违背了本体论上“空间性—历史性—社会性”的三元辩证法，很可能走向空间决定论。那么，在提升空间地位的同时，应如何避免从历史决定论走向空间决定论呢？我们可以从苏贾自己的先前对第一空间的分析中找到解决问题的关键所在。

苏贾指出，人们为了避免陷入空间决定论，往往重视从非空间性，即历史发展、阶级意识等出发分析第一空间，而有意忽视了空间对历史和社会产生的巨大影响。[②] 可见，在空间—社会的关系中，人们往往仅以从社会到空间的单向的因果链条分析第一空间，而忽视了空间和社会的双向运动关系。那么，关键是要注意到二元关系中的两者双向运动的关系。

苏贾在实际的空间分析中陷入空间决定论，根本上是由于对空间的错误认识。正确理解空间概念需要将其置于三元关系中，即将空间视为历史中的空间和社会中的空间。只有这样，我们才能理解所谓的空间制约或决定着社会的发展，也就是历史中的、社会中的空间决定社会的发展。因此，这种决定关系中不止空间对社会的一条单向因果链，还包括历史对空间、社会对空间、历史对社会等因果链，因而就不是单向的空间对社会决定关系了，可以避免陷入空间决定论。所以，在实际分析空间时，首先要在空间与历史、空间与社会的双向运动中理解空间和空间的生产，在空间具有战略性特权之时，也不忘综合考虑历史和社会维度，避免落入单一维度的空间阐释，才有可能实现本体论上

① 《第三空间——去往洛杉矶和其他真实和想象地方的旅程》，第 368 页。
② 《第三空间——去往洛杉矶和其他真实和想象地方的旅程》，第 98 页。

“空间性一历史性一社会性”的三元辩证法的理想。

而且第三空间的彻底开放性在这种双向运动中才能真正实现。苏贾的空间分析与政治实践紧密结合。他之所以强调第三空间彻底的开放性，是因为开放性蕴含着反抗统治空间的可能性。第三空间有潜力发展成为斗争的空间，对抗被意识形态控制的第二空间。只有基于正确的空间定位，即历史中的空间、社会中的空间，我们才能够在历史和社会的维度上更多元地开启空间的开放性，在第三空间中进行斗争，抵抗意识形态的控制。

然而，我们需要回头明确认识论上第三空间彻底开放性的涵义，即其所指的“无所不包”不应包括历史、社会。在实际空间分析中，须遵循理论上本体论的三元辩证法，历史与空间应当处于平等地位，两者之间不存在一方对另一方的优势。三者均应该在三元的空间一历史一社会关系中阐释，不能简单地将历史与空间视为二元的镜像关系。如果第三空间也包括了历史，那么历史就被纳入在空间维度之下，这违背了“空间性一历史性一社会性”的三元辩证法中三者地位平等的理论设定。因此，我们需要重新明确第三空间开放性的内涵，指出空间开放性，以避免历史的空间化，同时也要避免陷入空间决定论的误区。

结　语

苏贾继承老师列斐伏尔本体论上存在的三元辩证法，在将空间提升到本体论地位的同时，不仅突破了封闭的、有限的时空二元论，还将空间放入空间一时间一社会的开放的、无限的、平等的三元关系中。在空间性认识论上，苏贾也突破了物质空间与精神空间对立的空间二元论，相比列斐伏尔，他构建了更具彻底开放性的第三空间。苏贾和列斐伏尔区分的三种空间并不完全等同，苏贾的第一空间和第二空间是未经改造的二元，列斐伏尔的空间实践和空间表现是改造后的二元。区分改造前的二元和改造后的二元，能帮助我们深入认识苏贾空间体系中前两元与第三元的关系。第三元的生成基于前两元，并不等同于落入二元论之中。这里需区分空间的二元论与两重性。第三元的建构中，前两元的二元关系转化为第三元的两重性；第三元也已在自身的框架下重构前两元。

苏贾的第三空间最为突出的特征是，相比列斐伏尔的表征性空间和“三位一体”的社会空间都更具彻底的开放性。这种开放性基于“亦此亦彼”的逻辑，它排除了历史维度，将所有事物都汇聚在空间之中，导致历史空间化、社会空间化。所以空间很可能变成唯一决定因素。在空间的实际分析中，苏贾也过于强调空间而忽视了历史维度。在阿姆斯特丹的住房问题上，他仅在空间范畴阐释问题、提出解决方案，并没有深入分析该问题的历史渊源，没有剖析其背后生产关系和生产力方面的原因和出路。因此，在有关空间开放性的认识论上，以及实际分析中，苏贾均背离了最初的空间一历史一社会三元关系平等的本体论，易于走向空间决定论。

实际的空间分析依据空间理论指导，空间的认识论依据本体论指导，所以我们应在本体论建构的三元关系中认识空间概念，再根据本体论和对空间的认识论进行实际的空间分析。空间概念应在空间与历史、空间与社会的二元关系双向运动中理解，空间是历史中的空间、社会中的空间。在这种对空间的理解下，不仅有空间对社会的链条，还有历史对空间、社会对空间、历史对社会等多重因果链，因而能避免走向空间决定论。而且，第三空间的彻底开放性在双向运动中才能实现。基于正确的空间定位，在历史和社会的维度上开启其开放性，才能推动第三空间发展成为斗争的空间。因此，基于本体论，在认识论上我们需要重新明确第三空间的开放性内涵，第三空间的开放性所指的“无所不包”不应包括历史和社会，须遵循三元辩证法，使历史与空间处于平等地位，从而避免将历史纳入空间之中，避免落入空间决定论。

（曹羽琪，四川大学哲学系本科生）

中国哲学

孔子仁思想与礼乐文明的内在精神

张云晗

摘要：从儒学之原初发生点纵观，孔子作为儒学开创者，面对礼坏乐崩的时代境遇，自觉继承六艺，以重建周文为己任，摄礼、乐归仁，发出“人而不仁，如礼何？人而不仁，如乐何?”之慨叹。就礼乐的区别义着眼，“礼者理也”，侧重客观化的理之节文向度；“乐本乎情”，导向主观化的情之发用方向。经由孔子摄礼乐归仁的自觉思想创造，一方面，礼乐在仁上，即在人心上找到了一踏实根基，唤醒了礼乐文明的内在价值；另一方面，仁在礼乐中，即以政治的方式表现自身，彰显了儒家思想的核心要旨。概言之，礼乐之精神实即仁的精神，故仁中必同时兼有理、情两个向度而无所阻逆，这与西方哲学思维方式中情理间敌对、紧张的态势形成鲜明的对比，就此可揭示中国哲学情理交融的思维方式之特质。

关键词：礼　乐　情　理　仁

中国哲学以生命和德性为着眼点，关注道德实践中生命的存续及自身修养问题。牟宗三提出以儒学为核心的中国文化是“首先把握生命，表现仁义之心性，而形成礼乐型之文化传统”[①]。以生命为对象的中国哲学用心于对生命的调节、运转、安顿，这与时代境遇有关。就现实背景来看，礼坏乐崩导致传统习俗形成的规范力量消失殆尽，天下进入一无秩序的状态，故先秦诸子以“务为治”（司马谈《论六家要旨》）为时代主旨，呈现出“天下一致而百虑，同归而殊途”（《周易·系辞下》）的现实境况。就思想逻辑来看，先秦各家思想同出于夏、商、周三代以来的历史文化传统，实质上是以各自的思想方式和价值原则来继承和改造周以来的礼乐文化传统。

作为儒学的开创者，孔子对礼乐传统持肯定态度，故“退而修诗书礼乐”（《史记·

① 牟宗三：《道德的理想主义》，长春：吉林出版集团，2010年，第209—210页。

孔子世家》），自觉以重建周文为己任，发出“人而不仁，如礼何？人而不仁，如乐何？”（《论语·八佾》）的慨叹，通过摄礼、乐归仁的方式，一方面，为制度化的礼乐文化传统在心上寻找一可靠根基；另一方面，由礼乐传统提出道德之自觉性问题，实现了中国文明内在价值的觉醒。由此，礼、乐作为植根于仁的两条入路，从情、理两个向度对仁本身进行充实和揭示。

《礼记·乐记》中说：“乐也者，情之不可变者也；礼也者，理之不可易者也。乐统同，礼辨异，礼乐之说，管乎人情矣。”从礼乐的区别义来看，礼侧重客观之文制，即理的向度，而乐则导向人情之发和，即情的方向。结合“人而不仁，如礼何？人而不仁，如乐何？”来看，礼乐皆植根于仁才可作有方向性的伸展与扩充，故如此的方向必内涵于仁中，即仁至少含摄情、理两个面向于其中。本文试从礼乐文化传统中投射出的情、理两个向度对仁本身进行探索和思考。

一　礼者理也

经过原典中的概念源流考，我们发现，先秦时期中国哲学所说的理是一种秩序、理序的存在，它不是“理念”一类的东西。《礼记·礼运》云：“故圣王修义之柄，礼之序，以治人情。故人情者，圣人之田也。修礼以耕之，陈义以种之，讲学以耨之，本仁以聚之，播乐以安之。”圣人以人情为田，耕种即使情有一秩序，即“理”。《礼记·曲礼上》：“夫礼者，所以定亲疏、决嫌疑、别同异、明是非也……道德仁义，非礼不成；教训正俗，非礼不备；分争辨讼，非礼不决；君臣、上下、父子、兄弟，非礼不定；宦学事师，非礼不亲；班朝治军，莅官行法，非礼威严不行；祷祠祭祀，供给鬼神，非礼不诚不庄。”礼能发挥如此的规范作用是因为它本身所具有的“使有条理”的能力。由此可见，礼能给事物以秩序，这便是理。

本节就礼与理的内在关联进行阐发。从时间线索来看，礼的发展阶段大体分为礼之初创，即祭祀之礼的最初萌动期；礼之规范，即礼范围的扩大和形式的规范期；礼之自觉，即孔子以仁归摄礼的自觉期三个阶段，划分的标志是礼的外在形式（礼仪）与内在规定（礼义）的变革，其中最重要的是礼义本身的更替，即礼本乎天文、礼本乎伦理、礼本乎性理三个阶段。概而言之，礼及其本源思想发展变革趋向是人的主体性、能动性的彰显及“天人一贯”之体验的真实性的增强，此一工作是由孔子而得以彰明的。

（一）初创期：礼本乎天文

礼起于何也的问题历来学者们莫衷一是，而最广为认同的观点是礼起源于古代的祭祀活动。许慎《说文》云："礼，履也，所以事神致福也。"《礼记·祭统》："礼有五经，莫重于祭。"究其原因，从人类精神发展的一般进程来看，受对外部世界及其规律掌握的有限程度的制约，先祖往往会生发出一种类"宗教"情感。这种情感突出表现为先民"人格天"观念的产生，亦即原始信仰中的"神"，并将其视为人间之最高主宰。从远古到殷周，祖先崇拜与上帝崇拜具有一致性。徐复观言："殷人的宗教性主要受到祖先神的支配。他们与天帝的关系，都是通过祖先作中介人。"① 在这里，人与神、人世与神界常直接相连、忧戚相关。出于对此一意志天的恐惧、崇拜与依赖之感，殷人频繁地使用占卜和祭祀以求知神帝和祖先对自身行为的态度，通过一人与神之间的中介进行巫祝等活动便可实现人与天地之间的通达，此一中介的承担者即"巫"。

尽管有各种专职的巫史卜祝，最终也最重要的，仍然是由作为政治领袖的"王"为最大的"巫"，这意味着政治领袖在根本上掌握着沟通天人的最高神权，例如文献记载的颛顼"依鬼神以制义"（《大戴礼记·五帝德》）、"昔者汤克夏而正天下，天大旱五年不收。汤乃以身祷于桑林，……翦其发，磨其手，以身为牺牲。……雨乃大至，则汤达乎鬼神之化人事之传也"（《吕氏春秋·季秋纪·顺民》，并见《墨子》等）。巫舞和巫术活动由求雨而并及其他种种祭祀活动以及治病求药等等，从而发展出一整套极其繁复的仪文礼节的形式规范，即"巫术礼仪"。李泽厚指出："其主观目的是沟通天人，和合祖先，降福氏族；其客观效果则是凝聚氏族，保持秩序，巩固群体，维系生存。"② 巫术活动是通过对天的讨好以达成目的的，故此天必定是可以通过某种方式讨好、抚慰的，其中必含有某种理序，也称天文。此时，"礼即理也"的真实意图在礼本于天文，是对天文的效法、摹仿，以达到和合天人之功，这是从现实功效着眼对"礼者理也"的解释，此处的理即天文之理序。

此外，"礼者理也"之天文向度，也可以从思想发展本身的要求上着眼进行理解，即在人类思想发展早期，随着学说发展的逐渐成熟，必求得一形上学依据为其终极旨归。《礼记·礼运》篇明确提出："夫礼，必本于大一"，这在源头上为礼的来源和存在找到了先天根据。《礼记正义》为之作注曰："夫礼者，经天地，理人伦，本其所起，在天地未分之前。故《礼记·礼运》云：'夫礼，必本于大一。'"③ 但"大一"只是一团混沌的元气，又"礼本于大一"，故礼本身就有可能是混沌未分、条理不明、混乱不堪的东西。为解决混沌中如何产生理的问题，《礼记正义》复云："天地未分之前，已有礼

① 徐复观：《中国人性论史》，上海：华东师范大学出版社，2005年，第17页。
② 李泽厚：《由巫到礼 释礼归仁》，北京：生活·读书·新知三联书店，2015年，第11页。
③ 孔颖达：《礼记正义》（上），北京：北京大学出版社，1999年，第1页。

也。礼者，理也，其用以治，则与天地俱兴。”① 理是本于大一的“至善之大理”，即“大一之理”，亦即“天文”。后宋儒多发挥此义，如朱子认为：“礼是那天地自然之理……礼仪三百，威仪三千……都是天文流行，活泼泼地。”② 这便涤除了思想萌动时期所具有的混乱、神秘的气质，代之以明白晓畅的语言，为礼找到一形上的永恒根据作为立脚点。

总而言之，礼起源于古代的祭祀活动，是对“天文”的顺承。此时的礼是通过“巫”来发挥沟通神人以最终作出决断、指导行为的功能的，具有较浓的神秘色彩。随着历史的变迁，经由历史演化中人文精神的跃动，人的主体性、能动性逐渐被突显，礼由之繁衍为对有关重要行为、活动、语言等一整套的细密规范，③ 这是通过周公“制礼作乐”实现的。

（二）规范期：礼本乎伦理

王国维先生在其著作《殷周制度论》中指出：“中国政治与文化之变革，莫剧于殷、周之际。”④ 殷周之变中，周人以小邦推翻殷人霸权而成为中原之主宰，须在政权合法性问题上提出一能够对抗殷人天命永恒说的新天命思想。因而，周人主张“惟命不于常”（《尚书·周书·康诰》），又称“天命靡常”（《尚书·周书·多士》）。天命靡常并不是说天命中不具有条理、秩序或天命根本不存在，而是说天命这一超越者在选择人间代言人时会根据其具体行为而发生更改，也就是说，天命是可变而又可把握的，天命之得失是以人自身的行为为根据的，由此发展出对天人关系的新中介——“德”观念。此时，是非成败并非由神秘而不可把握的天决定，而是取决于人自身的行为。由此，人面对浩大崇高的天命不再处于完全被动承受的位置，而可以通过“疾敬德”（《尚书·周书·召诰》）来决定天命之归向，徐复观以“人文精神的跃动”⑤ 来概述此时生发的这种对人的力量的肯定与对人的意志的张扬。

天人关系的核心下降在人身上，一方面，会带来人对自身力量的肯定与自信心的提升；另一方面，觉知凶吉成败与人的行为密切相关后，便产生由责任感而来的要以己力突破困难而尚未突破时的心理状态，即忧患意识。⑥ 在忧患意识的警醒下，周人遂在制度上做了飞跃性的革新，封土建君，辅之以宗法，礼乐的性质和社会功能遂发生改变，

---

① 《礼记正义》（上），第 1 页。
② 黎靖德编：《朱子语类》（第三册），北京：中华书局，1986 年，第 1049 页。
③ 《由巫到礼 释礼归仁》，第 24 页。
④ 王国维：《观堂集林》（下），北京：中华书局，1959 年，第 451 页。
⑤ 《中国人性论史》，第 10 页。
⑥ 《中国人性论史》，第 14 页。

即宗教意味的净化与人文精神的跃显。具体而言，这一变革是通过周公将上古祭祀祖先、沟通神明以指导人事的巫术礼仪全面理性化和体制化，即“亲亲尊尊”的基本规约而实现的。[①] 孔子云：“殷因于夏礼，所损益，可知也；周因于殷礼，所损益，可知也。”（《论语·为政》）此时礼制的转变是植根封建、宗法制的要求，因此，对宗法制本身的考察亦即对礼制发展方向的揭示。

宗法制以亲亲、尊尊为目标导向，既要分别尊卑贵贱，维持封建中的等级秩序，此即“尊尊”之要，又要生发温情气氛，融合封建中的五伦之情，此即“亲亲”之要。概而言之，宗法制与礼的内在关联在于“定上下之分，通上下之情”。[②] 一方面，“王命诸侯，名位不同，礼亦异数”（《左传·庄公十八年》）。礼的最大功用即确定每一个组成分子在整个封建宗法制的大构造中所处的位置及其相应的权利、义务，使能互相调和配合而不互相冲突，王国维对封建中具体的制度创制概括为三：一是立子立嫡之制，由此产生了宗法及丧服制度，并由此延伸出封建子弟、君天子臣诸侯之制；二是庙数之制；三是同姓不婚之制。[③] 另一方面，封建的骨干是宗法，其基本精神还有“亲亲”，所以由天子以下逮于大夫、士的上下关系，不是直接通过政治的权威来控制，而是以“礼乐”来加以维持，由礼所发出的要求，是通过行为的艺术化，亦即通过所谓“文饰”加以实现，这便大大缓和了政治上下关系的尖锐对立的性格。[④] 在礼乐中可以保持伯叔兄弟间的自然亲情，他们相互间的集会，都实现或要求一种亲族间所流露出的和谐情感的气氛。

总的来说，殷周之变打破了传统的天命恒常观念，代之以“天命靡常”思想，生发出对人的主宰力量的强调，这一方面带来了天人间价值判断的新标准——德观念的产生，另一方面带来由责任感和任务的艰巨性而产生的“戒慎恐惧”之忧患意识，由此生发出建立制度以安顿百姓、维护统治的必然要求。徐复观指出，此种要求在周人即表现为建立礼制，创生一种文化意义之生活秩序，以规范自然生活之努力。[⑤] 经过这一制度创制，礼之特性也得以澄澈，原有的来自宗教的神秘感减少，取而代之的是对伦理（即亲亲尊尊）的重视，以适应封建和宗法制的要求。但此时，人文精神只是跃迁，仅表现于政治设施中，精神上的自觉和观念的系统化尚未形成，没有清明的理论基础以自觉更新原始的习俗、观念等，有流于形式的风险，为礼乐制度的崩坏埋下了导火索。劳思光指出，真正自觉阶段须在能对“人文精神”提出确定理论时，方算是真正开始，因而孔

---

① 《由巫到礼 释礼归仁》，第25页。
② 徐复观：《两汉思想史》（一），北京：九州出版社，2013年，第31页。
③ 《观堂集林》（下），第232页。
④ 《两汉思想史》（一），第31页。
⑤ 劳思光：《新编中国哲学史》，桂林：广西师范大学出版社，2005年，第55页。

子代表中国文化自觉时期之开始。[①] 孔子的突出贡献是从人心、人性上为礼奠定思想根基。

（三）自觉期：礼本乎性理

从孔子生活的时代背景看，周室衰颓，周天子神性光环褪色，封建政治全面崩坏，这根植并表现于封建之亲亲、尊尊两个向度的异变。一方面，亲亲精神逐渐单薄并演变向权谋术数的方向发展；另一方面，因封建贵族自身之腐败，明分用以维护封建中尊卑上下秩序的作用达到极限。亲亲尊尊是将宗法制与礼制勾连起来的核心中介，因此，亲亲尊尊的瓦解在政治上表现为礼制的急遽崩解，由传统习俗所形成的规范力量日渐消失，天下进入一无秩序状态。面对秩序危机，孔子“退而修诗书礼乐”（《史记·孔子世家》），将礼从“天文”“伦理”向内收于“性理”中，为礼制在人心上寻找根基，而能生一自觉践礼的道德意识，这是通过“摄礼归义、摄礼归仁”[②] 两步实现的。

首先，摄礼归义是孔子学说的第一步。《中庸》言“义者宜也”，义即“正当”“道理”，如“见义不为，无勇也”（《论语·为政》）、“君子喻于义，小人喻于利”（《论语·里仁》）等处可见，义是行为背后的所当然之则，由义而行的才是有普遍适当性的行为。子曰：“君子义以为质，礼以行之，孙以出之，信以成之。君子哉。”（《论语·卫灵公》）《集解》引郑玄曰：“义以为质，谓操行也；逊以出之，谓言语也。”[③]《集注》引程子曰：“义以为质，如质干然，礼行此，逊出此，信成此，此四句只是一事，以义为本。”[④]“以义为本”即礼是对义的自觉践行，义是礼的精神实质，礼与仪之分别可自“义”得而彰明，子曰：“麻冕，礼也。今也纯。俭，吾从众。拜下，礼也。今拜乎上，泰也。虽违众，吾从下。”（《论语·子罕》）这说明，俗儒关注的外在的礼仪威仪并不是孔子的真正着眼点，正相反，孔子的全部心力都在“礼义”上。于是，一切制度仪文，整个生活秩序，皆以“正当性”或“理”为基础，一切礼之末节可依“理”而予以改变，自觉之意识成为价值标准的根源。

其次，摄义归仁是孔子思想的第二步。在孔子之前，生命的秩序是建立在“天命”的基础上的，孔子通过“天生德于予”（《论语·述而》）的天人合一的思维方式，在人身上找到了天命观念的理性替代物——“仁”。《周易·系辞》言“天地之大德曰生”，德通过天命下贯的方式内在于我而成为生命本性，故人对自己、他人乃至万物有同情、怜

---

① 《新编中国哲学史》，第78页。
② 《新编中国哲学史》，第83页。
③ 李学勤主编：《论语注疏》，北京：北京大学出版社，1999年，第213页。
④ 朱熹：《四书章句集注》，北京：中华书局，2011年，第155页。

悯之心，以使其生生为基本价值旨归，此即朱熹《仁说》中所言：“天地以生物为心者也，而人物之生，又各得夫天地之心以为心者也，故语心之德，虽其总摄贯通，无所不备，然一言以蔽之，则曰仁而已矣。”① 作为儒家哲学的根本价值旨趣，仁即视人如己，净除私累之境界，也即《中庸》所言“唯天下至诚，为能尽其性；能尽其性，则能尽人之性；能尽人之性，则能尽物之性；能尽物之性，则可以赞天地之化育；可以赞天地之化育，则可以与天地参矣”。唯有达到了此种超越境界，灭除己之私欲，才能自做主宰地做出合“义”的行为选择，此即“义”出于“仁”。后来孟子将其发展为“居仁由义”，“仁，人心也；义，人路也。舍其路而弗由，放其心而不知求，哀哉！人有鸡犬放，则知求之；有放心，而不知求。学问之道无他，求其放心而已矣”。(《孟子·告子上》) 经过孟子的发展，孔子那里暗而不彰的仁义关系由此得以彰明：“仁”是一自觉境界，“义”是此自觉之发用。能立公心者，在实践中必求正当。因此，作为道德行为之根据的义以仁为本。

最后，摄礼归仁是孔子思想的第三步。如前所述，义为礼本，仁为义本，故仁为礼本在逻辑上是顺遂的。孔子自觉仁、义、礼的内在关联后提出了“克己复礼为仁”这一命题。“颜渊问仁。子曰：‘克己复礼为仁。一日克己复礼，天下归仁焉。为仁由己，而由人乎哉?’颜渊曰：‘请问其目。’子曰：‘非礼勿视，非礼勿听，非礼勿言，非礼勿动。’”(《论语·颜渊》) 朱熹注：“仁者，本心之全德也。克，胜也。己，谓身之私欲也。复，反也。礼者，天文之节文也。盖心之全德，莫非天理，而亦不能不坏于人欲。故为仁者必有以胜私欲而复于礼，则事皆天理，而本心之全德复全于我矣。”② 克己即去私，复礼即循理。克己复礼就是克服欲念以回复到天理、本心的自然明觉状态的工夫，由之产生的行为都是具有普遍性的道德行为。由此，礼乃通过义而得以内在化，在人心、人性上立足，在道德践履中，人便可当下认取本心，而无需向外空头求索。

总的来说，孔子将礼的来源由意志天发出的天命转化为道德天下贯的性命，将礼的遵循由对客观文制的外在遵循向内收归于人心的自觉践履，这是通过“摄礼归义”“摄义归仁”两步实现的。因此，我们认为，“义”是“仁”与“礼”之间的一个转承性范畴，“仁”是义的内在依据，“礼”是义的具体形式。由“天文”至“伦理”最后归于“性理”是礼的根据、来源及表现形式的变革，最终实现了仁与礼的内在关联。

---

① 朱熹：《朱子全书》(第二十三册)，上海：上海古籍出版社；合肥：安徽教育出版社，第 3279 页。
② 《四书章句集注》，第 125 页。

二 乐本乎情

《毛诗大序》言："诗者，志之所之也，在心为志，发言为诗。……先王以是经夫妇，成孝敬，厚人伦，美教化，移风俗。"① 构成音乐的三个基本要素"诗""歌""舞"三者都不假于自身以外的客观事物即可存在，是由人的自然真情流露出来的，故乐与情的关联是极为自然晓畅的。本节试从儒家对乐的理解出发，从乐曲本身上升到乐所承载的情感，乃至演奏、欣赏乐的人所处的精神境界，探寻儒者之乐的情感质地，以说明乐与仁之间的亲和关系奠基。

（一）何种乐：在雅乐与淫乐之间

《史记·孔子世家》记载了"孔子学鼓琴于师襄"一事，孔子对习乐的关注由"习其曲"、"习其数"至"习其志"，再到"得其为人"，大致可概括为三个阶段，即由曲音、曲调的学习，深入于乐曲背后的精神，最后实现对乐曲中含藏的生命境界的把握，即从"乐由中出"到对乐所出之中本身处在何种状态和境界进行把握。向如此的生命境界进发的过程亦即自身人格境界的提升之旅。《论语·八佾》言，"子谓《韶》：'尽美矣，又尽善也'。谓《武》：'尽美矣，未尽善也'"。孔子通过自己对音乐的学习乃至对生命的体验，为音乐提出一基本规定，即美善和合。"美"属于艺术范畴，乐之所以能成为乐，是因为人体验到它是某种意味的"美"。"尽美"是赞乐之文辞质朴动人、曲调优美悦耳，舞姿刚柔并济，有某种存在的客观意味。而"善"属于道德范畴，孔子以此作为雅乐与俗乐的分判处。《韶》是舜时的乐曲名，而《武》是周武王之乐。《武》乐以"武"为名，其中含有发扬征伐大业的意味，因而不能说是"尽善"。孔子说《韶》"又尽善"，正因为尧舜的仁德融透到《韶》乐中间去，形成了与乐的形式完全融和统一的内容。《论语·述而》言，"子在齐闻《韶》，三月不知肉味，曰：'不图为乐之至于斯也'"。《礼记·乐记》云，"乐，德之华也"。舜有圣德，在此圣德之上开出的《韶》乐，必是一朵尽善尽美的花。

尽善尽美之乐所显现的特征试以一词以蔽之，大概为"中和"。"故乐者，天下之大齐也，中和之纪也，人情之所必不免也"。（《荀子·乐论》）晏婴对和有极精到的比喻："和如羹焉，水、火、醯、醢、盐、梅，以烹鱼肉，燀之以薪。宰夫和之，齐之以味，济其不及，以泄其过。君子食之，以平其心。"（《左传·昭公二十年》）晏婴尚"和"，此

---

① 郑玄笺，孔颖达疏：《毛诗注疏》，上海：上海古籍出版社，2013年，第7页。

处以烹调、音乐为例以喻“和”，烹调饮食需要五味的协和，在这一过程中，还要“齐之以味”，此即一种作为标准（具有“中”的特征）的味。五味的取舍都以它为标准，围绕它进行，由此形成一个和谐统一体。而“声亦如味”是表明音乐的和谐如羹汤的调和一般，是经由音乐中诸艺术要素围绕某个正确的标准而互相交流融合的过程以实现的。此即孔子所言“《关雎》乐而不淫，哀而不伤”（《论语·八佾》），亦即荀子说的“诗者，中声之所止也”（《荀子·劝学》）。由此可见，一方面，孔子肯定哀乐之情的自然抒发与正常表达。另一方面，孔子反对它们各自超越极限而发生的质变，这实际上是对音乐所表达的哀乐之情的中和关系的肯定。

总的来说，乐本乎自然本情，但自然情感如何“发而中节”，与他人乃至整个社会秩序达到谐和一致的问题是孔子在礼乐问题上的着眼点之一，这一问题是通过孔子对雅乐与淫乐的区分及其标准的制定而解决的。一方面，孔子从自身对音乐的学习和体悟出发，感悟出主体处于不同的精神境界时自然会生发出不同层次的乐，故主张对音乐的学习要超越纯粹技艺的阶段而达到对乐章背后的精神乃至人格的把握；另一方面，为了发挥乐“经夫妇，成孝敬，厚人伦，美教化，移风俗”之用，孔子作雅乐和淫乐之分，将美视为乐之为乐的基本要求，将善视为雅乐之为雅乐的根本准则。尽善尽美之乐所显现的特征即“中和”，既肯定正常情感的自然抒发，又对其加以节制，达到“乐而不淫，哀而不伤”（《论语·八佾》）的中和状态，此时的生命是与他人的生命乃至宇宙整体谐和一致的，这是儒家的终极理想之境。

（二）何以得：“兴于诗，立于礼，成于乐”的道德生命践履

《论语·泰伯》言：“兴于诗，立于礼，成于乐。”杜维明提出，此生命实践的三阶段是将生命由未经提炼的感性冲动转化为自我优雅的审美表达的上达的历程。[①] 具体来说，首先，诗本性情。朱子在《集注》中曰：“兴，起也。诗本性情，有邪有正，其为言既易知，而吟咏之间，抑扬反复，其感人又易入。故学者之初，所以兴起其好善恶恶之心，而不能自已者，必于此而得之。”[②] 诗是情感的自然流露，具有感动人心的作用。但如此的原始冲动如不加节制，进入社会层面会导致纷争，故需要通过学礼以规范之。礼者理也，作为形式化、制度化的规范、法则，可以通过节制自然情感的方式把人从动物的世界中超拔出来，此即“礼以立身也”的自立功夫。朱熹《集注》中说：“礼以恭

---

① 杜维明说：“孔子曾经在七十岁时达到了‘从心所欲不逾矩’的境界。这种在所是与所当是之间达到完美和谐的能力，几个世纪以来，一直是儒家后学将未经提炼的感性冲动转化为自我优雅的审美表达所仿效的崇高标准。”（见杜维明：《东亚价值与多元现代性》，北京：中国社会科学出版社，2001年，第135页。）

② 《四书章句集注》，第100页。

敬辞逊为本，而有节文度数之详，可以固人肌肤之会，筋骸之束。故学者之中，所以能卓然自立，而不为事物之所摇夺者，必于此而得之。”[①] 但学礼自立又存在流于外在化、形式化的风险，可能使人虚伪不真，难以激起人内在的道德自觉，因此，礼不能作为儒家思想中生命历程的最终站点，仍须提升至“成于乐”才算得上圆满。概言之，礼之用一方面是对自然感性冲动的克制与规范，另一方面，“礼”作为一种手段，以实现内在人性的自我挺立为目的，故须升进至“成于乐”的阶段。“成于乐”是自然情感与外在规范的圆融，“乐有五声十二律，更唱迭和，以为歌舞八音之节，可以养人之性情，而荡涤其邪秽，消融其查滓。故学者之终，所以至于义精仁熟，而自和顺于道德者，必于此而得之，是学之成也”[②]。而此乐并不是对其源处的自然情感的否定，而是如治水一般治情，剔除情感中易于流变的情欲及偏离中和的情感无限制之表达而成为纯粹的道德情感的真实朗现。简言之，“乐也者，乐也，人情所不免也”（《荀子·乐论》）。顺着人情而发的真实而自然之感便是“乐”所期望的情感。

值得注意的是，在儒家思想中，乐与忧是一体的。儒家对己是乐，对天下国家而言则是忧，故“寻孔颜乐处，所乐何事”（周敦颐语）与“先天下之忧而忧，后天下之乐而乐”（《岳阳楼记》）是同时存在的。忧患意识与乐感在儒家思想中都占据着中心地位，二者本是一体的，正如好与恶是两面的，离开一方便无法感知另一方。一方面，儒家的道德意识主要来自人的忧患意识，这种忧患意识的形上根据是“天地之大德曰生”（《周易·系辞》），“天地以生物为心者也，而人物之生，又各得夫天地之心以为心者也”[③]。故圣人对万物不能生育、生育不得其所便会产生忧患意识，由此生发出悲悯之情，欲以己力参赞万物化育，便有了道德意识的兴起和自觉。另一方面，忧患意识奠基在“乐”的基础上，并以乐为评判标准，如孟子所说的“理义之悦我心”的“悦”，孔子说的“汝心安否”的“安”其实都含有乐意，如果完成了一件事情之后感到很快乐，就会自觉到这件事是我想要做的，而且也达到了我想要做到的程度。故孟子的恻隐之心实际上是根于人的乐感。朱熹《集注》言，“恻，伤之切也。隐，痛之深也。此即所谓不忍人之心也”[④]。王夫之说：“‘忍’字从刃、从心，只是割弃下不顾之意。”[⑤] 忍就是“心如刀绞”般的疼痛感，而不忍就是对这种疼痛感无法忍受。在一定的情境中，不忍这种情感上的疼痛感会刺痛着人的内心，迫使人们有所反应。正因为人所追求的是快乐而非痛苦，故在恻隐之心发动时，人便觉得在身体上无法忍受、在情感上过意不去，就会发出

① 《四书章句集注》，第100页。
② 《四书章句集注》，第100页。
③ 《朱子全书》（第二十三册），第3279页。
④ 《四书章句集注》，第221页。
⑤ 王夫之：《读四书大全说》，北京：中华书局，1975年，第526页。

行动。扩而言之，整个忧患意识都奠基于乐感之上，正是人对乐的追求推动人做出使人感到乐的事，参赞万物的化育，万物各得其所的结果是使人的恻隐之心在腔子里沉睡而不因事件的牵动而发挥作用。而佛教却是相反，佛教也主张快乐，涅槃就是佛教所说的解脱，是永恒快乐之境界，所以称为“常乐”，涅槃境界就是常乐我净的境界。但此常乐的本质是根于人的苦感，即人生皆苦的意识。所以，推动人的道德的行为的意识是从痛苦中解脱出来的观念，因此，它的动机是苦感。此处可见中国文化所不同于宗教的一面，即中国文化更为圆融而清丽，在此气氛中感到的全是春风化雨般的无所违逆，是与人的本性一根而发的，故人能知能行的庸德、庸言亦即人应知应行、难知难行的大德。

总的来说，儒家肯定乐本于情，从耳目感官之自然之乐中后退、上升到一更为精纯的乐的境界中去，主张自然与人文的调和，呈现“文质彬彬”，即“物相杂而均适之貌”[①] 的现身状态，这一情态是通过“兴于诗，立于礼，成于乐”（《论语·泰伯》）的道德践履而最终实现的，即自然情感通过兴于诗而歌咏言之，情真意切；通过立于礼而合乎人伦，挺立主体；最后圆融在乐上，成为人情天理合一之源的道德心，此时道德生命清澈明朗，所发之情感皆出于自然本情而以自我优雅的审美表达的方式呈现，因而能达到“因其情之发，性之本然可得而见”[②] 的生命境界，这是融忧与乐为一体的于日常生活中的乐感，由此发出的道德行为皆为“极高明而道中庸”（《中庸》）的道德践履。涵容仁心的仁者的生命是忧乐一体的，就个人的生命存续而言，颜回在陋巷不改其乐（《论语·雍也》），安于仁道，乐以忘忧（《论语·述而》）；就集体的生活活动而言，孔子在礼坏乐崩的时代境遇中忧天下无道（《论语·季氏》），整理礼乐，广开私学。

三　仁之情理向度

在孔子对礼乐文明的自觉继承与重塑下，一方面，礼乐在仁上奠定坚实的基础；另一方面，仁即以礼乐的方式显示自身，礼乐之精神实即仁的精神，故仁中必同时兼有理、情两个向度，圆成一人情天理合一之原而无所阻逆。本节就直就仁之情理两个向度，对仁本身进行探讨。

（一）仁与理：仁之道德理性向度

在中国哲学的思想语境中，“理性”不止是人的理智能力和纯形式的实践理性，而是具有道德情感内容的、既植根于生命又超越生命的道德理性，这是人与人之间借以实

① 《四书章句集注》，第 86 页。
② 《四书章句集注》，第 238 页。

现共信共喻的普遍义的道德法则得以建立的心性基础。

首先，从“礼者理也”，即在礼的通孔中看仁，孔子通过摄礼归义、摄义归仁而终实现摄礼归仁，将礼安放在人性、人心的基础上，在礼乐传统中实现仁礼互释，赋予礼制以内在价值，这是孔子由其对文化传统的自觉意识而体贴出来的一内在贯通。在仁一义一礼这一内部系统中，仁是绝对的、内在的，礼是相对的、外在的，义是两者勾连的中介环节，是内在德性显化为外在德行的关窍所在。例如，“克己复礼为仁”（《论语·颜渊》）作为孔子对仁、礼关系的指点，在孔子义命分立的背景下有完成个人理分以尽性之义。落实在道德实践中，能不随私欲而合于礼时，即循理而行，亦即依一求正当之意志方向而活动，此实践之效用便在返显仁心。反过来说亦成立，即如若不能立此公心，则不能建立秩序，礼便无从建立。

其次，礼之为礼的根本意旨在于为社会生活提供一可循规范，此规范的内在根据、目的、动力都是仁。因此，将目光从礼的通孔转出，朝向作为礼背后支撑的、更为广泛意义上的“仁道”的方向来看，“道”即道路，标志一理序并指向一方向。就仁为道而言，便有理性的特征。“富与贵，是人之所欲也；不以其道得之，不处也。贫与贱，是人之所恶也；不以其道得之，不去也。君子去仁，恶乎成名？君子无终食之间违仁，造次必于是，颠沛必于是。”（《论语·里仁》）熊十力注：“仁者，本心之名。本心备具生生、刚健、炤明、通畅诸德，总括而称之曰仁德，故本心亦名为仁。终食者，一饭之顷。仁心，吾身之主也。”① 孔子强调，君子一生中没有一刻可以偏离此仁道，它就内在于每个人的生命中，只有顺此道而行才能与他人之道“并行而不悖”（《中庸》）与其他生命“并育而不相害”（《中庸》）。《周易》中说：“刚柔交错，天文也。文明以止，人文也。观乎天文以察时变，观乎人文以化成天下。”（《贲卦·彖》）“文”通“纹”，有理序的意思。“观乎天文以察时变”，天的秩序通过天刚柔交错的变化得以展现，“观乎人文以化成天下”，人的秩序通过人的制度创设、文明创造得以显形，这是仁在现实生活中落实的结果。仁作为内在的德性，其实现于现实生活中并得以修炼、改正自身的方式即行仁道，将内在的仁德见之现实生活，实现为外在的德行，如此的行为全从一大公无私心而来，没有丝毫人欲的牵连和阻滞，便自然是恰当适宜的。孟子对此多有发挥，“孟子曰：‘君子深造之以道，欲其自得之也。自得之，则居之安；居之安，则资之深；资之深，则取之左右逢其原，故君子欲其自得之也’”（《孟子·离娄下》）。道具有规范义，如寻水之来源般向上追溯便可得知，道的本原即仁，道即仁的理性化面向的表述。

总的来说，仁的理性向度即具有普遍义的道德理性，突出表现在其与私欲之间的张

---

① 萧萐父、郭齐勇主编：《熊十力全集》（第七卷），武汉：湖北教育出版社，2001年，第209页。

力。以“孺子将入于井”（《孟子·公孙丑上》）为例，当行为和选择的动机不是从己之私欲，而是从人之为人的普遍人性出发，即从“仁德”出发，其行为即可称为中道的正确选择，是依真情实感而做出的具有普遍性、适当性的真实行动。如此的行动标志出个体所处的境界是一道德的、理性的通体透明而无一分一毫私欲沾染之境。

（二）仁与乐：仁之自然本情向度

情感在儒家思想中承载着极重要的意涵，被视为生命的基本组成部分，隋思喜指出，人的整个生活世界乃至成人之境都在真情实感上得以生发。[①] 而情感本身又是一个十分复杂的问题，至少可以分为自然本情和流俗情欲两个方向，即孟子学中的“恻隐羞恶辞让是非”四端与“喜怒哀惧爱恶欲”七情之分。结合前述乐与情的协和一致关系，在对两种情的态度分判中对仁本身进行审查和反观，则仁所立基的真情向度便可当下呈现。

首先，直就乐与仁的内在关联来看，对儒者来说，乐的艺术境界与仁的精神状态有着自然而然的融合。如前所述，乐本乎情而以中和为性，本于情即意味着乐是情感的自然而然的流露，以中和为性意味着乐的表达是具有普遍性的。而仁也是如此，为仁是自然的、使人感到快乐的行为。“我欲仁，斯仁至”（《论语·述而》）意味着仁是内在于人的、作为其生命根源的人性，故求仁得仁是极自然而简易可行的，如此内向求取所得到的结果是“万物皆备于我矣，反身而诚，乐莫大焉。”（《孟子·尽心上》）“万物皆备于我”即“天下归仁”（《论语·颜渊》），从本体论上说，人作为天地生物，在本源处就是上下与天地同流的存在，但因为天命坠入有形质的人身中，却有了与万物分隔的可能。因此，万物皆备于我是通过敞开自身而将万物涵容在己的工夫，徐复观指出，这就是仁所具有的中和的特质，如此便可以证明仁德的全部实现，这是仁达到的境界。[②] 由反身而诚而来的乐是最真实的、最丰盈的，是处于最高的道德境界时的内在精神体验，任何乐都无法与如此的乐相提并论。故“乐合同”的境界与仁的境界有其自然而然的会通处。

其次，从自然本情与流变情欲的分判处来看，仁以自然本情为基，追求生命的美善和乐之境。儒学从他的创始人孔子开始便关注人的真情实感，视之为人的最本真的存在状态。黄玉顺指出，所谓“真情”，就是发自内心的最原始最真实的自然情感；所谓

① 隋思喜：《礼乐精神与儒家情理交融的道德意识》，载《社会科学战线》2019 年第 6 期。
② 《中国人性论史》，第 94 页。

“实感”，就是来自生命存在本身的真实而无任何虚幻的自我感知和感受。① 真情与实感又是无法分离的，真情真于其实，实感实于其真，也只有两者结合而在事件上具体地呈现出来，才成为儒家所说的情感，拥有此情感才成为一个真实的生命存在、一个活泼泼的人。此种情感是植根于生命整体的，包含孝悌、忠恕、爱敬等多种面向，其中，爱具有根本义。“樊迟问仁，子曰：‘爱人。’”（《论语·颜渊》）“君子所以异于人者，以其存心也。君子以仁存心，以礼存心。仁者爱人，有礼者敬人。爱人者，人恒爱之；敬人者，人恒敬之。”（《孟子·离娄下》）“仁者爱人”以情感为进路对仁本身进行诠释，将爱视为仁者的核心特质，正是在将全身心浸润在爱的气氛中并追求爱的推扩和实现的过程中，人才实现境界的不断提升而最终成为仁者的。从工夫和境界的角度看，“人皆有所不忍，达之于其所忍，仁也”（《孟子·尽心下》）。求仁的工夫与人达到的境界是无限的，需要不断地做克制私欲和推扩仁德的工夫。而“所以谓人皆有不忍人之心者，今人乍见孺子将入于井，皆有怵惕恻隐之心，非所以内交于孺子之父母也，非所以要誉于乡党朋友也，非恶其声而然也。由是观之，无恻隐之心，非人也；无羞恶之心，非人也；无辞让之心，非人也；无是非之心，非人也”（《孟子·公孙丑上》）。朱熹《集注》引程子曰：“满腔子是恻隐之心。”谢氏曰：“人须是识其真心。方乍见孺子入井之时，其心怵惕，乃真心也。非思而得，非勉而中，天理之自然也。内交、要誉、恶其声而然，即人欲之私矣。”② 最重要的不忍产生于面对死生问题时，这是将死之时最真切的伤痛之情，如孺子将入于井一例中自然生发的怵惕恻隐之情，是因顺自然而不容丝毫计虑心于其间的，与“内交于孺子之父母也”等人欲之私截然相反。扩充此不忍之心于所有事物上，实现“亲亲而仁民，仁民而爱物”（《孟子·尽心上》）的万物一体之境，在政治上便具体化为“博施济众”（《论语·雍也》）、济困于民的实践活动，这是儒者实现熟仁的必经之路。陈来指出，爱人故能博施于民，济困于民，己欲立而立民，己欲达而达民，因此，爱人之仁并非抽象的博爱，是和己达达人、己立立人之仁互为表里的，它所指的就是对民生的一种关怀，把致力满足民生需求作为自己的内在动因。③ 由此可见，仁以爱为根本原则，经由推己及人的工夫实现道德的践履是成仁的必经之路。

总的来说，仁与乐之通处根本在于两者都立足于自然真情之上，拒斥由私欲流行导致的所发之情的偏废而使得真情隐蔽不显。其中最重要、最根本的情感即爱的情感，这是天下降于人而人所禀受的。正是立足于自然真情上，才使得仁摆脱了流于形式的风险，在人的每一个当下发生的事件中显示自身。

---

① 黄玉顺、杨永明主编：《蒙培元全集》（第一卷），成都：四川人民出版社，2021年，第17页。
② 《四书章句集注》，第221页。
③ 陈来：《孔子·孟子·荀子先秦儒学讲稿》，北京：生活·读书·新知三联书店，2017年，第56页。

结 语

礼乐作为中国哲学的核心命题，经历了由先王之统到孔子摄之归仁的过程，这是一意志自觉的努力，亦是中国哲学觉醒其内在价值的旅程。作为儒家思想中最核心的概念，对仁的解释和阐发有诸多理路，而总不过“仁者，人也”（《孟子·尽心下》）一条。仁是人之为人的根本，此“人”并非自然躯壳或生理情欲中的纯粹自然生命，而是以道德为内在追求的德性生命。我们认为，道德主体的内在特质中包含情感与理性两个向度，由情的向度以发和，由理的向度以节文，终成一大公之涵融无碍的爱人如己之境，遂能立人极而与天地叁。本文通过礼与理、乐与情两个向度，在仁与礼乐之制的内在勾连中撑开了仁所具有的情理向度。我们认为，儒学所甄明的中华民族之特性，就具体地体现在对礼乐精神的继承和理解中，以礼乐的区别向度为入路对礼乐文明的内在特质及孔子的独特贡献进行探索是本文运思和努力的方向。

（张云晗，东北师范大学哲学系本科生）

论《中庸》心学基础上的“诚”之三义

陈南君

摘要：“诚”作为《中庸》的核心概念，既是一个哲学范畴，又是一个实践指征。如何实现两者统一？在心学。以阳明心学观之，《中庸》之“诚”有三义：一是作为天赋的内在发用性；二是沟通天人的认识方法；三是意识在实践场域的落实。这三层“诚”义，均离不开心之本体、心之灵觉和心之落实，故而从诚与心学的关系而言，心学即为诚学，诚学也可称为心学。

关键词：中庸　诚　心学　阳明学

《中庸》作为先秦时期重要的儒学文献，是极具思辨性的哲学著作，在儒学发展过程中具有奠基性作用，理学家们更是将其奉为圭臬。宋儒相当重视对《中庸》文本的诠释，北宋张载在其《正蒙》中有《诚明》一篇，专述《中庸》“诚”意，通过阐发《中庸》心性思想，为其道德修养工夫寻找理论依据。南宋朱熹更是将《中庸》与《大学》《论语》《孟子》共同作为儒家的纲领性文献，并称为“四书”。明代王阳明基于其心本论的思想，重视“诚意”之说，对“诚”这一范畴进行了心学诠释，并将之作为“致良知”的基础。阳明释“诚”，虽多依《大学》，但从其心学思想出发，亦可总体把握其对《中庸》之“诚”的看法。

作为儒家的纲领性文献，《中庸》有其特定论述主旨和论证逻辑，而“诚”则是其理论脉络的核心范畴。因此，在对《中庸》之“诚”进行诠释时，应将《中庸》文本视作有机整体，而非警世之言的松散集合。对“诚”的系统诠释，在阳明心学中已有所体现，而阳明之“诚”又与《中庸》意旨真切相合。故本文运用阳明的“心外无理”“致良知”“知行合一”等理论原则，结合阳明对《中庸》文本与“诚”意之解释，从心性、认识与实践三个层次，系统阐发“诚”对主体而言的完备性，揭示阳明欲发而未明的《中庸》诚学体系，从而对《中庸》之旨有创新性的阐发和更进一步的认识。

从主体性出发辨析“诚”意，学界多有论之。其中，牟宗三在《中国哲学的特质》一书中将“诚”与“仁”等同而论，认为人可以通过“诚”去体会天道，并使天道“内在化”于内心之中，成为一形而上的实体。[①] 张立文在为《宋明理学心性论》所作序中，将“诚”视作沟通超越与现实的桥梁，认为心性本体通过“诚”“仁”才展现为现实的万物，而现实的万物亦是通过“诚”与“仁”提炼出普遍本性，这便是中国哲学的和合性之基础。[②] 鲁芳《“诚”的心性论阐释》指出“诚”是“心”之本体，强调了“诚”与天道合一，作为最高道德境界，指导道德实践的伦理意义。[③] 上述观点都指出了“诚”的主体性特征，并从中出发探讨其伦理道德内涵，但对“诚”得以实现的前提，以及“诚”对日常实践的作用展开较少。

吴凡明在《〈中庸〉诚说的理论建构及其致思理路》中说明“诚”的三条致思理路，分别为天人合一、体用合一与内外合一，指出了《中庸》通过“诚”将上下、内外通而为一的理论内涵。[④] 陈赟在《以人道显天道：论〈中庸〉诚的思想》一文中认为，“诚”在天道而言体现为各正性命的境域，在人道而言体现为使天与人相一致的能动力量。[⑤] 二者的观点揭示了“诚”是一种沟通天人、内外的能动力量，符合《中庸》文本所要构建的诚学思路，而未尽之处在于，未对《中庸》之“诚”的心性基础进行系统论述。

陈来在《有无之境：王阳明哲学的精神》中对王阳明“诚意”之说进行概括，认为阳明所言“诚意”是指在意识发动中存善去恶，“诚”更多是一种伦理实践意义。[⑥] 杜霞《诚：儒家心学的奠基性观念——试论〈中庸〉“诚”说》则认为，《中庸》将“诚”由朴素的情感状态提升至内在的本体地位，特别强调人对当下情感的真实领悟。[⑦] 郝鑫《论王阳明心学中“诚”之内涵的多重性》将阳明思想之“诚”概括为“开启”“涌现”“境界”三层含义，分别代表唤醒信心、践行纲领、生命体悟三个为学层次。[⑧] 龚晓康《“物”之呈现、聚集与诚明——基于阳明心学的考察》指出“诚意”以良知为根本，是要破除对“物”的对象化执念，最终达到天人合一的境界。[⑨] 王磊《王阳明“立诚”说的内在逻辑蕴涵》则从立志、求复心体、为善去恶、道德实践四个层次，说明“立诚”作为为学工夫的深刻内涵，还指出“诚”与“良知”的辩证关系，即“诚”以“良知”为根本，“良知”又因“诚”得以落实。[⑩] 上述观点均以心学视域对“诚”进行诠释，

---

① 牟宗三：《中国哲学的特质》，上海：上海古籍出版社，1997 年。

② 张立文：《序言》，见蔡方鹿：《宋明理学心性论》，成都：巴蜀书社，2009 年，第 4—5 页。

③ 鲁芳：《“诚”的心性论阐释》，载《长沙理工大学学报（社会科学版）》2005 年第 2 期。

④ 吴凡明：《〈中庸〉诚说的理论建构及其致思理路》，载《求索》2007 年第 11 期。

⑤ 陈赟：《以人道显天道：论〈中庸〉诚的思想》，载《齐鲁学刊》2008 年第 1 期。

⑥ 陈来：《有无之境：王阳明哲学的精神》，北京：北京大学出版社，2013 年，第 116—121 页。

⑦ 杜霞：《诚：儒家心学的奠基性观念——试论〈中庸〉“诚”说》，载《哈尔滨学院学报（教育）》2003 年第 12 期。

⑧ 郝鑫：《论王阳明心学中“诚”之内涵的多重性》，载《宁夏社会科学》2020 年第 2 期。

⑨ 龚晓康、Wang Xiaonong：《“物”之呈现、聚集与诚明——基于阳明心学的考察》，载《孔学堂》2022 年第 3 期。

⑩ 王磊：《王阳明“立诚”说的内在逻辑蕴涵》，载《中国哲学史》2019 年第 1 期。

强调了“诚”与意识发用之关系，实有洞见，但未能将心学之“诚”融贯于《中庸》文本之中。下文将首先明确《中庸》之旨，而后探讨阳明所释之“诚”如何发挥《中庸》之旨。

一 “诚”为《中庸》之旨

“中庸”乃《中庸》要目，此乃学界通见，而“诚”与“中庸”之关系，则有待进一步展开。汉学之郑玄，亦或宋代之朱熹，他们对“中”、“庸”以及“中庸”的解释，符合文字训诂之本义，所短在于未将“中庸”之义与《中庸》之文加以和合为一，故《中庸》“诚”义之要，未能通过“中庸”内涵的阐释而得彰显。

在对“中”义之解读上，朱熹《中庸章句》释“中”为“不偏不倚、无过不及”，还引程子“不偏之谓中”之言，将“中”释为“不偏”。① 回到“中”之本义，《说文解字》释“中”：“中，内也。”可推知“中”还有“内在”之意涵。郑玄注《中庸》，曰：“中也者，天下之大本也者，言情欲未发，是人性初本，故曰天下之大本也。和也者，天下之达道也者，言情欲虽发而能和合，道理可通达流行，故曰天下之达道也。”② 宋代学者中和合一之说，本之于此。郑玄释“中”与《说文》亦有相合之处，他将“中”释为人的内在本性，“和”释为意识发动之合理性，从而以中和之道构筑起天与人的桥梁。

“中庸”之“庸”主要有两义：一释作“常”，二释作“用”。郑玄注《中庸》所言：“庸，常也，用中为常道也。”二程继承此说，把“庸”释为常道，朱熹也将“庸”释作“平常”，认为“庸”指恒常稳定的状态。但郑玄又云：“名曰《中庸》者，以其记中和之为用也。庸，用也。”将“中庸”释为“用中”。③ 对于“庸”字“用”义，宋儒朱熹等人又将此义内化于“常道常行”之中，将“常”与“用”相融合，“用”为“常”之延伸，二者关系略有理学“体用”之意。

从上文关于“中”“庸”和“中庸”“中和”之义的考察，可得出“中”乃指主体意识之本然未发状态，其内在意蕴，王阳明发挥甚详。《传习录》云：“故有所忿懥好乐，则不得其正。须是廓然大公，方是心之本体。知此即知未发之中。”④ 认为“未发”之状态即心之本体，这是从心之本体论“中”。诚如“庸”指恒常、常态，是一种稳定持

---

① 朱熹：《四书章句集注》，北京：中华书局，2011年，第19页。
② 郑玄注、孔颖达疏：《中庸注疏》，见《礼记注疏》，宋本十三经注疏本，清嘉庆二十年南昌府学重刊。
③ 同上。
④ 王守仁：《王文成公全书》（一），王晓昕、赵平略点校，北京：中华书局，2015年，第37页。

久的状态，“中庸”之义，即以本然为恒常，而“中和”则指圣人实然之道。阳明收录的《朱子晚年定论》中载朱熹言：“‘中和’二字，皆道之体用。”① 朱熹将“中”“和”视作中庸之道的体用两个向面，这一点也得到了阳明认同。回头再看《中庸》对“中”“和”之解释：“喜怒哀乐之未发，谓之中；发而皆中节，谓之和。”（《中庸》第一章）从中便可知，“中”即“未发”，是指尚未发散显现的主体意识状态，此便是心之本然；而“和”则指意识发动的适度恰当，是心之发用。

至此，《中庸》之旨已明。通过考察“中庸”“中和”之义，可见《中庸》全文旨意，其重点并不在于阐释“中庸”之本然状态，而在于如何臻至“中庸”之境，即作为“行动过程”的“中庸之道”该如何展开？换言之，“中庸”并非简单的境界论，而更多地是一种实践论。如《中庸》第二章引孔子之言曰：“君子中庸，小人反中庸。君子之中庸也，君子而时中；小人之中庸也，小人而无忌惮也。”（《中庸》第二章）这便是说，君子能够于生活中时时处中，心持正固；小人则无所忌惮，心随物迁。

由上述《中庸》语句，可知作为实践论的“中庸之道”，其要害在于如何“行”，而《中庸》全文，无不透露出践行“中庸之道”的关键在“诚”，故而理解《中庸》之要义，续当以“诚”义为焦点。而阳明对“诚”之解释，正合于《中庸》之旨。

以阳明心学统观《中庸》“诚”义，主要有三个层面：一是心性之“诚”，《中庸》强调了“诚”作为意识的内在发用性；二是认识之“诚”，《中庸》将“诚”与“明”视作体认天理良知的两条进路；三是实践之“诚”，“慎独”等修养方法均离不开“诚”之发用。对于以上诚之三义，阳明在论及《中庸》时有所提及，在《大学古本》中亦多有论之，以《大学》之“诚”为核心，旁敲《中庸》要义，是阳明诚学之特点，现展开如下。

二　心之本体与《中庸》心性之“诚”

《传习录》载阳明言：“子思括《大学》一书之义，为《中庸》首章。”② 认为《中庸》以《大学》思想为开篇主旨，二者理论一脉相承，此为阳明“诚”学之基础。他以心学融通《大学》《中庸》之“诚”，“所以某说无心外之理，无心外之物。《中庸》言‘不诚无物’，《大学》‘明明德’之功，只是个诚意。诚意之功只是个格物”③。天理蕴之于心，使其在心之发用中显现出来，此即诚意，即格物。王阳明借此将“诚意”阐发

① 《王文成公全书》（一），第 173 页。
② 《王文成公全书》（一），第 21 页。
③ 《王文成公全书》（一），第 7 页。

为使意念随天理发用，作为其“心即理”之依据。他说：“诚意只是循天理。虽是循天理，亦着不得一分意，故有所忿懥好乐，则不得其正。”① 在阳明看来，心之发用无需意识上用力而为，只要顺其本性，即顺应天理。故而他以“性是心之体，天是性之原，尽心即是尽性”解《中庸》“为天下至诚能尽其性，知天地之化育”②，将本原之天作为心之本体的根据，而心之本体就是人之本性。

《中庸》首句“天命之谓性，率性之谓道，修道之谓教”，为全篇思想要旨，揭示“性”如何发挥其作用，与郭店楚简《性自命出》篇“性自命出，命自天降。道始于情，情生于性”③ 可谓异曲同工。《性自命出》中对“性”有多处诠释，如：“喜怒哀悲之气，性也”；“好恶，性也”；“善不善，性也”；“牛生而长，雁生而伸，其性使然”④ 等。“喜怒哀悲”、“好”与“恶”、“善”与“不善”、“长”与“伸”，均可视作主体对外部事物的本然反应。可见先秦儒家所言之“性”，是主体感于物而发的本能反应之基础。《中庸》之“性”亦然，是由“天”所“命”的。《中庸》首章便提出“致中和”的观点，认为“中和”推而至极就是天地各当其位，万物化育而生。正因“天”有成己成物的“中和”之善，故由其所“命”之“性”，便包含着主体成为自身之规定性和生存发展之基础，故阳明言“心之体，性也，性即理也”⑤，认为“性”本身就禀赋天理。阳明还言：“凡人信口说，任意行，皆说此是依我心性出来，此是所谓生之谓性。然却要有过差。若晓得头脑，依吾良知上说出来，行将去，便自是停当。”⑥ 亦指出“性”所包含的天地化育之善，即“良知”，依此“良知”而行便与《中庸》所言“率性之谓道”相合。

《中庸》以大量篇幅论述“诚”这一范畴，欲发明深意，亦需明确“诚”字之内涵。《大学》言：“所谓诚其意者，毋自欺也，如恶恶臭，如好好色，此之谓自谦。”阳明释之曰：“《大学》是就人人好恶真切易见处，指示人以好善恶恶之诚当如是耳，亦只是形容一‘诚’字。”⑦ 可看出，“诚”之内涵为心之发用性，是本性的真实显现和自然流淌。因作为心之本体的“性”包含“良知”，故依其自然发用之“诚”，当然也就具有正确的价值导向。《中庸》之“诚”亦承此义，《中庸》第十六章引孔子言：“夫微之显，诚之不可掩如此夫。”“诚”内在于心为“微”，发用于外为“显”，但此“显”为本然之

---

① 《王文成公全书》（一），第 37 页。
② 《王文成公全书》（一），第 6 页。
③ 李零：《郭店楚简校读记》（增订本），北京：中国人民大学出版社，2007 年，第 136 页。
④ 《郭店楚简校读记》，第 136 页。
⑤ 《王文成公全书》（一），第 52 页。
⑥ 《王文成公全书》（一），第 125 页。
⑦ 《王文成公全书》（一），第 237 页。

“显”，而非人为之“显”，于是乎“诚”与“伪”便对立起来，前者是本然而发的意识作用，故言“不可掩”，后者则是人为而作的意识显现。

从心性关系上说，“性”作为“心之本体”，是主体与对象相感之基础，于此之上，主体性得以作用于对象并发用展开，此发用之力即为“诚”。至于其发用过程，《中庸》则以“天一命一性一道一教”加以揭示。阳明曰：“子思性、道、教，皆从本原上说，天命于人，则命便谓之性；率性而行，则性便谓之道；修道而学，则道便谓之教。”①“性”为“天”所“命”，作为主体意识的基础，通过“诚”发挥作用，使主体顺应其本性良知而为，此即“道”，而“道”又是教化之依据，“中庸”以本然为恒常的主旨便得体现，以此可达“中和”之实践状态。

正因如此，“诚”亦是躬行践履之基础。《中庸》所谓“不诚无物”，“物”即为事物、事务之义，说明作为主体自发之“诚”，主导着人与物交感过程的始终，人的实践，可在某种程度上看作“诚”的内在逻辑在格物致知之道的展开。《中庸》将“诚”视为心之发用的起点和心物交感的规范，以及臻至天地中和之境的根本方式。“诚”使“天一命一性一道一教”的过程具有如泉涌般的生命力，“天”“人”“物”三者之交感也具有了内在的生命机理，亦或说，“诚”使人得以包含天地。

三　心之灵觉与《中庸》“诚明相通”

通过上述之“诚”，可进一步探究《中庸》揭示的两种不同认识进路，具体体现为“由性入道”与“由道入性”。于此处，“性”与“道”之关系可笼统概括为体用关系，由“性”入“道”的过程，正如由体至用，是以心之本体为行为指征，这一过程由“诚”确立，是所谓“自诚明”；而由“道”入“性”，是在具体行为中体认心之本体，进而上达天理，此便是通过“诚”而实现的教化之功，是“自明诚”。正如阳明言：“率性是诚者事，所谓自诚明谓之性也；修道是诚之者事，所谓自明诚谓之教也。”②

王阳明在与黄勉之书信中，认同了其“《中庸》诚者之明，即此良知为明”③的观点，将“诚”与“明”放在良知这一概念下相融贯。所谓“诚则明矣，明则诚矣”（《中庸》第二十一章），正是说明体认本心与循道而行本就相互贯通，这种贯通意味着“诚”的实然状态和应然本质，都可用“明”字概括，应然内涵可说为内在之德，实然状态亦可说为外在之道，《中庸》所谓“尊德性而道问学”（《中庸》第二十七章）即对“诚”与

---

① 《王文成公全书》（一），第47页。
② 《王文成公全书》（一），第47页。
③ 《王文成公全书》（一），第234页。

“明”关系的一种说明。

《中庸》针对“诚”“明”关系提出“至诚”“致曲”一组概念，进一步探讨这两条进路。“唯天下至诚，为能尽其性；能尽其性，则能尽人之性；能尽人之性，则能尽物之性；能尽物之性，则可以赞天地之化育；可以赞天地之化育，则可以与天地参矣。”(《中庸》第二十二章）若注意到句子间的内在逻辑关系，可看到物之性、天之性，都与心相通，可为心之灵觉所知。人的化育和天地化育，都是“诚”的外化表现。故阳明曰“尽心、知性、知天，是生知安行事”①。

“至诚”实际上是在本然而发的伦理实践中体认良知。换言之，“诚”作为心的发用之力，贯穿于整个生命过程始终，“至诚”就是保持“诚”在内外交感之道中的一致性和连贯性。故《中庸》二十六章曰：“故至诚无息。不息则久，久则征，征则悠远，悠远则博厚，博厚则高明。”又有：“博厚，所以载物也；高明，所以覆物也；悠久，所以成物也。”说明“至诚”的目的，是要保持“诚”的悠久博厚而不止息，以此为成物之功。而“至诚”的根本要求为“中庸”。“诚”发挥天地之善，本身无需勉力而为，亦无需自私用智，使良知自然发用即合乎“道”，如此即“无为而成”(《中庸》第二十六章)。阳明言：“凡学问之功，一则诚，二则伪，凡此皆是致良知之意欠诚一真切故。”② 正是指明了“至诚”真意。“至诚”一事不但通明天理，还作用于人们成己成物的一切实践中，与阳明所谓“致良知”之意相通，故《中庸》“自诚明”之意显矣。

《中庸》认为，与生而至诚的圣人不同，庶几因受物欲遮蔽，难以自觉为“诚”，故仍需勉行而集义。“诚者，天之道；诚之者，人之道，诚者不勉而中，不思而行，从容中道，圣人也。诚之者，择善而固执之也。”(《中庸》第二十章）这里的“善”，指本性承天地之善，即阳明所谓“良知”，此句说明圣人通过“尽性”的方式贯彻中庸之道，是谓“天道”；而求诚之人则需在生活中有意修持，方能恒常保持自身之“性”，达中庸之境，此为“人道”。后者的具体做法就是“博学”“审问”“慎思”“明辨”“笃行”(《中庸》第二十章)，在日常生活中学习体悟“善”，而后于行动中认识、顺应良知，就能达到“虽愚必明，虽柔必强”(《中庸》第二十章)。《中庸》“由道入性”之法得以初步揭示。

《中庸》以“致曲”进一步阐发“自明诚”之意。“其次致曲，曲能有诚，诚则形，形则著，著则明，明则动，动则变，变则化，唯天下至诚为能化。”(《中庸》第二十三章)以“致曲”解“自明诚”重点在“致”，其义为推一事而至极指广，以至于行，即在致曲的躬行中努力求诚，显发本心之用，由内而外，由心而明，由明而化。这说明诚之流

---

① 《王文成公全书》(一)，第6页。
② 《王文成公全书》(一)，第91页。

行、心之发用的过程为“形—著—明—动—变—化”，“诚”于实践过程中反映了天赋的主体性原则，于实践中逐步显著、明晰，最终作用于对象之上，实现化育成物之效。

阳明《澹然子序》有诗曰“惺惺日收敛，致曲乃明诚”①，将“致曲”与“明诚”等同而论之，致思甚深。说明了“诚”难以把握，其认识方式也十分晦涩，要么是在自然发用中自证，要么在每天的实践中提炼，后者正是“自明诚”之意。

《中庸》提出“自诚明”“自明诚”和“至诚”“致曲”两对概念，可说是《论语·宪问》“下学而上达”工夫的扩充和体系性展开。这种展开始终围绕“诚”之发用而构建，“自诚明”强调顺应本性，而“自明诚”则强调勉力而行。虽然《中庸》提出“自诚明”“自明诚”相向而对的两种方法，更有“至诚”“致曲”的斟酌选择，但上述种种方法，都意味着“诚”的展开或实现。无论是“致曲”的由形而著，抑或三才合一的化育之功，“诚”几乎是《中庸》达至天理的必由之路和心性修养的最终指向。

四　心之落实与日常践履之“诚”

在心学视角看，“中庸”最终目的是达到“心”的本然显现，这一方面体现于成物的外部实践中，另一方面体现在成己之人格追求上。《中庸》之“性”，既是心之本体，也是道德至善之本体，是继承天地化育之善的良知。“诚”使“性”得以发用，因而是成己成物之动因，亦为二者之实现方式。《中庸》认为成物是成己之客观体现，而成己成物的躬行都需依靠“诚”，在此“合内外”（《中庸》第二十五章）的实践中，儒家所倡导的“仁”“知”等情操都得以突显，故常人欲立“诚”，便要从日常修养上着手。因此，“诚”便成为《中庸》修养实践之核心概念。

阳明《与黄勉之书》中言：“君子学以为己。成己成物，虽本一事，而先后之序有不容紊。”② 他指出成己成物之事应是内在统一的，同时也强调了成己的内圣之道，应是成物的外王之功的根柢，而其贯通应通过“诚”。《中庸》第二十章认为“知、仁、勇”三种品德为“行之者一”，此处之“一”或与“诚”义相通，“诚”通过“知、仁、勇”三达德完成本体的外部转向，以“诚”实现知、仁、勇，从而得以修身，随后可以治人、治天下国家，与《大学》“修齐治平”思想一脉相承，体现了其从“内圣”到“外王”的儒家价值导向。

此外，《中庸》还以儒家伦理次序进一步说明“内圣”向“外王”转化之过程，在第二十章中通过对“明善”“诚身”“顺亲”“信朋友”“获上”整套过程的刻画，说明了

① 《王文成公全书》(三)，第1201页。
② 《王文成公全书》(一)，第232页。

“诚”如何先从主体出发，再通过意识发用，最后向实践对象进行创造性转化。主体在进行繁复的社会践履时，必然会遭遇内在矛盾与外部冲突，而“诚”的展开正是对这种矛盾冲突的缓和，使躬行践履之道得以自然流行。

上述过程中，“诚身”一词尤为突显，是由内入外的转化过程之纽带。因此，如何“诚身”应是修养实践的核心问题，又因“明善是诚身的工夫”①，故首先便要明确“明善”之意。

《中庸》所言“明善”，就是要通过“择善而固执”的做法“反身而诚”。阳明《答天宇书》中提到：“《大学》之所谓‘诚意’，即《中庸》之所谓‘诚身’也。《大学》之所谓‘格物致知’，即《中庸》之所谓‘明善’也。博学、审问、慎思、明辨、笃行，皆所谓明善而为诚身之功也，非明善之外别有所谓诚身之功也。”② 他以《大学》“格物致知”旁敲《中庸》“明善”之意，认为“明善”就是要在日常事务中躬行体验，以明证自身所足具的良知，其具体做法就是践行“博学、审问、慎思、明辨、笃行”，此便是“诚身”之功。换言之，《中庸》成己成物的实现途径，就是要人们在日常行动中发挥“诚”之作用，体认修持本性良知之“善”。

除“明善”外，“慎独”亦是《中庸》所强调的必不可少之修养工夫，阳明对此也相当重视。《中庸》首章言：“莫见乎隐，莫显乎微，故君子慎其独。”将“慎独”这一修养实践视作“隐”而“微”的工夫。朱熹则将“独”释为“人所不知而己所独知之地”，认为“慎独”就是要将人欲遏于将萌。③ 阳明解“慎独”之义亦承此味，他认为“戒惧”与“慎独”都是“独知”的工夫，并说：“此独知处便是诚的萌芽，……正是王霸义利诚伪善恶界头。于此一立立定，便是端本澄源，便是立诚。”④ 阳明不仅将“慎独”解作于主体内部独知处去伪存真，还指出“慎独”是要“端本澄源”，回归自己的本性良知，使“慎独”与“立诚”之内涵相等同。同时，他还以“慎独”之义与《大学》等儒家经典旁通，在《与陆清伯书》中说道：“《大学》谓之‘致知格物’，在《书》谓之‘精一’，在《中庸》谓之‘慎独’，在《孟子》谓之‘集义’，其工夫一也。”⑤ 故依阳明之见，“慎独”的具体内涵还是要体现在“致知格物”的现实工夫之上。此外，阳明还指出了“慎独”工夫所具有的现实意义，《山东乡试录》中记：“君子之慎其所以与人者如此，此其所以动容周旋必中夫礼乐，而无失色于人也欤！抑论礼乐者，与人交

① 《王文成公全书》(一)，第 13 页。
② 《王文成公全书》(一)，第 201 页。
③ 《四书章句集注》，第 20 页。
④ 《王文成公全书》(一)，第 43 页。
⑤ 《王文成公全书》(三)，第 1165 页。

接之具；慎独者，与人交接之本也。”[①] 认为“慎独”的现实意义即体现在社会伦理之中，“慎独”为本，“礼乐”为用，“慎独”使人在待人接物中能克己复性，并与“礼乐”之规范相合，二者共同作用构成了和谐的社会关系。

上述“慎独”之义，亦可在《五行》中得以旁证。帛书本《五行·经说七、八》：“慎其独也者，言舍夫五而慎其心之谓，然后一。……言至内者之不在外也，是之谓独，独也者舍体也。”[②] 可见“慎”在此处之义为顺应、专注，“慎其心”就是要顺应内心之本然，专注与本心为一；“独”在此之义为“舍体”，“舍体”之“体”与“舍夫五”的“五”一致，指超越“仁、义、礼、智、圣”五行的礼乐形器部分，追求真正的道德本体，即超越外在形式而回归人的主体性原则。

据前文之见，“慎独”实际就是要求人们顺应本心，依良知的主体性原则进行实践修养。这样一来，“慎独”就与《中庸》“至诚”“尽性”“明善”等说相统一，并与《中庸》主旨相契合。而《中庸》所言的“独”也就成了“诚”所体现出的主体性，“形”则是“诚”客体性转化的表现。王阳明对“诚”与“慎独”之关系尚有洞悉，他说：“中庸言‘不诚无物’，大学‘明明德’之功，只是个诚意，诚意之功，只是个格物。”[③] 又说：“格物即慎独，即戒惧。”[④] 此亦指明了他将“诚意”“格物”“慎独”均视作一事，要求为学者于事上立“诚”，在实践场域中时刻警醒，把回归本性作为人格追求，将“慎独”之意进一步落实。明末学者刘蕺山在《中庸首章说》中以“慎独”之“独”释《中庸》“未发之中”，“‘喜怒哀乐之未发谓之中’，此独体也，亦隐且微矣”[⑤]。将“独”视作内心之隐微本体，并作为阐发其“诚意”之说的依据，亦继承了阳明诚学之内涵。

“明善”“慎独”修养工夫，就《中庸》看来是日常修养实践的“诚”之道。这可从两方面理解，“明善”从知上立论，“慎独”注重个体之自省，二者与“诚”相须，构成“诚”的实践维度，为实现中庸之道提供了可行路径，使心之本体得以落实到实践中，最终获得人格的完善与内心的安宁。“诚身”“明善”“慎独”等修养工夫，都基于《中庸》所示的心性结构和体认方法，其本质都是“诚”，集中体现了儒家工夫论反思和发扬内心本性的“内圣”向度，同时也指明了儒家化育万物、教化天下等“外王”向度的主体性前提。

---

① 《王文成公全书》(三)，第1363—1364页。

② 国家文物局古代文献研究室：《五行》，见《马王堆汉墓帛书》，北京：文物出版社，1980年，第19页。

③ 《王文成公全书》(一)，第7页。

④ 《王文成公全书》(一)，第150页。

⑤ 刘宗周：《中庸首章说》，见《刘子全书》，清道光四至十五年王宗炎重刻本。

结 语

经对《中庸》“诚”义的探讨，《中庸》“诚”意愈显。可见《中庸》所示之概念，均围绕人的主体性构造展开，此亦是“诚”一步步展开之过程，不仅强调了人的本性之善，还强调人的善性对实践之作用。

由阳明心学观之，“诚”之三义，皆本之于一义。“诚”作为心之发用性，是一种禀赋于天而内在于意识的先天能力，贯穿于主体的本性发用、天理体认和躬行践履的全过程，可引导人们在践行本性的同时自然体认良知。《中庸》将这种先天能力视作天人之间沟通和作用之纽带，揭示了天、人、物之间的同一性。《中庸》之旨，就是要通过“诚”，使人在日常生活中复归内心本性之善，使自身主体性原则明晰显现，此亦是中国哲学复性工夫之源。正如阳明所言：“修道之功若是其无间，诚之也，夫然后喜怒哀乐之未发谓之中，发而皆中节谓之和，道修而性复矣。”① 修道是为复性，而这一修养实践的关键就是诚。

在当代社会，探究明晰《中庸》之“诚”的深刻内涵，学习发扬“诚”之精神，有利于在社会上形成修身克己、为善去恶的蔚然之风，为构建社会主义和谐社会提供助力。《中庸》之“诚”所强调的发挥主体能动性与重视日常践履的实践观点，也可作为“第二个相结合”的重要结合点加以阐发。对个体而言，发挥“诚”之精神，亦可为经济社会快速发展背景下，处于种种迷茫困扰的人们，提供安身立命的精神力量。

（陈南君，四川师范大学哲学学院硕士生）

① 《王文成公全书》(一)，第 322 页。

化神为文：以荀子《天论》《礼论》篇为中心的阐释

——王彦然——

摘要：荀子《天论》篇的目的在于划分天、人各自的职分，但确立“天人相分”后，荀子亟需处理“天人未分”观念下的遗产。前人多将荀子的“文神之辩”视为观念上的转变，但“文神之辩”实际上带出了荀子在《礼论》篇中对“礼”的去神秘化理解，并能够接引现实建构。通过文神之辩，荀子消解了“天”“神”概念的神秘性，并基于现实的境况，将人们对于神的祈求转化为对于人的关切，将卜筮祈福转化为文饰，化神为文，通融民情。沿着“化神为文”的思路，荀子从丧礼入手，直面“礼”与鬼神的关系问题，去除了“礼”中的巫术因素，强调了礼的文饰意义。“礼”因为神秘因素的消解、人的因素的强调成为真正的人道，人的自尊与自信由此得到确立。“文神之辩”能够作为荀子《天论》与《礼论》的枢纽，“化神为文”也不仅仅是观念上的转变，更导引着社会的现实方向。

关键词：荀子　天人之分　文神之辩　礼

荀子生于战国，这一时代承接春秋局面，周代宗法封建国家愈发衰减，礼乐崩坏更显，列国整军经武，以在乱世之中生存，各国兼并征伐不休。[①] 王先谦为《荀子》所撰之序就说，当时的社会环境是“苛虐”“以族论罪，杀人盈城”；思想环境是圣人作古，“孔子之道将息也”。[②] 在这样的境况中，荀子不仅要面对现实秩序的崩坏，还要面对“观念的灾害”[③]：“不遂大道而营乎巫祝，信禨祥”[④]。荀子立论与其社会环境密不可分，其论说的最终关切也归旨于重建社会秩序。

荀子的《天论》正是立论于现实。在荀子所处的时代，人们普遍认为人与天之间有

---

① 钱穆：《国史大纲》（修订本），北京：商务印书馆，1994 年，第 73—75 页。

② 王先谦：《荀子集解》，沈啸寰、王星贤整理，北京：中华书局，2012 年，第 43 页。

③ 林宏星：《荀子精读》，上海：复旦大学出版社，2011 年，第 29 页。

④ 《荀子集解》，第 32 页。

着神秘的联系，此种天人未分状态作用在现实世界中引发了普遍的迷信，人们相信天能够影响人，人也能够理解天命、与天沟通，为自己谋得利益。由此，产生了诸如天命、祆怪、相术等诸多迷信。荀子作《天论》正是为了澄明天人之分，使人事不受到所谓天命、祆怪影响，让人将注意力从神秘的天转向现实生活。

荀子划定了天与人的界限，然而，文明改造并非朝夕之功。天人相分观念确立后，天人未分观念下的巫魅迷信却依然存在，尤其此种“神秘”的联系已经渗透于人事方方面面，甚至儒家核心思想“礼”在源头上也难脱巫术元素。不论是明显带有迷信色彩的相面，还是隐秘内含神秘性的东西，天人之分后，荀子必须要面对的问题是：如何处理天人未分时代的遗产？

一　文神之辩

处理旧时代留下的观念、仪式对荀子来说是必要的、不可含糊的。荀子在《天论》中反驳了诸多观念导致的灾害。如“天行有常，不为尧存，不为桀王”[①] 反驳的就是“天”会因为君主行为的不同有所改变。再如“则天不能贫”“则天不能病”“则天不能祸”“祆怪不能使之凶”[②] 等诸多话语，正反应了荀子所处的时代，“天”“祆怪”影响人事，带来灾祸、疾病、贫穷的想法十分普遍。转换观念的必要性就在诸多“不能”中，通过此种观念的转换，人们对神秘事物的理解能够从天、祆怪能使人贫、病、祸转化为荀子所认为的“不能”。荀子强调“天人之分”以说明神秘的“天”“祆怪”“神”不能影响人事祸福。因着神秘存在影响人事祸福的观点，人们要面对此种神秘存在，就只能用巫术、卜筮等神秘仪式应对。“天人未分”的观念让人们把“天君”作为有意志的，能够降灾赐福影响人事的神秘存在，因此，人们向天、神求人事，此种倾向最终带来了巫术卜筮等迷信的盛行。面对如此社会情况，要让人们的目光从神秘的天重新转向人事，荀子就必须处理天、神等神秘观念及由此产生的迷信仪式。

就观念而言，荀子要处理天人未分时代遗留下的诸多概念，如“天”“神”，消解这些概念的神秘性，重新争得这些概念的定义权，将这些概念的观照从鬼神转向人事。就具体的概念处理而言，荀子细致地处理了不同情境下的神秘观念。当见到少见的“异象”时，曾经，人们的反应是“国人皆恐”，荀子则说，这些现象不过是自然现象，让人们对异象的反应从“畏之”转为“畏怪之”：“怪之可也，而畏之非也”；对于“祆怪”，荀子以“人祆”驳斥“天祆”，他列举诸多灾害，并说“夫是之谓人祆”以驳斥将

① 《荀子集解》，第 300 页。
② 《荀子集解》，第 300—301 页。

灾害视为祆怪作乱的想法；面对“天”“神”概念，荀子直接将此种概念界定为非神秘的概念：“万物各得其和以生，各得其养以成，不见其事而见其功，夫是之谓神。皆知其所以成，莫知其无形，夫是之谓天。唯圣人为不求知天。”①

而更重要与艰难的是面对天人未分观念下建立出的时代现实的遗产：诸多祭祀礼仪。徐复观在《中国人性史论·先秦篇》中称：“宗教是任何民族长久的生活传统，决不容易完全归于消失。当某一新文化发生时，在理念上可能解消了宗教；但在生活习惯上仍将予以保持。文化少数上层分子可能背离宗教，但社会大众仍将予以保持。”② 荀子考虑到的也正是如此。因而，他不能粗暴地将祈福、祭祀等诸多仪式直接放弃，而要同处理观念一样，革除其中的神秘性。其间最重要的原因是：诸多带有神秘性的仪式与儒家所倡导的，能够维持社会稳定的礼是不可分离的，但“礼”又与巫术密切相关。历代学者多认为，礼渊源于巫术。《说文》载：“礼，履也。所以事神致福也”③，礼是“事神”以祈求神的关照的实践行为。郭沫若也认为，“礼之起，起于事神，其后扩展为对人，更其后扩展而为吉、凶、军、宾、嘉等各种仪制”④。再如李泽厚在《中国古代思想史论》中认为，礼的一个基本特征是“原始巫术礼仪基础上的晚期氏族统治体系的规范化和系统化”⑤。关于礼是否起源于巫术，或许尚有争论，但不可否认的是，礼与巫术总是有密切关系的。其次，限于时代，荀子的言说对象局限于上层“君子”，但迷信却普遍存在于所有人群，即使粗暴地禁止了祭祀、祈福等仪式，“观念的灾害”也仍然不会休止。最后，天人未分固然是人们卜筮、祭祀的原因，但究其根源，迷信之产生仍要落在人们对于现实境况的忧心，荀子认为情“不可去”，顺应、教化情比消灭、压抑情更加有效。⑥ 因此，荀子不能直接全盘抛弃卜筮、祭祀礼仪。

那么，荀子究竟是如何对待曾经的卜筮、祭祀等活动呢？

事实上，荀子延续着他处理“神秘”观念的策略：就“天”“神”等概念而言，荀子保留了这些概念，但消解了其中神秘化部分。对于曾经的卜筮、祭祀礼仪，荀子采取了同样的做法：消解了其中神秘化部分，将其作为一种“文饰”。荀子对其直接而重要的表述就是：“故君子以为文，而百姓以为神。”⑦ 这句话中，荀子将神转为文，将曾经

---

① 《荀子集解》，第 302 页。

② 徐复观：《中国人性史论》，北京：九州出版社，2014 年，第 46 页。

③ 许慎：《说文解字》，北京：中华书局，1963 年，第 8 页。

④ 郭沫若：《十批判书》，北京：人民出版社，1954 年，第 82—83 页。

⑤ 李泽厚：《中国古代思想史论》，北京：人民出版社，1985 年，第 8 页。

⑥ 相关表述如，“性者，天之就也；情者，性之质也；欲者，情之应也”“欲不可去，性之具也”“两情者，人生固有段焉”，见《荀子·正名》。徐复观：“荀子虽然在概念上把性、情、欲三者加以界定，但在事实上，性、情、欲，是一个东西的三个名称。而荀子性论的特色，正在于以欲为性。”见《中国人性论史》，第 234 页。

⑦ 《荀子集解》，第 306 页。

神秘的卜筮转化为“文”。研究者普遍认为，此处的“神”指的是神秘的“灵”之类模糊概念，“文”指的则是“文饰”，并可推及“礼”。[①] 此种“文”“神”辩证将神秘的灵转化为不神秘的文饰。那么，“神”为何可以为“文”，可化之“神”的界限何在，此种转化有何种作用，“文”又有着何种意涵与影响？

荀子对于“文神之辩”的直接表述是：“日月食而救之，天旱而雩，卜筮然后决大事，非以为得求也，以文之也。故君子以为文，而百姓以为神。以为文则吉，以为神则凶也。”[②]

此段出现于荀子呈现天人之分图景，驳斥“人袄”时。就结构而言，此段可以作为荀子论“天人相分”带来“袄怪”转化为“人袄”到如何在现实中真实地有所作为的过渡段落。此段之前，荀子立天人之分，驳斥袄怪。此段之后，荀子以“在天者莫明于日月”“在人者莫明于礼义”将视角从“在天”转向“在人”。[③]

历代注解就天人相分后的天、神有着较多论述，但这些论述多为划定天的界限，而后“不求知天”，只是将“君子以为文，小人以为神”作为一种观念上的改变。就其解说本身，又有两种倾向。

一是着重“君子”“小人”之分。此种观点强调，文神之辩的重点在于诉说的对象，《荀子》面向的是贵族阶层，文神辩证之所以强调“君子以为文”，是因为荀子的诉说面对的对象是上层，荀子的目的也是革新贵族阶层对于迷信仪式的看法。同时，引申而言，“君子”与“小人”之分也是一种引导，敦促贵族阶层成为“君子”，抛弃卜筮等仪式中的神秘因素，而将其作为非神秘化的文饰。[④] 此种看法呼应了荀子《礼论》中对先王立文的看法：“其在君子，以为人道也；其在百姓，以为鬼事也。以为人道，则安而行之；以为鬼事，则畏而率之。”[⑤] 如冢天虎对于荀子文神辩证的理解就是：“言百姓以为神，乃其所也。君子以为神，则凶也。”[⑥] 冢天虎认为，百姓没有辨明文神的能力，但君子应当辨明文神之分，若统治者真正相信卜筮决事，将精力放在莫测的天意上，则必将带来灾祸。

另一种理解则更进一步。这种解释将君子行卜筮等仪式的原因理解为“顺人之情”，意即，面对百姓的忧心，君子理解百姓的情感，并以卜筮等文饰顺应民情，聊以慰藉灾

---

① 如王天海注：“神，灵也。文，文饰、礼也。”

② 《荀子集解》，第306页。

③ 《荀子集解》，第309页。

④ “君子”有道德含义与阶层含义，“文神之辩”中的“君子”则主要侧重于君子的阶层含义。但由于君子中混杂了道德成分，“君子以为文”也可视为以君子应有的修养引导统治阶级成为君子。

⑤ 《荀子集解》，第366页。

⑥ 荀况：《荀子校释》，王天海校释，上海：上海古籍出版社，2016年，第693页。

难中的民心。此种解释如罗焌（1874—1932）："卜筮而决疑，雩祭而得雨，救日月食而果腹圆，百姓以为神。实君子因民之心而文饰之耳。"① 百姓不理解天人相分的道理，但君子理解。但面对人力不可及的灾害，统治者愿意顺应民心，安慰民情。杨倞（1687—1785）对此的注解更为丰富：各种祭祀礼义并没有让现实情况发生改变，所谓的"卜筮决大事"，只是一种姿态，表示统治者对灾害的重视，并"顺人之意，以文饰政事而已。"② 杨倞注解道："顺人之情，以为文饰则无害，淫祀求福则凶也。"③ 但若只见文饰"无害"，将"无害"与"凶"对应，或有所不妥。荀子原文是"以为文则吉"杨倞却将"吉"释义为"无害"，这种理解是将"以为文则吉"的"吉"简单理解为对应于"以为神则凶"的"凶"，认为荀子原文中的"吉"仅为了与"凶"对应，化神为文并不更多积极意义。这种解释未遵循荀子原文，同时，若照吉凶对应的说法理解本句，也会出现矛盾："吉"也并不对应"凶"，对应"凶"的应该是"不凶"。杨倞如果要如此理解，应当给出进一步理由，但杨倞却并没有做出解释，而直接将"吉"对应于"凶"，随之一笔带过。与杨倞将"文"理解为"不凶"相比，熊公哲（1895—1990）则强调了"君子以为文"的积极作用。他的注解是："谓维上者表示急于人民之灾害也。"④ 也就是，统治者举行求雨、化解日月食、卜筮等诸多仪式不是因为想要通过这些仪式化解现实的灾害，而是以这些仪式表达统治者对百姓灾难真诚的关切，并以此宽慰灾难中的百姓。熊注不同于杨注的部分即在于，杨倞只说文饰无害，"文饰政事而已"；但熊公哲却强调了"以为文则吉"的一面，他认为，统治者关切的"姿态"是有实际作用的，能够表示忧心，宽慰百姓。蔡仁厚（1930—2019）则从荀子的角度理解文神之辩，他认为，荀子之所以不反对这些仪式，是因为这些仪式是传统礼俗，并且，将这些仪式作为文饰在人文世界中是可被容许的。荀子此种"容许""融通实然界与应然界之对立"。⑤

总之，历代注解都将"文""神"辩证看作上层统治阶级观念上的转变。至于此种观念转变对于百姓、现实有无影响，有着何种影响，不同学者理解有异。较之历代注解，当代学者则更进一步，将荀子的文神辩证放置于荀子整个思想体系中思考，并将化文为神作为天人之分的必然结果。

陈文洁在《荀子的辩说》中对于《天论》的基本理解是：荀子讲天的自然性，只是

① 《荀子校释》，第 693 页。
② 《荀子集解》，第 309 页。
③ 《荀子集解》，第 309 页。
④ 《荀子校释》，第 693 页。
⑤ 蔡仁厚：《孔孟荀哲学》，台北：台湾学生书局，1984 年，第 385 页。

一种“必要的姿态”[①]，荀子的真正关切仍在人事。确立了天的自然性后，荀子就要回答神秘性问题，而其中对人来说，最为切己的就是死后世界的问题，也即，人死后有知还是无知。在这点上，荀子的“天人相分”已然蕴含着“人死无知”，而这也就意味着，祭祀鬼神以求鬼神影响人间祸福的期待在根本上就是虚妄的。循着这条思路，荀子就要求去除礼仪中“巫”的成分，而只将其理解为一种文饰，理解为自然性情的表达方式。故而，“百姓以为神，君子以为文”正与《礼论》中的“其在君子，以为人道也；其在百姓，以为鬼事也”相对，有着特殊现实意涵。但同时，陈文洁也认为，荀子的辨说立场是君子而非百姓。

《荀子精读》中，文神辩证一段被梳理出两个层次。第一层是荀子整个《天论》要表达的中心意旨，即破除迷信、神秘，这是荀子解除天的神秘性后的必然结论。第二层面则是专指“故君子以为文，而百姓以为神”[②] 一句而言。“化神为文”实则是接纳了祭祀的传统，但将此种传统转变为“文饰”，即强调祭祀、祈祷的形式作用。君子将祭祀仪式作为“文”，作为承托百姓面对灾难时惶急情感的工具。荀子革除了祭祀祈祷会对现实世界的祸福发展造成影响这一维度，但承认了其顺应民情的功效，这正是荀子“理性化及其解放意识所包含的对‘过去’的‘统合力量’（the power of unification）”[③]。囿于社会现实，荀子固然不可能在各个阶层中都革除迷信，而只能面向“君子”论述，但去神秘化后的各种仪式，作为“文”，却能够稳定社会。故而“神道设教”亦可以被纳入“理性的统合力量”之中，以为引导和教化民众生活的方式之一。曾经的神秘仪式，可以只作为发挥真实情感的渠道，圣人作祭祀之礼的目的也正在此：表达哀伤，又文饰其情，使之不流于过度，化神为文之“吉”由此显现。一方面，荀子保留了传统祭祀仪式，另一方面，这种仪式已经从迷信转为情感的表达方式，甚至成为一种教化方式。至此，化神为文也就不止是对君子阶级的论说，而更是对所有百姓的教化，最终，“荀子之理性化及其解放意识避免了偏激，以致流而为某种‘干慧’的形式，而得其浑融、圆润之特色”[④]。

过往研究已经解释了“文”“神”之辩中，“文”与“神”的含义。虽然学者们就文神之辩的影响范围仅士君子还是贯通百姓尚有争议，但学者们普遍认可文神之辩的重要性，并将化神为文的辩证看作荀子带来的面向统治阶层的反迷信、反神秘思想革新。更进一步的，结合荀子的整体思想，当代学者提出，化神为文实际上是荀子消解天地神秘

---

① 陈文洁：《荀子的辩说》，北京：华夏出版社，2008年，第30页。
② 《荀子集解》，第309页。
③ 《荀子精读》，第44页。
④ 《荀子精读》，第47页。

性后的必然结果。同时，熊公哲等学者认为，虽然文神之辩的诉说对象是统治者，但其影响却不止局限于统治者。化神为文要改变的是从民间贯通官方的卜筮、祭祀仪式，带来的影响同样能够贯通“小人”与“君子”。荀子的诉说对象固然是统治者，但他要带来的改变却不止局限于统治者，化神为文后的“神道设教”，能够通融民情，教化百姓。

由此，文神之辩的重要性已然显现。不过，虽然许多学者已经讨论过文神之辩，但关于文神之辩，我们仍可提出进一步问题：荀子所说的“神”与“文”只是指“灵”与“文饰”吗，荀子为何要求化神为“文”而非“礼”“情”或其他东西，文神之辩的影响范围究竟应该如何理解，文神之辩在荀子的整个思想中是否有更多意义？

二　化“神”为“文”

要理解荀子的文神之辩，以及他如何化神为文，“神”与“文”有何内涵自是不可回避的问题。

前文已经论述，《天论》中，荀子消解了“神”“天”一类原带有神秘性的概念中的神秘因素。此类充满神秘性的概念是荀子《天论》针对的核心概念。荀子《天论》或许可以以政治目的、文化目的等不同视角理解，但毋庸置疑的是，不论在何种视角下，荀子都必须重新界定“天”“神”一类概念。当我们理解概念之转化时，虽然重心往往落在转化前后的差异，但两概念之间的共通点却值得格外重视。因为，能够相互转化即意味着存在共同语境，只有找到一定的共同语境，讨论差异才有意义。在荀子之前，“天”“神”在整体上有着浓厚的神秘性，鉴于此种神秘性，“天”与“神”概念是密不可分的。不过，虽然“天”“神”有着共同的神秘性，“天”与“神”的使用语境与内涵仍有较大不同。

“天”毋庸置疑是《天论》的核心概念。人们对“天”的能力有着不同的看法。冯友兰将中国古代的“天”分为主宰之天、命运之天、物质之天、自然之天、义理之天。① 殷代主要将“天”视为人格化的主宰天，如“殷人尊神，率民以事神，先鬼而后礼”②。到了周代，“天”仍主宰人事，人们却认为“天命靡常”③。为了面对无常天命，人们试图理解天与人的联系，更重视“天”的道德赏罚能力，如“崇德报功，垂拱而天

① 见冯友兰：《中国哲学史》，北京：中华书局，1984 年，第 55 页。

② 郑玄注、孔颖达疏：《礼记正义》，见北京大学《儒藏》编纂与研究中心：《儒藏》（精华编第五一册），吕友仁校点，北京：北京大学出版社，2016 年，第 1444 页。

③ 毛亨撰，郑玄笺、陆德明音义，孔颖达疏：《毛诗注疏》，见《儒藏》（精华编第二三册），郑杰文校点，北京：北京大学出版社，2010 年，第 988 页。

下治”①。除此之外，人们还寄希望于卜筮以求得天命。春秋战国，人们面对现实的动乱，在乱世中思考，“天”的权威逐渐被质疑，人们更多地寄希望于人事，甚至此时卜筮祈福更为盛行的现象，亦可视为人试图在“天”面前自立的尝试——人们期望通过这类仪式，在神秘莫测的“天”与“命运”面前获得主动性，把握命运的发展方向、影响“天”的行动轨迹。《天论》中，荀子描述了人们由于无知产生恐惧：“星队、木鸣，国人皆恐。”② 面对自然、命运的无力让人们将希望寄托于神秘仪式，人们希望通过此种仪式拯救人事，这种期望诸如“日月食而救之，天旱而雩，卜筮然后决大事”③。从殷代到战国，尽管“天”的概念有所流变，“义理之天”“自然之天”的理解更显，但大体上来讲，人们都至少持有一种天命观，即相信天是有意志、有价值判断能力的，并且，天的判断对人事有着强大的影响。在此种神秘的“天”“神”观念下，人要顺应天命，甚至祈求、贿赂天。顺应天命会带来人事上的成功，而违背天意则会带来神秘的“袄怪”。

荀子把握到，此种迷信是由于人们相信天与人事之间有联系，但人并没有能力澄清此种联系，便只能将天人之间的联系视为一种神秘的关系。天的神秘让人不能以日常的方式面对天，而要通过神秘的仪式沟通人与天。于是，问题的关键就在于，天是否会影响人。如果天命的确会影响人事，那么把握神秘的天就是面对人世问题的有效解决方案；但如果天命与人事无关，人世的问题就只能在人世间解决。对于这一核心问题。荀子的回答是：

> 故明于天人之分，则可谓至人矣。不为而成，不求而得，夫是之谓天职。如是者，虽深、其人不加虑焉；虽大、不加能焉；虽精、不加察焉，夫是之谓不与天争职。天有其时，地有其财，人有其治，夫是之调能参。舍其所以参，而愿其所参，则惑矣。(《天论》)④

荀子划定“天人之分”，认为天有“天职”。就“天职”而言，“人不加虑”“不加能”“不加察”；人有人的限度，人能够利用“天时”“地财”“人治”。但如果认为天与人之间有“天意”般的神秘联系，“舍人事欲知天意”⑤，舍弃人能够利用的东西，寄希望于不受人影响的天，相信人与天之间存在神秘的关系，那么，人的注意力就被置于永

① 孔安国传、孔颖达等：《尚书正义》，见《儒藏》(精华编第一二册)，周粟校点，北京：北京大学出版社，2014 年，第 290 页。

② 《荀子集解》，第 306 页。

③ 《荀子集解》，第 309 页。

④ 《荀子集解》，第 302 页。

⑤ 《荀子集解》，第 302 页。

远神秘的联系上，这会带来人世间的困惑。要想真正地在现实有所作为，就要抛弃神秘的天，将“天”“神”等概念还原为物质性概念。据此，荀子重新定义了这两个概念：

> 万物各得其和以生，各得其养以成，不见其事而见其功，夫是之谓神。皆知其所以成，莫知其无形，夫是之谓天。唯圣人为不求知天。（《天论》）①

神与天的特质正是不可知，人应当把握的就是此种不可知之界限：“不见其事而见其功。”② 既然天功无形，那么，不以不确定的神秘性揣度天，“不求知天”，不妄断不可知之事，方才是圣人所为。荀子否认了天与人有神秘关系，并直接将“神”“天”界定为自有规律、不受人事影响的自然。而此种天人相分就使得人不能完全理解天，天不能影响人。因此，荀子其实留白了“天” “神”概念，只说“则天而道”③，而不说“天”具体是什么。并称人不可知“天职”“天功”，以确定天人彻底相分，“不与天争职”。④

由此，我们知道，荀子对于“天”与“神”的理解应该理解为双重的，一重是澄明天人之分以前，带有神秘性的天与神，另一重是天人相分后的物质性的、人不可知的天。

不过，为什么荀子说“文神之辩”而非“文天之辩”？

仅就神秘性来看，“神”的范围显然更广，带有更多的神秘性。虽然“神”与“天”都带有自然的面向，但神却更加抽象，“神”本代表着天空中的闪电，承载着古人对于变化莫测、威力无穷事物的想象与恐惧，代表着一切神秘的、超出人力掌控的因素。不论从初始涵义还是引申义来看，都不能将“神”理解为相对确定的形象，更不要说将此种形象寄托于相对固定的物质。“天”则与“神”不同，“天”本指人的头顶，《说文解字注》写道：“天，颠也……颠者，人之顶也。以为凡高之称。”⑤ 天自词源上就有着物质内涵，而在发展中，又被解为自然等内涵。并且，即使是带有神秘性的“天命”概念，也更多地被理解为道德向度的追求。因此，“天”的物质义、自然义、义理义更为鲜明，此种复杂的内涵也在一定程度上冲淡了“天”的神秘因素。因此，荀子化“神”

---

① 《荀子集解》，第 302 页。

② 荀子在《天论》中有“不求知天”与“知天”两种看似相悖的说法，但结合《天论》全文，及圣人“知其所为，知其所不为”的说法，学者多认为“知天”与“不求知天”可以统一于《天论》驳斥迷信、“制天命而用之”的主线之中。如李泽厚认为：“荀子讲‘天人之分’‘制天命而用之’，并不排斥而是包含着对自然（‘天’）与人事如何相适应相符合的重视和了解。荀子不求了解和重视与人无关的自然，而要求了解和重视与人事有关或能用人事控制和改造的自然。”详见《中国古代思想史论》，第 116—117 页。

③ 《荀子集解》，第 42 页。

④ 《荀子集解》，第 302 页。

⑤ 许慎、段玉裁：《说文解字注》，上海：上海古籍出版社，1981 年，第 3 页。

为文而非化“天”为文背后，潜藏着“天”与“神”在神秘范围与神秘程度上的不同：“神”更加直接、广泛地与神秘主义相关。清楚“天”“神”概念的区别与荀子对这两个概念的重新界定后，我们能够清楚地明白，化神为文的“神”，指的正是传统的神秘化的鬼神、天命等人力所不能及的元素。

生于乱世，荀子的整个思考开始于对现实的反思，也最终落脚于现实。正如荀子划定天人之分的目的是将人的精力从神秘莫测之神拉回现实，让人的精力转向人的主观能动力量，把人从顺天中解放出来，化神为文的重心同样落在社会现实。如果说，化神秘之天为物质之天、自然之天是解构曾经的神秘观念，那么，化神秘天为“文”则是建构新观念。在荀子看来，解构旧观念的目的必然落在现实建构。过去的研究已然指出：荀子化神为文正是在消解神秘观念后将神秘性转化为面对困难的现实措施。不论此种措施是观念上的转变，还是确有社会教化功能，“文”终究指向观念，乃至于现实的重建。因此，荀子化神为文的重点必然在“文”。其要说明的最终问题也在于：“文”有何内涵与影响。

就训诂而言，“文”从根本上就与人力塑造密不可分。“文”本意为“错画”“象交”，引申为纹饰，先秦时，“文”主要有文饰、文章两种含义。《荀子》提到“文”的篇章诸多，尤其是《礼论》多次提到“文”，其中的“文”也大致指文饰或文章。不过值得关注的是，荀子虽然既使用文章之意，又使用文饰之意，但格外重视“文”的文饰之意，因为当“文”被用作“文饰”时，常常与荀子的其他重要内容相关，典型的如“礼”“情”。《礼论》中，荀子 41 次提到文，其中至少 29 次的“文”被用作“文饰”义。事实上，“文”与“礼”“情”在荀子之前就已经紧密相关，而荀子又在其中区分出了层次，形成了系统。但过往的研究却并未将“文”视为荀子的核心概念。这是因为，“文”的多重概念，以及其与荀子其他重要概念的关系未被梳理。

《天论》中，紧接着“文神之辩”，荀子引入了礼义：“在天者莫明于日月，在地者莫明于水火，在物者莫明于珠玉，在人者莫明于礼义。”① 从结构上看，这意味着化神为文后，荀子解构了神秘的“神”，把曾经的神秘仪式建构为文饰，将人的视线从天转向人。荀子在确立天人相分、化神为文后即说“礼”绝非巧合，而是暗示着“文”与“礼”的密切关系，也同时暗示着《天论》与《礼论》意涵上相互呼应。

三　推“文”至“礼”：对“礼”的去神秘性建构

化神为文之“文”意为文饰尚无异议，先秦时文与礼联系密切，因为礼同样是指外

---

① 《荀子集解》，第 309 页。

在形式、规范。因此，礼与文有时甚至可以混用、互相指代。如《论语·八佾》中的“周监于二代，郁郁乎文哉！吾从周。”[①] 再如荀子《君道》中“请问为人子？敬爱而致文”，《礼论》中的“先王案之立文，尊尊亲亲之义至矣”。但具体来看，礼与文仍有区别。“礼者，人之所履也”[②]，人们格外强调其实践上的规范与约束作用，文则多用于强调知识性的文献与文化。就礼与文共同的形式上的内涵而言，礼与文同指人为创造的外在修饰，只是一个偏向思想层面，一个偏向践履层面。同时，如果说，文有着鲜明的人为色彩，“礼”则与巫术密切相关。前文已经提到，学者多认为，礼渊源于巫术。巫术化的、神秘的礼不符合儒家的基本观点，儒者强调的是礼作为一制度性因素的内涵。孔子回避神秘性因素，荀子却直接面对、取消神秘性因素。随之而来的，荀子也要取消“礼”中的神秘性因素。事实上，荀子也将文与礼紧密相连，又有意在礼与文之间区分出层次，如“礼者，以财物为用，以贵贱为文，以多少为异，以隆杀为要”[③] 将“文”作为礼的一个面向或一种性质。“礼之敬文也”“后王之成名：刑名从商，爵名从周，文名从礼”“贵本之谓文，亲用之谓理，两者合而成文，以归大一，夫是之谓大隆”则将“文”作为礼的核心，甚至不区分“文”与“礼”。[④] 此种做法其实正是将“礼”与带有强烈人为色彩的“文”联系起来。如上文所述，《天论》中，确立化神为文后，荀子便引入“在人者莫明于礼义”，将化神为文的意义引导到“明于礼义”上。与之呼应的，《礼论》中以“文”为“礼”思想的核心，正是荀子对“礼”脱去神秘因素，成为“人道”的直接要求。同时，荀子在《礼论》中花费大量篇幅讨论丧礼，除了丧礼本身在儒家礼制中有着重要地位外，还有一重要原因是，丧礼常常被认为与招魂、慰藉亡灵等神鬼因素密切相关。荀子谈论丧礼，强调其中的“文”的元素，将“礼”与“文”联系起来，可以说是荀子为“礼”去神秘化的核心步骤。

因此，谈到“神”“文”“礼”的关系，则必要谈到死亡，尤其是对待死亡的“文饰”。首先，就思考“死亡”的必要性而言，如前文提到的逻辑，若荀子要重新定义“神”，则必要否定神秘“神”与人的关联。先秦时代，“神”有两种指向，一是《说文》所说的“引出万物者也”[⑤]，另一种则是难以解释、理解之“神”。而神与人若要建立关联，最直接的方式就是相信人死后有灵，能够成为鬼，成为神秘的存在，同时保留与人类沟通的方式。通过人死后之“灵”与人沟通，鬼神能够影响人事。与鬼神沟通并祈求鬼神保佑最朴素的方式就是向“列祖列宗”的“在天之灵”祈求。面对人神关系的必要

① 朱熹：《四书章句集注》，北京：中华书局，2011 年，第 65 页。
② 《荀子集解》，第 479 页。
③ 《荀子集解》，第 348 页。
④ 《荀子集解》，第 343 页。
⑤ 许慎：《说文解字》，北京：中华书局，1963 年，第 8 页。

步骤也正是思考人死之后是否有“灵”，是否还能够影响人事。孔子回避谈论死后世界：“未知生，焉知死”“子不语怪、力、乱、神”。[①] 也同样回避鬼神的存在“敬鬼神而远之”[②]。但孔子有时又对祭祀鬼神保有一种模糊地承认的态度：“非饮食而致孝乎鬼神”[③]“非其鬼而祭之，谄也”[④]。然而，为了斩断迷信，荀子不能回避是否存在鬼神、神秘事物这一问题，因为，荀子要做的，正是划分鬼神与人事之界限。故而，荀子必须直面人的死亡，对鬼神是否存在给出一确切答案。同时，由于对“礼”为“人道”的基本看法，荀子要求：

> 礼者，谨于治生死者也。生、人之始也，死、人之终也，终始俱善，人道毕矣。故君子敬始而慎终，终始如一，是君子之道，礼义之文也。夫厚其生而薄其死，是敬其有知，而慢其无知也，是奸人之道而倍叛之心也。（《礼论》）[⑤]

荀子认为，礼作为人道，就要重视人的始终，如果只重视生，不重视死，就是只敬重了活着的、有知的人，而轻慢死后处于无知状态的人。从此处可以看出，荀子认为人生有知，人死无知，但即使人死后无知无觉，也应当表现出对人本身的敬重。死的文饰，即丧礼的重要性首先在于：“故死之为道也，不饰则恶，恶则不哀；尒则玩，玩则厌，厌则忘，忘则不敬。”[⑥] 没有丧礼就意味着对于“死之为道”的不敬，同时，“死之为道”的特殊性还在于：“故死之为道也，一而不可得再复也”。[⑦] 总之，丧礼只有一次机会，若不慎重对待，就是对人道不敬，没有“敬始而慎终”。

同时，循着“天人相分”，再加上荀子对人们重生轻死的分析，即“敬其有知，而慢其无知也”[⑧]，可以看出，荀子否认人死后有那个能与人沟通之神秘鬼神。人死后即进入“无知”状态，没有能够与生人沟通的特殊方式，没有人死后化为的灵、鬼。人的死亡只代表这人从有知到无知，成为无知无觉的形体。天人之分后，“天”与人事本就没有关系，“天”层面的鬼神是否存在也自然与人无关，而现在，唯一可能与人有关系的“人”层面的鬼神，即人死后化成的鬼神也被荀子确定地否认：人生时“有知”，死后“无知”，是“形体”物质存在，不可能成为有着神秘力量的鬼神。此正为荀子在

---

① 《四书章句集注》，第 119、95 页。
② 《四书章句集注》，第 87 页。
③ 《四书章句集注》，第 103 页。
④ 《四书章句集注》，第 60 页。
⑤ 《荀子集解》，第 349 页。
⑥ 《荀子集解》，第 353 页。
⑦ 《荀子集解》，第 343 页。
⑧ 《荀子集解》，第 349 页。

《礼论》末尾对祭祀礼仪的定性："事死如事生，事亡如事存，状乎无形影，然而成文。"① 去除"死"的神秘性，使之"成文"，是真正的"事死如事生"的必要条件。

不过，如果荀子否认死后有灵，随之而来的问题就是：丧礼有何意义？丧礼可以说是儒家礼制中最为重要的一项，但若人死后无知无觉，丧礼似乎就只剩下了形式意义。古人的丧礼最初的重要目的就是招魂与告慰亡灵，《仪礼·士丧礼》、《楚辞》的《招魂》《大招》等都记载过"招魂复魄"② 的仪式。不论是"招魂"，还是告慰亡灵，这样实用功能的前提都是：人死后"有知"，有"灵"，有"魂魄"。若否认这一前提，丧礼似乎就只剩下形式作用，此时，丧礼为何重要？荀子之前的儒者多重丧礼的仪式性因素，而较少言及丧礼本身为何重要。死亡是人必然面对的终极命题，此命题又与鬼神观念息息相关，转化丧礼的功用，实际上也就是化神为文最广泛、普遍的现实实践。荀子在《礼论》中花费了大量篇幅讨论丧礼，就是因为丧礼在儒家礼仪中有着重要地位，又与人的生活密不可分，但同时，丧礼又裹挟着过多神秘因素与期待。荀子实际上是通过思考丧礼，思考整个"礼"的性质与作用。其中最为重要的环节是：现实地思考消解神秘因素后，"礼"与其他仪式实践，乃至于社会生活如何继续。

就着神秘化消解后仪式实践的问题，我们就要问：若丧礼不是为了死人，而是为了活人，那么，其意义何在？丧礼的特殊正在于其在死生之间："丧礼者，以生者饰死者也，大象其生以送其死也。"③ 荀子之前，丧礼的期望是死生转化、沟通，人们期待通过丧礼招魂或慰藉亡人。但点明人死无知后，丧礼似乎就失去了其"实用意义"，失去其必要性了。

因此，思考丧礼不论是对荀子思想的一贯性还是百姓的生活来说都非常重要。可以说，荀子在对于丧礼的思考中展开了化神为文后的礼之实践。

首先，荀子的天人相分已然否定了"天""神"的神秘性与人格特征，那么，丧礼曾经被寄寓的巫术元素也就随之被否定，荀子就要重新回答，丧礼到底为了什么。荀子的回答是：

> 故丧礼者，无他焉，明死生之义，送以哀敬，而终周藏也。故葬埋，敬藏其形也；祭祀，敬事其神也；其铭诔系世，敬传其名也。事生，饰始也；送死，饰终也；终始具，而孝子之事毕，圣人之道备矣。(《礼论》)④

① 《荀子集解》，第 367 页。

② 关于丧礼的招魂作用，详细可见郑传斌：《论礼对巫术的改造——以《仪礼》士丧礼中的巫术因素为中心》，载《孔子研究》2006 年第 5 期。

③ 《荀子集解》，第 356 页。

④ 《荀子集解》，第 361 页。

丧礼之“无他”正是否认了丧礼的神秘、巫术因素，这是对丧礼的消极界定。而对丧礼的真正界定则是“饰”，也即荀子要强调的文饰因素。若将礼、丧礼界定为文饰，那么，此种文饰有何作用，“礼”是否因此失去“实用性”与“必要性”？答案显然是否定的，甚至与之相反，去神秘化后的丧礼反而较巫术化的丧礼更为纯粹。因为此时人们举行丧礼，不论是抒发对逝者的哀痛与怀念，还是表明孝道、礼制，都仅是为了“人”本身，为了敬其“无知”，为了“人道毕矣”。而非为了神秘的鬼神，为了“招魂”。

在否定丧礼的神秘性因素后，荀子需要重新解释丧礼对“人道”有何作用。荀子的解释是：“三年之丧何也？曰：称情而立文。”① 郑康成注为：“称人之情轻重而制其礼也。”② 如果说“敬藏其形”是对曾经神秘化丧礼的解构，那么，“称情而立文”就是对丧礼意义的新建构。礼的实用性与必要性正在于“称情”与“立文”两向度：

> 三年之丧，何也？曰：称情而立文，因以饰群，别亲疏贵贱之节，而不可益损也。……三年之丧，二十五月而毕，哀痛未尽，思慕未忘，然而礼以是断之者，岂不以送死有已，复生有节也哉！凡生天地之间者，有血气之属必有知，有知之属莫不爱其类。……故先王圣人安为之立中制节，一使足以成文理，则舍之矣。（《礼论》）③

就“称情”一向度，荀子认为，情“不可去”，面对不可消除之情，唯有养之，教化之。面对自然灾害等真切激发人的情感的事件，尤其是面对死亡这一与每个人息息相关，“创巨者其日久，痛甚者其愈迟”④ 的事件，人的情感更是难以压抑。荀子理解人的真情不可剥离，但此种情感仍需恰当地发泄。面对同类，“有知之属莫不爱其类”，面对同类的死亡，同类从“有知”转为“无知”，飞禽走兽尚且悲痛，更何况最“有知”之人？⑤ 并且，此种情感的发泄不能被打断，“三年之丧”如果提前结束，不免“哀痛未尽，思慕未忘”。⑥ 不过，此种真切的情感固然要被承认，却不能无限制地发泄，因为，若不限制哀痛的发泄，则“有血气之属莫知于人，故人之于其亲也，至死无穷”⑦。面对死亡，人的哀痛“至死无穷”，为了限制此种哀痛，圣人方立三年丧礼，以此节制情感。因此，“称情”之“称”，即衡量人的情感，并以“文”顺应、节制这一情感。

---

① 《荀子集解》，第 361 页。
② 《荀子集解》，第 361 页。
③ 《荀子集解》，第 361 页。
④ 《荀子集解》，第 362 页。
⑤ 《荀子集解》，第 362 页。
⑥ 《荀子集解》，第 362 页。
⑦ 《荀子集解》，第 362 页。

“称情”后如何“立文”，则更为复杂。荀子首先要消除丧礼神秘性，强调丧礼“文”的属性；其次要沿着“文”的属性，在“文”中立出区别，建立出差等。最能体现“文”的特质的段落为：

> 先王案之立文，尊尊亲亲之义至矣。故曰：祭者、志意思慕之情也。忠信爱敬之至矣，礼节文貌之盛矣，苟非圣人，莫之能知也。圣人明知之，士君子安行之，官人以为守，百姓以成俗；其在君子以为人道也，其在百姓以为鬼事也。（《礼论》）①

首先，结合《礼论》开篇与此处论述，荀子从人的自然状态，即“有欲”，且欲望不被节制开始，推出“争”“乱”“穷”，最终“先王恶其乱也，故制礼义以分之”。② 通过此种推论，荀子将“礼”的起源归为先王“制礼”“立文”，而非巫术仪轨。③ 又根据《礼记·大传》等古籍对于亲亲尊尊的记载，此处“文”与“礼”实为同义，这是荀子混用“文”“礼”的实例之一。荀子混用“文”与“礼”以强调“礼”“祭礼”的情感与文饰因素，托先王之声，将祭礼的功用说为抒发“忠信爱敬”之情、“礼节文貌”之文，也即“称情而立文”。

值得注意的是，《礼论》中，荀子描述人们如何理解丧礼时，说“其在君子以为人道也，其在百姓以为鬼事也”④。此句与《天论》中“故君子以为文，而百姓以为神”⑤一句无论从形式还是内容上，都显现出密切的联系。“其在君子，以为人道也；其在百姓，以为鬼事也”⑥ 一部分的论述，甚至能够作为文神辩证的解释：“文”乃“人道”“神”乃“鬼事”。蔡仁厚在《孔孟荀哲学》中窥见了这两句的联系，认为它们都是荀子以“礼义之统”为思想最高纲领的表述，并认为，这表现了“理智的人文主义之精神”⑦。但就此两句有何种联系与互动，蔡仁厚则没有更多说明。事实上，将此二句放在一起考虑，我们能勾勒出“文”与“礼”的互动与实现。《天论》中，荀子对于文神辩证的解释是：求雨卜筮等仪式不是真的能够改变现实，而只是一种文饰。《礼论》则将此种文饰放入一副全面的图景：“圣人明知之，士君子安行之，官人以为守，百姓以

---

① 《荀子集解》，第 366 页。
② 《荀子集解》，第 151 页。
③ “先王案之立文”之“文”注解为“祭祀节文”“礼节文饰”。《礼论》开头，荀子说“先王恶其乱也，故制礼义以分之”，此处，荀子则说“先王案之立文”。结合荀子原文及此处注解，可以看出，此处荀子混用“文”“礼”。见《荀子校释》，第 693 页。杨倞注：“文，谓祭祀节文。”王天海案：“文，指礼节文饰。”
④ 《荀子集解》，第 366 页。
⑤ 《荀子集解》，第 309 页。
⑥ 《荀子集解》，第 366 页。
⑦ 《孔孟荀哲学》，第 385 页。

成俗。”[①] 根据这一图景，我们可以说，荀子的理论重心一以贯之地落于实践，文神辩证的重心不在君子小人之分，而在化神为文对于社会的具体功用。[②]

至此，“文”在“礼”的实践——丧礼中完整显现。就“化神为文”而言，“化”显现出荀子面对礼中巫术元素时的柔性转换。考虑到社会现实与言说对象，荀子重新定义了卜筮、祭祀等带有神秘性仪式，将这些仪式从祈求“天”“神”保佑人事转化为面对百姓的情感，统治者接受此种情感，并通过仪式表现出对于百姓的关切。在为“礼”去除神秘化与巫术元素后，以“丧礼”为代表的“礼”的目的不是面对逝者招魂，而是真正面对活人之“情”。在此种对于人真切情感的尊重与对于外在礼仪应当制度的强调中，荀子以“文”梳理民情，划定不同层次之礼，在“尊尊亲亲”的标准下区分出“礼”的差等。落在丧礼上，就是强调人作为最有知者，对同类之死自然悲痛，为免此种悲痛不能尽情或流于过度，便以“三年之丧”为限度，以使人哀而不伤，并为等级、亲疏不同的人制定不同礼节。在此种通融民情、化神为文、建立礼文的过程中，“文”“礼”“情”展现出有机的互动结构。消解了神秘因素，强调了人的因素的“礼”也因此真正成为人道，正如《礼论》中，对“礼”为“人道”的定性：“礼者，谨于治生死者也。生人之始也；死人之终也。终始俱善人道毕矣。”[③]

最后，正如荀子一贯的现实关切，荀子对“文”的思考仍能落于社会建构之上，上文已经提到，在论说丧礼时，荀子勾勒出了一副完整的社会阶层图景：

> 先王案之立文……圣人明知之，士君子安行之，官人以为守，百姓以成俗；其在君子以为人道也，其在百姓以为鬼事也；其在君子以为人道也，其在百姓以为鬼事也。(《礼论》)[④]

荀子此处说“先王立文”正是强调，抛却一切神秘因素后，“礼”从源头上就不再带有神秘性，而是纯粹人为的产物。尽管“先王”“圣人”仍带有鲜明的理想主义色彩，但此种理想人物已经脱去了神秘因素，“礼”的源头从神秘莫测之“天”“神”化为理想的道德、政治追求。此即荀子带出的人的道德自觉与认知自信。荀子以“君子”“小人”界定人们理解祭祀的层次，也正是引导统治者成为“君子”，将祭祀仪式作为一种文饰。为“礼”找到纯粹人为的内核后，荀子便要从理想下移到社会现实。士君子、官人没有制定礼文的能力，没有知“礼节文貌之盛”的认知，但仍能从“文”的视角看待“礼”，

---

① 《荀子集解》，第 366 页。

② 荀子在《礼论》中展现了以丧礼为代表的礼仪施行于社会的实践图景，此全面图景反驳了冢天虎等对“文神辩证”是重君子小人之分的理解。

③ 《荀子集解》，第 349 页。

④ 《荀子集解》，第 366 页。

将其作为“人道”的实现方式，“安行之”、守之。最后，限于现实境况，社会中下层人民又没有君子以礼为文的认知，不能自洽地将礼作为一种“文”遵守；同时，中下层人民能力有限，不能在制度上维护礼之文。因此，荀子对于“民”的期待是：“百姓以成俗”[①]。在由上至下的引导下，尽管不同阶层认知水平、实践能力不同，但作为同类，人有“情”有“知”，上层能够关切百姓的灾难，百姓能从君子表现出的关切仪式中获得慰藉。以此，不同差等能力的人能够各担其责。

于是，荀子化神为文的整体图景就显现为：祭祀由宗教巫术转化为民俗礼文。圣人、君子、百姓之间显现出一副由上至下的有序画面：圣人制礼，教化民情；君子以为文，顺应民情；百姓哀而不伤，得到教化。最终化神为文，教化民情，避免偏激，达到“乐而不淫，哀而不伤”[②] 的情感效果，建构上下当位的稳定社会。至此，我们能够说，对于荀子这一有着深沉现实关切的哲学家来说，“文神辩证”的意义决不只是观念上的转变，更是从认知到实践的完整转向。

在结构上，“文神辩证”可以作为荀子《天论》与《礼论》的纽带，《天论》中，以“文神之辩”为界，荀子在文神之辩前确立了“天人相分”，驳斥了袄怪。在文神之辩后引出“礼”。在《礼论》中，荀子续接“天人相分”，将“礼”从神秘之礼转化为文饰之礼。在意涵上，“化神为文”的内涵则不止于君子小人之分。化神为文不仅要求上层君子观念上的转变，更要求君子行为上的转变。若君子明白，“非以为得求也，以文之也”，君子也就明白，人事的改变不可寄托于神秘仪轨，而要“敬其在己而不慕其在天者”。[③] 同时，这样的转变不局限于君子个人，更可推为君子这一群体的改变，统治阶级对人事的重视能够在很大程度上避免“人袄”。此外，若统治阶层能够意识到，神秘仪轨不能影响现实，而只是对百姓同情的理解。那么这也意味着，统治者已有共情百姓的意识。但更加现实的是，化神为文后，统治者应将祭祀仪轨看作一种维护社会稳定、梳理民情的手段。而当化神为文的理念被贯通于神秘仪式，此时的神秘仪式虽更多的是形式上的作用，却可以让统治阶层正视百姓的情感需求，百姓也能够从仪式的操办中确切觉知统治者与自己情感的同一性。

最终，化神为文落实于礼。文之礼由圣王理想落到现实践行，由君子推及小人，能够有效地让君子与小人达成情感上的相互理解，维护社会稳定。在先王、圣人、士君子、官人、百姓的全面实践中，荀子在礼的起源上消解了礼的神秘性，让礼成为先王为

---

① 《说文》：“民，众萌也。”“民”是处于未开蒙状态下的百姓。王先谦有注：“民，民氓无所知者”，见《荀子集解》，第 349 页。

② 《四书章句集注》，第 66 页。

③ 《荀子集解》，第 309 页。

了治乱确立的人道，成为贯通君子与小人的共同情感文饰，也成为维护社会稳定、人人各当其“分”的实际建构。在化神为文中，荀子展现出了其对人的自然情感、欲望的理解与调和；对传统的延续与改造；对“人道”、人的自尊的肯认与确立。荀子化神为文的关切与努力最终落于现实的稳定与社会整体秩序的建构。

《天论》与《礼论》固有着千丝万缕的联系，但由“文神之辩”确立的“化神为文”却可被视为《天论》与《礼论》的直接纽带。循着“礼”要求落实于社会现实制度，自觉寻求客观化的努力，“文神之辩”也就不止是观念上的转变，更发挥着引导现实方向的作用。在《天论》中，荀子以“天人相分”取消了天人、神人之间的神秘关系，确立了人事不由神秘因素干扰的基本立场。在此种立场下，荀子面对过去观念下的神秘仪轨，觉察到了其中“人道”的部分，将对“天”的神秘的祈求变为对人道的关切。于是，循着“天人相分”的基本立场与对于“人道”的坚守，荀子体贴社会现实，提出“文神之辩”，以“故君子以为文，而百姓以为神”先行革新“君子”的认知，强调仪轨礼仪作为“文饰”的面向，将“文饰”作为“礼”的核心甚至混同于礼。在《礼论》中，基于“文”与“礼”的密切关联，及“礼”源头上与巫术的联系，荀子循天人之分，重新将“礼”的源头归结为“先王止乱”，将“礼”之核心归旨于“文”，解构礼的神秘性质。将礼的内核归于“文”后，荀子重述了“礼”中最为重要的丧礼仪轨，消解了“丧礼”中的神秘元素，让丧礼从“鬼道”转为纯粹的“人道”，解构了丧礼中的神秘因素，将丧礼的意义重新建立为“称情而立文”①。就称情而言，丧礼顺应民情，又节制过度哀伤；就立文而言，丧礼界定与展现社会差等秩序，在“文”与“情”的结合下，丧礼方成为“礼之中流”。从原始宗教“绝地天通”到孔子“敬鬼神而远之”再到荀子“天人相分”，神秘的鬼神力量逐渐消逝，人的自尊与自信得到确立。依据化神为文，神之礼转化为文之礼，荀子最终展现出一副差等有序又相互关切的社会图景。化神为文的意涵也就不止于观念上的转变，更有避免“人袄”、维持社会稳定、建立社会秩序的现实作用。

（王彦然，云南大学哲学系本科生）

① 《荀子集解》，第 361 页。

《明儒学案·参政罗近溪先生汝芳》刍议

——陈浩洋——

摘要：《明儒学案·参政罗近溪先生汝芳》对于学界罗汝芳的学说正解和思想定位有预设性障碍，黄宗羲关于罗汝芳的学说叙议和地位判定存在曲解。在学说宗旨部分，黄宗羲缺失“孝弟慈”和“明明德于天下”，这种总结是将罗汝芳学说宗旨置于由有入无、由外入内的转向。在学说体系部分，黄宗羲误读本体论、工夫论、鬼神观，这种理解是对罗汝芳学说体系以偏概全的遮蔽。在学说指向部分，黄宗羲混淆罗汝芳的辞章、义理为近禅之学，这种辨析是对罗汝芳学说指向的曲解。在学说归属部分，黄宗羲罔顾罗汝芳的地域、师承、思想，这种划分是对罗汝芳学说归属的矛盾。因此，黄宗羲对罗汝芳学说的阐发并非不刊之论，应该基于一手资料重新组织罗汝芳的学说正解和思想定位。

关键词：明儒学案　黄宗羲　罗汝芳

自二十世纪七八十年代牟宗三（1909—1995）、唐君毅（1909—1978）、荒木见悟（1917—2017）等东亚著名阳明学研究者对罗汝芳（1515—1588）思想的地位给予了超出原有学界一直坚持的“泰州学派四传弟子”[①] 之判定后，关于罗汝芳的思想研究逐渐在学界取得更多的关注。近年来，伴随着国际阳明学研究重心回归中国大陆，一些学者重议罗汝芳的学说正解和思想定位问题。2019 年，张祥龙先生（1949—2022）在《儒家哲学史讲演录·第 4 卷·儒家心学及其意识依据》中提出应该将罗汝芳的学说“定位为宋明心学的又一高峰，可以与陆、王相比肩”。[②] 2021 年，丁耘先生在《天道、心性与现象学之道学转向——评张祥龙〈儒家哲学史讲演录〉中的心学论述》中提出通过建立“以本体一工夫为纲维，以王龙溪、罗近溪与聂双江尤其是罗念庵的三极，替换现

① 此处指“王心斋一徐波石一颜山农一罗汝芳”这一脉络的师承关系。

② 张祥龙：《儒家哲学史讲演录》（第四卷）．儒家心学及其意识依据》，北京：商务印书馆，2019 年，第 482 页。

成、归寂的两军对阵模式”，将罗汝芳“从‘泰州学派代表人物’、‘现实良知派代表人物’这些牌位后面解放出来”。① 2023年，高海波先生在《生生与孝弟慈——明儒罗近溪的仁学思想及其现代意义》中提出罗汝芳的思想体系是“儒家仁学本体化、社会化在明代最成功的范例”。②

重议罗汝芳的一个重要阻力就是《明儒学案》对罗汝芳的学说叙议和地位判定。自明清以来，《明儒学案》深入人心，而与之相对，关于罗汝芳的思想研究却经营惨淡。一强一弱背景下，《明儒学案》成为学界了解和定位罗汝芳的重要工具书，成为其思想研究中的一个主流范式。③《明儒学案》事实上已经成为一个锚点，成为罗汝芳思想研究的一个预设性障碍。正如彭国翔先生所言：“近世以降，在阳明后学的研究中，海内外学者对泰州学派着力较多，但往往多是就其整体而言，不免失之笼统。无法详尽其曲折的原因虽不一而足，但黄宗羲所立泰州学派本身的问题，不能不说是其中之一。”④

因此，将罗汝芳学说体系置于恰当的历史脉络中得到学说正解与思想定位，不能不正面回应黄宗羲（1610—1695）此篇《明儒学案·参政罗近溪先生汝芳》。以下经过文献概述和史源分析后，本文将从学说宗旨、学说体系、学说指向、学说归属四个主题依次讨论黄宗羲对罗汝芳的阐述。

引言：文献概述和史源分析

《明儒学案·参政罗近溪先生汝芳》一节和《明儒学案》全书各章体例大致相同，可以分为案主简介、学说叙议、语录汇编三个部分。⑤ 下文即按照顺序对这三部分进行文献概述和史源分析。

（一）案主简介部分

为行文方便，此处引用黄宗羲概述罗汝芳生平的文段。《明儒学案·参政罗近溪先生汝芳》：

罗汝芳字惟德，号近溪，江西南城人。嘉靖三十二年进士。知太湖县。擢刑部

---

① 丁耘：《天道、心性与现象学之道学转向——评张祥龙〈儒家哲学史讲演录〉中的心学论述》，载《现代哲学》2021年第1期。

② 高海波：《生生与孝弟慈——明儒罗近溪的仁学思想及其现代意义》，载《道德与文明》2023年第4期。

③ 例如，近现代以来，自钱穆、牟宗三，到荒木见悟、冈田武彦等海内外著名学者，都不可避免在罗汝芳相关著作中大量引用黄宗羲的《明儒学案》。

④ 彭国翔：《近世儒学史的辩正与钩沉》，北京：中华书局，2015年，第245页。

⑤ 黄宗羲：《明儒学案》（下），沈芝盈点校，北京：中华书局，2008年，第760—763页。

> 主事。出守宁国府，以讲会乡约为治。丁忧起复，江陵问山中功课，先生曰："读《论语》、《大学》，视昔差有味耳。"江陵默然。补守东昌。迁云南副使，悉修境内水利。莽人掠迤西，迤西告急。先生下教六宣慰使灭莽，分其地。莽人恐，乞降。转参政。万历五年，进表，讲学于广慧寺，朝士多从之者，江陵恶焉。给事中周良寅劾其事毕不行，潜住京师。遂勒令致仕。归与门下走安成，下剑江，趋两浙、金陵，往来闽、广，益张皇此学。所至弟子满座，而未尝以师席自居。十六年，从姑山崩，大风拔木，刻期以九月朔观化。诸生请留一日，明日午刻乃卒，年七十四。

这一部分有两点值得注意，后文我们会多次引用以反驳黄宗羲的论点。其一，罗汝芳的仕途经历。黄宗羲明确记录罗汝芳是正统进士为官，不但仕途颇有军功政绩，甚至辞官只是受人嫉妒。其二，罗汝芳的为官之道。黄宗羲所选的几则事迹，不仅表现出罗汝芳对名教规范的重视，还体现出对儒家经典的恪守。

（二）学说叙议部分

在学说叙议部分黄宗羲的行文大体可以分为两部分：其一是罗汝芳一生求学悟道的关键节点，其二是罗汝芳学说的总体概述和简要评议。

《明儒学案》中，罗汝芳一生求学问道的关键节点应该是五次："先生十有五而定志于张洵水，二十六而正学于山农，三十四而悟易于胡生，四十六而证道于泰山丈人，七十而问心于武夷先生。"这个说法应该是参考《罗明德公本传》（罗嗣元）和《明云南布政使司左参政明德夫子罗近溪先生墓志铭》（杨复所）。①

前四处都没有争议，各处文献可以互相佐证。唯独最后"七十而问心于武夷先生"，似乎除了杨复所的墓志铭，并没有其他文献进一步阐发此事。② 此外，不仅在罗汝芳弟子整理的各种著作中没有记录，其余《近溪罗先生传》（王塘南）、《圣学宗传·罗汝芳》（周海门）、《续藏书·参政罗公》（李卓吾）、《理学宗传·罗汝芳》（孙钟元）、《明史稿·罗汝芳传》等追悼文献或后世传记也都没有记录，黄宗羲此处的描述中亦引而不述。

关于"武夷先生"一人究竟如何，学界至今暂无定论。武夷先生本应指北宋胡安国

---

① 方祖猷、梁一群、李庆龙、潘起造、罗伽禄编校整理：《罗汝芳集》（上），南京：凤凰出版社，2007年，第924页。

② 关于杨复所的这篇墓志铭，除了"武夷先生"一事，还有殡葬之处值得思考。墓志铭中多次提及"殡于凤凰山""葬凤凰山之原"，因此学界多以为是江西南城凤凰山，但是近年来经过经一些学者的实地考察，罗汝芳究竟安息何处似乎存在较大疑问。参见李玉端：《顾成、罗汝芳"文""武"二墓探源》，载《云南大学学报（社会科学版）》2020年第6期。

(1074—1138)，不过年代毕竟久远，罗汝芳虽有梦遇泰山丈人的经历，但如无切实文本仍不可轻易推断。武夷先生的另一含义则可与武夷山相联系，这一解释更有可信度一些。罗汝芳致仕后四处讲学，在六十九、七十三岁时都曾到达福建，在地理上有拜访武夷山的可能。并且王阳明（1472—1529）和许多明代学者都与武夷山有千丝万缕的关系，同时期的王龙溪（1498—1583）、邹东廓（1491—1562）等人都曾造访武夷山并被记录在《武夷山志》中。[①] 然而这一猜想也没有切实文本，不仅关于罗汝芳的生平著述中没有记载此事，武夷山方面的记载中也没有查询到相关记录。

除“问心于武夷先生”没有展开外，“十有五而定志于张洵水”一处，黄宗羲也只讲对水静坐的事迹。然而所谓“十有五而定志于张洵水”，实指罗汝芳十五岁拜师举业，进而定志于为学另辟蹊径的事情。罗汝芳曾回忆说：“遐想十五之年，从师与闻道学。其时目诸章缝，俱是污俗；目诸黎庶，俱是冥顽。而吾侪有志之士，必须另开一个蹊径，以去念存心；别启一个户牖，以去穷经造理。饼样虽画完全，饥饱了无干涉。徒尔劳苦身心，几至丧亡莫救。”[②] 值得注意，这时罗汝芳已有克服旧弊、别启户牖的宏愿。

至于黄宗羲对罗汝芳学说的总体概叙和简要评议，可以分为三部分。其一是对学说宗旨的概括，这一部分和王塘南（1522—1605）、周海门（1547—1629）、孟云浦（1545－1598）等人的说法极为类似。王塘南：“先生平生学以孔孟为宗，以赤子良心，不学不虑为的，以天地万物同体，撤形骸、忘物我，明明德于天下为大。”[③] 周海门：“近溪学以孔孟为宗，以赤子良心不学不虑为的，以孝弟慈为实，以天地万物同体、撤形骸、忘物我、明明德于天下为大。”[④] 孟云浦：“《罗近溪集》大要以孔门求仁为宗旨，以联属天地万物为体段，以不学不虑、赤子之心为根源，以孝弟慈为日用。”[⑤]

黄宗羲则作：“先生之学，以赤子良心、不学不虑为的，以天地万物同体、撤形骸、忘物我为大。”[⑥] 相较之下，黄宗羲删去了“孝弟慈”和“明明德于天下”，只留下“拆穿光景”之说。

黄宗羲显然至少是熟悉王塘南和周海门的评价的。关于王塘南，黄宗羲在《明儒学案·参政罗近溪先生汝芳》一文中特别引用了他的《近溪罗先生传》。[⑦] 关于周海门，

---

① 董天工编：《武夷山志》，武夷山市地方志编纂委员会整理，北京：方志出版社，2007 年，第 568、569、607 页。

② 罗汝芳：《会语续录》（卷上），转引自陈寒鸣《罗汝芳学谱》，贵阳：孔学堂书局，2022 年，第 26 页。

③ 《罗汝芳集》（上），第 856 页。

④ 周汝登：《周汝登集》（下），张梦新、张卫中点校，杭州：浙江古籍出版社，2015 年，第 920 页。

⑤ 孟云浦：《与孟我疆》第六书，转引自吴震《罗汝芳评传》，南京：南京大学出版社，2005 年，第 177 页。

⑥ 《明儒学案》（下），第 762 页。

⑦ 《明儒学案》（下），第 762－763 页。

黄宗羲则在《明儒学案·尚宝周海门先生汝登》一文中称“先生（指周海门）供近溪像，节日必祭，事之终身”[①]，又在《明儒学案·明儒学案发凡》一文中称“前有周海门圣学宗传”[②]。

那么其中的缺漏是否是因为版本问题呢？众所周知，《明儒学案》大致有“郑氏二老阁原刻本”（郑本）、“贾氏紫筠斋刻本”（贾本）、“莫氏刻本”（莫本）、“冯全垓补刻本”（冯本）四个主要版本，近几十年来学界对这些本子的点校梳理有丰富的成果。[③]参考近年来学界主要参考的几个版本，其中均不存在漏刊误刊的问题。[④]因此，这种删改应该是黄宗羲有意为之。

其二是对罗汝芳学说的总体概叙和简要评议。黄宗羲从罗汝芳早年阅读薛敬轩所得“澄然湛然心之本体”来说，指明罗汝芳悟出“当下浑沦顺适”的本体论要义，得出“解缆放船，顺风张棹”的工夫论要旨。这段话本见于《近溪子集·卷乐》，原文论述颇为冗长，黄宗羲只取了其中一语在此。重点在于，黄宗羲将罗汝芳最后“则巨浸汪洋，纵横任我，岂不一大快事也耶？”替换为“无之非是”四字。[⑤]“无之非是”一语或出自《吕氏春秋·论人》，原文为“譬之若逃雨污，无之而非是”，白话意思是所到之处没有一处没有雨水。[⑥]

总体概叙后开始简要评议。黄宗羲先是点评罗汝芳的教学效果，以“舌胜笔”说罗汝芳的讲学非常有效力，认为其学使人“当下便有受用，顾未有如先生者也”。这段话或出自陶望龄（1562—1609）的《近溪先生语要序》，原文为：“友人有获侍二溪者，常言：‘龙溪笔胜舌，近溪舌胜笔。’……震霆破睡，开左藏以贷贫，其过而不取，昧而不闻者，宜亦鲜矣，有之，岂藏与霆之过哉？”[⑦]

继而，黄宗羲评议起儒释之辨，提出罗汝芳是“真得祖师禅之精者”。黄宗羲由表及里，先是从辞章批评罗汝芳讲学时吸收运用“一切现成”和“莫入阴界”等佛家命题和术语，后从义理上主宰与流行的分辨上批评罗汝芳“犹在阴阳边事”。黄宗羲认为

---

① 《明儒学案》（下），第853页。

② 《明儒学案》（上），第14页。

③ 韩学宏：《黄宗羲〈明儒学案〉之研究》，台北：花木兰文化出版社，2007年，第30页。

④ 本文重点查考的是“郑本”、“贾本”和“冯本”，辅助以近现代学者的集中点校成果。参考的文本包括（1）黄宗羲：《明儒学案》卷三十四，上海：文瑞楼书庄，1916年，第2页；（2）纪昀、陆锡熊、孙士毅：《景印文渊阁四库全书》（第四五七册），台北：台湾商务印书馆，1986年，第545页；（3）周骏富：《明儒学案》，台北：明文书局，1991年，第762页；（4）朱鸿林：《明儒学案点校释误》，台北：中央研究院历史语言研究所，1991年；（5）沈善洪：《黄宗羲全集》（第八册），杭州：浙江古籍出版社，1992年，第3页；（6）黄宗羲：《明儒学案》（下），沈芝盈点校，北京：中华书局，2008年，第762页；（7）北京大学《儒藏》编纂与研究中心：《儒藏》（精华编第一五五册），北京：北京大学出版社，2016年，第848页。

⑤ 《罗汝芳集》（上），第62页。

⑥ 张双棣、张万彬、殷国光、陈涛：《吕氏春秋译注》，长春：吉林文史出版社，1987年，第82页。

⑦ 《罗汝芳集》（下），第959—960页。

“流行之体”是儒佛都能悟得的真理，而“自流行而至画一”才是儒者的标志。至于罗汝芳，黄宗羲认为“今其言偏于内，而不可以治天下国家，又言其只自私自利，又言只消在迹上断，终是判断不下”。[①] 黄宗羲认为罗汝芳的学说只顾玩弄“流行之体”，而不察“主宰历然”，正是“未免有一间之未达也”。即扬雄（公元前 53—18）在《法言·问神》中提出的：“仲尼潜心于文王矣，达之。颜渊亦潜心于仲尼矣，未达一间耳。”[②] 因此黄宗羲得出结论——“先生近禅”。

其三是对一些时人评议的再评议。先引许敬庵（1535—1604）（许氏原文暂不知出处，相关史料可参见邹南皋《近溪罗先生墓碑》[③]、曹鲁川《盱壇直诠》[④]、吴安节《题重刻罗近溪先生语要序》[⑤] 等）说“大而无统，博而未纯”，黄宗羲认为“深中其病”。又引王塘南和罗嗣元（出自王塘南《近溪罗先生传》[⑥]）说明罗汝芳对佛、道两家前迎后拒的态度，黄宗羲认为“知先生之长矣”。后又引杨止庵（1531—1609）（出自杨止庵《上士习疏》[⑦]）批判罗汝芳奇谈怪论的奏疏，黄宗羲则说“此则宾客杂沓，流传错误，毁誉失真，不足掩先生之好学也”。

（三）语录汇编部分

至于第三部分语录汇编，想要进行史源学分析是比较困难的。罗汝芳的相关著作在其生前身后有各种不同的版本，其间真伪混杂、交叉混乱，仅据《近溪子文集》卷首《罗明德公文集书目》判断就有九十三种，至今流传的仍有十八种。[⑧] 因此，很难根据引用的句子判断黄宗羲真实参考的著作。

然而，这项工作又是必要的。王汎森先生就曾经在《明代心学家的社会角色——以颜钧的“急救心火”为例》一文中指出，黄宗羲对于颜山农（1504—1596）思想的说明只是围绕有限的二手资料所做。[⑨] 姚文永先生也曾在《黄宗羲〈明儒学案〉研究》一书中针对被黄宗羲归为泰州学派的颜山农和何心隐（1517—1579）两人的相关文段进行反

---

① 关于这句话的指向，具体是罗汝芳、二程、宋明理学等，学界目前争论纷杂。
② 汪荣宝：《法言义疏》（上），陈仲夫点校，北京：中华书局，1987 年，第 137 页。
③ 《罗汝芳集》（下），第 931 页。
④ 罗汝芳、曹胤儒：《盱坛直诠校注》，翟奎凤、石霞整理，上海：上海古籍出版社，2023 年，第 134 页。
⑤ 《罗汝芳集》（下），第 960 页。
⑥ 《罗汝芳集》（下），第 858 页。
⑦ 四库全书存目丛书编纂委员会：《四库全书存目丛书》（集部一三九），济南：齐鲁书社，1997 年，第 659 页。
⑧ 参见《罗汝芳集》编校整理说明。
⑨ 王汎森：《晚明清初思想十论》，上海：复旦大学出版社，2004 年，第 2 页。

驳，认为黄宗羲根本没有全面客观掌握两人的文献资料。①

本文仅略作尝试，首先参考2008年中华书局出版《明儒学案》的点校情况将黄宗羲所引用的语录分为88则，再根据2007年“阳明后学文献丛书”系列中的《罗汝芳集》对其逐一进行比对参照。②

经过粗略统计，③ 约有80%的语录集中在《近溪子集》和《近溪子续编》，而这两部书都在罗汝芳生前得以出版。④ 约有90%的语录可以在《近溪子集》《近溪子续编》《明德夫子临行别言》《近溪罗先生庭训记言行遗录》《近溪罗先生一贯编》《近溪子四书问答集》《罗明德公文集》等七部中找到相似文段。其余约有10%的语录暂时不知具体出处。

由此，或许可以推断黄宗羲汇编语录主要依据《近溪子集》和《近溪子续编》，辅助以其他二手文献中所引用的句子。

一　学有宗旨：罗汝芳的学说宗旨

基本了解《明儒学案·参政罗近溪先生汝芳》一文的框架后，我们依次对黄宗羲的学说叙议进行深入剖析。第一部分就是黄宗羲对罗汝芳学说宗旨的概括。

所谓“宗旨”一词，本来滥觞自晋、唐时期，到了明中后期逐渐大兴。如胡今山（1381—1452）所谓：“宋儒学尚分别，故勤注疏，明儒学尚浑成，故立宗旨。”⑤ 罗汝芳的弟子也曾说：“今时谈学，皆说有个宗旨，而先生独无。”⑥ 可见在当时尽管存在反对意见，但各家学说立一个宗旨已经是很普遍的事情。

因此撰写《明儒学案》，黄宗羲也主张申明各家宗旨，以便于学者能够借此自行选择需要的学说，所谓“分其宗旨，别其源流，与同门姜定庵、董无休操其大要，以著于篇，听学者从而自择。中衢之罇，持瓦瓯禅杓而往，无不满腹而去者”⑦。

引言已然提及，相较于王塘南、周海门等人所总结的宗旨，黄宗羲有意缺失了“孝弟慈”和“明明德于天下”两处。然而，这两处宗旨在罗汝芳的学说中真的是无足轻重的部分吗？

---

① 姚文永：《黄宗羲〈明儒学案〉研究》，成都：四川大学出版社，2014年，第45—50页。

② 需要注意的是，《罗汝芳集》的编纂考虑到重复问题，基本不会重复出现字句，因此这里的统计可能与历史情况有较大出入。

③ 由于文献资料有限，暂时还无法全面计算，统计结果仅供参考。

④ 参见《罗汝芳集》编校整理说明。

⑤ 《明儒学案》（上），第330页。

⑥ 《罗汝芳集》（上），第35页。

⑦ 《明儒学案》（上），第8页。

（一）缺失一：孝弟慈

毫无疑问，罗汝芳将孝弟慈放在很重要的地位上，这在宗旨中是绝对不能缺失的存在。罗汝芳不仅对孝弟慈不吝夸赞，又称其为“文王之仁、敬、孝、慈、信”的简约表达，又称其为“君子立本之功”。[①] 罗汝芳还认为他所提倡的孝弟慈是超越朱、王所在，“宋有晦庵先生见得当求诸六经，而未专以孝、弟、慈为本；明有阳明先生见得当求诸良心，亦未以古圣贤为法”[②]。但是孝弟慈本是老生常谈的迂阔道理，为什么在罗汝芳的学说中却如此重要呢？

孝、弟、慈本不常连用，在《论语》《老子》等书中常常分开出现。自《大学》始才逐渐成为一种定式，“孝者，所以事君也；弟者，所以事长也；慈者，所以使众也”。罗汝芳也坚持了这种功能向定义，所谓“（意诚心正者）其孝则足以事君，其弟足以事长，其慈足以使众”[③]。不同的地方在于，罗汝芳非常强调赤子良心与孝弟慈的关系。罗汝芳认为“《大学》便是孔门求仁全书也”，而“孔子此书，却被孟子一语道尽”，也就是赤子良心。[④] 这样最终具体落在孝弟慈上，便是“孩提之爱亲是孝，孩提之敬兄是弟，未有学养子而嫁是慈”[⑤]。也就是说，罗汝芳对孝弟慈的理解，是联系在其“赤子良心”学说上的。进一步而言，罗汝芳是将王阳明的致良知转化为孝弟慈。

相较于王阳明讲的良知，罗汝芳将良知具体为赤子之心，再从赤子之心推出孝弟慈这条路径意义何在呢？罗汝芳认为普天之下人都有亲、长，天然就懂得孝、弟，而慈又是由孝和弟所涵养。如此一来即便是愚夫愚妇也是具备的，所谓“天下万世人人不约而自同者也”，因此众生都具备成为圣贤的材质。[⑥] 人生来而静，本有赤子之心，随着年龄增长愈动则本心愈容易失去，人也变得千差万别而不可尽教化，赤子良心过于虚玄，纯洁的孝弟慈就是普适万世的着力点。因此罗汝芳说，“（王阳明）说良知，则即人之爱亲敬长处言之其理便自实落，而其工夫便好下手，且与孔子‘仁者人也，亲亲为大’的宗旨毫发不差，始是传心真脉也”[⑦]。

这样也是为什么，既然罗汝芳所说的“孝弟慈”本身是由王阳明所说的“良知”所推导出来的，甚至在很多场合可以同义替换，而却又要煞费苦心将良知替换为孝弟慈。

① 《罗汝芳集》（上），第 4 页。
② 《罗汝芳集》（上），第 5 页。
③ 《罗汝芳集》（上），第 4 页。
④ 《罗汝芳集》（上），第 8、108 页。
⑤ 《罗汝芳集》（上），第 108 页。
⑥ 《罗汝芳集》（上），第 108 页。
⑦ 《罗汝芳集》（上），第 86 页。

黄宗羲本应该明白这个道理的，《明儒学案·文成王阳明先生守仁》中提到“夫以知识为知，则轻浮而不实，故必以力行为功夫”[①]。罗汝芳不称良知而言孝弟慈，就是因为不想人们从有入无，渐入虚玄。《近溪子集·卷射（三）》：“故某常泛观今古圣贤，其道虽从悟入，其悟却有不同，有从有而入无者，则渐向虚玄，其妙味愈深，则其去人事日远，甚至终身不肯回头，自谓受用无穷也。有从无入于有者，则渐次入于浑融，其操持愈久，则其天机愈显，所以能经纶天下之大经，立天下之大本，知天地之化育也。”[②]也就是说，用孝弟慈替换良知，是罗汝芳有意所为，其目的就是要划出从赤子之心到人伦日用这样一条从无入有的大学之道。

罗汝芳是将德行还原为良知，再将良知由孝弟慈而开显，因此将孝弟慈作为一切德行的总结概括，并将其作为“君子立本之功”。黄宗羲之师刘蕺山（1578—1645）说：“今天下争言良知矣。及其弊也，猖狂者参之以情识，而一是皆良；超洁者荡之以玄虚，而夷良于贼，亦用知者之过也。”[③] 罗汝芳煞费苦心要立中庸之道，就要克服执迷形上忘却形下的虚妄，克服留恋欲望不顾仁体的情识。

黄宗羲却把“孝弟慈”删去，这无异于将“不离人伦日用内，直造先天未画前”从阳明哲学中删去，如此其对罗汝芳之学的阐发怎能不有所偏废呢？

（二）缺失二：明明德于天下

同样毫无疑问的是，明明德也是罗汝芳学说的重要组成部分，也是断然不能舍弃的宗旨要义。罗汝芳自己讲明明德，是将其作为“奕局之主将”而终身强调。甚至在其“改岁则孔子逍遥曳杖之日”（七十三岁），在与许敬庵的书信中还特别指出，“昨见公所著《大学》，甚是精详，但最初眼目独欠开张，譬之奕局，主将不专，炮马徒纷驰矣”[④]。同时期的学者也非常注意明明德在罗汝芳学说中的重要意义。薛振猷曾在《明德公文集序》中指出：“先生既起，深悟良知之说，而归统于明德。”[⑤] 李卓吾（1527—1602）也曾经在关于罗汝芳明明德思想的讨论中，特别强调“子（李卓吾）谓吾夫子（罗汝芳）欲明明德于万世，非止一时之天下已也”[⑥]。甚至在罗汝芳身后，也被门人私谥为“明德先生”。

我们还是先从定义出发，看罗汝芳是如何理解“明明德”一义的。《近溪子集·卷

---

① 《明儒学案》（上），第181页。
② 《罗汝芳集》（上），第89页。
③ 吴光主编：《刘宗周全集》（第三册），杭州：浙江古籍出版社，2012年，第248页。
④ 《罗汝芳集》（下），第668页。
⑤ 《罗汝芳集》（下），第974页。
⑥ 《罗汝芳集》（上），第387页。

数（六）》："有自生而言者，天之良知也，所谓明德也；有自学而言者，人知己之有良知也，所谓明明德也。故百姓日用而不知，惟圣贤则能顾諟天之命也。惟顾諟则命益显，知益妙，自然明明德于天下，学则成大学，而人则为大人也已。"[1] 也就是说，良知是"明德"，知良知是"明明德"。前文我们刚刚解释过孝弟慈，仅仅谈一句"知良知"是不能显示出"明明德"在罗汝芳思想中的特别之处的。

并且，若只满足于将"明明德"限定为"知"的层度，又怎么能"自然"而成大学、为大人、明明德于天下？这本是阳明知行合一的学说，罗汝芳用易学进行了过渡。《近溪子集·卷射（三）》："知者，吾心之体，属之乾坤，故'乾坤以易知'。能者，心知之用，属之坤，故'坤以简能'。乾坤足统坤，言乾坤而坤自在其中；知足该能，言知则能自在其中。"[2] 也就是说，罗汝芳是用乾坤作比，以体用说明知行关系。此处虽然圆融了"明德"和"明明德"，但到底只是在内圣里绕了个圈子。如此比之阳明"知行合一"说更为"尽精微"尚可，却没有点破"致广大"的外王意味。

因此，罗汝芳又进一步规定出其中"致广大"的意味，其中"致广大"的架构或可用三重境界来建设。

第一重境界，于一身要"明明德"，是"学而不厌"的境界，是"明明德"的境界。罗汝芳认为人首先需要通过"忠恕"的工夫，达到"知"的层次，"心知未得、已得，而一一知之不昧，即所谓'明明德'也"[3]。具体来说，罗汝芳将仁用孝弟慈概括出来，因此便到了知孝弟慈而行孝弟慈。继而所谓，"老吾老以及人之老，长吾长以及人之长，幼吾幼以及人之幼，而家国天下进之掌矣"[4]。此为"学而不厌"，就是第一层次了。能够知觉自身的良知，就是大学之道"明明德"的境界了。

第二重境界，于一世要"明明德"，是"诲人不倦"的境界，是"在亲民"的境界。罗汝芳认为知良知（克明俊德）只有"以亲睦九族，平章百姓，协和万邦"，才可称"明明德于天下矣"。[5] 因而最终检验是否达到明明德的标准，也就是能否将其推之于天下。所谓："明德犹烛也，明明德于天下，犹烛燃而举室皆明也。烛不足以明一室，烛非其烛矣；明明德而不能明天下，德非其德矣"[6]。到了这第二重境界，因为要以天下为一人，对孝弟慈的要求也从个人的知行变为天下的知行。所谓"如言孝，则必老吾老以及人之老，天下皆孝，而其孝始成，苟一人不孝，即不得谓之孝也；如言弟，则必长

① 《罗汝芳集》（上），第 220 页。
② 《罗汝芳集》（上），第 86 页。
③ 《罗汝芳集》（上），第 114 页。
④ 《罗汝芳集》（上），第 387 页。
⑤ 《罗汝芳集》（上），第 343 页。
⑥ 《罗汝芳集》（上），第 387 页。

吾长以及人之长，天下皆弟，而其弟始成，苟一人不弟，即不得谓之弟也”[①]。倘若“人人亲其亲，长其长”，自然“天下平也”。[②] 如此罗汝芳就将个人的孝弟慈推广到天下的孝弟慈，从身修进而家齐再而国治天下平。但是天下总有不孝不弟之人，亘古以来也没有长久的盛世，则又如何达到这第二重境界呢？罗汝芳认为，达到一念发动，千千不绝就足以，所谓“不容已”就是了结了，“只因他自不以为了，所以毕竟可了”。[③] 一生诲人不倦，就是“诲人不倦”的第二重境界了。能够由内圣向外发乎外王，就是大学之道“亲民”的境界了。

第三重境界，于万世要“明明德”，是“万物皆备于我”的境界，是“止于至善”的境界。罗汝芳认为，“是以明德亲民者，必贵知止于至善”[④]。那么此处又要知什么呢？“物有本末，是意、心、身为天下国家之本也；事有终始，是齐、治、平之始于诚、正、修也。是有物必有则，有事必有式，一定之格，而为明德亲民之善之至者也。”[⑤] 此处再次运用我们上文已经解说的罗汝芳“乾坤足以统坤”的思路，就是“知格本末者之为至善”[⑥]。在“知止”这方面，所谓至善，就是知晓《大学》中修、齐、治、平的先后规矩，也就是方才我们所建设的一、二重境界。[⑦]

最终要达到“致广大”的至臻境界，则是“万物皆备于我”，也是明明德所止于至善的最高境界。《盱坛直诠》：“师忽问曰：‘如何为先立乎为大？’儒对曰：‘万物皆备于我矣。’又问：‘如何作用？’儒对曰：‘明明德于天下。’师喜。”[⑧] 万物皆备于我的最高境界，是涵盖了先前所谓“学而不厌，诲人不倦”的基础的，是明明德于天下这一作用的源头。罗汝芳认为达到万物皆备于我的境界之后，“盈天地之生，而莫非吾身之生；盈天地之化，而莫非吾身之化。冒乾坤而独露，亘宇宙而长存。此身所以为极贵，而人所以为至大也”[⑨]。到了这一层境界后，就不止于在一身、一世能够明明德，而是要万世明明德。所谓“吾人之宗圣人之仁，以仁其身而仁天下于万世也，固所以贯而进化之，一而浑融之者也”[⑩]。因此当人们议论罗汝芳明明德之说时，李卓吾会专门强调，“子（李卓吾）谓吾夫子（罗汝芳）欲明明德于万世，非止一时之天下已也”[⑪]。至此，

---

① 《罗汝芳集》（上），第 84 页。
② 《罗汝芳集》（上），第 108 页。
③ 《罗汝芳集》（上），第 84 页。
④ 《罗汝芳集》（上），第 2 页。
⑤ 《罗汝芳集》（上），第 2 页。
⑥ 《罗汝芳集》（上），第 3 页。
⑦ 《罗汝芳集》（上），第 5 页。
⑧ 《罗汝芳集》（上），第 395—396 页。
⑨ 《罗汝芳集》（上），第 387 页。
⑩ 《罗汝芳集》（上），第 388 页。
⑪ 《罗汝芳集》（上），第 387 页。

到了最后“止于至善”，就是明明德最终境界——大学之道的完成了。

《大学》：“知止而后有定。”罗汝芳的“明明德于天下”，接续“赤子良心”一面孝弟慈的“尽精微”而入修、齐、治、平的“致广大”，是“奕局之主将”，是罗汝芳学说最终的目的所在。

黄宗羲将“明明德于天下”删去，则罗汝芳之学通向的只是“天地万物同体、撤形骸、忘物我”，如此则与佛、道宗旨何异，又怎么能不“盖挤阳明而为禅”呢？

二　先生之学：罗汝芳的学说体系

第二部分是黄宗羲对罗汝芳哲学思想体系总体概括的三句话，究竟应该如何理解这三句话，以下谨尝试分别说明。

（一）概括一：罗汝芳的本体论

第一句：“此理生生不息，不须把持，不须接续，当下浑沦顺适。”罗汝芳根基上还是坚持了心学脉络本体论的主要成果，诸如心即理、致良知、天心观等。黄宗羲的此句的前三则（此理生生不息，不须把持，不须接续）虽然与罗汝芳的本体论略有出入，但大概称不上错误。

罗汝芳将理规定为“事之所当然”，这个“所当然”是通贯宇宙的，也自然在心中，心能反求诸已就能通贯宇宙之理，即所谓“宇宙间其一心矣乎”①。既然心即理，那么“宇宙中理，皆吾性分中理；宇宙内事，皆吾职分内事”②。将个人与宇宙达成统一后，罗汝芳又进一步强调自二程以来的共识，“盖天地以生物为心”③。如此一来，“盖人能默识得此心此身，生生化化，皆是天机天理”④。《近溪子集·卷御（四）》：“目视耳听，口言身动，此形色也，其孰使之然哉？天命流行，而生生不息耳焉。”⑤ 综上，黄宗羲称“此理生生不息”是合乎罗汝芳原意的。

对于这个“理”，罗汝芳也给其规定了“不须把持”和“不须接续”的两个特点。《近溪子集·卷礼（一）》：“罗子曰：‘程子不云乎：用意恳切，固是意诚，然着力把持，反成私意。’”⑥《近溪子集·卷数（六）》：“故善观天地之所以生化人物，人物之所以彻

---

① 《罗汝芳集》（上），第 340 页。
② 《罗汝芳集》（上），第 59 页。
③ 《罗汝芳集》（上），第 181 页。
④ 《罗汝芳集》（上），第 5 页。
⑤ 《罗汝芳集》（上），第 133 页。
⑥ 《罗汝芳集》（上），第 3 页。

通天地，总然此是神灵，以充周妙用，毫发也无间，瞬息也不遗，强名之曰‘心’，而人物天地，浑沦一体者也。”①

因此，以上三则，虽然与罗汝芳的原话稍有出入，但是大体上称不上问题。至于最后的“当下”和“浑沦顺适”，分开用也没有什么问题。但是此处偏偏要说“此理……当下浑沦顺适”，“当下”与“浑沦顺适”连用却是不太妥当的用法，这涉及罗汝芳如何基于“心即理”的本体论，来理解“当下”的时间和“浑沦顺适”的功用。

“当下”既是良知的显现也是致良知的关键，这是学界所熟悉的。此处重点在讲罗汝芳的时思想，以此排出“当下”这一节点。罗汝芳认为“奈何天生而为静后，却感物而动”，因而非常重视心的发动。② 罗汝芳用生生来规定心，在这个层面上，是无所谓时间的，古今浑一。所谓“夫心，生德也，活泼灵莹，融液孚通，天此生，地亦此生也，古此生，今亦此生也，无天地，无古今，而浑然一之者也”③。但是心本身需要通过努力以达到这种境界，罗汝芳进一步引入了“时”的概念。所谓“善言心者，不如以生字代之……便心与复即时浑合，而天与地、我与物，亦即时贯通联属而更不容二也”④。

罗汝芳对“时”的定义是根据《礼记》而言，“是以其立教乎人也，则曰‘当其可之谓之时’”⑤。在此基础上，《近溪子集·卷射（三）》：“乾坤行之健，即时也，自强不息，即习诸已而训诸人也”，随后“推之六十四卦、三百八十四爻，皆时也，皆所谓天之则也，亦皆是习诸已而训诸人”。也就是说，罗汝芳的“时”不是我们今天所言的钟表时间，而是“当其可之”的天理法则。所以罗汝芳又常有“天时”的用法，而这样的天理法则是涵盖了古往今来的全部时刻的。

尽管如此，“时”的天理发展总要与时间相联系，这是罗汝芳所谓的“时时”和“因时”的工夫。《近溪子集·卷射（三）》：“圣人之学，工夫与本体，原合一而相成也。时时习之，于工夫似觉紧切，而轻重疾徐，终不若因时之为恰好。盖因时，则是工夫合本体，而本体做工夫，当下即可言悦，更不必再俟习熟而后悦。”⑥ 此处“因时”和“时时”即我们寻常所理解的“见几而作”和“时时刻刻”的意味。后者不必多说，前者却需要联系罗汝芳的易学来解。罗汝芳认为：“此体在人，极是精妙，故动静之间，有几存焉……古之善易者，真是自朝至暮、由昏达旦，浑然一体而体用如如，隐然寸几

① 《罗汝芳集》（上），第197页。
② 《罗汝芳集》（上），第124页。
③ 《罗汝芳集》（上），第340页。
④ 《罗汝芳集》（上），第220—221页。
⑤ 《罗汝芳集》（上），第25页。
⑥ 《罗汝芳集》（上），第79页。

而灵明炯炯，似有而实无，似无而实有，莫可方物探讨，莫可言句形容者也。”[①] 罗汝芳认为善为易者，必然是善于知几之人，而因天地万物同一体，所以知几知天时就是要知体。罗汝芳又说，“《易》谓：‘极深研几’，又谓‘穷神知化’，俱是因此知体难到圆通，故不得不加许多气力，不得不用许大精神”[②]。谈到知体，则自然又绕回罗汝芳的孝弟慈的逻辑上来，又回归在致良知的主线上去。[③]

因此罗汝芳将“天”“理”“几”“时”“心”“体”等诸多概念融贯到一起，讲出一个“因时”的道理来。人能够知觉自己的良知，能够践行自己的良能，使身心得以摆脱欲望的间隔，就能达到天人合一的境界，能够代天而言，代理而行。因时就是觉悟此间的“几”，能够知体达几，顺应天时，如此才是本体与工夫合一，自然可以“时时”不逾矩。所谓“毫乎不能昧，叫做‘研几’；斯须不敢瞒，叫做‘慎独’”，“因时”亦是“时时”。[④]

切口再小些，这条时间线就聚焦在“当下”。罗汝芳认为，“此语（指‘当下’）为救世人学问无头，而驰求闻见，好为苟难者，引归平实田地，最为进步第一义也。故曰：人情者，圣王之田。然须有许多仁聚礼耨家数，方可望收成结果也。但到此工夫渐就微密，无先觉指点，则下者便浑沦难入；高者便放荡无疆。故孔子谓：‘君子中庸，君子而时中；小人中庸，小人而无忌惮。’可见中庸也只一般，但不能如君子戒慎恐惧，加以时习，便泛滥无所归着，而终归小人也”[⑤]。也就是说，“当下”是克服世人不知工夫如何使用而放荡无疆的弊病，所点拨的着手之处。君子从当下入手，能够做到时习，最终可以时时得时，修成圣之时者。此所谓“溥博渊泉，而时出之。溥博如天，渊泉如渊”[⑥]。

至于“浑沦”，其在先秦两汉本指混沌，形容宇宙形成前混杂一体的状态。《列子·天瑞》：“太初者，气之始也；太始者，行之始也。太素者，质之始也。气形质具而未相离，故曰浑沦。”[⑦]《易纬·乾凿度》：“太素者，质之始也。气形质具而未离，故曰浑沦。浑沦者，言万物相浑成，而未相离。”[⑧] 虽然随着年代的发展，“浑沦”也不再专指宇宙最初浑成而未相离的状态，也常常被用于说明其他对象浑成一团的状态，有时也与“混沦”“浑仑”相通。但是在罗汝芳的体系中，“浑沦”的使用是并不如此随意的，更

① 《罗汝芳集》（上），第72页。
② 《罗汝芳集》（上），第203页。
③ 关于这部分可参见学界对罗汝芳“克己复礼”思想的解析，例如吴震先生、龚鹏程先生等。
④ 《罗汝芳集》（上），第28页。
⑤ 《罗汝芳集》（上），第118页。
⑥ 《盱坛直诠校注》，第91页。
⑦ 杨伯峻：《列子集释》，北京：中华书局，2012年，第6页。
⑧ 林忠军：《〈易纬〉导读》，济南：齐鲁书社，2002年，第81—82页。

多与其本义相联系。

《近溪子集·卷数（六）》："故善观天地之所以生化人物，人物之所以彻通天地，总然此是神灵，以充周妙用，毫发也无间，瞬息也不遗，强名之曰'心'，而人物天地，浑沦一体者也。"① 也就是说，罗汝芳认为所谓浑沦，就是指原初纯洁的神灵，强名之就是赤子良心。浑沦的状态也就是中和的状态，所谓"此个性道体段，原长是浑浑沦沦而中，亦长是顺顺畅畅而和"②。

浑沦顺适，就是用中和的本心去应对事物，"及来应事接物，还是用着天生灵妙浑沦的心"③。罗汝芳认为浑沦的赤子之心需要在人伦日用之间发动，"赤子之体，固浑沦于日用之间，若泉源虽不导而自流，果种虽不培而自活也"。倘若真的能将浑沦本心应用在人伦日用，那所得就是善。《近溪子集·卷数（六）》，"先生乃代之言曰：'亦只患他的浑沦不到底尔。盖浑沦顺适处即名为善，而违碍处便名不善也。故只浑沦到底，即便不善化而为善也，非为善去恶之学，如何？'"④

综上，我们即可总结"当下"与"浑沦顺适"连用的矛盾之处。"当下"只是罗汝芳时间中的一个切片，它固然是赤子之心流行中的一个切片，但却不具备向善的方向。"浑沦顺适"则是代表罗汝芳所意图强调的赤子良心在人伦日用间的作用，也即阳明良知中"知善知恶是良知"的道德认识作用和"为善去恶是格物"的道德实践作用。"浑沦"在"人伦日用"的"顺适"是要循"时"而作，这也就是"因时"的工夫。

罗汝芳指出："如当下是怵惕恻隐之心，此不可不信者也；当下是纳交要誉之心，此不可尽信者也。不可不信而不信之，则当下不识本体，此其所以不著察；不可尽信而苟信之，则当下冒认本体，此其所以无忌惮也。善学者，在审其几而已。"因此，所谓"当下浑沦顺适"则是这种工夫已经发动的得道境界。倘若是一时"浑沦顺适"，则此语不伦不类；倘若是时时"浑沦顺适"，则变为一种境界论。无论作何解，黄宗羲此处只说"当下浑沦顺适"，都是不妥当的讲法。正好比阳明心学中的"见满街都是圣人"⑤，本意是人人都有成圣的材质，若要解释为存在某个瞬间与圣人同思同虑，或是解释为现在张三、李四就是尧、舜，岂不是乖谬背离。

（二）概括二：罗汝芳的工夫论

第二句："工夫难得凑泊，即以不屑凑泊为工夫，胸次茫无畔岸，便以不依畔岸为

① 《罗汝芳集》（上），第197页。
② 《罗汝芳集》（上），第55页。
③ 《罗汝芳集》（上），第270页。
④ 《罗汝芳集》（上），第201—202页。
⑤ 王阳明：《传习录》，于自力、孔薇、杨骅骁注译，郑州：中州古籍出版社，2008年，第373页。

胸次，解缆放船，顺风张棹，无之非是。”在引言中我们已经说明，黄宗羲将罗汝芳所谓“则巨浸汪洋，纵横任我，岂不一大快事也耶?”替换为“无之非是”。这说明黄宗羲对罗汝芳的思想体系有严重的误解，因为这四字的改动，实际上已经将罗汝芳的境界论替换为了工夫论。黄宗羲将其抽出来在工夫论意义上进行说明，这种断章取义不仅没有表达清楚罗汝芳在工夫论上的层次，也没有表达出在境界论上的意味。我们只需要以工夫论视角对罗汝芳此说进行剖析，很快就能发现矛盾之处。

一方面，“解缆放船，顺风张棹”这种“工夫论”是有前置条件的，并不适用于所有人。在对话的一开始，罗汝芳指出想要以此为工夫，必须“有大襟期，有大力气”。在后文又怕弟子只知其一不知其二，又补充需要“志气尖锐、道理深渊而精神凝聚”，可见罗汝芳绝不认为这是适合所有人的修行方法。能达到罗汝芳前后列举的几个条件，就已经是能“自信从”和“自觉悟”，能够制欲体仁发挥本心真实妙用。黄宗羲在《明儒学案·文成王阳明先生守仁》一节时还能提及“居越以后，所操益熟，所得益化，时时知是知非，时时无是无非，开口即得本心，更无假借凑泊，如赤日当空而万象毕照”。[①] 在此处讲罗汝芳却不顾“所操益熟，所得益化”而直言“更无假借凑泊”，其所得已经偏废。

另一方面，“解缆放船，顺风张棹”这种“工夫论”是有标准判断的，通过境界检验才可以说是工夫有成。罗汝芳认为如果要使用这种修行方式，必须要达到“致广大而尽精微”的境界才能算是得道。如果只是一直强调“荡然一片，了无遮隔”，其实仅仅达到了“致广大”却失之于“尽精微”。什么是“致广大而尽精微”呢？罗汝芳指出，“无穷无尽而极其广大，亦无方无体而极其精微也已”。再具体一些，罗汝芳又解释，“思想在心，有时清清朗朗，而无远弗届，无物不备，此则其广大时也；思想在心，亦有时浑浑噩噩，内外俱忘，物我无迹，此则精微时也”。[②]

罗汝芳还有一段话黄宗羲或许未尝注意，“吾人学问，如舟车，然车轮之发、舟帆之上，必费些力。比至中途，轮激帆扬，何须致力”[③]。事实上，罗汝芳虽然讲“解缆放船，顺风张棹”，但是更认为“欲识浑沦无斧凿，须从规矩出方圆”。[④] 想要做到这种同于孔子“七十而从心所欲，不逾矩”的境界，除非是生而知之，否则在工夫上还是要“费些力”的。

事实上，罗汝芳讲了很多“费些力”的工夫，以下略述一二。其一，罗汝芳认为在

---

① 《明儒学案》(上)，第 180 页。
② 《尚书·大禹谟》:“惟德动天，无远弗届。”
③ 《罗汝芳集》(上)，第 394 页。
④ 《罗汝芳集》(上)，第 380 页。

求学初期应该仔细阅读经书以参照修养："完养之法，不可只任自己意思，须时刻警醒，必求无愧古之至圣……若初学下手，则必须一一遵守，就是觉得古圣经书于自心未稳，且当谦虚，质正先觉，决不可率意判断，以流于猖狂自恣之归也。"① 其二，罗汝芳还认为工夫可以与举业相合一："《易》、《诗》、《书》、《礼》、《乐》、《春秋》，修之业也；孝、友、睦、姻、任、恤，修之行也；良知，修之本也；师友，修之群也。故本立则群附，群附则业广，业广则行成，向异端百家之流，不得以杂乎其间。"② 如这一二，可有半分"解缆放船，顺风张棹"的意味？

我们另举一例，以便说明。《近溪子集·卷数（六）》：

> 罗子曰："子若只学且虑，则圣终不可望矣。"曰："某辈泥于时说久矣，其心诚不能不疑，公其何以解之？"予良久谓曰："子闻予言，乃遽生疑耶？"曰："然。"予曰："此果子欲使之疑耶？"曰："非欲之，但不能不疑也。"予叹曰："是即为不学而能矣。"③

所谓"不学而能"可行之处，正在于"知之为知之，不知为不知，是知也"。而如此可行，又在于"诚"，所谓"诚者，不勉而中不思而得"，正是此意。之所以这里罗汝芳不点破这一层含义，又在于"不愤不启，不悱不发"，问者提问正是"诚"之所体现，因此问答处便有理。这就是罗汝芳所谓"心之未得已得而一一知之不昧，即所谓明明德也；口之未得已得而一一言之不差，即所谓率性之谓道也"④。因此罗汝芳点拨，疑问处便是不思不虑圣人良知，看似是"解缆放船，顺风张棹"，实则依赖于"有大襟期，有大气力"。

因此，与其说这是工夫论，不如说是境界论。⑤ 罗汝芳笔下"致广大而尽精微"的"解缆放船，顺风张棹"，等同于"圣之时者"的境界，相应于孔子"七十而从心所欲，不逾矩"。达到这样的"工夫"仍然需要的是"费些力"的工夫，仍然是"须从规矩出方圆"。这是一种境界论，而非一种工夫论。

（三）概括三：罗汝芳的鬼神观

第三句："学人不省，妄以澄然湛然为心之本体，沉滞胸膈，留恋景光，是为鬼窟

---

① 《罗汝芳集》（上），第122页。
② 《罗汝芳集》（上），第381页。
③ 《罗汝芳集》（上），第211—212页。
④ 《罗汝芳集》（上），第144页。
⑤ 近年来，部分学者主张"工夫境界论"，涉及讨论较多，且留待后续研究说明。

活计，非天明也。”此语出自《近溪子续集·卷坤（二）》：“若今不以天明为明，只沉滞襟膈，留恋景光，幽阴既久殁，不为鬼者亦无几矣。老丈人方谓得力，岂知此一念头，翻为鬼种，其中藏乃鬼窟也哉？”[①] 此一段是因“老丈人”已经受教知错，但碍于先前工夫用力日久不忍断绝，罗汝芳因此略带恐吓意味，其用意只是要惊醒老丈人悬崖勒马，及时悔悟。

此段的渊源和罗汝芳的两端传奇经历相关。其一是罗汝芳少年之时学习薛敬轩，以“澄然湛然为心之本体”，对水而坐，却积久成心火的故事。其二是罗汝芳梦遇“泰山丈人”，破除“操持太甚”的工夫，转悟“人之心体出自天常，随物感通，原无定执”。这也奠定了罗汝芳主张自然平常的境界论。罗汝芳认为一旦有所固执就会失去本心，“君必以心相求，则此无非是心；以工夫相求，则此无非工夫，若以圣贤格言相求，则此亦可说动静不失其时，而其道光明也”[②]。罗汝芳认为需要做到全体放下，直与常人“无以异也”。[③] 因而，真正的得道境界不是“心中炯炯”，也不是“若有若无”，而应该是心中“光光精精，无有粘滞”。[④]

这是罗汝芳终身强调的“拆穿光景”的工夫，都是寻常议论，不寻常的是其中的鬼神思想。要知道，鬼神虽是儒家本有的思想，但其意义却是在三教争论中才愈加繁复，正如朱熹所谓，“至佛入中国，人鬼始乱”。[⑤] 倘若罗汝芳不能在儒家领域内将鬼神思想自圆其说，那么近禅的批评始终如影随形。

概括来讲，罗汝芳是通过心身离合来说明鬼神思想。《近溪子集·卷（二）》：

> 精气为物，便指此身；游魂为变，便指此心。所谓形状，即面目也，因魂能游，所以始可以来，终可以反，而有生有死矣。然形有生死，而魂只去来，所以此个良知灵明，可以通贯昼夜，变易而无方，神妙而体也……四书五经，其说具在，固不必远求也。《论语》曰：“咨！尔舜，天之历数在尔躬”；舜亦以命禹，又曰：予小子，“敢昭告于皇皇后帝，有罪不敢赦，帝臣不敢蔽”；又曰“郊社之礼，所以事上帝也；明乎郊社之礼，治国其如示诸掌乎”[⑥]。

天宫地府之论不必考据史源，我们只需聚焦罗汝芳的身心关系。罗汝芳将身心区分

---

① 《罗汝芳集》（上），第 268 页。
② 《罗汝芳集》（上），第 266 页。
③ 《罗汝芳集》（上），第 142 页。
④ 《罗汝芳集》（上），第 265 页。
⑤ 朱熹：《朱子全书》（第十八册），朱杰人、严佐之、刘永翔主编，上海：上海古籍出版社；合肥：安徽教育出版社，2010 年，第 3956 页。
⑥ 《罗汝芳集》（上），第 70 页。

开，认为身会灭但心（神）不灭，以此说明“形谢神不灭”。如此就回到了经典问题，形神如何统一呢？罗汝芳认为，“心为身主，身为心舍，身心两端，原乐于会合，苦于支离”，只是世人不向内却向外求，使得身心不能相合。[①] 此时身心一体就不能发挥出本来的精神，“其精荧灵明而映照莫掩盖者，谓之精；其妙应圆通而变化莫测者，谓之神。神以达精，而身乃知觉，是知觉虽精所为，而实未足以尽其精也；精以显神而神乃运用，是运用虽神所出，而实未足以尽乎神也”[②]。身心不能相合就会被欲望所驱使加剧，“少为欲间，则天不能不变而为人，久为欲引，则人不能不化而为物，甚而为欲所迷且弊焉，则物不能不终而为鬼魅妖孽矣”[③]。只有在各种因缘聚合下，世人能够知晓“吾性自足，不假外求”的道理后才能使二者合一，所谓“方信大道只在此身，此身浑是赤子，又信赤子原解知能，知能本非虑学，至是，精神自来体贴，方寸顿觉虚明”[④]。到此，“悟则疑消，消则信透，透则心神定而光明显”[⑤]。最终达到“心之精神之谓圣”的境界，“聪明之精，通而无外”；“举措之神，应而无方”。[⑥]

我们很容易发现，虽然罗汝芳谈论鬼神，但并没有流于虚玄灵异，甚至对于“精”“神”“鬼”等概念没有过多的关注，其最终只是绕个圈子回归赤子良心的实用上。我们只要继续沿着身心合一追问，就能使罗汝芳的本意展现出来。若再追问一句“心之精神之谓圣”，罗汝芳即言：“请看慈母之字婴儿、场师之培宝树，其爱养滋扶，意思何等切至，而调停斟酌，机括何等神妙。”[⑦] 这就又回归到罗汝芳常言的孝弟慈之上来了。

这种“神道设教”的意味是非常明显的。[⑧]《近溪子集·卷礼（一）》：“其曰：‘未能事人，焉能事鬼？’欲其事人者事乎鬼。盖以鬼即人也，所谓‘祭如在，祭神如神在’，‘事死如事生，事亡如事存’者也。”[⑨]《近溪子集·卷乐（二）》：“若如此言，则今之祭天享地、奉先祀神，皆只叩拜一个空理。虽人之贤者诚敬，亦无自生；至于愚者，则怠慢欺侮，肆然而无忌矣。其关于世教人伦甚非小，故不敢不冒昧详说也。知我罪我，其共亮之。”[⑩]

回归《近溪子集》原文，我们就能明白罗汝芳在此说“翻为鬼种”的用意。“老丈人”沉滞景光，致使良知不能得到充分的体现，遂使身心相离。这种间隔愈加扩大，人

---

① 《罗汝芳集》（上），第 37 页。
② 《罗汝芳集》（上），第 73 页。
③ 《罗汝芳集》（上），第 124 页。
④ 《罗汝芳集》（上），第 37 页。
⑤ 《罗汝芳集》（上），第 58 页。
⑥ 《罗汝芳集》（上），第 73—74 页。
⑦ 《罗汝芳集》（上），第 37 页。
⑧ 吴震：《罗汝芳评传》，南京：南京大学出版社，2005 年，第 396 页。
⑨ 《罗汝芳集》（上），第 19 页。
⑩ 《罗汝芳集》（上），第 70 页。

就离天愈来愈远，最终就会成为鬼魅妖孽。其实其中只是绕了圈子，从鬼魅妖孽来说良知与孝弟慈而已。

三　一间未达：罗汝芳的学说指向

第三部分，是黄宗羲对罗汝芳的儒释分辨，关系罗汝芳真实的学说指向。黄宗羲行文至此，笔锋一转，转谈罗汝芳讲学相较于王龙溪乃“舌胜笔”，使人“当下便能受用”。① 随后便对罗汝芳作出“真得祖师禅之精者”的“近禅”判定。所谓“一间未达”究竟如何，我们以下尝试分三个环节对这场儒释之辨展开分析。

（一）辞章分辨：“一切现成”和“莫入阴界”

黄宗羲对罗汝芳的攻击不外乎两点，第一方面就是从辞章出发，将罗汝芳学说归为佛学的转述。黄宗羲提出：“所谓浑沦顺适者，正是佛法一切现成，所谓鬼窟活计者，亦是寂子速道，莫入阴界之呵，不落义理，不落想象，先生真得祖师禅之精者。”那么我们就从“一切现成”和“莫入阴界”两处来探讨黄宗羲的“正是”“亦是”是否合适。

“佛法一切现成”本来是祖师禅法眼宗的经典命题。相传，清凉文益禅师（885—958）在福建闽南参访途中受桂琛禅师（867—928）启发而开悟，后即开创法眼宗。“若论佛法，一切现成”的思想则由弟子天台德韶禅师（891—971）发扬光大。“一切现成”这一命题被用来作为法眼宗解释理事圆融的方法，由此法眼宗提出“理事圆融并非人为安排，而本来如此”。② 相关文献记录见于《景德灯传录·卷二十五》：“佛法现成，一切具足……若会得，自然见闻觉知路绝，一切诸法现前。何故如此？为法身无相，触目皆形，般若无知，对缘而照……识心达本源，故号为沙门。若识心皎皎地，实无丝毫障碍。”③

儒家“良知现成”与佛家“一切现成”的争论自阳明时便有，黄宗羲这个说法并不新奇。王阳明因其所谓“良知人人现成，一反观而自得”即受此攻击，至于王心斋甚至更加注重“良知现成”的意义，如是这样的批评也自然落在了“泰州学派第四代弟子”罗汝芳身上。无可否认，在这方面，罗汝芳和法眼宗的思想确实非常相像。文益禅师受桂琛禅师点拨要化解心中的顽石，感悟一切皆法，尽在眼前，似乎罗汝芳也讲要拆穿光景，使心中光光精精，无有粘滞。文益禅师讲处处是禅不离人间，似乎罗汝芳也讲净土

---

① 此处其中或有一二分暗讽罗汝芳近禅的意味，用以承续下文。

② 吕澂：《中国佛学源流略讲》，北京：中华书局，1979 年，第 245 页。

③ 道原：《景德传灯录译注》（第五册），顾宏义译注，上海：上海书店出版社，2010 年，第 1946、1948 页。

不独在西方而是在心中在全体宇宙。

这个问题其实朱晦庵（1130－1200）、王龙溪等人都有讨论，多是从佛教所悟佛性乃儒家所言“生之谓性”的层面而言，我们姑且沿用之。《近溪罗先生庭训记言行遗录》：“人皆可以为尧舜，夫执涂之人许其可以为尧舜，谁则信之？而孟子独信其必然而无疑。盖以圣人有此爱敬，涂人亦有此爱敬，原无高下，原无彼此，彼非有余，此非不足，人人同具，个个现成，亘古亘今，无剩无欠。以此自信其心，然后时时有善可迁；以此信人之心，然后时时可与人为善；以此信千百世人之心，然后百世以俟圣人而不惑。故《易》曰：‘圣人成能，百姓与能。’”① 也就是说，罗汝芳虽然看似和佛家都讲“如是之法不假修而自就，不假得而自圆”，以此在本体论上为他们的学说提供形而上的支撑。但关键一点在于，罗汝芳使用“爱敬”以代“佛性”“法身”“念心”，作为“一切现成”所成之理事，继而在后面就作出儒士和僧侣的区分来。其他处分辨起来颇为不易，此处却是明白。

“寂子速道，莫入阴界”则是祖师禅沩仰宗的经典命题，出自沩山灵佑禅师（771—853）和仰山慧寂禅师（840—916）② 的一段对话。《景德灯传录·卷九》：“师谓仰山月：‘寂子速道，莫入阴界。’仰山云：‘慧寂信亦不立。’师云：‘子信了不立，不信不立？’仰山云：‘只是慧寂更信阿谁？’师云：‘若恁么即是定性声闻。’仰山云：‘慧寂佛亦不见。’”③ 此一语在《坛经》中即有所渊源：

> 三科法门者，阴、界、入也。阴是五阴，色、受、想、行、识，是也；入是十二入，外六尘：色、声、香、味、触、法，内六门：眼、耳、鼻、舌、身、意，是也；界是十八界，六尘、六门、六识，是也。④

丈雪禅师（1610—1695）解读，所谓“莫入阴界”的根本目在于强调让人“当下洒脱，永无凝滞”。⑤ 这样的道理又哪里是佛家才能讲？孔子（公元前约551—前479）亦言“毋意毋必毋固毋我”，老子（前约571—前470）亦言“专气致柔，能婴儿乎？涤除玄览，能无疵乎”？在上文我们已经说明，罗汝芳谈“鬼窟活计”并非在鬼神层面流连忘返，亦非只要“拆穿光景”即可，而是要假借鬼神之说劝人明白赤子良心，以达形神合一。固然有要使本心得以完全呈现、而胸中了无滞碍的要素在，但是其最终落脚却是在发用上。

---

① 《罗汝芳集》（上），第426页。
② 一说生卒年为804—890年。
③ 《景德传灯录译注》，第560页。
④ 王孺童：《王孺童集》（第八卷），北京：宗教文化出版社，2017年，第268页。
⑤ 王路平、龚晓康：《丈雪禅师语录诗文》，贵阳：贵州大学出版社，2018年，第84页。

综上，所谓“一切现成”和“莫入阴界”虽然确实与禅宗有一定关系，但是相似的辞章在儒家文献亦是常见，罗汝芳仅是在儒家意义上使用这些语句。仅仅从辞章相似就判定罗汝芳近禅，实在有些表面文章。

（二）义理分辨：主宰和流行

除了在语句上攻击罗汝芳套用佛教辞章外，黄宗羲还在义理方面从主宰和流行批评罗汝芳“遂于物而忘身心性命”，“徒见气机之鼓荡，而玩弄不已”。不厌其烦，我们再回顾一遍文本。《明儒学案·参政罗近溪先生汝芳》：

> 夫儒、释之辨真在毫厘。今言其偏于内而不可以治天下国家，又言其只是自私自利，又言只消在迹上断，终是判断不下。以愚论之，此流行之体儒者悟得，释氏亦悟得。然悟此之后，复大有事，始究竟得流行。今观流行之中，何以不散漫无纪，何以万殊而一本，主宰历然，释氏更不深造，则其流行者亦归之野马尘埃之聚散而已。故吾谓释氏是学焉而未至者也。其所见固未尝有差。盖离流行亦无所谓主宰耳。

关于如何理解主宰和流行，牟宗三先生认为黄宗羲完全误解了儒家的天命流行之体。先生愤愤地说：“当然黄宗羲下文还有评论（即此本部分），但其评论不见得中肯，吾今不取，故不录。”① 牟宗三先生认为：“‘流行之体’一词本由言於穆不已之体与良知本体而来，本直指於穆不已之体与良知本体而说，而如此说之流行之体其本身即是体，即是纪，即是则，即是主宰，并非指气化之事变说，须待就事变之流行中见其有则，于变易中见不易也。”②

这和黄宗羲本人在理解儒家的主宰流行之说方面的自然主义倾向有关。黄宗羲讲“一物两名，非两物而一体”，也就是“人身虽一气之流行，流行之中，必有主宰。主宰不在流行之外，即流行之有条理者。自其变者而观之谓之流行，自其不变者观之谓之主宰。”③ 虽然黄宗羲的一气是“通天地，亘古今”的气，是“道之大原出于天”，并没有彻底背离儒家的主宰流行之说，④ 但是这种在流行中融贯主宰的思路确实容易流向自然主义，基于这种理解产生误判也便不足为奇。

需要补充的是，黄宗羲对罗汝芳的误解也是一个重要原因。方才我们已经讲了黄宗

---

① 牟宗三：《从陆象山到刘蕺山》，长春：吉林出版集团，2010 年，第 184 页。
② 牟宗三：《心体与性体》（中册），长春：吉林出版集团，2013 年，第 103 页。
③ 《黄宗羲全集》（第一册），杭州：浙江古籍出版社，1985 年，第 61 页。
④ 《黄宗羲全集》（第一册），第 606—607 页。

羲对罗汝芳宗旨的错误概括，缺失的孝弟慈与明明德说明黄宗羲并不了解罗汝芳的一贯宗旨，也就无处把捉主宰所在，随后黄宗羲对罗汝芳本体论、工夫论、鬼神观的概括则进一步证明了这一点。因为黄宗羲只把罗汝芳之学理解为祖师禅，所以误认罗汝芳重视“当下”，重视“感而遂通”的倾向只是在玩弄气机鼓荡。

（三）成人指向：罗汝芳的儒释分辨

对黄宗羲儒释之辨的讨论暂告一段落，我们不禁追问：既然罗汝芳在生前就饱受近禅的指责，那么罗汝芳本人又是如何思考儒释之辨？

罗汝芳认为：“吾心原自虚寂，原自感应。二氏知虚寂而废感应，世人逐感应而忽虚寂。惟吾儒自虚寂中感应，故不逐物；在感应里虚寂，故不落空……斯道至虚而至实者。故语虚，则三千三百，非专虚也；语实，则无声无臭，非专实也。其虚而实，实而虚者乎？若释氏，诚虚矣，而实则未也。”① 我们联系一下罗汝芳“寂然不动，感而遂通”的思想。《近溪子集·卷数（六）》：

> 心在人，原是天地神理，寂之与感，浑涵具在，言且难以着句，况能指陈而分析之也耶？但其妙用则每因人互异。故即心而言，其初只是一样；若即人而论，则世固有知为学与不知为学之分，人之为学又有善用功与不善用功之别。其不知为学者，姑置勿论矣。即虽知为学者，而工夫草次，则亦往往不向本源求个清莹，辄于末流图之，或当无事之时而着意张主，或于有感之际而尽力袪除，然见未透彻，把捉愈难，不惟寂体背驰，即感应亦未能安妥也已。惟夫明睿过人，资近上智者，则工夫不肯妄用，而汲汲以知性为先，究悉名言，询求哲士，体察沉潜，而性命之蕴，能默识心通，便自朝至暮，纵应感纷纭，却直养无害之功，如如自在，静定不迁之妙，寂照圆通。世人则终身滞泥于应感之偏，而至人则无日无时而不从容于不动之中矣。②

罗汝芳认为心浑涵动静，人生而本静，原初只是一般，后随身心感物而动，就变化万千。无论是在“寂”之时体会不动之心，还是在“感”之时不许心动，都是好静恶动的偏废工夫。学问的大道在于知性，也就是罗汝芳在别处讲的明明德，如此才能既寻回寂然不动的心体，并顺遂心体于感应发用。因此，罗汝芳特别反对禅家二乘的静定工

① 《罗汝芳集》(上)，第302—303页。
② 《罗汝芳集》(上)，第198页。

夫，认为如此固然可以使心“一念不起”，却只是窒息了心体生生不息的感应活动。[①]譬如上文所提到的法眼宗，其主张“塞却眼，塞却耳，塞却舌、身、意，无空阙处，无转动处，上坐作么会？横亦不得，竖亦不得，纵亦不得，夺亦不得。无用心处，亦无施舍处”[②]。如此不能发挥心之所动，是不能体悟心体的。罗汝芳认为禅宗好静恶动以至于远离颠倒梦想，如此则必然要求远离“处世”这一最大的梦境。倘若不曾远离处世，则是梦中说梦，自相矛盾。倘若远离处世，则是将自身心志不安归之于外物。[③] 罗汝芳援引陆九渊（1139—1193）“宇宙内事，皆吾职分内事也”，认为人应该体悟动静之理，发挥心体全部，树立处世的大志向。此便又回到上文我们在“致广大”层面上所说的“明明德于天下”之义。

因此，儒释虽然从工夫上看差之毫厘，在成人指向却是失之千里。通过相似的工夫论，罗汝芳的成人指向是“明明德于天下”，而禅宗则是“远离颠倒梦想”。辜鸿铭先生（1856—1928）提出，解释一个文明的价值在于追问“其可造就何等之人性？何等之男女”，正是这个道理。[④]

四　别其源流：罗汝芳的学说归属

第四部分是黄宗羲对罗汝芳的学派划分，以“泰州学派”作为其学说归属。“泰州学派”的说法虽然并非黄宗羲首创，但在事实上，这一学派划分却因《明儒学案》而得到广泛应用。[⑤] 因此《明儒学案·泰州学案》成为我们理解这一学派的预设性文本，可是黄宗羲对泰州学派的划分，实在令人费解。从地域上来说，“泰州”一词自然是地名，但泰州学派人物却多出自江西。从师承上来说，王心斋是王阳明的入室弟子，颜山农、罗汝芳、杨复所等人之间的师徒联系也清晰明确，本应是王门嫡传的一脉，但《泰州学案》最终却不贯以“王门”之名。如是排除，则只能用思想来考察黄宗羲对泰州学派的划定。

如果以思想衡量，便离不开黄宗羲对泰州学派的两个整体判定。黄宗羲在《泰州学案》案序即提出：“阳明先生之学，有泰州、龙溪而风行天下，亦因泰州、龙溪而渐失其传……泰州之后，其人多能以赤手搏龙蛇，传至颜山农、何心隐一派，遂复非名教之

---

① 蔡世昌：《罗近溪哲学思想研究》，北京：人民出版社，2019年，第210年。

② 《景德传灯录译注》，第1946页。

③ 《罗汝芳集》（上），第67页。

④ 此处引用辜鸿铭先生的观点以思考儒释分辨在成人指向方面的区别，讨论儒家文明的重要价值或许更多体现在成就“明明德于天下”的人才。参见辜鸿铭：《春秋大义》，成都：四川文艺出版社，2008年，第11页。

⑤ 周群：《泰州学派研究》，北京：商务印书馆，2022年，第5页。

所能羁络矣。”这段话转述自其师刘蕺山：“读龙溪、近溪之书，时时不满其师说，而益启瞿昙之秘，举而归之师，渐跻阳明而禅矣。则生于二溪之后者，又可知矣。”[①] 不同的地方在于，黄宗羲用泰州替换了罗汝芳的位置，并将“二溪之后”提前为“颜山农、何心隐一派”。

这一有意为之的替换背后，黄宗羲其实根本没有深入了解颜山农、何心隐两人的具体思想。[②] 不禁令人怀疑，黄宗羲对罗汝芳的学派归属，是否也重点参考了二手文献和学界评价？我们以黄宗羲引用过的《上士习疏》的作者为例。《明史·杨时乔传》记载了其对罗汝芳的疏斥：

> “佛氏之学，初不溷于儒。乃汝芳假圣贤仁义心性之言，倡为见性成佛之教，谓吾学直捷，不假修为。于是以传注为支离，以经书为糟粕，以躬行实践为迂腐，以纲纪法度为桎梏。逾闲荡检，反道乱德，莫此为甚。望敕所司明禁，用彰风教。”诏从其言。[③]

从圣谕“诏从其言”和《明史》在惜字如金的个人传记中专门记录对罗汝芳的批判这两方面来看，似乎批评罗汝芳之学在其身后不久已经成为一种广泛宣传的官方态度。并且，虽然黄宗羲对杨止庵的奏疏持否定态度，但实际上仍然坚持了其中的观点。黄宗羲在颜均、何心隐部分，也是如此明褒暗讽。因此，怀疑黄宗羲受到当时时代的影响是合理的。

带着这份怀疑，我们具体查看案序中黄宗羲对泰州学派的两个综合判定，并考察罗汝芳是否符合这样的思想特征。

（一）判定一：泰州学派与名教

黄宗羲对“泰州”和“颜山农、何心隐一派”下的第一个综合判定就是“多能以赤手搏龙蛇”和“遂复非名教之所能羁络”。

“赤手搏龙蛇”一语或出自唐代孙樵的《与王霖秀才书》，原句为“读之如赤手捕长蛇，不施控骑生马焉”。[④] 孙樵此句意在表达“道人之所不道，到人之所不到”的“储思必深，摛辞必高”。所谓“搏”，《说文解字》解释为“索持也”，有捕捉、拾取、把握的含义。《捕蛇者说》有：“益习其声，又近出前后，终不敢搏。”所谓“龙蛇”，在《明

---

① 吴震：《泰州学派研究》，北京：中国人民大学出版社，2009年，第7页。
② 具体参考本文文献说明部分的引用分析。
③ 张廷玉等：《明史》（第九册），北京：中华书局，1974年，第5909页。
④ 丁恩全：《〈孙可之文集〉校注》，北京：中国社会科学出版社，2017年，第63页。

儒学案》中多次出现，并往往与《周易·系辞传》相联系。《周易·系辞传》："尺蠖之居，以求信也；龙蛇之蛰，以存身也；精义入神，以致用也；利用安身，以崇德也。"在《周易》内外中，主流解释中"龙"、"蛇"和"龙蛇"虽是不同的物种，不过至于辨析这三者区别，即使到了清代朴学流行之际，也不是重要问题，此处将"龙蛇"与"长蛇"相类应该是无伤大雅的。此外，除了典故考据例证，后文黄宗羲另言"诸公掀翻天地，前不见有古人，后不见有来者"与这种解释相符。综上，黄宗羲此处应该意指泰州学派主张奇谭怪说。

"遂复非名教所能羁络矣"一语关键在于"名教"，也是定性"奇谭怪说"的关键。张造群先生通过"名教"的概念流变和内涵语义精妙指出："名教就是'以名为教'，作为名词是指由儒家所倡导的以'三纲五常'为核心的伦理道德、礼仪节文及其制度规范；作为动词是指对社会各等级的人们所实行的安于自己名分和地位的教化。"① 这样的分析与《明儒学案》引用的各家语录其中的用法也大致相符，例证如下。《明儒学案·泰州学案二》："（赵大洲）试观仆之行事立身于名教，有悖缪者乎？"② 《明儒学案·泰州学案四》："（耿天台）六朝以下，清虚任放，决裂名教，宋儒出二提掇主敬之旨。"③《明儒学案·蕺山学案》："（刘蕺山）又有一种是禅学，禅家以无善无恶为宗旨，凡纲常名教，忠孝节义，都属善一边，指为事障、理障，一切扫除，而归之空。"④ 如此想必就清晰明了，在《明儒学案》的时代语境中"名教"就是指儒教的纲常礼仪和封建的社会制度。

问题转化，相比于黄宗羲的这个综合判定，罗汝芳与名教的关系究竟如何？关于罗汝芳与名教的关系问题，侯外庐先生（1903—1987）和杨天石先生早已进行过争论，本文认为杨先生的观点更具有参考价值。⑤ 杨天石先生主张罗汝芳的思想是维护名教的，"其实质只能是维护地主阶级的既得利益，阻遏人民群众的求翻身、求解放的革命要求"⑥。其主张大致有四点。⑦ 其一，最为明显彰著的，罗汝芳到处宣讲圣谕、乡约等封建名教思想。其二，从讲学影响来看，本来"喜欢读非圣之书"的汤显祖受罗汝芳影响重新推崇起道学。其三，从思想内容来看，罗汝芳仍然坚持"存天理，灭人欲"的名教

---

① 张造群：《名教源流的历史探讨和现代评价》，载《西南民族大学学报（人文社科版）》2008年第3期。

② 《明儒学案》（下），第748页。

③ 《明儒学案》（下），第818页。

④ 《明儒学案》（下），第1548页。

⑤ 这一讨论发生在改革开放初期，需要提醒的是，此时哲学研究中日丹诺夫模式仍有相当影响力。

⑥ 杨天石：《泰州学派》，北京：中华书局，1980年，第116页。

⑦ 杨天石先生的见解虽然有些激进，但多少可以相为辅佐，来证明罗汝芳绝非反对名教之士。考虑到文章篇幅和论证主题，关于如何深入辨析杨天石先生四点主张的问题，不具体展开阐述。

纲要。杨天石先生认为罗汝芳发扬“制欲并非体仁”的思想，虽然客观上对朱熹、王阳明等所提倡的“灭人欲”工夫相矛盾，但绝非提倡发扬人欲，而是通过体仁来“存天理”，如此自然消除小体之欲成“灭人欲”的工夫。杨天石先生认为罗汝芳虽然将“体仁”具体化为“孝弟慈”的生活体验，具体化为“赤子下胎之初的哑啼一声”，但是其目的仍然是将这种每个人具体的爱抽象为跨越阶级的普遍的爱，以此巩固被统治阶级对统治阶级的服从。其四，从传教策略来看，罗汝芳简化成圣的方法，正是为了满足封建思想广泛宣传的需要。

侯外庐先生则认为罗汝芳是“反名教”的伟大斗士，“否定了统治阶级一向恃为压迫工具的刑具、法庭、牢狱”。① 其主张大致有三点，我们逐一探讨。其一，罗汝芳讲学不仅针对统治阶级，也面向广泛劳动群众。存疑的是，传教的对象似乎并不直接决定其性质。其二，罗汝芳对统治阶级进行斗争，毫不屈服。存疑的是，罗汝芳本身就属于“统治阶级”，其对颜山农等人的营救只能说是“统治阶级”的内部派系斗争。其三，罗汝芳积极筹办参与独立于封建官方的组织活动。存疑的是，筹办集会本身就是明中后期的社会风气，并非特例。罗汝芳本人也没有借此宣传反封建礼教的言论，而是经常称颂圣谕六言和大明律法。②

综上，罗汝芳并不符合黄宗羲所谓的“多能以赤手搏龙蛇”和“遂复非名教之所能羁络”，并不是一位反名教的离经叛道者。

（二）判定二：泰州学派与禅宗

黄宗羲的第二个综合判定是“作用见性”和“无有放下时节”。《明儒学案·泰州学案一》：“所谓祖师禅者，以作用见性。诸公掀翻天地，前不见有古人，后不见有来者。释氏一棒一喝，当机横行，放下拄杖，便如愚人一般。诸公赤身担当，无有放下时节，故其害如是。”③

“作用见性”这一命题由洪州禅发扬光大，曾引起过儒释两家的广泛讨论。“作用”本在佛教中指有为法的生灭。“见性”即指佛性的体现。《景德传灯录·卷三》记录了传说中达摩祖师弟子波萝提与异见王的问答：

> 王怒而问曰：“何者是佛？”答曰：“见性是佛。”王曰：“师见性否？”答曰：

---

① 张岂之：《侯外庐著作与思想研究》（第十六卷），长春：长春出版社，2016年，第974页。

② 我们在引言也提及黄宗羲对罗汝芳的“案主简介”，此时正以彼之矛攻彼之盾。我只需要回顾一下黄宗羲亲自为罗汝芳总结的仕途经历和为官之道就能发现端倪。试问一位主张以讲学、乡约治民治邦的封建王朝高级官员，如何又能成为“复非名教之所能羁络矣”？

③ 《明儒学案》（下），第703页。

“我见佛性。”王曰：“性在何处?”答曰：“性在作用。”王曰：“是何作用？我今不见。”答曰：“今见作用，王自不见。”王曰：“于我有否?”答曰：“王若作用，无有不是。王若不用，体亦难见。”王曰：“若当用时，几处出现?”答曰：“若出现时，当有其八。”王曰：“其八出现，当为我说。”波罗提即说偈曰：“在胎为身，处世名人。在眼曰见，在耳曰闻。在鼻辨香，在口谈论。在手执捉，在足运奔。徧现俱该沙界，收摄在一微尘。识者知是佛性，不识唤作惊魂。”王闻偈已，心即开悟，乃毁谢前非，咨询法要，朝夕忘倦，迄于九旬。[1]

这段话的大意是内在佛性需由外在作用来体现。密宗认为，“洪州宗只重随缘用，但随缘用表现出来的语言动作缺乏深层、稳定的内在主体品格，是不可靠的，如果认为它是真心本体用，甚至误认就是‘真心’，必导致偏差，甚至走向狂诞”[2]。

朱熹对“作用见性”的批评也近似于此，应用于罗汝芳学说作儒释之辨也尚可。“作用见性”所见之“性”类似于儒家的“生之谓性”。佛家讲作用见性重在强调随缘任运，作用之中就是佛性的显露。罗汝芳讲的“当下”固然有这样显露本体的意味，可是其分为两种，“浑沦顺适”的“当下”勉强可以对应佛家的“作用见性”，而“欲望阻隔”的“当下”却是需要警惕的标志。二者虽然同讲“当下”和“作用”，但是罗汝芳不仅有“无善无恶心之体”还有“有善有恶意之动”的含义。朱熹认为佛家有混杂知觉迷失善性的倾向，罗汝芳至少对此有所顾虑，将“当下”一分为二，保留了儒家善性的位置。

“放下拄杖”或许是佛家暗语的化用。至于“拄杖”，本指拐杖这类帮助站立、行走的工具。[3]《祖庭事苑》：“正如今禅家游山拄杖，或乘危涉险，为扶力故。”[4] 后面随着佛教“德山棒，临济喝”教育方法的逐渐发展，拄杖又常常作为一种点化工具，进而又逐渐抽象化，也逐渐衍生出“拄杖化龙”“汾阳拄杖”“芭蕉拄杖”等禅宗公案。因为禅宗本不立文字，即使后面有所转变，也常常“鸳鸯绣出从君看，莫把金针度与人”，不肯明明白白说个清清楚楚。[5] 有些学者将“拄杖”解释为“根性、根基”，有些学者解释为“佛法”，有些学者解释为“思想、学说、理解、学术”，有些学者解释为“研究心性的伴侣”等等，皆难断是非。综合这些意见，本文认为：没有领悟佛法的时候要当机

① 《景德传灯录译注》，第 113 页。

② 戴继诚：《洪州禅的“作用见性”论》，载《宗教学研究》2004 年第 4 期。

③ “杖”具体细分，有锡杖、禅杖、拄杖等，“拄杖”按照使用用途、使用场合、使用身份等又可以分为多类，此处不过多讨论。

④ 佛光大藏经编修委员会：《佛光大藏经 禅藏・雜集部 祖庭事苑一》，台北：佛光书局，1994 年，第 850 页。

⑤ 《朱子全书》(第十七册)，第 3437 页。

说法、量才辅识，一旦领悟之后这些权宜之法就可以抛去了，所以说“拄杖”是“研究自己心性的伴侣”，好的“拄杖”就是“佛法”了，但是无论什么说辞教化，都是一种需要最终被破除的“执念”，最终成佛之后也就不需要这些权宜之法了，不再需要“拄杖”了。基于这种解释，至少将“拄杖”与传播学说相联系，应该在合理限度之内。

因此，“无有放下时节”也即指泰州学派致力于传播教化学说，不肯停歇整顿。罗汝芳当然可以说是“无有放下时节”。不过，正如前文所谓“阳明先生之学，有泰州、龙溪而风行天下，亦因泰州、龙溪而渐失其传”，这里自然是一种明褒暗讽，黄宗羲的实际意图是指斥泰州学派热衷于讲学而将危害扩大了。

综上，罗汝芳虽然符合“无有放下时节”，但并不符合“作用见性”，不应承担阳明学流入禅宗的罪名。

结语：黄宗羲与《明儒学案》

本文基于《明儒学案·参政罗近溪先生汝芳》略作刍议，逐字逐句进行辞章考据和义理分析，尝试说明了一些矛盾可疑之处。常言说“愚者千虑，必有一得”，本文有所得不足为奇。然而“智者千虑，必有一失”，黄宗羲为什么偏偏在《泰州学案》的撰写中有如此巨大的错误?

难道是因为黄宗羲真的误解了罗汝芳? 恐怕不是。姑且不论《参政罗近溪先生汝芳》篇中引用得当的原文原典，仅计算黄宗羲自己引用的他人评价，也有许多与其观点相悖之处。《明儒学案·师说》中亦提及：“及晚年，先生竟大服罗先生，不觉席之前也。考其祭罗先生文，略见一班。则罗先生之所养，盖亦有大过人者。”① 更不必说在宗旨部分我们所指出的，黄宗羲有意删去的“孝弟慈”和“明明德于天下”。种种疑点，以黄宗羲尊师重教的品行，推翻前人结论又怎会不有所依据?

彭国翔先生在《近世儒学史的辩正与钩沉》中提出了一个意料之外又情理之中的重要观点：这种误解或许是黄宗羲有意为之。彭国翔先生在周汝登学派归属研究中指出，将周汝登错误安排在《泰州学案》的目的是“维护浙东阳明学的声誉，尽可能弱化流入于禅的非议”。② 而《泰州学案》“可以认为是黄宗羲在《明儒学案》中的一项特别设计，既是为了划分阳明学正传与别派，又可以使阳明学尽可能免受当时思想界批评其杂禅的强势攻击”。③

① 《明儒学案》，第 12 页。
② 《近世儒学史的辩正与钩沉》，第 241 页。
③ 《近世儒学史的辩正与钩沉》，第 235 页。

需要进一步补充的是，黄宗羲对于《泰州学案》祖师禅的安排恐怕也是一种通盘考虑。黄宗羲明确将禅教分为如来禅和祖师禅两种，并重点强调其中的过渡问题。《明儒学案·泰州学案二》："如来禅者，先儒所谓语上而遗下，弥近理而大乱真者是也。祖师禅者，纵横捭阖，纯以机法小慧牢笼出没其间，不啻远理而失真矣。"① 《寿张奠夫八十序》："昔也（如来禅）有体无用，为空寂枯槁；今也（祖师禅）有用无体，为机械变诈。昔从事于昭昭灵灵，谓不足以治天下国家；今从事于闪闪铄铄，且以之而乱天下国家。"② 顾家宁先生将黄宗羲的观点精妙概括为：如来禅"偏于内而弃人伦物理"，祖师禅"遂于物而忘身心性命"。③ 因此，黄宗羲或许是将泰州学派的发展比之于祖师禅的演变，或许这种对于祖师禅的定义，也间接造成了对于罗汝芳这位"真得祖师禅之精者"的曲解。

如此，本文在推翻《明儒学案·参政罗近溪先生汝芳》对于罗汝芳研究的预设性压迫中，似乎赢得了更进一步的合理性依据。倘若黄宗羲确乎是为了保全浙东阳明学而故意曲解祖师禅和泰州学派，使其承担阳明学流入于禅的罪过，那么《明儒学案·参政罗近溪先生汝芳》一文的考辨使命似乎就可以宣告完成。因为既然《泰州学案》本身写作的目的并非还原真实历史，那么罗汝芳研究中的这一预设性障碍自然也失去其存在合理性。

综上，黄宗羲对罗汝芳学说的阐发并非不刊之论，应该基于一手资料重新组织罗汝芳的学说正解和思想定位。

（陈浩洋，郑州大学哲学学院本科生）

---

① 《明儒学案》（下），第 748 页。
② 《黄宗羲全集》（第十册），第 655 页。
③ 顾家宁：《黄宗羲的泰州批判与晚明儒学转型》，载《哲学研究》2022 年第 3 期。

从“直觉”到“理性”

——浅析梁漱溟中国文化观的演变

——马瑶瑶——

摘要：《东西文化及其哲学》与《中国文化要义》分别作为梁漱溟文化思想在不同时代的代表作，均彰显出梁先生在文化方面的深刻洞见与深邃哲思，同时也展现出梁先生的文化观念在早期与中期产生的较大变化。通过深入比较两书中涉及的重要概念、方法、问题意识等，不难发现梁氏的文化观经历了从直觉说到理性说以及从“文化早熟”论的提出到圆熟两条脉络。通过细致比较两书中文化观的异同，我们不仅可以整体性地把握梁漱溟思想变与不变的层面，还可以进一步探究其思想演变和深化的原因，以便为我们深入理解其文化观提供新的视角，更能从中窥见其对人生问题不断求索、不断深化的文化自觉因素。

关键词：理性　文化早熟　直觉　中国文化

引　言

《东西文化及其哲学》初版于1921年，为梁漱溟在东西方文化论战和科玄论战的背景下所作。通过阐释世界文化三大派系，即西洋、中国、印度三种不同文化的发展路向，提出“文化三路向”的主张。书中，梁漱溟借用西方心理学中“直觉”一词对中国儒家思想进行阐释，将“直觉”与“理智”对立，突出中国文化重视“直觉”而排斥“理智”。后来，由于意识到“直觉”与“理智”的矛盾以及西方心理学与中国儒家思想的矛盾，梁漱溟的思想发生了转变。而后他在《乡村建设理论》（写于1926年）中明确提出“理性”一词，并开始以“理性”代替“直觉”来分析中国儒家思想。在1932年出版的《中国民族自救运动之最后觉悟》中，他描述了“理性”的道德内涵。由此，梁漱溟的“理性说”逐渐形成，至1949年所作的《中国文化要义》一书以理性早启成“人类文化早熟”为核心来展开对中国文化的审视和批评，成为梁漱溟文化观的集成之作。该时期，梁漱溟主张以“理性”统御“理智”和“本能”，解决“直觉”与“理智”

的矛盾，然后又考察旧中国社会构造的历史和文化，探究“人类文化早熟在中国”的原因，突出理性早启是中国文化的根本特征。在这一阶段，“理性”成为梁漱溟的思想核心，并贯彻其一生思想始终。这一思想指导并催生了他的乡村建设思想、《人心与人生》中的核心理论。

一 梁漱溟早期“直觉说”的提出与反思

（一）早期“直觉说”的形成及其内涵

梁漱溟早期“直觉”说来自他对佛教唯识学、柏格森生命哲学、孔子儒家思想以及克鲁泡特金互助论等的理解与综合运用。在《东西文化及其哲学》中，梁漱溟将“直觉”与“本能”“情感”“仁”“良知”等概念等同。若要了解这一观点，需要先厘清上述几家思想的相关理论，以及梁漱溟是如何理解和化用它们的。

1. 佛教唯识宗

首先，梁漱溟对“直觉”的使用受到佛教唯识宗的深刻影响。根据佛教唯识学的“三量说”，梁漱溟认为一切知识都产生于现量、比量和非量之上，这三者分别对应“感觉”“理智”“直觉”。[①]“感觉”是一切知识的端始，借助感官来感受外物（质），形成其影象，且须要严格甄别是否影必如质。“理智”对于构成概念或知识的作用在于分辨不同事物，连贯事物的共同点，抽象其共同意义，即简、综。梁漱溟认为知识基于现量（感觉）和比量（理智）产生，而起决定作用的是直觉。直觉是一种认识方式，处于现量与比量之间，其“本性既妄”，所以被称为“非量”。“直觉所认识的是一种意味精神、趋势或倾向”[②]。梁漱溟认为感觉和理智只有依附于直觉，才能认识事物，因此他将直觉分为两种，一种附加于感觉之上的直觉，比如其附加于食物上的味觉；另一种是附加于理智之上的直觉，比如其附加于书画诗词之上，依靠理解来获得其精神意蕴。可见，梁漱溟的直觉是一种认识事物的方式、构成知识的工具，也是转向思想和情志的关键。

2. 柏格森的生命哲学

梁漱溟早期也同样受到来自法国的柏格森生命哲学的影响，他吸收了柏格森“直觉”（intuition）的内涵。要理解柏格森的直觉，必须联系他的“绵延”的概念：“直观地思考，就是在绵延中思考（penser intuitivement est penser en durée）。”[③] 如果说理智

---

① 梁漱溟：《东西文化及其哲学》，北京：商务印书馆，1999年，第77页。
② 《东西文化及其哲学》，第80页。
③ 柏格森：《时间与自由意志》，吴士栋译，北京：商务印书馆，2007年，第30页。

是从静止不动的东西出发，将变化的事物或现象转化为概念化的表达；那么，直觉则与之相反，从变化、运动着的东西出发，把握现象之中生生不息的东西，然后在不断创造和延续中形成一个能够贴切地反映对象的抽象概念。梁漱溟对柏格森的“直觉”的吸纳主要体现在直觉使得我们置身于生生不息的宇宙运动之中，唯有通过直觉才能把握生命的运动和变化。在《东西文化及其哲学》中，他指出：

> 宇宙的本体不是固定的静体，是“生命”、是“绵延”，宇宙现象则在生活中之所现，为感觉与理智所认取而有似静体的，要认识本体非感觉理智所能办，必方生活的直觉才行，直觉时即生活时，浑融为一个，没有主客观的，可以称绝对。①

3.《周易》的“调和”理念

进一步，梁漱溟发现柏格森的“直觉”与《周易》所主张的“调和”有异曲同工之处。他认为《周易》的思想大概是“宇宙间实没有那绝对的、单的、极端的、一偏的、不调和的事物；如果有这些东西，也一定是隐而不现的”②。换言之，凡是显现出来的东西都是相对、双、中庸、平衡、调和的。《系辞传》首章言：“动静有常，刚柔断矣。方以类聚，物以群分，吉凶生矣。在天成象，在地成形，变化见矣。”③ 可见，《周易》重视宇宙中各种对立要素的分化和相互作用，其相互作用决定和丰富了宇宙的运动和变化。正因如此，观察和把握宇宙的运动和变化就须运用“调和”的态度，置于宇宙运动之中来把握事物的变化流行，如“圣人设卦观象，系辞焉而明吉凶，刚柔相推而生变化”④。梁漱溟通过分析六十四卦、阴爻阳爻的变化，得出《周易》“调和求中”的结论，而这种“调和求中”只能通过直觉去认定，这一观点与柏格森的“直觉”颇为相似。

4. 孔孟的“仁”与“良知良能”

梁漱溟通过柏格森的“直觉”和《周易》的“调和”建立起西洋生命哲学与中国形而上学的联系，丰富了他的“直觉”内涵，并借此用“直觉”来阐释孔子的“仁”和孟子的“良知良能”，这也将“直觉”赋予了道德本能的色彩。梁漱溟认为直觉就是孔子所说的“仁”，“遇事他便随感而应，就是个变化，这个变化自要得中，自要调和，所以其所应无不恰好”⑤。此处，梁漱溟借用“直觉”对运动和变化的把握来阐释“仁”具有人与万物间所具有的共时、共感的相关性。故而，通过本性直觉的敏锐来看待外部世

---

① 《东西文化及其哲学》，第 86 页。
② 《东西文化及其哲学》，第 123 页。
③ 李学勤主编：《十三经注疏・周易本义》，北京：北京大学出版社，1999 年，第 258 页。
④ 《十三经注疏・周易本义》，第 261 页。
⑤ 《东西文化及其哲学》，第 130 页。

界，顺应自然流行调和求中的法则，便能把握事物。为何人能够“任一直觉”而行呢？对此，梁漱溟认为直觉是一种不虑而知、不学而能的认识形式，即一种求对求善的本能，是人所共有的自然流行的法则，就是“孟子所说的不虑而知的良知，不学而能的良能，在今日我们谓之直觉。这种求对求善的本能、直觉，是人人都有的”①。梁漱溟将孟子的“良知良能”作为道德本体，内在于人的生命之中，具有统摄其他诸德的作用，如“人类所有的一切诸德，本无不出自此直觉，即无不出自孔子所谓的‘仁’”②，“美德要真自内发的直觉而来才算”③。可见，梁漱溟将直觉的本能赋予了道德本源的意义，将直觉视为其他德性原则的道德主体。

值得注意的是，梁漱溟从分析孟子的四端之情，认为“好善好德”的直觉与“好美好色”的直觉是同一个直觉，而且他指出孟子所提出的耳目鼻口欲都是人生活中的正常需求，不应该用是非善恶的标准进行评判。正如梁漱溟引用孟子的“口之于味也，有同嗜焉；耳之于声也，有同听焉；目之于色也，有同美焉。至于心，独无所同然乎？心之所同然者何也？谓理也，义也。圣人先得我心之所同然耳。故理义之悦我心，犹刍豢之悦我口”④，这说明梁漱溟的直觉包含人内心的理义和人的食色等欲望，并且内在于人的生命本体之中。

5. 克鲁泡特金的“社会本能”

在此之后，梁漱溟发觉克鲁泡特金的“社会本能”与孟子的“良知良能”的关联，便将“直觉”视为“本能”（instinct）。《人心与人生》自序二（1957）中提到，梁漱溟早期反对罗素的理性说，他认为：

> 远不如克鲁泡特金所说的正确。克氏著《互助论》一书，从虫类、鸟类、兽类以至野蛮人的生活中，搜集罗列许多事实，指出像人类社会所有的母子之亲、夫妇之情、朋友之义等等早见于生物进化的自然现象中，而说之为“社会本能”。这不恰和孟子“良知良能”之说相发明相印证吗？⑤

孟子的“良知良能”与生物界合群互助的“社会本能”都是不虑而知，不学而能的自然法则，故而梁漱溟认为发达的人类也具有“社会本能”这一特质，即处于宇宙生命中普遍存在的生命本能，具有互助合作的特征。

综上所述，梁漱溟的“直觉”内涵丰富，彼此交叉和贯通。梁漱溟的直觉是一种生

---

① 《东西文化及其哲学》，第 130 页。
② 《东西文化及其哲学》，第 132 页。
③ 《东西文化及其哲学》，第 136 页。
④ 《东西文化及其哲学》，第 131 页。
⑤ 梁漱溟：《人心与人生》，上海：上海人民出版社，2005 年，第 9 页。

命本能，既能在宇宙的运动和变化中反映和认识事物，也具有判断善恶是非的道德能力。

（二）梁漱溟对“直觉说”的反思

梁漱溟的“直觉”内涵丰富，但仍存在理论不足之处。他的直觉说存在两处疑点：其一，梁漱溟肯定直觉，排斥理智，将两者对立，但直觉并不是全无害处，因而，如何调和直觉与理智成为问题；其二，梁漱溟认为直觉是本能，但这种本能容易与感觉相混淆，更重要的是，无法区分动物本能、社会本能和人类道德本能。

1. 直觉与理智二元对立难以调和

首先，直觉与理智的对立关系存在无法调和的矛盾。在《东西文化及其哲学》中，梁漱溟将“直觉”与“理智”相对立，认为“理智”的目的是占有外物为我服务，这将使人变得自私，而且“理智”是一种计算利害的工具，会妨碍人本性自然的情感的生发。① 在梁漱溟早期的思想体系中，理智与直觉是一种对立关系，此消彼长，他说：“在直觉感情作用盛的时候，理智就退伏；理智起了的时候，总是直觉、情感平下去，所以二者很有相违的倾向。”② 直觉与情感紧密相关，如“仁”包含本能、情感和直觉。过度理智计算会妨害“仁”，他说：“算计不必为恶，然算计实唯一妨害仁的，妨害仁的更无其他；不算帐未必善，然仁的心理却不致妨害。美恶行为都是发于外之用，不必着重去看；要着重他根本所在的体，则仁与不仁两种不同之心理是也……这是说明孔家不计较利害之由于违仁的一个意思。”③ 在梁漱溟看来，人若依直觉发挥内在本能而过生活，自会调和得中，得个无不恰好，但若以理智的态度算计打量的时候，生命的本能将会受到压抑，无法从内心真实流露情感，陷入生活的困顿之中。在此，理智妨碍了直觉，也阻碍了生命的生发。

然而，梁漱溟意识到理智并非完全无益，直觉也非完全无害。理智的认识过程能够催生出知识和科学，解决外在环境的问题。他指出近代以来，西方通过发达的理智“辟创科学哲学，为人类其他任何民族于知识、思想二事所不能及其万一者”④。在此，他肯定了理智成就了科学，而科学是人类文化和社会发展必不可少的因素。同时，单纯地“听任直觉”发展，可能会使人陷入偏激，他说：“如好恶皆为一个直觉，若直觉任这一

---

① 梁漱溟认为理智区分物我，与外物存在隔阂，通过不断寻求占有外物来满足自身的欲望。出于占有的目的，人对待他人利用、要求、征服的态度，“然后在情感中是不分的我与人，此刻又被分别‘我’、‘他’的理智的活动打断了！”（参见《东西文化及其哲学》，第70页）

② 《东西文化及其哲学》，第133页。

③ 《东西文化及其哲学》，第139页。

④ 《东西文化及其哲学》，第70页。

个直觉而走下去，很容易偏，有时且非常危险。”① 对此，梁漱溟提出两个解决方案：其一，在任一直觉之后，“最好自己有一个回省，回省时仍不外诉之直觉”“此离开当下而回省者，是有意识的，理智的活动”②。在这里他认为人处于当下状态时以一任直觉，但离开当下须要借用理智来反省，是一种以理智调和直觉的方式；其二，他认为儒家“于直觉的自然求中之外，更以理智一种拣择的求中”③。可见，他将儒家的路概括为既有直觉又有理智的路。但是，这两条思路都没有给出清晰的以理智调和直觉的具体方案。

梁漱溟早期对直觉的理解侧重于其道德本源和随感而应的特性，而理智则代表着理性分析和判断。在构建二者调和路径时，需要在向内与向外、自然生发与计算打量之间找到平衡，但这一过程面临诸多理论挑战。他说：“宋学虽未参取佛老，却亦不甚得孔家之旨；据我所见，其失似在忽于照看外边而专从事于内里生活；而其从事内里生活又取途穷理于外，于是乃更失矣。”④ 梁漱溟认为，最大的挑战在于中国传统的思维惯性过于侧重内里生活的穷理，而忽视了外在实际情况与理智的有效结合，使得理智与直觉的调和缺乏中国本土文化的理论支撑。

2. 直觉与本能的内涵相混淆

其次，直觉作为本能的内涵容易混淆。⑤ 在《东西文化及其哲学》中，梁漱溟不赞同罗素将人类心理三分为“本能、理智和灵性”⑥，他认为本能可以涵盖灵性所具有的“无所私的感情”的内涵，只需要把人类心理分为本能和理智即可。梁漱溟借用柏格森的“直觉”来代替本能这一说法，同时也融入了其他学者的思想，如前文已述，“直觉”是一种本能，包括人类的道德本能（儒家的“仁”、良知良能、随感而应的方法）、某些动物与人类互助的本能（克鲁特泡金的社会本能）、动物本能（生命冲动）。龚建平认为，在《东西文化及其哲学》中，“梁漱溟着重强调了人类的本能，但没有将人类的道德本能与动物本能区别开来”⑦。对此，笔者认为，梁漱溟未能将两者区分的原因在于

---

① 《东西文化及其哲学》，第 148 页。类似的评论还包括“孔家一任直觉，不待其鼓而活动不息……恐仁情所至，有失乎中”。

② 《东西文化及其哲学》，第 148 页。

③ 《东西文化及其哲学》，第 149 页。

④ 《东西文化及其哲学》，第 213 页。

⑤ 直觉在英文中称为 intuition。本能在英文中称为 instinct。李景林就曾指出，梁漱溟早期将 intuition 与 instinct 混同来使用是错误的，前者注重感官的反应，而后者强调内在的本能。（参见李景林：《直觉与理性——梁漱溟对儒家理性概念的新诠》，载《人文杂志》2005 年第 2 期）

⑥ 梁漱溟对罗素关于本能、理智、灵性三分的反驳有两个方面，其一是这种三分法未从根本上理解人类心理与社会生活的关系，尤其是没有认识到社会制度对人心理影响的根源在于对生机的伤害。其二是这种三分法虽然在一定程度上指出了不同心理因素在生活中的作用，但罗素单独强调灵性可能导致“宗教失去依据”以及偏于某一方面的生活方式都不能使人生保持活气。（参见《东西文化及其哲学》，第 184—186 页）

⑦ 龚建平：《试论梁漱溟哲学思想中的“理性”》，载《人文杂志》1997 年第 3 期。

这一时期梁漱溟强调人类的道德是一种生命本能，只有通过发挥和扩充这种本能，才能获得道德生命的满足。例如，他认为孟子的“见孺子入井”所产生的恻隐之心是人天性所具有的生命冲动，必须发挥和扩充其性善的天性，才能实现“仁”的道德本性。可见，梁漱溟将儒家具有道德伦理属性的“仁”归于囊括生命冲动、内在情感以及“声、色、名、利”的欲望等的本能，说明他以“直觉”诠释儒家道德伦理的核心思想仍存在偏差。

《东西文化及其哲学》出版后，梁漱溟也逐渐地意识到其“本能”内涵容易混淆的问题，造成人类的道德本能与动物本能间的矛盾。在《人心与人生》（自序二）中，梁漱溟反思到，若将动物式本能、感觉、冲动等都视为与人类的本能相同，那么，人类的独特性和优势如何体现呢？他发现：“本能在人类较之物类不是加强而是大为减弱，我们之说人类生命得到解放的，即指其从那有机械性的本能中得解放。”[①] 换而言之，梁漱溟认为“直觉”是一种道德本能，包含“无所私”的情感，但动物本能虽然会产生群体互助的行为，但都是出于“为己”的考虑。因此，梁漱溟当时已经发现人类的道德本能与动物本能的发展方向是相反的。总之，梁漱溟所主张的“直觉”并非一种本能。

综上可见，梁漱溟早期的“直觉说”仍存在内在的矛盾和理解偏差的问题。故而，在《东西文化及其哲学》出版后，随着梁漱溟自身的反思和思想的深化，他对书中的一些观点进行了反思和修正。在 1922 年 10 月写的《第三版自序》中，梁漱溟提到对“直觉”与“理智”的误用，主要体现在他认为直觉为体、理智为用，但直觉与理智又处于对立的关系之上，还有关于“直觉运用理智”“理智运用直觉”之混乱实为语义上之混乱，故梁漱溟愿意“一概取消”。[②] 在 1923 年的《我之人生观如是》中，梁漱溟指出“出于所谓创造的冲动互助的本能”是“从生物进化中经天择作用保留发展出来以便图谋生活的”[③] 的说法，他并不赞同。可见，梁漱溟反思到道德本能与动物本能是不同的。而到了 1929 年 6 月，在《第八版自序》中，梁漱溟的思想发生了重大的改变。梁漱溟提到运用西方流行的心理学来阐释儒家伦理思想存在“心理学见解错误”“方法错误”。[④] 从梁漱溟对以上某些观点的反思和修正，我们可以看出他对以西方“直觉”“理智”等词来解释儒家思想的方向产生了怀疑和反省。于是，梁漱溟也将转变自身的思维方向，寻找更为恰切地解释中国文化的路向。

---

① 《人心与人生》，第 10 页。
② 《东西文化及其哲学》，第 3 页。
③ 梁漱溟：《梁漱溟全集》（第二卷），济南：山东人民出版社，1989 年，第 758 页。
④ 《东西文化及其哲学》，第 4 页。

二　梁漱溟中期“理性”的改造与理论建构

梁漱溟的“直觉说”是在“直觉”（本能）与“理智”的二分下阐发出来的，在1957年的《人心与人生》（自序二）中，梁漱溟反思到，早年不赞同罗素“本能、理智与灵性”的三分法，认为本能便可包含“灵性”的“无所私的情感”，主张本能与理智二分，但后来发觉本能与灵性并不相同，且本能无法把握人类生命的本质特征。于是，梁漱溟再次从罗素的三分法中获得了思考，罗素的“灵性”是一种“无所私”的情感，这与其自身所主张的“直觉”内涵相似。此外，梁漱溟也注意到他的“直觉”是具有道德伦理指向的性善，是认识事物的决定因素，并不能像罗素的“灵性”由本能和理智发挥出去，他的直觉必须是外于本能和理智、具有主导作用的“体”。为了凸显这个“体”的作用，且不再受西洋心理学的话术影响，梁漱溟决定提出自己的概念代替“直觉”，那就是“理性”。

（一）中期“理性”的提出以及内涵

“理性”作为一个哲学词汇是在近代由日本人西周翻译“rationality”一词时首先使用的。我国文献自古也有“理性”一词，如《后汉书·党锢传序》：“圣人导人理性……”[①] 但与今义不同。在《东西文化及其哲学》中，梁漱溟提及的“理性”是集中于个体自身而产生出自利心的体现，[②] 偏向于理智的层面，精于计算和平衡。此时的“理性”并非梁漱溟中后期所提出的“理性”，在他的思想中，“理性”概念是由自身所改造出来的，其清晰化也有一定的过程。

1923年，梁漱溟在《评谢著〈阳明学派〉》一文中，梁漱溟提出“情理”一词与理智所产生的“知识”对应[③]，指出情感和直觉所产生的态度不同于客观知识。在1932年发表的《中国民族救亡之最后觉悟》中，梁漱溟指出“理性”是人的自省，“孔子的教训总是指点人回头看自己，在自家本身用力：唤起人的反省（理性）与自求（意志）”[④]，并认为孔孟主张“诉诸自己理性判断为最终旨归”[⑤]。此处的“理性”已经具有

---

① 范晔撰、李贤等注：《后汉书》（第五册），北京：中华书局，1965年，第2183页。

② “人之所以结成社会的是处于自利心的算计交相利才行，社会所赖以维系的是由人类的理性”，类似话语还有“在个体的完成上，个体要自顾自己，重于理性的分别计算。”（参见《东西文化及其哲学》，第178—179页）

③ “只为其本身原是情理之理，被人错混到知识路上去，两种知行相错混而难分，辄即其所知以责其行事，就生出知行不合一问题。”[参见《梁漱溟全集》（第二卷），第715页]

④ 《梁漱溟全集》（第二卷），第79页。

⑤ 梁漱溟他引用孔子的“孔孟原初精神，如所谓“是非之心，人皆有之”，“理义之悦我心，犹刍豢之悦我口”；“君子不安故不为，汝安则为之”；“皆彻底以诉诸自己理性判断为最后准归”。

道德意味的属性了，反映人自身的是非观念。

接着，梁漱溟在1937年的《乡村建设理论》中提出了“理性”的概念，“所谓理性，要无外乎父慈子孝的伦理情谊和好善改过的人心向上”[①]，也是“吾人所有的平静通达的心理”[②]，也指称“民族精神”，认为发挥人类理性是“中国文化的特点”。

到了1949年出版的《中国文化要义》一书中，梁漱溟再次系统性地提出“理性”的内涵。顾红亮认为，“理性”的内涵可从心理学和伦理学两个层面理解，在心理学层面，“理性”指无私的感情（impersonal feeling）和通达的心理，这种无私的感情能够超越本能与理智，常指直接的、无利益取向的心理体验。在伦理学层面，如上所说，“所谓理性，要无外乎父慈子孝的伦理情谊和好善改过的人心向上”[③]。其一是基于孝悌的家族伦理关系；其二是人自身“向善的道德”和“乐观向上、积极进取的生活态度”。[④]

顾红亮对“理性”的理解基于梁漱溟的文本进行分析，有理有据，但笔者认为对“理性”的理解离不开梁漱溟受到传统儒家思想和社会实践运动的影响。因此，笔者认为“理性”的内涵还包含两点：

其一，理性包含反思自省的内涵，即儒学上所讲的“自觉自律”。何为自觉自律？梁漱溟说：“好好恶恶而心中了了是曰自觉；基于自觉而行吾所好，别无所为是曰自律”，“说理性即指自觉自律之条理天成而言，说无对即指自觉自律之浑然不二而言”。[⑤]可见，梁漱溟的“理性”是通过自省了解内心的好恶，并在“在不断自觉地向上实践他所看到的理”[⑥]，其中体现出理性在社会中的实践意义。其二，理性是一种“无所私的感情”，承认和关切他人的存在，能够打破“有对”（人与物）的界限，实现“无对”的状态。“无对”所实现的方式就是相与之情，即从情感的发端——父母子女间的伦理关系，进而推及至万物一体，认为“人类生命通乎天地万物而无隔，不同乎物类生命之锢于其求生机械之中”[⑦]，便可与万物一体。简而言之，梁漱溟的“理性”是一种道德生命的表达与实践。

综上所述，梁漱溟对“理性”一词进行了改造，从早期偏向于逻辑理智的内涵，转向具有儒家道德生命的意味，并代表中国文化的特征。从梁漱溟对“阳明知行”的见解中，由良知推出情理，然后从孔孟思想中，以情理推出理性，并在儒学道德伦理的思想

---

① 《梁漱溟全集》（第二卷），第186页。
② 《梁漱溟全集》（第二卷），第181页。
③ 《梁漱溟全集》（第二卷），第181页。
④ 顾红亮：《“理性”与现代性的价值依托》，载《人文杂志》2006年第6期。
⑤ 梁漱溟：《中国文化要义》，上海：上海人民出版社，2005年，第257页。
⑥ 《中国文化要义》，第119页。
⑦ 《中国文化要义》，第120页。

体系中阐释“理性”的内涵。可见，相较于早期梁漱溟借鉴佛教唯识学和西洋心理学的思想来阐释自身观点的路径，在这一阶段，梁漱溟更侧重于从中国本土思想中提炼“理性”的概念。

（二）梁漱溟对“理性说”的理论建构

梁漱溟改造西方的“理性”一词建构自身的理论体系，试图解决早期“直觉说”的内在矛盾和问题。对此，梁漱溟面临的首要问题就是如何将自身的“理性”与西方思想中的“理性”加以区分。西方思想中的“理性”是一种偏向于理智层面精于计算和平衡的自利心，梁漱溟便使用“理智”一词包含一般意义上的“理性”概念。

1. 理智与理性的区分

梁漱溟先是从生物进化的角度论述理性的产生，他认为人类是生物进化和活动的一类，具有普遍生物所具有的本能，向外获取营养来生存。但是，人类区别于动物的关键在于人类具有理智，能够通过心思作用，将具体事物转变为抽象概念或经验而运用它，而理智这种行为本身就是反乎本能的。同时，理智的发展过程就伴随“理性”的生发。理智必须在“无所为”的冷静思考的过程中得以产生，这就会产生出“无所私”的感情，这就是理性。此处可见，梁漱溟的“理性”是反乎本能而发展，理性越开发，人的自然本能越衰弱，心思作用越增强。

接着，梁漱溟提出“理性”与“理智”的区分，他说：“理性、理智为心思作用之两面：知的一面曰理智，情的一面曰理性，二者本来密切相联不离。譬如计算数目、计算之心是理智，而求正确之心便是理性。”① 在这里，梁漱溟认为理智和理性都是人类生命的体现，运用理智，可认识到客观的物理，促进知识、技术与工具的发展；运用理性，可认识到主观的情理，引导人超越利益和机械生活，进入“无所为”的精神境地。值得注意的是，梁漱溟此时的“理智”是排除情感的，他说：

> 情理离却主观好恶即无从认识；物理则不离主观好恶即无从认识；
>
> 必须屏除感情而后其认识乃锐入者是之谓理智；其不欺好恶而判别自然明切者是之谓理性。②

2. 以“理性”为体，以“理智”“本能”为用

从理性的产生的论述中，可以看出梁漱溟已经放弃“直觉”的说法，以“理性”代

---

① 《中国文化要义》，第 111 页。
② 《中国文化要义》，第 114 页。

“直觉”，从早期的“直觉”与“理智”的二分转变成“本能”“理智”“理性”的三分。在三分法下，梁漱溟从身心关系的角度将“理性”视为“心”，“本能”“理智”视为“身”，以心为体，而以身为用。

此时的“理性”与“本能”并非一物。理性是“无所私的感情”，体现一种“清明安和之心”，是一种清明自觉的情感。[①] 而冲动属于本能，梁漱溟说：“忿与欲是激越之情所谓‘冲动’者。冲动附于本能而见，本能附于官体而见。前已言之，各种本能皆有所为即有所私的；而理性则无所为，无所私。”[②] 冲动依附本能，属于身体性，并不能从身体中解决出来，因此，出于身体性的本能的情感冲动都是“有所私”的，即出于外在目的（维持种族繁衍或个体生存等）的行为。但是，理性能够打破自然本能的束缚，达到“无所为”的状态，产生“无所私”的情感。由此可见，梁漱溟认为本能对于人类自身是一种外在的“身”的体现，而不是早期认为“本能”是内在于“心”的，这也避免了早期将直觉作为本能，无法区分道德本能与动物本能的问题。

再者，梁漱溟认为“理性、理智为心思作用之两面”，而他又将心思作用的一侧“理性”作为“心”的整全，原因在于“理性”与“理智”的关系本身就是体用关系。梁漱溟指出：“理智原不过是工具，有时顺乎理性而显其用，则同属‘无对’，但最多是为身体所用，以应付外面，那边落归‘有对’了。”[③] “有对”与“无对”是唯识学的概念，梁漱溟认为所谓“有对”，“辗转不出乎利用与反抗”。正因为“有对”存在利用与反抗，就必须分出个“物”“我”，理智存在“物”“我”之间，所用之道也是认识和处理向“我”之外的事物，那么，这种作用即类似一种工具，落入“身”的层面。理性则能够超越这些，“或发乎向上之心，或发乎同体之情，内有自觉而外无所为，斯乃所谓‘无对’”[④]。“无对”能超越利用与反抗，将万物生命看作一个整体，仅从心灵的角度来关切他人，那么，这种作用就是内在于自身的，属于“心”的范畴。简而言之，一切生物都是处于“有对”之中，而惟人类能超越至“无对”，实现的关键就在于人类具有理性。因此，梁漱溟将“理性”视作“心”的整体，而本能、理智都被纳入“身”的范畴。从中，我们也能看出梁漱溟从直觉（本能）与理智的二元对立到以理性为体，以本能和理智为用的三分的转变。

3. 当时学者对“理性”与“直觉”的看法

“理性”在梁漱溟思想中占据重要地位，而关于“直觉”到“理性”的转变，也被

---

① 《直觉与理性——梁漱溟对儒家理性概念的新诠》。
② 《中国文化要义》，第 115 页。
③ 《中国文化要义》，第 228 页。
④ 《中国文化要义》，第 228 页。

当时的学者所洞察，其中具有代表性的分析有：二十世纪五十年代，贺麟认为梁漱溟由“理性”代替“直觉”与他的政治主张转变有关，他说：“当他宣扬直觉主义时，他是公开地反对以理智为基础的科学和民主，而潜在地反对阶级斗争，当他在‘理性’的掩盖下，仍旧提倡直觉主义时，他已由反对科学和民主进而以公开反对共产主义和阶级斗争为主要对象了。”① 笔者认为贺麟将梁漱溟由直觉到理性的转变与其社会政治构想结合起来，基本上符合梁漱溟该时期的社会经历和思想转化的历程。同时期的艾恺认识到“‘理性’有着和《东西文化及其哲学》中的‘仁’及‘直觉’相同的功能”②，即理性与直觉都具有道德指向的作用，理性是一种含有情感的道德的直觉，或者是一种伦理的情义，同时，理性与直觉都表示天地万物一体的状态，凸显人类生命的和谐。

但是，笔者认为理性摆脱了对本能的依附，侧面反映出梁漱溟脱离了西洋的心理学和佛教唯识学的思想框架，转向从中国本土文化中提炼核心概念，并对中国文化的阐释更为完善。关于梁漱溟由“直觉”到“理性”的转变，除了对早年思想的修正和社会政治主张的影响，也是为了更贴切地阐释中国社会构造和文化衍化的思想。因而，相较于早期的直觉，理性承载了梁漱溟对于中国社会的价值依托和中国文明的意义。

三　梁漱溟早期与中期解读中国文化的变化

（一）早期以直觉构建生命观和心性论

1. 以王艮“自然”启儒家心性“直觉”的阐发

梁漱溟以接触泰州学派王艮的自然主义理论而迈入儒学的大门。关于王艮的“自然”思想，黄宗羲《明儒学案》说：“王门惟心斋氏盛传其说，从不学不虑之旨，转而标之曰‘自然’，曰‘学乐’。”③ 在黄宗羲看来，王艮以良知“不虑而知、不学而能”为宗旨，进而标榜“自然”，追求自然而然，反对人为安排。换而言之，王艮所谓“自然”，就是“不虑而知、不学而能”，他强调主体的良知是内在固有的，自然而然，不假人力。因此，梁漱溟早年受到王艮“自然”思想的启发，实际上是对王艮从自然、本能的角度理解良知的认同，这也恰恰顺应了梁漱溟推崇柏格森的“直觉说”，思考生命本

---

① 贺麟：《批判梁漱溟的直觉主义》，见《梁漱溟思想批判·论文汇编》（第一辑），北京：生活·读书·新知三联书店，1955 年，第 111 页。此外，关于梁漱溟的理性概念，干春松教授在其《梁漱溟的“理性”概念与其政治社会理论》中着重阐发了其社会政治内涵。（参见干春松：《伦理与秩序：梁漱溟政治思想中的国家与社会》，北京：商务印书馆，2019 年，第 235—283 页）

② 艾恺：《最后的儒家——梁漱溟与中国现代化的两难》，王宗昱、冀建中译，南京：江苏人民出版社，1996 年，第 189—190 页。

③ 黄宗羲：《明儒学案》（上），沈芝盈点校，北京：中华书局，1985 年，第 12 页。

能冲动的理论需要。

王艮说：“‘天理’者，天然自有之理也，‘良知’者，不虑而知、不学而能者也。惟其不虑而知、不学而能，所以为天然自有之理；惟其天然自有之理，所以不虑而知、不学而能也。”① 王艮认为，良知的“不虑而知、不学而能”，就是讲“天然自有之理”。

梁漱溟赞同并吸取了王艮“‘天理’者，天然自有之理也，才欲安排如何，便是‘人欲’”② 的观点，认为“天理不是认定的一个客观道理，如臣当忠、子当孝之类；是我自己生命自然变化流行之理，私心人欲不一定是声、色、名、利的欲望之类，是理智的一切打量、计较、安排，不由直觉去随感而应。”③ 在梁漱溟看来，程朱理学讨论的“天理”与“人欲”的关系已经转化为“生命自然变化流行之理”与“理智的一切打量、计较、安排”的关系。换言之，讲天理人欲，并不一定要排斥声、色、名、利的欲望，而是要反对人为的安排。梁漱溟认为，天理是天然自有之理，是生命本能的自然呈现。主体可通过发挥内在固有的生命本能（即良知）而呈现仁义礼智等道德，而非主体在仁义礼智等道德的约束下才达到生命的“明心见性”。梁漱溟甚至还说：“孔家本是赞美生活的，所有饮食男女本能的情欲，都出于自然流行，并不排斥。若能顺理得中，生机活泼，更非常之好的；所怕理智出来分别一个物我，而打量、计较，以直觉退位，成了不仁。”④ 换言之，主体应排斥人为的计算和打量，否则，就会破坏直觉的随感而应，无法体认生命自然变化流行之理。

在此过程中，梁漱溟的“直觉”所发挥的作用有二：其一是“直觉”作为一种生命本能，是王艮所言的“不虑而知、不学而能”的天然自有之理，也是孔子所言的“仁”；其二是“直觉”是指在宇宙变化中要遵守“随感而应”“顺着自然流行求中的法则走”⑤ 的自然法则，具有“不认定”“不计较”“不用理智”的表现形式。结合“直觉”内涵，作为一种生命本能，既能在宇宙的运动和变化中反映和认识事物，也具有判断善恶是非的道德能力。这种认识和判断的能力来自何处呢？梁漱溟说：“仁就是从本心里面流露出来的直觉。”⑥ 这说明人对外界的认知和判断都来源于本心，从本心生发出的情感和态度就是给予我们认知方向的直觉。这是一种主观的情理，而非将认知方向放在客观的事物之上。例如，“如好好色，如恶恶臭”，便是将“好”“恶”放在当下本心的真实好

---

① 王艮：《王心斋全集》，陈祝生等校点，南京：江苏教育出版社，2001 年，第 31—32 页。

② 《东西文化及其哲学》，第 132 页。

③ 《东西文化及其哲学》，第 133 页。

④ 《东西文化及其哲学》，第 133 页。

⑤ 原文如“直觉敏锐且强的人其要求安，要求平衡，要求调和就强，而发诸行为，……不过顺着自然流行求中的法则走而已”；“这自然流行日用不知的法则就是‘天理’，完全听任直觉，活动自如。”（参见《东西文化及其哲学》，第 132 页）

⑥ 梁漱溟：《梁漱溟全集》（第七卷），济南：山东人民出版社，2005 年，第 895 页。

恶之上。

李景林认为："儒家虽然极重'情'，但其所言情非一般所谓'情感'而是即情显'性'。梁漱溟早期理论中的直觉说对这一点作了透彻的说明。"[①] 梁漱溟强调儒家的是"仁"是一种敏锐的直觉，乃是一种情感表现，而这种情感表现排除了理智所产生的打量、计较，使人对周遭世界能够做到"随感而应"，保持敏锐感通。然后，梁漱溟认为"仁虽然是情感，但不足以言仁"，又从寂感、体用统一的角度说明"仁是体，而敏锐易感是用"，在这里说明"情"是可感通的，但须依附于"体"，即"仁"和"良知良能"。因敏锐的直觉产生于心静之时，"仁"和"良知良能"是"寂"[②]，而其感通的"情"便是"仁"和"良知良能"的发用流行。由此可见，从本心真实流露而出的直觉并非一般的情感，必须体现"仁"与"良知良能"的内在心性。

如前文所言，梁漱溟的"直觉"被赋予道德主体的意味，内在于生命本体之中。如此，置身于生生不息的宇宙变化流行之中，通过出于本心真实的直觉给予认知方向，并做到随感而应，便可保持生命的"生生不息"的本真状态。由此可见，梁漱溟是在生命本能的基础上讨论了道德如何呈现的问题，这是一次从生命观哲学的角度来阐释中国儒家心性论的尝试。

2. 以直觉阐释中西医学差异及其文化根源

梁漱溟对中西医学差异有着深刻见解，他提出"西医走的是科学的路，中医走的是玄学的路"[③]，这一观点与他早期对中西文化的看法一脉相承，构建起从中医阐释直觉在中国文化中意义的理论框架。

从根源看，梁漱溟认为西医走的是"科学"之路，具有"静态"的特质。西医将人体视为各部机关的组合，治病近似修理机器，注重局部观察，把病与症候精确区分。他说："科学之所以为科学，即在其站在静的地方去客观地观察，他没有宇宙实体，只能立于外面来观察现象，故一切皆化为静；最后将一切现象，都化为数学方式表示出来，科学即一切数学化。"[④]。这种研究方式使智慧向外用力，旨在观察自然和社会的变化规律，以获取知识并应用于外部世界，在一定程度上促进科学的产生和发展，但在把握生命整体动态方面存在一定局限。

与西医相对，梁漱溟认为中医走的是"玄学"之路，具有"动态"特质。中医从整个生命的变化消长上来论病，强调整体观念，认为人体是一个有机整体，如中医切脉关

---

① 《直觉与理性——梁漱溟对儒家理性概念的新诠》。

② "寂"，梁漱溟理解为"像是顶平静而默默生息的样子。"（参见《东西文化及其哲学》，第133页）

③ 《梁漱溟全集》（第二卷），第129页。

④ 《梁漱溟全集》（第二卷），第129页。

注生命力量的盛衰，着眼于整个生命的变化。“中医还能算是学问，和其还能站得住者，即在其澈头澈尾为一生命观念。”① 在梁漱溟看来，中国文化和印度文化都是走的“玄学”的道路，即所言“智慧向内用”，关注生命本身的意义和价值，注重个体内心的体验和精神境界的提升。他说：“人智慧不向外用，而返用之于自己生命，使生命成为智慧的，而非智慧为役于生命。”②

深入探究，梁漱溟发现“智慧向内用”这一特点在儒家文化和道家文化中均有体现，其关键点在于“直觉”。

儒家所推崇的“仁”，其本质便是一种敏锐的直觉。正如梁漱溟所阐释的：“此敏锐的直觉，就是孔子所谓仁…… 儒家完全要听凭直觉，所以唯一重要的就在直觉敏锐明利；而唯一怕的就在直觉迟钝麻痹。”③ 如孔子评判弟子宰我对三年丧期的态度，通过询问其内心是否“安”来判定其行为是否符合“仁”。宰我认为守丧三年太久，孔子反问他在缩短丧期后内心是否能安然自得，宰我回答“安”，孔子则叹息其“不仁”。梁漱溟认为“安”是“情感薄直觉钝”的表现，而“不安”则是“情感厚直觉敏锐”的表现。在儒家的道德体系中，“仁”的践行依赖于这种直觉的引导，人们凭借内心敏锐的直觉去感知他人的需求，进而关爱他人。这与中医注重生命关怀、“以人为本”的理念契合。中医在诊治过程中，不仅关注疾病本身，更重视患者作为一个生命体的整体感受。此外，儒家倡导的“从心所欲而不逾矩”④，就是个体生命成功将智慧用于自身的体现，反映了中国文化追求生命内在智慧觉醒的目标。

道家的哲学思想如“道”的概念，需通过直觉体悟，这与中医对生命和疾病的认知过程具有相似性。梁漱溟说：“道者何？道即是宇宙的大生命，通乎道，即与宇宙的大生命相通”⑤。他认为，道就如同宇宙大生命，通过以直觉体悟“道”的存在，便可体悟生命整体的运动。梁漱溟认为庄子言：“技而近乎道矣”，可体现出中医的技巧的关键在于与“道”相通。他说：“道家对呼吸、消化、循环等之能认识了解、操纵运用，其在医学上的贡献，真是了不得。西医无论如何解剖，但其所看到的仍是生命活动剩下的痕迹，而非生命活动的本身，无由去推论其变化。道家则是从生命正在活动时，就参加体验，故其所得者乃为生命之活体。”⑥ 道家通过这些修行方法，深入生命活动的过程中，以直觉感知身体内部的细微变化，从而获得对生命活体的认知，体现了智慧向内探

---

① 《梁漱溟全集》(第二卷)，第 128 页。
② 《梁漱溟全集》(第二卷)，第 129 页。
③ 《东西文化及其哲学》，第 132 页。
④ 《梁漱溟全集》(第二卷)，第 129 页。
⑤ 《梁漱溟全集》(第二卷)，第 130 页。
⑥ 《梁漱溟全集》(第二卷)，第 131 页。

索生命本质的特点。

梁漱溟对中西医学差异的分析，反映出中西方学术不同。中医重视整体生命的观念，以直觉的方式深入生命活动中探究疾病的根源，但当下难以自证科学性，知识整理、传承创新乏力。西医现阶段凭发现病菌等技术有优势，诊断治疗部分环节成效显著，但忽视生命整体问题渐显。“西医之最大所长，而为中医之最大所短的，是西医能发现病菌……能沟通，亦须在较远的将来始有可能。而此可能之机在西医，在其能慢慢地研究、进步、转变，渐与中医方法接近，将中医收容进来。”① 在梁漱溟看来，中西医学当下难以沟通，只能等待西医发展来对中医进行认识和接纳。这一观点与其在《东西文化及其哲学》中提出的“文化三路向”的观点一脉相承，意味着中国文化的前行之路，需待西方文化路径行至一定阶段后方可开启。

3. 梁漱溟的生命真谛：“生”“刚”“乐”

梁漱溟着重指出，“生”是理解孔家学说的核心要点。在他的认知里，宇宙处于持续向前的动态发展进程，万物天然具备生长的趋向。若顺应自然规律，让万物自由发展，不施加过多人为干预，便能与宇宙的运行节奏相契合，使宇宙充满生机。

他在《东西文化及其哲学》中阐述：“这一个‘生’字是最重要的观念，知道这个就可以知道所用孔家的话。孔家没有别的，就是要顺着自然道理，顶活泼顶流畅的去生发。”② 同时，《梁漱溟全集》也提道：“生命是什么？就是活的相续，‘活’就是‘向上创造’”③。可见，梁漱溟强调宇宙是向前向上生发的，而生命就在宇宙的变化流行之中，顺着自然本真的状态发展，虽无既定目标，却彰显出初始纯粹的意义，体现出自由生发、感通万物的特性，蕴含无尽生机与活力。

值得注意的是，梁漱溟所倡导的顺应自然，并非盲目随性，而是依托于随感而应的“直觉”。这是一种源自内心深处对自然生命的直接感知，不依赖过多理智的分析，让生命自然舒展，去契合宇宙生生不息的规律。

除了“生”，梁漱溟也极为推崇“刚”，他所理解的“刚”，核心在于摒弃私欲，让个体回归内心本真，拥有充盈的内在力量，展现出坚毅刚强的精神状态。在中国文化特质的脉络中审视“刚”，处处可见其烙印。像《易》中“天行健，君子以自强不息”④，借天体刚健运行不止，启示人们处世要效法天道，持续奋进、永不松懈，这是“刚”在行为准则上的典型体现；孟子讲的浩然之气“其为气也至大至刚，以直养而无害，则塞

① 《梁漱溟全集》（第二卷），第 131 页。
② 《东西文化及其哲学》，第 127 页。
③ 《梁漱溟全集》（第二卷），第 93 页。
④ 《东西文化及其哲学》，第 144 页。

于天地之间”[1]，强调以正直养护刚健之气，使其宏大至充盈天地，突显“刚”的雄浑力量。

梁漱溟认为，孔子是“刚”的践行典范，不计个人得失、果敢行事。当人生步入“知命”阶段，许多人可能会陷入消极或懈怠，而孔子凭借“刚”，依然活力满满、奋发向前。正如梁漱溟所言：“知命而仍旧奋发，其奋发为自然的不容已，完全不管得失成败，永远活泼，不厌不倦，盖悉得力于刚。”[2] 这种“刚”与中国文化中追求进取、坚毅的特质相融，当面临抉择、困境时，凭借内心直觉涌起的力量，果敢坚毅地向前，不被外界干扰、犹豫所阻碍。先生巧妙地将“生”与“刚”两种态度融会贯通，吸纳并运用到对生命本性的剖析探究之中。

梁漱溟早年沉浸于佛学研究，试图在出世的佛学中找寻心灵解脱之道。然而，在对人生与社会的深入观察中，他逐渐意识到，佛学虽能给予个体精神慰藉，但对于现实社会问题的解决稍显无力。彼时的中国，内忧外患，民众深陷苦难，亟需一种积极入世、能激发人们奋进力量的思想体系。于是，梁漱溟毅然转向儒家学说。

他对“乐”的追求贯穿这一思想的转变过程。梁漱溟极为推崇王艮继承的孔子之乐，这是一种“绝对的乐”“自得的乐”。王艮所强调的摒弃物欲、宁静率性、内心自足的纯真之乐，直击生命体验本质。梁漱溟借鉴此中“不计较”的态度，深知向外逐求会滋生私欲，阻塞生命流畅活泼的进程。正如他所阐述的：“生命流畅自足则乐，反之滞顿一处则苦…… 有道之士 —— 得乎生命自然流畅之道者——更不须待外来刺激，固可以无时而不乐。”[3] 又言：“顺天理而无私欲，所以乐，所以无苦而只有乐。所有的忧苦烦恼 —— 忧国忧民都在内 —— 通是私欲。私欲不是别的，就是认定前面而计虑。”[4] 在他看来，这种超脱物质、复归心灵、毫无私心与计量的“孔颜乐处”，是引导人们依凭直觉回归生命本真、抵达至乐境界的不二法门，被他视作最为宝贵的精神状态。

总之，梁漱溟一生执着探寻生命真谛，其生命体验与中国文化、人生态度紧密相连。于“生”的赞美，他尊崇自然，视生命为宇宙动态发展中自由向上之力，倡导顺应天性，让生命的活力得到释放；于“刚”的推崇，从《易》与孟子言论汲取力量，以孔子为榜样，推崇坚毅无私、奋进向前，将其融入生命特质之中；于“乐”的追求，由佛入儒，把握时代的现实需求，汲取儒家“孔颜乐处”的精神，追求内心自足、超脱物欲。梁漱溟的“生”“刚”“乐”体现了他对人生、生命的思索，也是对中国文化的生命

---

① 《东西文化及其哲学》，第 144 页。
② 《东西文化及其哲学》，第 144 页。
③ 梁漱溟：《我生有涯愿无尽——梁漱溟自述文录》，北京：中国人民大学出版，2011 年，第 92 页。
④ 《东西文化及其哲学》，第 142 页。

特质的深刻解读。

（二）中期以理性深化文化早熟论

在二十世纪三四十年代，梁漱溟从中国本土文化中提炼出“理性”这一概念，并在1949年所作的《中国文化要义》一书以理性早启成“人类文化早熟”为核心来展开对中国文化的审视和批评，通过考察旧中国社会构造的历史和文化，探究“人类文化早熟在中国”的原因，指出理性早启是中国文化的根本特征。在此过程中，梁漱溟试图回答了“理性何以产生”这一问题，并运用理性来阐释中国社会构造和文化衍化，重新构建起他的中国文化观。

1.“文化早熟论”的内涵

“文化早熟”这一概念，梁漱溟首次提出是在其《东西文化及其哲学》中关于“世界未来文化的发展”一章，他说：“人类文化之初，都不能不走第一路，中国人自也这样，却他不待把这条路走完，便中途拐弯到第二路上来；把以后方要走到的提前走了，成为人类文化的早熟。”① 在梁漱溟看来，人类文化的发展道路具有阶段性，西方、中国、印度走出了三种不同文化路向，呈现递进式的发展。中国本应遵循人类文化发展的递进规律，却提前跃过第一条路（西洋所走的追求物质文化的道路），直接走入第二条路，这一现象就叫作“人类文化早熟”。

然后梁漱溟在《乡村建设理论》中将“文化早熟”与“理性”相联系，他说：“我尝说：中国文化是人类文化的早熟（见《东西文化及其哲学》），现在更正确地指实来说，那就是人类理性开发的早，想明白中国过去的文化，以及中国本来的前途，都要先明白这个东西——理性。”② 梁漱溟指出中国文化是人类文化的早熟，其原因在于人类理性在中国开发较早。此处，他首次将理性早启与文化早熟相关联。

接着，在《中国文化要义》中，梁漱溟详细地从个体生命和社会生命两个方面来说明了“早熟”这一概念。梁漱溟指出“文化早熟”的内涵就在于“西洋文化是从身体出发，慢慢发展到心的，而中国却有些径直从心发出来，而影响了全局，前者是循序而进，后者便是早熟”③。这里的“心”，梁漱溟代指“理性”，而“身”指的是“本能、理智和习惯”。按照生命发展的趋向，应先从身体的发展，循序渐进到“心”的发展，但是因理性早启，就会径直从心出发，而影响全身的发展，无论是个体生命，还是社会

---

① 《东西文化及其哲学》，第202页。
② 《梁漱溟全集》（第二卷），第181页。
③ 《中国文化要义》，第227页。

生命，都会呈现出早熟的状态。

就个体生命来说，人需要先求得生存的物质基础，然后再解决生活的情志问题。生存问题是从身体出发，通过利用本能、理智和习惯，满足自身的生存需求，而生活问题是从心出发，以理性关切他人或万物，承认他人的存在。虽然也可能存在因心思计虑来承认他人，但最终仍会转向纯粹地与其他人的生命相感通，达到“无对”的状态。

就社会生命来说，同样如此。梁漱溟说：“社会是随着文化之发生开展而发育成长的。文化之发生以至开展，则最先是环绕着生存问题这一中心。”[①] 为解决社会的生存问题，就必须利用人在求生存的过程中创造的工具，借由这些工具的发达，建立起紧密的社会关系，这一过程就是社会生命的发育成长。同时，结成社会的紧密关系，不仅在于工具的发达，也在于人的心思作用的相通。梁漱溟认为“文化初期，通常就是宗教”[②]，继而发展出礼俗、道德、法律等等，这些都是维系社会稳定和持续发展的重要条件。在社会发展层面，梁漱溟也是认为当工具发达到经济基础、社会制度等实现一体化的地步，才算是完成了“身”的一面。而在“心”的一面，须基于个体生命“无对”的状态，追求社会一体、天下一家的理念，跨越种族、跨越国籍、跨越各个小社会的边界，才能真正地实现一体化的社会。

所谓“心随身来，身先心后”的顺序在个体生命和社会生命之中即如此体现。但是，在中国古代社会，却因理性开发较早，径直进入“心”的层面，由此，中国文化被梁漱溟称为“文化早熟”。正是先就注重于“心”的层面发展，而“身”的层面就发展缓慢，积贫积弱，从而导致整个中国社会生命呈现早熟老衰的状态。

2. 理性早启于中国的成因

梁漱溟认为文化都是以宗教为开端的，并依靠宗教为中心进而发展，但中国却是“道德代宗教而起太早”，所发展的文化重视理性与人情。因此，宗教问题乃是中西文化重要的分水岭。那么，宗教是什么呢？梁漱溟认为各种宗教具有其共同点，即“一切宗教都从超绝于人类知识处立他的根据，而以人类情感之安慰意志之勖勉为事”[③]。当人类文化初期，人类对于自然环境仍处于迷惑的时候，情志容易陷入惶恐不安之中，故需要宗教来安慰其情志。然后，当人类逐渐认识自然，形成了道德、礼俗和法律之后，为了维持社会，发展文化，就仍需利用宗教生成信仰来促进社会和文化的进步。例如，西方文化早期就是以宗教为中心，虽存在宗教派别不同，但人人都信仰宗教，但随着启蒙

---

① 《中国文化要义》，第232页。
② 《中国文化要义》，第232页。
③ 《中国文化要义》，第87页。

运动，人类的理性[①]被激发出来，便逐渐脱离宗教的迷信思想，生发出理智、自由、民权等思想，建构新的社会政治制度，发展科学与技术，以此来满足人类的生存需求和社会的发展。

但是宗教在中国，却呈现独具特色的情形。中国文化虽以宗教为开端，比如最早的图腾崇拜、群神崇拜、祖先崇拜等，但是待周孔教化兴起后，中国文化的中心便由宗教转向非宗教的周孔教化。梁漱溟认为，虽然中国先前有祭天祀祖的传统，但是经过孔子的重新阐释，其内涵已经转化为周孔教化内涵的一部分。此外，虽后世也有外来的宗教，类似佛教、伊斯兰教、基督教等传入中国，但都未曾改变周孔教化在中国的主导地位。梁漱溟认为周孔教化的核心是"理性"，因"理性"早启于中国社会，故而周孔教化代替宗教成为中国文化形态。

为何中国社会在早期就孕育出"理性"呢？梁漱溟认为"理性"的产生是从情感的发端——父母子女间的伦理关系，进而推及至万物一体的和谐状态。在早期中国社会，"礼"是整个社会的基础。他说："一则，安排伦理名分以组织社会，二则设为礼乐揖让以涵养理性。"[②] 在梁漱溟看来，这种以礼为基础的道德养成模式，在中国的社会结构中得以深入发展，与中国社会的伦理本位特点紧密相连。

梁漱溟认为"理性"的产生与中国是伦理本位的社会，注重家族生活息息相关。周孔教化中最基本的思想就是发源于家族内部父母子女之间的"孝悌"，进而形成三纲五常的伦理名分，成为构建中国封建社会的基础。宗法制度之下，一切名分皆是依赖神权，但是自周代制度瓦解，孔子作《春秋》，以正名分，更注重于伦理依乎情理而定，强调长幼有序。由此，中国的社会秩序已经慢慢地变质，形成启发个人的理性，凭借情理来作权衡的情形。对比西方以宗教为中心，形成不同派别的宗教团体，重视团体与个人的关系，中国则更重视个人与个人间的关系。梁漱溟说："所谓理性，要无外乎父慈子孝的伦理情谊和好善改过的人心向上"[③]，儒家从情感的发端即孝悌出发，勉励个体自觉自律，涵养理性精神，所谓理性早启，正是源自此。

礼乐是从家族内部走向天下社会的关键。所谓亲亲之爱，发端于家族内部，若想将其推广至其他人，就需要礼乐来涵养理性。梁漱溟说："孔子深爱理性，深信理性。他要启发众人的理性，他要实现一个'生活完全理性化的社会'，而其道则在礼乐制度……具体的礼乐，直接作用于身体，作用于血气：人的心理情致随之顿然变化于不

---

① 此处的"理性"偏向于个人理智层面的思考，注重个体的独立思考。
② 《中国文化要义》，第 98 页。
③ 《中国文化要义》，第 181 页。

觉，而理性乃油然现前，其效最大最神。”① 人的本性自私，容易产生愚蔽偏执之情感、强暴冲动之气，当处于礼乐之中的时候，人们都遵循礼节，和谐共处，“使你无所得而畅快……使你忘物忘我忘一切，不使你分别物我而追逐”②，最终就会达到清明安和的“无对”状态，使得整个社会和谐一体。

值得注意的是，在《中国文化要义》时期，“理性”已然占据梁漱溟人心论的核心地位，此时的梁漱溟不再强调直觉在中国文化特性中的重要地位，而是认为中国是“长于理性”的，但梁漱溟所笃定的中国人反身自求的人生态度没有改变，其要义仍然是通过内自足而达到生命的和谐。

理性是个体的自觉自律，而道德是社会的德性规范。他说：“道德为理性之事，存于个人之自觉自律。宗教为信仰之事，寄于教徒之恪守教诫。中国自有孔子以来，便受其影响，走上以道德代宗教之路。”③ 周孔教化从根本上来说，就是一种道德。从《论语》一书中，我们便可看出孔子的教化，一面极力地避免宗教的迷信，另一面又致力于理性的启发。首先，宗教主张出世，信服上帝或神灵，皆因生死难料，所以无论情志和知识都需要宗教，此所以宗教之建立。但孔子不谈生死鬼神，他说：“子不语：怪力乱神”，说明孔子并不迷信于鬼神之说。其次，孔子主张人皆有理性，人可以完全依赖自身，要求人自身反省，从理性上明白是非善恶，即“是非之心，人皆有之”。宗教奉行神的教诫，其标准是外在的，而孔子教人以自省而行自己所应之事，考虑人情问题，这都是依循自身的理性而为。教人反省自求并非宗教之事，而是人的道德之事。所谓道德，他说：“道德根于理性无对而来，为人类生命之最高表现。而非秉受教诫于神。”④ 可见，道德是理性的社会化表现，基于自觉自律的个体与无对的状态下所形成的，是人类生命的最高体现。因此，中国古代社会以道德代宗教，可见理性已早启。

3. 理性早启呈现文化早熟的状态

人类理性早启发生于中国，形成中国古代社会“以道德代宗教”的文化形态，导致中西方呈现不同的社会文化发展趋向，从中西方在社会理念、物质生产和社会形势三方面的差异，从可窥见中国文化直接径入心而影响全身，呈现出文化早熟的状态，进而影响中国社会发展的整个面貌。

从社会理念层面来看，中国社会注重向内求理，所谓“理”，梁漱溟认为“人类是理性的动物，其根本要求或在真，或在善，或在美，或在巧，统可名曰当理”⑤。梁漱

---

① 《中国文化要义》，第 97 页。
② 《中国文化要义》，第 102 页。
③ 《中国文化要义》，第 94—95 页。
④ 《中国文化要义》，第 257 页。
⑤ 《中国文化要义》，第 226 页。

溟举出“决策制”的例子进行中西方的对比，西方侧重于形式上的人数多寡而取决多数，而中方侧重于崇尚思考事物背后的“理”。西方虽崇尚公平民主，视每个人为平等，但多数人都是从自身利益来判断某事是否有利于自身，是一种功利主义的理念，而且取决多数也是较为简单直接的从众方式。中国则认为与其从形式上以多寡决策，不如尊尚贤智，使百姓具有独立思考并尊崇社会公理的能力。因此，中国未形成民主制度，但形成崇尚贤德之风。此外，理性具有无所私的情感，能够关切他人的情感，故中国人注重“相让”，彼此互为对方着想，以伦理的角度尊重对方，比如孝道、长幼礼让，君臣之道等，都是站在他人的角度，从情理上思考问题。但西方人发于理智，将自身外的其他生命都视为“物”，为求得生存，必须利用与对抗他人，更注重“相争”，而以成败定高下。由此可见，因理性早启，中国社会在理念层面确实有超于西方之处。

从物质生产层面来看，中国社会因理性早启，跃过“身”的发展，径入“心”的层面，反过来影响了全身的发展。理性早启，引发文化早熟，直接的影响就是中国遂无科学。梁漱溟认为“科学起自人对物，物亦起自人的科学”①，说明科学是人与物之间的关系，偏向于向外探寻规律和知识，属于理智的范畴。理智是解决人的生存问题，人借由理智和感觉来产生知识，再根据知识来解决生存问题。但是中国人由理性早启，就抑制了理智的发展。理性注重理智的“无所为”状态，产生的“无所私”的情感，将宇宙万物都视作为“我”的生命整全，并不将其他人或事物进行“物化”，那么，中国人也就不倾向于寻求知识，也就失去了“物”。既然没有对象“物”的存在，科学也就无从探究和发展。无科学的发展，物质经济基础就缺失了动力，故而，中国社会生产发展极为缓慢，远落后于西方。

从社会形势层面来看，理性早启将中国封建制度存在内部的矛盾自行分化瓦解，使得中国封建社会两百多年陷入盘旋不进的地步。梁漱溟认为此矛盾的根源就在于理性，造成矛盾分化瓦解的关键也在于理性。人类理性早启于中国，以道德代宗教，导致宗教在中国社会力量微弱，不易产生对立和反抗的集团力量；此外，中国封建社会推行理性教化，注重个人内在的善和自省，向内修养身心以适应外界社会的变化，而未对外界进行征服和改变，因而不尚武力。既无宗教，又不尚武力，便瓦解了封建内部可能存在对立和反抗的因素，因此，中国社会很难出现彻底的颠覆和破坏。若从社会生命的角度来看，梁漱溟认为“心”的发展必须建立在“身”的物质经济的基础之上。但是中国因理性早启来直接进入“心”的层面，走向第二期文化的发展道路，而由于缺乏经济的基础，中国无法完成第二期文化。同时，中国也无法回到“身”层面进行发展，若强行回

---

① 《中国文化要义》，第226页。

到“身”的层面进行发展，必然会造成“身”与“心”的对抗，破坏整个社会生命的发展。由此，中国封建社会进退两难，在一治一乱的状况下，选择盘旋不前。

综上三方面，理性早启于中国，理念上崇尚贤智，重视“相让”，彼此关切对方，反映出中国长于理性，正因理性见长，注重“心”的层面，而忽视“身”的层面的发展，遂未形成对其他人或事物的“物化”，也就未重视“物理”的探究，因而，知识无从发展，短于理智，遂无科学之发展。接着，理性瓦解中国封建制度存在内部的矛盾，使得中国社会稳定相安，而其引发的文化早熟忽视物质经济的发展，导致中国封建社会陷入盘旋不前的状态之中。基于以上三点论述，文化早熟就一直存在于中国社会之中，在其社会制度变迁、思想文化的影响下，由理性早启这一根本的弊端引发其他弊端的萌发，使得原本的文化呈现发展不良的状态，表现出幼稚、老衰、不落实、落于消极再无前途、暧昧而不明爽的五大病象。由此可见，梁漱溟在经历了乡村建设运动，深入了解中国社会的内部构造后，重新审视中国社会和文化的发展。相较于早期从理论上认为“世界未来文化是中国文化的复兴”①，笔者认为该时期梁漱溟更带有忧患意识地看待中国社会的发展，并试图从中国本土文化中寻找社会发展的价值依托。

结　语

梁漱溟在《东西文化及其哲学》中提出的“直觉”是相对理智而言的，结合佛教唯识学、西洋生命哲学来阐释中国传统儒家形而上学的生命观和儒家心性论，但因“直觉”具有本能冲动的内涵，无法区分道德本能与动物本能，在直觉与理智的二分下，对传统儒家思想的分析存在偏差。故而，梁漱溟放弃“直觉说”，基于中国本土文化，改造出“理性”的概念，并以理性作为思想核心构建出“本能、理智、理性”三分的理论体系，解决了“直觉说”存在的内在矛盾。

梁漱溟早期以直觉解读中国文化，主要侧重于生命整体观和儒家心性论的阐释。这种阐释方式也被应用于理性的理论建构，关于“身心关系”“人类与万物一体”等思想体现出早期重视自然和生命，中西医学的差异等观念，还有从“身心关系”与“有对与无对”的层面区分理智与理性，以理性为体，以理智和本能为用，这也与“直觉”阐释儒家心性论的思想脉络一致。但是，梁漱溟对中国文化观的建构发生了转变，他通过深入分析旧中国社会构造的历史和文化，运用“理性”重新阐释在中国伦理本位的社会和礼乐教化之下，中国因理性早启而形成“以道德代宗教”的周孔教化，引发“文化早熟”的文化形态。梁漱溟以“理性”代“直觉”，相较于早期认为“直觉”是先天本有

---

① 《中国文化要义》，第202页。

的存在于宇宙生命之中，他中期则从中国社会构造层面回答了先天本有的“理性”何以产生这一问题，其理论体系更为完善。

梁漱溟从“直觉”到“理性”的转变，与其自身“由佛入儒”的思想历程息息相关。梁漱溟在印度思想中体悟到人生的悲苦之感，认为获得喜乐必须出家，而到了三十岁（1922）往后，当接触孔子的《论语》后，他体会到儒家思想的生命自信之气象，转而归儒。从“直觉”中可见佛家唯识学的色彩，但在“理性”中尽是儒家之言。除了自身“由佛入儒”的思想历程之外，梁漱溟作为现代新儒家的先锋人物，早期面临着西风东渐，传统的价值体系不断解体的局面，他主张采取一种直觉的进路，体验民族生命的苦难，吸收外来文化，实现民族文化重建的基础和源泉。而中期经历乡村建设运动后，他更希望从中国传统文化中寻找这个价值依托，即以“理性”为原则，促进人与人之间的伦理情谊，激发人求善向上的进取心，推动中国文化从“文化早熟”的形态走向现代化。通过探究梁漱溟“直觉”到“理性”的转变，寻找把握梁漱溟的文化观中“不变”的文化自觉因素，我们能够更深入地理解梁漱溟的思想体系，也能窥见他的人生态度和社会问题的转变。

（马瑶瑶，四川大学哲学系本科生）

牟宗三“三系论”视角下的工夫论思想研究

方世旻

摘要：本文旨在补充对于牟宗三工夫论领域研究的部分空白。从哲学史的角度，以牟宗三的三系论为基本框架，重新对牟宗三的工夫论思想进行梳理。先后针对如何工夫、工夫论与三系论的关系，以及三系分别对应的工夫进行讨论。明确牟宗三在对“逆觉体证”有一定倾向和创见的前提下同时认可三种工夫论的情况。

关键词：牟宗三　三系论　工夫论

引　言

牟宗三是现代新儒学代表人物之一。由于其在学界影响力巨大，加之门人弟子遍布海内外，全世界均不乏对其的关注和研究。关于牟宗三思想的研究，在现代新儒学这个研究领域，俨然成为显学。然而学界研究较少涉及工夫论，尽管工夫论是在传统儒学中十分重要的话题。关于牟宗三工夫论方面的研究，已有的研究主要包括：高国良的《牟宗三的逆觉体证工夫论》，对逆觉体证这一概念进行了简单的梳理；[①] 盛珂的《牟宗三“逆觉体证”的基础存在论及其对海德格的批评》在牟宗三融汇康德哲学的角度上谈逆觉体证；[②] 陶悦的《牟宗三的工夫论思想探析》对牟宗三关于工夫论的相关论述进行了归纳分析，但是无视了三系论框架，对文本的分析也有部分有待商榷；[③] 杨泽波在牟宗三研究方面耕耘较多，关于工夫论的问题，主要可以参见其《〈心体与形体〉解读》一书中关于胡五峰的章节，他主要对逆觉体证问题进行了论述，针对文本进行了分析，但也没有展开论述工夫论问题，[④] 在其《牟宗三三系论论衡》中，也有分别介绍逆觉和顺取的问题，思路与《〈心体与形体〉解读》中的同一主题内容类似。[⑤]

对于牟宗三自己是否有工夫论的问题，学界观点不一，前文所述的《牟宗三的工夫

① 高国良：《牟宗三的逆觉体证工夫论》，载《理论界》2015年第2期。
② 盛珂：《牟宗三“逆觉体证”的基础存在论及其对海德格的批评》，载《中国哲学史》2010年第4期。
③ 陶悦：《牟宗三的工夫论思想探析》，载《哲学研究》2016年第12期。
④ 杨泽波：《〈心体与性体〉解读》，上海：上海人民出版社，2016年，第118—120页。
⑤ 杨泽波：《牟宗三三系论论衡》，上海：复旦大学出版社，2006年，第36—47页。

论思想探析》,《牟宗三的逆觉体证工夫论》两篇专门研究牟宗三工夫论问题的两篇文章，都有试图总结出牟宗三自己的工夫论的倾向，笔者认为虽然牟宗三对于部分特定的工夫论倾向明显，但还是以对于总结前人的工夫论为主，兼下己意。本文认为牟宗三确实对工夫论有自己的体察，并且将工夫论划分为两大进路，“逆觉”和“顺取”，而这两大进路的划分又和牟宗三的重要思想“三系论”有着密不可分的关系，把这两大进路直接等同于工夫论是不妥的，抛弃“三系论”看牟宗三的工夫论思想也是不可取的。

一 “三系论”与牟宗三工夫论思想的关系

牟宗三在中国哲学史方面的重要贡献之一是重新梳理了宋明理学。工夫论是宋明理学重要的概念，牟宗三以“三系说”重新对于宋明理学进行了分系，也对其中的工夫论进行相应的阐释。

在讨论这个问题之前要对“三系论”的概念做一个梳理。首先，依牟宗三对宋明理学的判教，他把宋明儒者的思想分为两大系统，一为以程颢、陆九渊、王阳明为代表的“纵贯系统”，二是以程颐、朱熹为代表的“横摄系统”。而这两大系统也分别有着工夫论的主要路径，“纵贯系统”对应的是“逆觉体证”(“逆觉之路”),“横摄系统”对应的是“顺取之路”。其中“纵贯系统”又分为两系：象山、阳明一系，五峰、蕺山一系。于是，“横摄系统”的一系和“纵贯系统”的两系就构成了宋明理学的“三系”。

牟宗三的工夫论思想实质上根植于其“三系论”,“三系论”是牟宗三重要的理论贡献。说工夫论根植于三系论，一方面牟宗三自己体贴出的最重要的工夫进路“逆觉体证”,虽然可以对应整个纵贯系统，但是实际上的论述集中在三系中的胡五峰，在胡五峰一章中以胡五峰为例对“逆觉体证”进行了详细的论述。可以说，“逆觉体证”,尤其是胡五峰的“逆觉体证”,是牟宗三所要主动强调和推崇的工夫论。笔者并不认同把“逆觉体证”直接作为工夫论的一种，而更多是把他当作一个工夫论的范围，其中包含了许多具体的工夫论。而且“逆觉”和“顺取”二者的不同也绝不仅仅是工夫论不同那么简单。另外，工夫论的两大分类，“逆觉”和“顺取”,本身就是在三系论框架下的分类。讨论牟宗三的工夫论思想，就不能离开“三系论”,这是其讨论问题的基本点，下文的论述也是在此基础之上展开。

引言中所涉及的对于牟宗三工夫论的专门研究，基本是围绕“逆觉体证”中“内在的体证”展开的，认为这就是牟宗三的工夫论思想。笔者也承认这是牟宗三所主要强调的工夫论，但只认可此种工夫论，无法完整地认识牟宗三工夫论思想的全貌，因此笔者在前人的基础上进一步发掘“逆觉”这一概念对于传统儒家的继承和发展之处。再对于学者多有误解的“超越的体证”和“顺取之路”进行重新梳理，力求依托“三系论”,

梳理出牟宗三对这两种工夫论的观点。

二 即工夫即本体——如何才算是工夫

牟宗三对于工夫论的看法是与本体论紧密相连的，而且有着一个原则，是“即工夫即本体”。“因为这一觉，便有个天理呈现，同时亦有个人欲被刺出。天理越在人欲之上，而人欲成了被克服的。就在这超越被超越之势上，成就了个激荡。工夫就在此处说，本体亦在此时被印证，而本体之名亦在此时被建立。所以说即工夫即本体。”[①] 在此处“觉”指的是“自觉”“觉悟”，从“良知现成派”的观点上讲，就是要觉本心的良知，是良知在当下呈露出来，使良知呈露的这一过程，无论是“居敬”、“穷理”或是其他，就被称为工夫。本体只有在做工夫时才能够显露出来，因此说“即工夫即本体”。并不是把两者合一，只是表现出了两者不可离的关系。在这个意义上，工夫论与其对本体论的看法也是息息相关的。（尽管牟宗三在论述“即本体即工夫”的时候往往是从“逆觉体证”的角度上讲的，并没有说同时适用于“顺取之路”。）在牟宗三的哲学体系中，工夫论也确实与本体论有着一定的对应关系。

结合牟宗三其他相关表述以及《致良知教》全书，“即工夫即本体”是延续了王学一脉的观点，而且可以算作其中的顿教。类似的观点早在王畿弟子记录的《天泉证道记》里就有，“上根之人，悟得无善无恶心体，便从无处立根基，意与知物，皆从无生，一了百当，即本体便是工夫，易简直截，更无剩欠，顿悟之学也”[②]。按照《天泉证道记》的记录，这里的观点是王阳明所述，不过在《传习录》和《王阳明年谱》关于“天泉证道”一事的记录中，并未看到有类似记录，极有可能是王畿本人或其弟子的发挥。总之，至少在王畿的弟子那里，就已经有了“即本体便是工夫”的说法，但原文也说得很明确，这是顿悟之法。牟宗三的这个观点应当是受到了前人的影响，但已经超出了原来对“四句教”或者说心学工夫论的阐释范围，尽管牟宗三的阐释思路是和阳明心学一脉相承的，但观其行文所指的范围没有停留在心学本身，而且使用的是“天理”“人欲”这样的朱子学传统概念。不过需要注意的是二者也有细微的区别，那就是在王畿的意涵中，没有涉及何者才算是工夫的问题，只是说顿教的工夫如何做。而牟宗三还提及了“逐物”和工夫的区别。

“即本体即工夫”应当在两个层面理解，一方面本体只在工夫中显露，另一方面没

---

① 牟宗三：《王阳明致良知教》，见《牟宗三先生全集》（8），台北：台湾联经出版事业股份有限公司，2003年，第58页。

② 王畿：《王畿集》，吴震编校整理，南京：凤凰出版社，2007年，第2页。

有“觉”到本体的也不能称之为工夫。按牟宗三的说法就是：“是以本体只在工夫中被印证，而亦不断地在工夫中建立其自己。此一义也。复次，吾虽有心知之明而不回觉……此还不能说是从致良知而来的作学问作事业。是以此处亦无圣贤工夫可言。”①对此牟宗三还进一步解释，“在他不能有自觉时，还是不能成为他的被印证过的本体，所以在他亦不能说圣贤学问圣贤工夫”②。这里就涉及了工夫的判断标准，只有能“觉”到本体的才算是工夫，不然只能算“逐物”。因此也可以看作牟宗三工夫论思想的一个原则。这种本体和工夫的不可离，也佐证了在“三系论”（主要讲其中的本体论）下讨论工夫论思想的必要性。但这样的思想也影响了他对伊川、朱子的工夫论的理解。

三　再探“逆觉体证”中“逆”的两种涵义

研究过贯穿牟宗三工夫论思想的基本原则之后，便可回到“三系论”当中，分别讨论其中的工夫论分类。其中最被牟宗三着重阐述的一类工夫论就是“逆觉体证”。“逆觉体证”是牟宗三独创的概念。对于“逆觉”，牟宗三自己有过说明：

> 此种觉悟亦名曰逆觉。逆觉者即逆其汩没陷溺之流而警觉也。警觉是自己本心的震动。本心一有震动即示有一种内在不容已之力量突出来而违反那汩没陷溺之流而将之挽回来，故警觉即曰逆觉。逆觉之中即有一种悟。悟即醒悟，有本心之震动而肯认本心之自己即曰“悟”。③

单从“逆觉”的意义上讲，不会发现异常。不过一旦结合“顺取”分析，难道“顺取”是顺着“汩没陷溺之流”吗？因此可以肯定，“逆觉”应当有不止一种含义。“逆觉”一说虽然是牟宗三的独创，但“逆”的这种提法，早在王龙溪已有“吾儒之学亦全在逆”④ 之说。牟宗三的“逆觉”说法还是对于心学一系的延续，因此也可以放在整个心学系统来观察。

按照牟宗三的说法，“逆觉体证”这个概念，虽然是他首先提出，但这实际上是儒家传统的工夫论，最早的源头可以追至孟子：“良心发见之端虽有种种不同，然从溺而警觉之，则一也。此即是‘逆觉’之工夫。言‘逆觉’之根据即孟子所谓‘汤武反之也’之‘反’字。胡氏虽未明言此词，然吾人可就其实意并根据孟子之‘反’字而建立

① 《王阳明致良知教》，见《牟宗三先生全集》(8)，59 页。
② 《王阳明致良知教》，见《牟宗三先生全集》(8)，59 页。
③ 牟宗三：《从陆象山到刘蕺山》，见《牟宗三先生全集》(8)，138—139 页。
④ 《王畿集》，第 761 页。

此词。此词是最恰当者，亦是孟子本有之义，并无附会。”[1] 如果不使用“逆”，而使用“反”那么儒家确实有很多类似的描述。上文所述，“逆”来源于孟子的“反”，因而也就有返回、向内之义，“‘逆觉’即反而觉识之，体证之之意”[2]，因此“逆觉体证”是自我面向的。牟宗三在“本体论”的问题上，延续了其师熊十力的“良知现成派”观点。在牟氏这里，“逆觉体证”就是对本心的体认，当然这只是一个大致的归类，具体的工夫论还是不同的。

但是牟宗三的“逆觉体证”不能简单与“反身而诚”等同。牟宗三的定义是“逆其汩没陷溺之流而警觉”，这里暗含了一种对于日常经验的反动，把自身从周遭的环境中超拔出来。这也能和胡五峰的“观过知仁”相对应。杨泽波结合了牟宗三的生平经历分析这个问题，认为这是其自身的经历造成的，由于牟宗三当时精神比较痛苦，生活比较堕落导致他才会发出“陷溺”的感慨，实际上不一定要在“陷溺”中警觉。[3] 笔者对此认可，但也提供另外一种可能的解释。如果没有将自身与外界隔离，力图作超越的体证，那么人生活中不会缺乏物欲，如果行为完全合乎本心，那就是“尧舜性之”，否则有“陷溺”的状态也是正常的，只不过程度不同而已。工夫也正体现在此时。而对于处在鲍曼所说“消费社会”的当下，“陷溺”会变得越发容易，这也是现代新儒学面临后现代问题的一个体现。“逆”的第二层含义“逆其汩没陷溺之流而警觉”，也是牟宗三在传统儒学的基础上发展出的新见。

四　牟宗三关于“超越的体证”的观点

“逆觉体证”对应“三系论”的两系，具体到“逆觉体证”内部，还分为两类，一个是内在的体证，一个是超越的体证。关于这两类工夫的定义，牟宗三说：

> “内在的体证”者，言即就现实生活中良心发见处直下体证而肯认之为体之谓也。不必隔绝现实生活，单在静中闭关以求之。此所谓“当下即是”是也。李延平之静坐以观喜怒哀乐未发前大本气象为如何，此亦是逆觉也。但此逆觉，吾名曰“超越的体证”。“超越”者闭关（“先王以至日闭关”之闭关）静坐之谓也。此则需于现实生活暂隔一下。隔即超越，不隔即内在。此两者同是逆觉工夫，亦可曰逆觉之两形态。[4]

---

① 牟宗三：《心体与性体》（二），见《牟宗三先生全集》（6），台北：台湾联经出版事业股份有限公司，2003年，第493页。

② 《心体与性体》（二），见《牟宗三先生全集》（6），第494页。

③ 《〈心体与性体〉解读》，第120页。

④ 《心体与性体》（二），见《牟宗三先生全集》（6），第494页。

“内在的体证”是在当下的一种工夫，要求不能离开现实生活，在现实生活的具体情景当中不断体会良知的呈现，带有很强的道德实践义，也就是阳明所说的“工夫需在事中磨”。在这里牟宗三举的例子就是胡五峰的“观过知仁”。因为“观过知仁”是一种良知对于“习心”的反思，在“汩没陷溺之流”的感官生活中，产生对过错的不安感，当下即有良知的呈现，通过对这良知一点呈露的省思，逐渐见得良知本体。另一种就是“超越的体证”，如上文所言，“超越的体证”要求暂时与现实的隔离，最典型的形式就是静坐，李延平的静坐以求未发前气象就是一个例子。在宋明理学的历史中，把静坐作为工夫论是很普遍的现象；相反“内在的体证”相对较少，除了胡宏之外很难找到类似的例子。关于“内在的体证”，前人已经多有关注，本文在这两种“逆觉”中，主要讨论牟宗三对于“超越的体证”的看法。

牟宗三将静坐这类工夫判为“归寂”之流，认同度不高。牟宗三一生以内圣开新外王为己任，致力于在新儒学框架中留出科学的空间，因此在理学工夫论当中带有神秘主义倾向的内容，很难被牟宗三完全认同。这尤其体现在牟宗三的早期观点，虽然没把前代儒家的一系列类似行为全部批为禅宗之流，但也因此把这类行为归为“权法”。这里的“权法”在牟宗三的心目中大概已经脱离了工夫的范畴。既不能对其有完全的认同，但也确实需要承认静坐是普遍存在的现象。不仅如此，他只把其当作一个工夫的预备工作，或者是所谓“助缘”，甚至不能成为工夫本身。但也需要指出的是，牟宗三对于“归寂”之流的态度还是有着比较大的变化的。这些观点主要体现在《王阳明致良知教》一书中，该书是牟宗三早期的作品，在后来《从陆象山到刘蕺山》的自序当中，牟宗三本人也说，“今该小册（致良知教）可作废”。牟宗三本身的思想也是在不断发展变化的，如果拿《致良知教》的内容用来反驳《心体与性体》的成熟观点，颇不合适。如果在此无视三系说的基础之上，理解构架牟宗三的工夫论思想，更是对牟宗三巨大的误解。

良知是不存在已发未发之分的，因此在牟宗三看来，良知必然是“觉照”的，不停运行的。而归寂时所体会到的只能是“寂体”，并不是良知本身。所谓静坐体会良知的原理也很简单，“默识良知自体自己”，静坐只是一种手段为良知的“自体”提供条件，但本身不具有认知的功能。像罗念庵说自己静坐三年，“天理迥然”，牟宗三也对此表示怀疑，“所谓天理迥然，只是抽象地单显寂体之自己，亦很可能只是一光景……出关后，七颠八倒者多矣”①。

① 《从陆象山到刘蕺山》，见《牟宗三先生全集》(8)，第261页。

《致良知教》中引阳明所说：“想静坐的，总是从外面窒塞。”[①] 在这里，静坐其实也分为两种趋向，一种是“阳明所说近人宁静只定的气。……此是按住发条。一不按住，便跳起来”，另一种则是“求无念，静坐观心，离气离心而趋虚明。此虚明是与真实心隔离的虚光景。乃是真实心投射的影子，全不落实，好似投身于幻象，一旦出离此境，幻象拆穿，便归茫然，所以全不济事”[②]。总结下来，牟宗三早期基本不承认静坐有积极意义，要不只是暂时的压制，或干脆就是虚假的东西，也就是没有任何作用，也谈不上所谓超越的体证。

之后，牟宗三在反驳朱子对静坐的贬低时说过，“殊不知静复以见体乃儒者本有之义，是慎独工夫所必函者”[③]。这当然就是因为牟宗三自己本身对静坐的认识也是在发展变化的，也反映出了牟宗三在阳明学和朱子学不同的义理间架下对静坐的复杂看法。在《致良知教》中牟宗三只认同了王阳明的工夫路数，之后随着其思想的发展，也接受了其他类型的工夫，虽然牟宗三还是最认同内在的体证，但毕竟与否定其他工夫论的看法是有着很大区别的。具体的问题上，也有一些改变。比如之前在致良知教中，牟宗三认同伊川和朱子用敬来代替静，认为这是正确的思路。之后又认为这样的改变其实是因为伊川，朱子对于静的理解不够透彻，只能另外开辟新的路数。

在讨论这个问题时，可以参考他人对于静坐的分类。吾妻重二把静坐分为四种类型，其中有两种是宋明理学的静坐，其余为佛教道教意义上的静坐。事实上，牟宗三在上文提到的静坐可以被划分为这两种不同的静坐——安定精神的静坐和自我觉察的静坐。牟宗三认为罗念庵的静坐至多为良知的“自体”提供了条件，就是安定精神的静坐；而在反驳朱子时提到的静坐，则是“静复以见体”，就是自我觉察的静坐。按照吾妻重二的定义，就是“将喜怒哀乐等表层意识无法表达出来的、深藏于深层意识之中的人所应有的本质（天理）体验性地开发出来”[④]。从某种程度上讲，牟宗三自身对静坐的划分就是模糊的。不过牟宗三的体系中还是给静坐留了一席之地，毕竟理学家还是有一个共识，就是个人禀赋不同，这就给很多不能够被某些学者接受的工夫论以解释空间。因此静坐可以被视为对部分人产生积极影响，但并不能证明其有推广的价值。究其根本，牟宗三自身理想中的工夫论应当就是“内在的体证”，所以说对其他工夫论的批评也并不奇怪。

---

① 《王阳明致良知教》，见《牟宗三先生全集》(8)，第 63 页。

② 《王阳明致良知教》，见《牟宗三先生全集》(8)，第 66 页。

③ 《心体与性体》(二)，见《牟宗三先生全集》(6)，第 494—495 页。

④ 吾妻重二：《朱子学的新研究：近世士大夫思想的展开》，傅锡洪等译，北京：商务印书馆，2017 年，第 282 页。

五　以朱熹为例分析“顺取之路”

上文已经讨论完了“逆觉”，剩下的工夫论就是“顺取”。“顺取之路”的典型就是朱子所说的格物穷理。“顺取之路”并不是牟宗三论述的重点，以至于他的许多专著中少有提及，但还是有下过定义：“‘顺取之路’就是顺着我们眼前之物，即物而穷其理，以此决定道德的实践；也就是以知识决定道德。”① “只顺心而观物，即曰‘顺取’。故其正面意思只是‘以心观物，则物之理得’，‘本心以穷理，而顺理以应物’，此即为顺取之路也。”②。至于为什么顺取之路是符合经验的，牟宗三并没有展开论述，笔者下面将尝试展开“顺着眼前之物”一句：所谓“顺”是对外，在一般经验意义上的认识活动中，“能认识”和“所认识”往往是分开的，因此“顺取之路”是符合人的经验的。

“三系说”是对宋明理学的判教，对宋明理学的学者根据其理路进行了分类，即一个学者对应一个系统对应一种工夫论。在研究该学者属于哪个系统时，三系论相对有一些优势，但讨论工夫论时，这样的方式就显得不够灵活。牟宗三主要讨论的工夫论还是逆觉体证一系，至于“顺取”，虽然牟宗三认为存在所谓顺取的工夫论，但是与之相对的只有朱子的格物致知这一个说法，这就显露出了牟宗三工夫论思想的待扩展之处。首先是太过单薄，单就格物致知一条很难支撑起三系中一系的工夫论。单独讨论朱熹本人，朱熹本人的工夫论也不仅仅是格物致知。尽管后世论及朱熹，对其格物致知的学说论述甚多，但在朱熹的工夫论体系中，格物致知也是他最重要，至少不是唯一的工夫论。同为新儒家的唐君毅也梳理过朱子的工夫论，认为“以在此处之涵养主敬为根本工夫，以存此心体，而免于气禀物欲之杂，使‘吾心湛然，而天理粲然’”③。牟宗三在关于朱子的论述中，也有说法，“其对于孟子之本心之真切理解既成为心性情之三分，则工夫即转为先涵养后察识，静时（平素）涵养为本，动时察识致知（格物穷理）为用，而致察操存之唯施于本心之工夫上之警策处以及其道德实践上之本质的意义皆全不能理解而放弃矣”④。此一段原本是《心体与性体》当中，讲述牟宗三分析朱熹是如何从中和旧说转向中和新说的话。上文中对应的就是牟宗三认为的中和新说的观点。其中提到了工夫论，即中和旧说时期是先察识后涵养，中和新说时期是先涵养后察识。这里的察识即格物穷理，可以和顺取对应起来。这里的问题就在于如何看待涵养的问题。朱熹受

---

①　牟宗三：《中国哲学十九讲》，长春：吉林出版集团，2010 年，第 338 页。

②　牟宗三：《心体与性体》(三)，见《牟宗三先生全集》(7)，台北：台湾联经出版事业股份有限公司，2003 年，第 376 页。

③　唐君毅：《中国哲学原论·原性篇》，《唐君毅全集》第十八卷，北京：九州出版社，2016 年，第 452 页。

④　《心体与性体》(三)，见《牟宗三先生全集》(7)，第 87 页。

其师李延平影响很大，按照牟宗三的总结，主要有四点。前两点分别为“默坐澄心，体认天理”，“洒然自得，冰解冻释”。“默坐澄心”按照牟宗三的分类方法，很明显是逆觉体证中超越的体证，而第二点则是“故必须再进一步渐证涵养以期于自然与纯熟”。按照上文所述，以牟宗三的观点，作为工夫的“涵养”其对象应当是本体，而“先涵养后察识”则没有把察觉本体作为涵养的前置条件，甚至也不是同时进行的。因此，牟宗三对此也有批评。“涵养”能够同时存在于逆觉和顺取的系统之中，可以看出，在牟宗三的体系中，并没有把涵养当作一种工夫论，至少是单独的工夫论看，只能作为工夫的一个环节。而朱子本身的工夫论也是有其庞杂的一面。“逆觉体证”对应的是纵贯系统，“顺取”对应的就是横摄系统，这种分类的方法有其内在的理路，但是也有未尽之处，主要问题就在于落实到具体的工夫（如果把它们称之为工夫的话）上，许多其实是二者通用的。

不过依据前文所述的“即本体即工夫”的观点，只要没有“觉”到本体，也就不能称之为工夫。（虽然这个说法出自《致良知教》，但是与后期的观点不矛盾，甚至互补，可以在此处参考。）在牟宗三看来，朱子的涵养并没有认识到本体，因此把认为有作用的“格物穷理”作为朱子主要的工夫论，也是合理的。

有学者认为，[①] 牟宗三以朱子格物无工夫，试依据文本辨析一二。“阳明言致知是扩充义，‘致知在格物’犹言在意之所在之事事物物上以致其知使事事物物皆得其理也。亦非言于格物本身专有一套工夫也。（朱子在格物上有工夫，因以格物为穷究物理之故）。”[②] 这里说得很清楚，对于阳明来说，致知才有工夫，格物没有工夫，但是朱子因为与阳明在格物上理解不同，所以这里所说的“格物无工夫”是不能够套用在朱子上的。在对于朱熹的工夫分析上还是可以看出，牟宗三一方面在三系说的分类中给格物穷理留下了位置，也承认其有自身的合理性，另一方面对这种路数并不十分认可。

无论是“横摄系统”还是“纵贯系统”，都不会否认做工夫的重要性。牟宗三所提出的“逆觉体证”工夫进路就是儒家工夫论当中的自我面向，通过对自己的认知，一步步体认良知。牟宗三将其分为“内在的体证”和“超越的体证”，这虽然都是在体认良知（或未发之中），但这也体现了从良知的自体自见推而广之得到的儒家两种不同的自我认知倾向。一种是通过对日常生活中的自我观察，在每一个特定的情境中分析，增加对自己的认知；一种是通过静坐等手段，使自己达到一种与现实隔离或者是某种带有神秘主义色彩的状态，以求对自我产生体验式的认知。这两种认知方式在宋明理学都十分

① 见《牟宗三的工夫论思想探析》。
② 《从陆象山到刘蕺山》，见《牟宗三先生全集》(8)，第261页。

重要，以至于像如朱熹也不敢完全排斥静坐，不将理学归为其中一边。

结　语

牟宗三虽然对于工夫论着墨不多，但却是有着自己的体系。对于牟宗三工夫论思想的考察，应当立足于他的“三系论”上。牟宗三按照三系把工夫论分成两大进路包含三类，囊括了主要理学家的理论。在他谈及的所有工夫论当中，牟宗三本人最为推崇“逆觉体证”，尤其是“内在的体证”，但也对于其他的工夫论有肯定。牟宗三对于工夫论的看法有一个变化的过程，其中就包括了对于“超越的体证”和“顺取之路”的从较为排斥到归纳进体系的过程。这可以一定程度上解释部分学者将某种特定工夫论概括为牟宗三工夫论思想的原因。但以牟氏最终观点而定，还是认可了多种工夫论。而且牟宗三的“逆觉体证”在前人的基础上更进一步，有所发挥，发展了“逆”的多种涵义。通过整体的梳理可以发现，虽然牟宗三对于宋明理学的讨论穿插了许多工夫论内容，但还是属于从属地位，有着很大的展开空间。

对于一些具体的工夫论，牟宗三一方面认为前人之述备矣，已经不需要他再进一步阐述；另一方面，他本身对于工夫论的具体内容相对不关注。除此之外，牟宗三的工夫论，更倾向于理论的工夫，而非现实的工夫。换句话说，牟宗三确实不缺乏对于工夫论的种种理论划分和定义，但他虽然关注现代性，却并不十分关注具体工夫在现代是怎么落实的。这部分程度上也与他的“即工夫即本体”观点有关，首先因为本体与工夫本来就是密不可分的，阐释本体论从另一个角度上讲也是在讲工夫论，事实上在牟宗三的著作中也确实如此，他阐释工夫论往往是作为对本体论阐释的补充；并且“即工夫即本体”的说法还是有着强烈的顿教色彩，易使人忽视工夫论中的具体问题。

（方世旻，武汉大学中国传统文化研究中心硕士生）

逻辑学

非理性与戴维森式整体论的语境解释

——彭文楷——

摘要：戴维森在《非理性的悖论》中提出，主体不连续命题态度导致的逻辑不一致具悖论性，他反驳柏拉图原则、美狄亚原则和亚里士多德分析等方案，主张用弗洛伊德主义心灵亚结构划分方案解决。本文指出，该方案与戴维森整体论等观点冲突，威胁其理性概念，冲突源于宽容原则运用与全局性整体论的矛盾，故需评估整体论合理性。文章澄清戴维森式整体论后，指出塔斯基真理论语言分层与整体论语言可互译性、命题态度依存性不兼容，但这非致命打击，为语言分层提供语境新解释可辩护整体论。最后论证，此语境解释能合理理解非理性现象 —— 其本质是主体新语境中注意力局限与连续性失败，而非特定语境逻辑推理失败。该解决思路属亚里士多德式，故戴维森应持改进的亚里士多德主义，而非弗洛伊德主义。综上，本文核心是借整体论语境解释，为非理性悖论提供更优解。

关键词：非理性悖论　戴维森式整体论　语境解释

导　论

唐纳德·戴维森（Donald Davidson，1917—2003）在《非理性的悖论》中认为，发生在主体身上的非理性（irrational）的现象——不连续的命题态度产生了逻辑不一致的现象——从理论上来说是悖论性的。并且，戴维森基于某种弗洛伊德主义的主张，为非理性悖论提供了一种心灵划分的解决方案。但是，根据笔者对于戴维森的哲学理论的理解，戴维森对非理性悖论的弗洛伊德主义解决方案似乎是与其关于命题态度的整体论（即命题态度之间的相互依存关系所构成的结构）的主张是相冲突的。戴维森的哲学理论是高度系统性的，因而这种自相矛盾对于戴维森的理论来说是难以理解和接受的。

因此，本文的主要目标在于说明为何弗洛伊德主义解决方案是与戴维森的命题态度整体论从根本上是相冲突的，我们应对此如何取舍，以及如何在命题态度整体论的框架之下为非理性悖论提供一个更合理的解决方案。

本文的主要工作均围绕戴维森的相关文本展开，在内容上主要涉及的是戴维森在行动哲学和语言哲学的理论。笔者将以三个部分来对上述内容进行详细说明。

在第一章中，笔者将对戴维森是如何从他对非理性悖论的分析中得出弗洛伊德主义解决方案的过程进行详细说明，指出戴维森认为弗洛伊德主义的心灵划分在何种程度上优于柏拉图原则、美狄亚原则和亚里士多德分析。然后再从整体论的视角出发，开始对弗洛伊德主义的解决方案进行批判，以说明这种解决方案何以是与整体论相矛盾的，以及其背后的关于宽容原则的预设在何种程度上与整体论存在差异。

在第二章中，笔者将重点从关于非理性悖论的行动哲学讨论转向关于命题态度整体论的语言哲学讨论，探讨什么样的整体论才是合理且符合戴维森哲学的整体框架的。基于某种语言分层结构，戴维森认为蒯因式的整体论中蕴含着悖论性的自相矛盾，因此他提出了更彻底的全局性的整体论作为替代。但这种戴维森式的整体论就其初步的表述（也就是戴维森本人对此的模糊表述）而言，仍然在语言分层问题上不能完全避免产生悖论。这个悖论在戴维森关于塔斯基式的真理论的讨论中会得到充分的体现。而为了解决这一悖论，笔者会提出一种新的对戴维森式整体论的语境解释理论，从而使得戴维森式整体论得到一个融贯且合理的辩护。

在第三章中，笔者将指出，在得到语境解释理论之后，对于非理性悖论的解决应当基于戴维森式的整体论，而非宽容原则。并且我们可以通过语境解释和非理性悖论在结构上的相似，将语境解释理论中对于命题态度的处理迁移到非理性悖论的解决上。我们可以将非理性现象中的命题态度归入不同的语境和语言层级，使得其中的相互依存关系可以暂时失效，从而以一种得到改良的亚里士多德分析的方法解决非理性悖论，并最终构造出一种关于心灵的新图景。

由此，我们便通过对戴维森式整体论的语境解释，为非理性悖论提供了一种较之戴维森本人所给出的解决方案更优的解决方案。

一　悖论性的非理性

（一）解决非理性问题的四种方案

戴维森在《非理性的悖论》中以“非理性”一词意指“单独某人在信念、态度、情感、意向和行动的方式上的融贯性或一致性的失败，例如一厢情愿的幻想、不按最优解的行动、自我欺骗以及低置信度的信念”。①

虽然在通常情况下，我们会把某些自己不同意的他人的行动、信念、态度或推理也认为是“非理性”的，但在戴维森看来这只是一种污名化，并且在他的讨论中并不会关注这些事例。这是因为完全理性的不同主体之间也可以在偏好取向上产生分歧，但这只是主体间的分歧，而非主体和他自己之间的分歧，而后者才是戴维森所真正关注的。②由此，戴维森将非理性现象进一步定义为有理性的主体在理性范围内的失败，而不是理性范围之外的无理性（non-rational）。

这意味着戴维森在对理性主体的思想和行动的解释中采取的是一种关于命题态度的全局性（universal）的整体论（holism），也就是说主体的理性优先于其非理性，并且将主体的理性视为归属于他的命题态度在解释上的融贯。所有这些命题态度是相互依存、关联的，共同构成了主体的整个心灵。

例如在《非理性的悖论》（*Paradoxes of Irrationality*）中：

> 理由就是心理事物的整体特征。一个句子的意义，或者说一个信念或欲望的内容，不是某个可以独立于其后继而仅依附于它本身的东西…… 一个归因是建立在对更多，乃至于无穷无尽的归因的假设上的。③

在戴维森的其他论文中，我们也能发现类似的论述，例如在《信念与意义的基础》中：

> 所作出的每个解释和对态度的归属都是在一种整体论的理论范围内所采取的一个步骤，这种整体论的理论必然地是由对真理概念的相容性和一般融贯性的关注所支配的。④

这种整体论是戴维森对主体的理性的说明的基础。在这样的整体论之下，原则上来说对主体的所有行为或心理状态的解释都是一种合理化解释，这种解释建立在理由说明的基础上，主体的行为都是意向性的，而理由说明就是对于顺着命题态度间的相互依存关系（interdependent）在心灵中进行追溯的过程的说明。并且，根据戴维森在《行动、理由与原因》中关于行动哲学的讨论，意向性的行为就是可以通过适当的理由说明来进

---

① Donald Davidson, “Paradoxes of Irrationality,” *Problems of Rationality* (Oxford: Oxford University Press, 2004), pp. 170.

② Donald Davidson, “Incoherence and Irrationality,” *Problems of Rationality*, pp. 189.

③ “Paradoxes of Irrationality,” *Problems of Rationality*, pp. 183.

④ 唐纳德·戴维森：《信念与意义的基础》，见《真理、意义与方法》，牟博选编，北京：商务印书馆，2008年，第216页。

行合理化解释的行为，并且基于理由说明的合理化解释同时也是一种因果解释，行动的基本理由就是它的原因，[①] 这一结论同样也可以推广到对信念、意向、推论和情感等等其他的心理事件的解释上。也就是说，命题态度之间的相互依存关系可以在推论关系和因果关系两方面得到确保。因此，解释非理性现象的关键在于：如果认为非理性现象确实会发生在理性的主体身上（至少是在表面上看上去如此），那么理由说明的解释模式也适用于非理性现象。也就是说，发生在主体上的，无论是理性还是非理性的现象，都在解释上可以将其从表面上的状态追溯到某个（或某些）直接的理由，然后又可以从这些理由进一步追溯到作为整体的整个心灵。反过来，我们也可以将这一过程理解为是心灵中推论产生了某个理由，而这个理由证成了主体的某个特定的状态。

因此，主体的行动与其理由之间存在一种可以用实践推理的一般概念来描述的逻辑关系，即行动的理由提供了前提，而我们可以从这些前提中推理出与行动相对应的结论。[②] 这使得我们可以用逻辑关系来理解主体的行动，无论其是否是理性的。这确保了接下来的关于非理性现象讨论是至少是可行的。

对非理性现象进行解释时需要注意的另一个关键是：非理性的状态应当是主体深思熟虑的结果，主体的行为违背了他在考虑了所有情况之后认为是最好的东西。例如，戴维森对于不节制（incontinent）的行动的定义：

> 某个主体在做 x 时是不节制的，当且仅当：(a) 这个当事人做 x 是意向性的；(b) 这个主体相信有一个可供选择的 y 行动方案对他是开放的；并且 (c) 根据这个主体判断，虑到各种可能性后，做 y 比做 x 要好。[③]

这至少意味着戴维森认为在某个特定的情况下（无论其是否理性），主体能够考虑到所有的可能性。也就是说，主体的全局性的心灵整体在特定情况下仍然能够对主体保持透明性。对任意一个命题态度而言，只要与当前情况中涉及的命题态度之间存在相互依存关系，那么就会在当前的情况中起到积极的作用。并且，在任意一个命题态度上发生的变化都会通过相互依存关系传递到其他的命题态度上，并使之产生相应的变化。

为了方便和清晰起见，笔者将戴维森构造的理由说明的模式在非理性现象上的应用，或者说非理性现象中的实践推理的过程以如下形式表述，这为本文对于非理性现象的分析提供了一个大致的图景和框架（虽然戴维森本人没有做出如下的表述）：

---

① 唐纳德·戴维森：《行动、理由与原因》，见《真理、意义与方法》，第 386 页。

② Bratman M., "Davidson's Theory of Intention," *Essays on Davidson: Actions and Events* (ed. Bruce Vermazen and Merrill B. Hintikka; Oxford: Clarendon Press, 1985), pp. 14.

③ 唐纳德·戴维森：《意志薄弱如何可能》，见《真理、意义与方法》，第 465 页。

表 1—1　对非理性现象的理由说明

理想（理性）过程：	状态$_1$（理性）	←	理由$_1$（最优）	←	心灵$_1$
	↕		↕		↕
实际（非理性）过程：	状态$_2$（非理性）	⟶	理由$_2$（非最优）	⟶	心灵$_2$

从理论上来说，心灵$_1$和心灵$_2$是同一的，都是主体的心灵整体。在理性的理想过程中，由于不存在任何的不一致，从心灵中推导产生的理由$_1$实现为状态$_1$的过程是自然而然的。而在非理性的实际过程中，主体产生了状态$_2$，并且由于这一状态在解释上只能追溯并归因为与心灵中其他命题态度不一致的理由$_2$，这一状态被判定为非理性的。并且，理由$_2$的来源也只能是主体的心灵。

但是，戴维森将对于非理性的行动、信念、意向、推论和情感的解释都视为悖论性的，即我们无法合逻辑地用理由说明的方式来解释非理性现象。之所以对非理性现象的解释是悖论性的，是因为戴维森认为采取任何解释或解决的方案都不可能成功。在《意志薄弱如何可能》中，戴维森总结出了在解释非理性现象，或者说（以一种更古老的表达方式表述为）意志薄弱问题（akrasia）时以往哲学家通常采取的三种不同的方案①，并在《非理性的悖论》中将其正式提出②：

①柏拉图原则③：任何意向行动都不可能内在地非理性，非理性的概念在逻辑上可以被先验地排除，因此完全不可能存在非理性现象。所谓的“非理性”只是无知所导致的。

②美狄亚原则④：非理性现象完全是异己的力量所导致的，只有当这种异己的力量超越了主体的意志时，才会产生非理性。因而非理性现象不是意向性的。

③亚里士多德分析⑤：非理性现象的原因在于遗忘，主体失去了与自己的某些知识

---

① 《意志薄弱如何可能》，见《真理、意义与方法》，第 465 页。

② “Paradoxes of Irrationality,” *Problems of Rationality*, pp. 174—176.

③ 戴维森声称这一说法来源于桑塔斯（G. Santas）的《苏格拉底的悖论》一文。我觉得这似乎体现了某种对柏拉图的刻板印象。因为据我所知，柏拉图似乎在某些著作中并不这么认为。在很多情况下，柏拉图对某些行动的解释也采取了与戴维森类似的策略（这一点在下文中将会提到），即将主体的心灵（或者更古典的词，灵魂）划分为相互对立的不同部分，亦即承认了内在的冲突的可能。例如《斐德若篇》253e5—254e5 中将灵魂比作由车夫、良马和驽马在相互拉扯中组成一架马车的片段，这种比喻似乎更类似于戴维森所持有的那种弗洛伊德主义。

④ 这一原则来源于欧里庇得斯的《美狄亚》中的情节：美狄亚请求她的手不要杀害她的孩子时，她的手或其背后的复仇力量战胜了她的意志。

⑤ 与前面的柏拉图原则一样，本文乃至于戴维森都并没有说这一定就是柏拉图或亚里士多德本来的观点，这仅仅是借用名字以便于分类而已。按照戴维森的说法，亚里士多德分析的来源是《尼各马可伦理学》1147b 中的“在这个意义上拥有知识不是意味着知道而只是意味着说出”。参考《意志薄弱如何可能》，见《真理、意义与方法》，第 472 页。

的积极联系。存在着有意识和无意识的知识，但主体最终的行动无论其根据是否有意识，这个行动本身是有意识的。

笔者并不十分清楚这样的命名是否符合那些哲学家的本意，但本文的讨论需要避免这类哲学史上的争议，因为这些内容似乎对我们理解戴维森的论证并没有太多的帮助，且不影响我们理解这三种解决方案的思路。因此，本文接下来的工作是就事论事，借助上面给出的那个分析框架，逐一陈述戴维森对这三种方案的分析。

柏拉图原则认为不可能存在任何非理性现象。因此按照柏拉图原则的做法就是将第二行所描述的过程全部划掉。这是一种纯理性的主张，但与我们的直觉和前提都不相符，因为直觉和前提条件都告诉我们非理性现象并非不可能。

美狄亚原则认为非理性实质上是无理性，不在理性主体的讨论范围之内。如果按照美狄亚原则来解释非理性，那么我们就需要切断从状态$_2$向理由$_2$的追溯的任何可能性。但是这样一来我们就无法说明非理性的理性背景，这违背了我们对主体的行为理由说明的合理化解释原则，也违背了一开始对非理性现象的定义。并且，这意味着非理性的行为或心理状态不是意向性的，因此主体作为当事人也不应对此负责。

而亚里士多德分析认为非理性的本质在于无意识的行为。那么根据亚里士多德分析，理由$_2$与主体的心灵整体之间就缺乏了某种积极的联系，心灵中的某些命题态度不能在此处的非理性情况中发挥积极作用，因此在某个特定非理性的情况中，我们无法从理由$_2$追溯至心灵整体（或者说至少是心灵中的某些命题态度），虽然这在其他更理性的情况下则是完全可能的，因为理性的情况中总能使这些命题态度是融贯的。

并且，戴维森认为，美狄亚原则与亚里士多德分析都存在相同的问题，即这两种解释所构造的模型都不是明确的非理性或不节制，因为非理性的情况要求主体是意向性地去做出行为，而同时又意识到这一行为并非最优。美狄亚原则的解释中根本没出现意向，而亚里士多德分析的解释中的主体没能意识到其他可能性，因此都缺乏了构成戴维森设想的那种真正意义上的非理性现象的要素。

更进一步地，这两种方案都不能解释理由直接冲突的情况，即主体既有做某个行为的充分理由，也有不做这个行为的充分理由。在美狄亚原则的解释中完全不涉及任何理由，而亚里士多德分析的解释中只出现了单方面的理由，而不存在与之相冲突的理由。

因此，在戴维森看来，已有的这三种方案并不能很好地解决非理性现象所引发的悖论。戴维森转而把解决悖论的希望放在一种被他称为是弗洛伊德主义的理论上，而这据称是在心理学家弗洛伊德（Sigmund Freud，1856—1939）的精神分析学理论影响下提出的。根据戴维森对弗洛伊德的理论的总结，他提炼出了一些弗洛伊德主义的核心主张：

首先，心灵中包括了大量半独立亚结构，这些结构是由诸如思想、欲望和技艺等心理属性刻画的。

其次，心灵的若干部分在重要方面与人相似，不仅在于具有信念、愿望和其他心理特征（或由它们所构成），而且在于这些因素可以在意向行动中结合起来，以引起心理内外的其他事件。

第三，当某些刻画了心灵亚结构的倾向、态度和事件影响到了心灵中其他亚结构，或者受到其他亚结构的影响时，必须要以物理的倾向和力的模型来看待。①

正如之前那三个方案一样，虽然很难说戴维森的总结在多大的程度上是对弗洛伊德精神分析理论的正确刻画，② 但由于这样的命名并不影响本文讨论的有效性，此处也就不打算进一步挖掘这一思想史的背景。

根据弗洛伊德主义的核心主张，戴维森给出的解决方案在于：首先将发生非理性现象的心灵划分为不同的半独立的部分，并且这些这些部分也具备类似于整个心灵的整体性特征，因此其中的命题态度的组成是结构性的，而非仅仅无序的堆砌。然后再把心理事件看作发生在心灵中这些不同的半独立亚结构中，从而可以使得一个心理事件构成另一心理事件的原因而不构成其理由，命题态度的相互依存关系只在亚结构中发生，而不能跨结构地发生，哪怕它们处于同一个主体之内。非理性现象的形成过程就发生在一个与一般的理性过程所处的半独立亚结构相互独立且完全不同的另一个亚结构中，虽然非理性现象仍然发生在主体的内部，但由于亚结构之间只存在因果关系，我们就无法再通过命题态度之间正常的相互依存关系（其中除因果关系之外还存在逻辑推理关系）来将非理性的状态以理由说明的方式追溯至主体的整个心灵。

正如戴维森所设想的："在非理性的情况中，存在着因果关系，但却失去或歪曲了逻辑关系。"③ 戴维森需要某种东西能够在对非理性现象的解释中构成非理由的心理原因，而他选择的是在心灵中构造半独立亚结构。而之所以心理事件构成原因而不构成理由的情况是可能的，是根据戴维森的行动哲学理论，即行为的理由是行为的原因，但原因不一定是理由。④ 相比于逻辑推理关系，因果关系更为普遍，因此戴维森要破坏基于

---

① "Paradoxes of Irrationality," *Problems of Rationality*, pp. 171－172.

② 一个典型的反对意见来自 A. 格伦鲍姆，他认为戴维森总结出的这三个核心主张［他将其称为"戴维森三件套（Davidson's Triplet）"］既不构成弗洛伊德的精神分析理论的核心，又并非弗洛伊德所独有的想法。在这种框架下的解释甚至会造成认知和解释上的负担，以至于超出了精神分析理论的认识论限制。参见 A. Grunbaum, "Does Freudian Theory Resolve 'The Paradoxes of Irrationality'?" *Philosophy and Phenomenological Research*, Vol. 62, No. 1 (2001), pp. 129－143.

③ "Paradoxes of Irrationality," *Problems of Rationality*, pp. 179.

④ 《行动、理由与原因》，见《真理、意义与方法》，第 386 页。

相互依存关系的追溯过程，就只能破坏相互依存关系中的推理关系，而非因果关系。

戴维森的灵感来源于这样一个类比：

> 然而，有一种方式会使一个心理事件造成另一个心理事件，而不会成为说明它的理由，而且这里也不会出现困惑，不会必然带来非理性。这种情况就发生在原因和结果出现于不同的心灵中。例如，希望你进入我的花园，我就在花园里种植了漂亮的花。你看见了我的花之后，就进入我的花园。我的愿望带来了你的观赏和行为，但我的愿望并不是你观赏的理由，也不是你做出行为的理由（或许你根本不知道我的愿望）。于是，一些心理现象会造成另外些心理现象而不会成为它们的理由，并且它们仍然保持心理特征（假定原因和结果是被恰当分离的）。显而易见的情况是那些社会交往活动。但我认为，这个观点可以应用于单个的心灵和个人。①

也就是说，戴维森认为单个人的心灵中不同的半独立亚结构之间的关系可以类比于不同的人的不同心灵之间的关系，而不同的人的不同心灵之间恰好可以存在心理事件构成原因而不构成理由，并且又不导致类似非理性现象的困难。

实际上，如果重新审视前面给出的那个分析框架，我们就会发现戴维森提出这个解决方案是很自然的。通过对前三种方案的分析，我们可以得出的结论是：如果严格按照理由说明的合理化解释的方式来解释非理性现象，那么无论是试图切断状态$_2$到理由$_2$的连接，还是试图切断理由$_2$到心灵$_2$的连接，在戴维森看来都将会是失败的。合理化解释中对于命题态度间的相互依存关系的无止境追溯使得我们的解释模型不能破坏非理性现象的过程本身。因此，为了将非理性的过程与理性的过程区分开来，就必须取消两者之间最后的连接，也就是将心灵$_1$与心灵$_2$相分离，在主体的心灵整体中单独划分出一个半独立的亚结构用以承担产生非理性现象的功能。

至此，戴维森关于非理性悖论的界定和对各种解决方案的看法就已经得到了大致说明。我们也可以看到，弗洛伊德主义的心灵划分的解决方案似乎是戴维森解决非理性悖论的唯一合理的选择。但是，事情远不止如此简单，并且我认为戴维森的方案是值得怀疑的。

（二）弗洛伊德主义与宽容原则

解决一个在逻辑推理过程中没有问题的悖论，就需要对导致悖论的前提进行修正。而戴维森采用弗洛伊德主义的心灵划分方案来解决非理性悖论的事例也不应例外。

---

① "Paradoxes of Irrationality," *Problems of Rationality*, pp. 180—181.

弗洛伊德主义方案在解释中构造出了某种只构成因果关系而不构成逻辑推理的心理过程，所以对于主体而言，并非所有心理过程都能例示逻辑关系，也就是说逻辑关系不是全局性的。因此，对于解决非理性悖论而言，戴维森提出的弗洛伊德主义方案对前提的修正就是对整体论在范围上的弱化，并且这种对心灵的划分在严格意义上是和整体论所要求的全局性是不一致的。

这看起来似乎解决了悖论，但这也明确了心灵划分方案确实对作为前提的整体论进行了修正。而这种修正是否可行，笔者认为还需要慎重考虑。并且，虽然之前没有提及这一点，但是说戴维森完全无视了这种不一致或者冲突是不严谨的，只是在相关文本中戴维森试图以“宽容性”一词来代替“整体性”在其理论中发挥的作用：

> 毫无疑问，在解释中不可避免的宽容原则是与对心灵的划分相对立的。因为进行划分的要点就是允许在同一个心灵中存在不相容的或冲突的信念、愿望和感觉，而所有这些解释的基本方法则告诉我们，不相容性造成了不可理解性。①

那么，这里就出现了一个新的关于“宽容”的概念。而这涉及戴维森的另一个重要思想，即在对意向性活动（尤其是关于信念和语义）的解释中对“宽容原则”的理解。在戴维森的诸多文本中，随着时间的推移，戴维森对宽容原则的表述在某些细节上产生了些许变化，不过在这里，这种变化还无关主旨，此处给出的是一种典型的，也更适用于此处讨论的对宽容原则的表述：

> （在翻译者对说话者的话语的意义进行解释的场景中）融贯原则促使翻译者发现说话者思想中的逻辑一致性程度；符合原则促使翻译者把说话者看作是对相同的世界特征作出的反应，翻译者在相似的环境中也会作出这种反应。这两个原则可以（而且一直是）被称作宽容原则：一个原则是赋予说话者少量的逻辑，另一个原则是赋予他关于世界的真信念程度。成功的解释必然赋予被解释者以基本的理性。②

并且，戴维森认为，宽容原则在解释上并不是一个偶然的假定，而是解释中的基本要素，而非一种可有可无的选择。③

确实，在戴维森哲学的大多数的一般情况下，我们可以将宽容原则中的融贯原则视为与命题态度整体论相等同的，因为两者的作用都在于使得主体的行为具有合理性。但宽容原则所要求的只不过是被解释者在大体上的合理，或者说他的命题态度大多数是融

---

① “Paradoxes of Irrationality,” *Problems of Rationality*, pp. 184.

② 唐纳德·戴维森：《知识的三种类型》，见《真理、意义与方法》，第 373 页。

③ 柯克·路德维希：《唐纳德·戴维森》，郭世平译，上海：复旦大学出版社，2011 年，第 17 页。

贯的，可以理解的，而并没有像整体论那么强，要求的是一个全局性的结论。比起整体论和宽容原则的共同点，本文中笔者更关注的是两者之间的差异。

我想以 S. 戈扎诺（Simone Gozzano）的相关工作来引入对此的讨论。戈扎诺也注意到了对心灵的划分与戴维森的哲学理论系统之间，尤其是与整体论之间的兼容性问题。并且他认为这两者在很大程度上是相冲突的，因而弗洛伊德主义方案也是失败的。①

戈扎诺对戴维森的方案的重构和批评始于这样一个论点：在整体论下，心灵中的每一个能够单独行使理性功能的半独立亚结构都要具有相当于整个心灵的复杂性。这是因为，在命题态度整体论中，某个心理状态能够被算作一个命题态度的条件就是它被包含在与其他命题态度相互依存的复杂样态之中，而这些态度（根据宽容原则）大部分是真且一致的。并且，正如戴维森所言，"为了构造这种所需的结构，一部分心灵就一定表明了比赋予整体更大程度的相容性或理性"②，半独立的亚结构必须表现得比整个心灵更具有整体性，其中的命题态度也需要更为坚实和完整的证成。

于是，戈扎诺构造了这样一个例子用以对心灵的划分进行归谬：

> 想象一个叫卡洛斯的人，他刚刚买了一张彩票。卡洛斯知道什么是彩票以及它是如何运作的。考虑到宽容原则，我们应该将卡洛斯的信念归结为他很不可能赢得大奖。然而，卡洛斯表现出的一系列行动却让我们认为他相信自己很有可能赢得大奖：例如，他负债累累，却告诉人们自己很快就会变得非常富裕，或者他试图用彩票作为抵押以购买他不可能负担得起的商品……为了相信自己会赢得大奖，卡洛斯必须持有某些关于彩票和概率的一致的信念。而同时他也应该有类似的信念与相反的信念相联系，即他不太可能会中奖。③

因此，在构成矛盾的两个信念的背后都分别有着复杂程度相当于整个心灵的结构。并且，由此戈扎诺得出，如果我们对合理性的要求和规范是始终一致的，那么对心灵的划分会在心灵中创造出两个在规模上相等的亚结构。在这一结论的基础上，戈扎诺进行了这样一个批评：将心灵划分为多个亚结构的模型会将每个人都视为精神分裂，并且需要假设某种认识论上的过度冗余，从而使得每个人都必须被描述为至少受两套原则所支

---

① Gozzano Simone, "Davidson on Rationality and Irrationality," *Interpretations and Causes: New Perspectives on Donald Davidson's Philosophy* (Dordrecht: Springer, 1999), pp. 137–149.

② "Paradoxes of Irrationality," *Problems of Rationality*, pp. 181.

③ "Davidson on Rationality and Irrationality," *Interpretations and Causes: New Perspectives on Donald Davidson's Philosophy*, pp. 137–149.

配，而这种过度的冗余无法通过单个的心灵来实现。①

但我认为戈扎诺的批评并非成功的。戈扎诺提出的那个论点是正确的，但并不能得出他的结论。问题是，在关于命题态度的整体论中，虽然每一个命题态度都确实是隐含的所有态度的结果，但这并不意味着产生任意一个态度都需要相同规模的复杂结构。心灵中划分出的半独立亚结构虽然具有的是相当于整个心灵的复杂理性功能，但这并不意味着这里的整个心灵指的是这一亚结构所处的主体的心灵，也不意味着所有的具备理性功能的结构在规模和复杂程度上都是一致的。在论证过程中，此处发生了一个可疑的跳跃。

并且，要在构成矛盾的两个亚结构中，除开直接对立的那两个命题态度之后还要使得其他每一个命题态度在另一个亚结构中找到一一对应的镜像，这更是不太可能的。在两个亚结构中所有前置命题态度都相同的情况下导出对立的命题态度是不可能的，因为根据定义，亚结构内部不是矛盾的。而如果只有部分前置命题态度相同，而另一些关键条件的不同所导致的对立也是不可能的，因为基于整体论，某些命题态度的不同会导致所有的命题态度的不同，所谓的相同只是表面上的相似，而其中的逻辑与因果关系则会跟随那些命题态度的改变而在根本上改变。

那么，一种典型的反例就可以被我们构造出来了，在这种反例中，在弗洛伊德主义方案下被划分出的两个亚结构之间存在矛盾，并且它们在规模和复杂程度上并不相同：正如某些文学修辞所说的那样，某人可以在某些方面表现得幼稚而在某些方面表现得成熟，那么心灵划分就完全可以划分出一个相当于儿童心智水平的规模和复杂程度较小的亚结构和一个相当于成人心智水平的较大的亚结构，并且在这两个亚结构中的所有命题态度都分别是融贯的。在一个亚结构中对某物是类似儿童水平的认知，而在另一个中则是类似成人的，那么就可以对此物产生不同的反应，从而产生分歧和对立。②

在主体的整个心智中划分或者拟构出一个儿童水平的亚结构似乎不是什么难事，这就像是在电脑主机上运行了一台虚拟机，显然不会造成戈扎诺所设想的那种认识论或者

① 实际上，戈扎诺在这一批评之后又提出了一个更进一步的批评，但我认为这个批评是难以理解的：戈扎诺认为心灵中的划分会造成理解上的困难，因为解释者不能把由划分所产生的两套原则归给自己，并且解释者和被解释者的理性的标准是一致的，因此解释者也不应用这种两套原则的模型来解释他人。之所以我说这是难以理解的，是因为戈扎诺根本就没有论证为何解释者不能将弗洛伊德主义应用于对自身的解释（值得补充的是，精神分析学家往往也会进行自我剖析）。我想这个前提的可能的理由在于，如果解释者自己是非理性的，那么他给出的解释就将会是矛盾的，因此就不能作数。然而，承认解释者是非理性的并不意味着解释者的非理性现象发生在对被解释者的非理性现象进行解释的过程中，解释者的非理性和不一致完全有可能发生在其他事情上，因此他对被解释者的解释就不太可能是矛盾的。

② 在弗洛伊德主义的精神分析学中的童年创伤理论似乎与此类似：幼儿时期的经历以小范围内相互融贯的方式被分离于主体的其他经历，并被单独保留至成人时期，并不断产生与成人的正常理性相冲突的态度，从而导致此人表现出了非理性。

思维能力上的过度冗余所导致的沉重负担。

一种可能的反驳会认为相当于儿童水平的亚结构不足以具有理性的功能。但是，参照戴维森的相关说法，“理性是一种社交特性，只有能够沟通的人才有这种能力”①，能够具有融贯的命题态度并且能够将其表达出来就已经足以算是理性的了。戴维森仅仅将无语言能力的婴儿视为无理性的，但此处这个反例中说的是具有语言能力的儿童。

此处构造出的这个反例是符合戴维森的本意的。因为戴维森认为解决心灵划分与整体论之间的冲突的关键仍然是宽容性。基于宽容原则所要求的大多数的融贯，戴维森的说法是“这是一个程度问题，我们不难理解在大部分都赞同的背景下存在小的分歧”②，只要我们将大多数正常的融贯的命题态度视为划分出的较大的那个亚结构中的内容，而将与此产生不一致的那些态度及其相关的东西视为较小的亚结构中的内容，就不会使得心灵的划分到达威胁到理性本身的程度。

因此，在能够确保大多数命题态度是融贯的情况下，弗洛伊德主义方案与宽容原则非但不矛盾，反倒是完全一致的。戴维森在此处诉诸宽容原则确实能够让心灵中的划分得到辩护。而戈扎诺的批评中存在缺乏论证的跳跃，并且未能理解到戴维森引入宽容原则的意图，从而使得在叙述中混淆了宽容原则和整体论在范围上的要求。

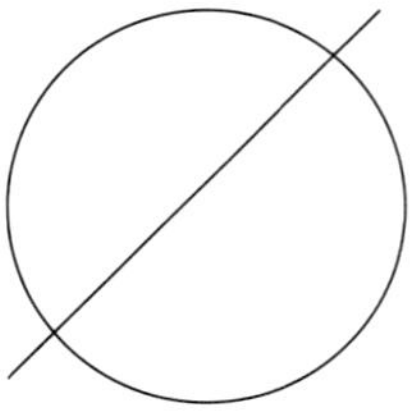

戈扎诺设想的划分

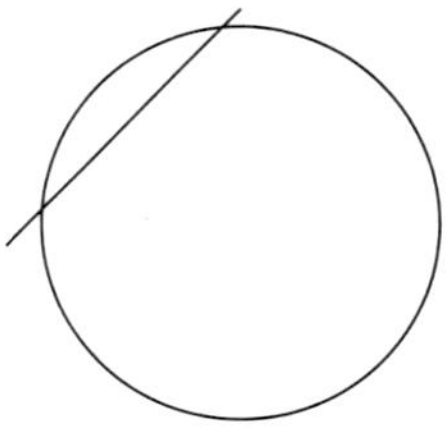

基于宽容原则的划分

图 1—1　两种划分方式

但是，问题的关键在于根据这种划分，我们是否还能够将命题态度的融贯保持在大多数的范围上？

首先，我们仍然需要明确整体论和宽容原则在弗洛伊德主义方案中分别所起到的作用。再次回顾戴维森关于心灵中的半独立亚结构的断言：一部分心灵就一定表明了比赋予整体更大程度的相容性或理性。这句话似乎可以产生两种解读，如果进行了心灵划分，那么对于整个主体而言，无疑是只能适用宽容原则的解释的，但对于亚结构本身其内部的结构而言，戴维森并未明确表明是应该继续使用在程度上较之整体更为严格的宽

① Donald Davidson, “Rational Animals,” *Dialectica*, Vol. 36 (4), (1982): 317—328.

② “Paradoxes of Irrationality,” *Problems of Rationality*, pp. 184.

容原则，还是直接使用全局性的整体论。但在这两种解读之间，我们还是能够判断出应当选择后者。如果在亚结构上的宽容也只能确保一种大多数的融贯（只是较之主体上的宽容更大），那么这说明亚结构上也会产生非理性现象，从而导致我们对非理性现象的解释变成恶性的无穷倒退，其最终结果只能是每个单一的命题态度都构成一个亚结构，这样一来就根本不存在亚结构内的推理关系，变成了无理性之后自然也不可能产生非理性。因此，划分出的亚结构就只能是全局性的整体性的，宽容原则只适用于整个主体而并不适用于亚结构。

然后，我们便可以构造出一个基于此方案的更为理想的模型：在主体的整个心灵中存在根据非理性现象所产生的逻辑断裂划分出的一大一小两个半独立的亚结构，其中较大的那个更主要的亚结构支配着主体日常的大多数正常的理性行动，只有当非理性现象发生在主体上时，我们才会将问题归因给较小的那个的干扰。并且分属两个亚结构的任意两个命题态度之间都不能构成逻辑关系，而只可能构成因果关系，就像在一般情况下的两个不同主体所具有的命题态度那样。并且由此我们可以得出，这两个亚结构之间的划分虽然在对某个非理性现象的解释中才得以显现，但这个划分本身是先天的，产生自主体的理性诞生之初，笔者将其称为“原始划分”，不然的话就会使两个亚结构共享了某些相同的内容，从而导致亚结构间的逻辑关系是可能的。按照这种理论，对于每一个非理性现象，我们都可以将其追溯至某一个原始划分上。

但是，问题在于，这样的划分具有强烈的特设性。仅仅为了某个亚结构在一部分非理性现象中为数不多的出场，我们就不得不将其视为与主体终生相伴的，并且除此之外再无任何作用的东西。在解释上，我们必须将每一个原始划分都从头到尾地贯彻下去，这才能使得我们对主体的解释是合理的。

而另一个更为严重的问题在于，如果主体身上多次发生了非理性现象（这完全是可能的，同时也是非常现实的），那么我们是否能够在解释中将每一个非理性现象都追溯到并且归罪于少量，乃至于同一个原始划分？亚结构上更大程度的整体性只不过是戴维森对于某个特定的非理性现象的解释的假设和要求，但并非只有那一个非理性现象需要我们的解释。笔者并不否认同一个原始划分会导致多个一连串相互关联的非理性现象，或者说在解释上可以把多个非理性现象归咎于同一个亚结构，但从定义上看，我们无法要求从一个特定的原始划分中产生出的亚结构能够导致这个主体的所有非理性。而出于宽容原则对大多数的要求，我们需要对原始划分的数量加以限制，不然的话，由划分过多导致的每一个亚结构中的内容都太少，以至于不足以构成主要的亚结构，也不足以在功能上生成主体日常的理性行动。这确实是一个程度问题，但笔者认为这个程度是我们无法保证也无法加以限制的。

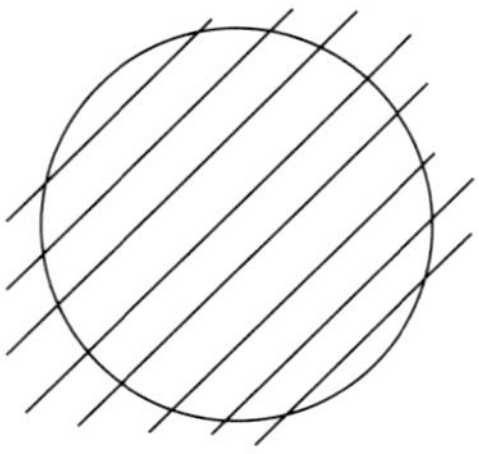

图 1—2　不加限制的划分

由于在被划分出的较小的亚结构中与更主要的那个亚结构一样具有相同水平的一致性，我们在解释上就不能将其作为承载所有非理性的垃圾桶。那么，我们可以在弗洛伊德主义的图景下构造这样一个反例：主体持有 a、b、c 三个命题态度，其中 a 属于主体心灵中最大的那个亚结构，亦即被我们通常理解为起到支配作用并且构成整个主体的理性的那个亚结构。而 b 和 a 是不一致的，c 和 a 也是不一致的，相对于整个主体，或者 a 所处的亚结构而言，b 和 c 都是会导致非理性现象的。如果要在解释中将对心灵的划分减至最少，那就应该把 b 和 c 放到同一个亚结构中。但是问题在于，没有任何证据表明 b 和 c 必然是一致的，如果 b 和 c 也是不一致的，那么这个所谓的亚结构内部也就是不一致的，因而不足以构成一个亚结构。并且从理论上来说，在可能的情况下，我们可以将这些不一致的命题态度无限列举下去：即使我们在解释中将 b 和 c 暂时分别归属于两个不同的亚结构，仍然不能保证这些亚结构中会不会存在尚未出现或尚未被发现的命题态度 d 构成新的不一致，进而导致当前的解释失败。这种情形完全是可设想的，并且这种可设想的情形会导致划分的无限增加。

这样一来，每一个亚结构在经过各种划分之后其规模都只能缩减至能够承担一致性的最小程度。而亚结构还能保持一致性的最小规模就能是其中只包含一个命题态度，这个命题态度不与其他命题态度之间构成逻辑关系，也就自然不可能扭曲或者再失去一个根本不存在的逻辑关系。而这最终会导向完全的无理性和原子论，完全违背了戴维森的命题态度整体论的要求。

因此，我认为宽容原则并非一个用来解释非理性现象的好理论。并且，弗洛伊德主义方案中的问题并不像戈扎诺所设想的那样，出在心灵划分与宽容原则（以及宽容原则在某些方面所代表的整体论）之间，而出在宽容原则的大多数和整体论的全局性之间，宽容原则和整体论虽然在大体上保持了同步，但在对非理性现象的解释上仍然存在无法忽视的分歧。

如果戴维森关于其他三种对非理性的解决方案的批评在逻辑上是行得通的，并且笔者在这里给出的对弗洛伊德主义方案的批评也是行得通的，就说明戴维森所列举出的四种解决方案（并且这似乎已经是所有可能的解决方案了）都是无法解决非理性悖论的。

仅就一篇纯反驳性的论文而言，上述内容似乎已经足够。但是作为戴维森在诸多方面的同情者，我既不认为命题态度整体论是完全不可靠的，也不认为非理性悖论是无法解决的。当前的困难是因为缺乏对整体论的更为细致的说明，即我们是否需要如此强的整体论？命题态度整体论的全局性是否存在缺陷？这都有待于对整体论的进一步讨论。

二　整体论与语境解释

（一）两种整体论

那么现在所要做的工作就是评判一种较强的、全局性的整体论对于一种戴维森式的哲学框架而言是否是合理的。笔者认为，从整体论的定义入手是一个较好的选择。因为直到此处，本文的讨论中仍然只采用了对整体论的某种模糊印象，而这种层面的讨论显然不足以彻底搞清楚问题。因此，我们需要暂时脱离关于非理性问题的行动哲学的讨论，转而去对戴维森的语言哲学的工作进行梳理，以澄清整体论在戴维森的整个哲学中的地位和功能。正如戴维森在和莱波尔的访谈中提到的那样，尽管在开始时他关于行动哲学和语言哲学的研究和兴趣在一定程度上是分开的，但最终仍然在对命题态度的分析上发生了重合。[①] 因此，这个行动哲学上的问题本质上是一个语言哲学问题，我们可以通过在合理性问题中的对命题态度整体论的涉及自然而然地过渡到真理理论和彻底解释理论的相关内容上。

但是，问题的关键在于，戴维森在其诸多著作及论文中也没有为我们提供有关整体论的确切定义。戴维森对整体论的描述大量依赖于直觉和事例，例如：

> 只有在一种密集的信念范型的范围内才可识别和描述信念。我可以相信一朵云在太阳前飘过，但这仅仅是因为我相信有一个太阳；相信云是由水蒸气构成的；相信水能以液态或气态形式存在；如此等等。尽管并不需要一系列更进一步的特定信念来赋予我的信念即一朵云在太阳前飘过以实质内容，但必须具备某一组恰当的相关信念。[②]

以及：

> 为了相信这只猫曾经爬上这棵橡树，我就必须具有关于猫和橡树、这只猫和这

---

① Donald Davidson, "An Interview with Donald Davidson," *Problems of Rationality*, pp. 256.

② 唐纳德·戴维森：《形而上学中的真理方法》，见《真理、意义与方法》，第279页。

棵橡树、这个地方、猫和树的表现与习性等的许多真实信念。[①]

在直觉上，我们会认为，在某个或某些论域的范围内，事物，或者至少是我们对事物的认知和解释，又或是我们对事物的言说方式之间都是相互依存的。并且，相互依存关系具有传递性和对称性，且禁自返性。

如果对事物之间的相互依存关系进行研究，则可以根据对在论域中发生的相互依存关系的量化来划分出三类可能的理论：

①原子论：论域中的所有要素之间不存在任何相互依存，因此论域中的要素是原子化的。

②分子论：论域中的所有要素都可以被纳入一系列互不相交的论域的真子集中，并在这些集合内部相互依存关系，且分属不同集合的要素之间不构成相互依存关系，因此论域中的要素是簇状聚集成团的。

③整体论：论域中的任意两个要素之间都构成相互依存关系，因此论域中的要素是整体性的。

这些关于相互依存关系的理论（尤其是整体论）应该被视为元语言中的理论，或者说是一种二阶理论，而将这一理论的论域视为对象语言中的集合。因为这些理论都是关于对相互依存关系的量化的理论，对关系的量化在本质上是二阶的。

将语言分层处理为元语言和对象语言的做法源于 A. 塔斯基（Alfred Tarski，1901—1983）对真理论中的自指悖论的解决，[②] 但并不是说只有当自指悖论出现时，对语言进行分层才是有必要的，语言分层是普遍的，只要对一个句子进行高阶判断，那么语言就会发生分层。关于这一点，塔斯基是这么说的：

> 第一种语言是“被谈论”的语言，是整个讨论的题材；我们所寻求的真理定义是要应用到这种语言的语句上去的。第二种语言是用来“谈论”第一种语言的语言……我们将把第一种语言称为“对象语言”，把第二种语言称为“元语言”。[③]

可能是由于这一点对一些人来说似乎过于基础，是不言自明的；又或是因为另一些人认为语言的分层有违我们日常使用语言的直觉，在已有的关于整体论的讨论中几乎没有人提及或真正严肃对待这一点，特别是对其中的一些问题进行更深入的讨论。但需要说明的是，提及并明确这一点对于本文在本章中关于整体论的，以及随后的一些进一步

---

① “Rational Animals”.

② 阿尔弗雷德·塔斯基：《语义性真理概念和语义学的基础》，见 A. P. 马蒂尼奇：《语言哲学》，牟博、杨音莱、韩林合译，北京：商务印书馆，1998 年，第 81－126 页。

③ 同上。

讨论而言都是至关重要的。

即使将讨论限定在整体论上，以往的哲学家仍然提出了诸多形式和立场不同的理论。此处，笔者按照整体论论域的范围为标准将整体论分为两类：蒯因式整体论（图式整体论）和戴维森式整体论（全局整体论）。并且，在笔者看来，由于论域范围的不同，两种整体论之间具有根本性的差异。

蒯因式整体论的论域或对象语言是特定的，有明确边界的，也就是说这个整体的论域与其他整体的论域是互斥的，诸论域整体间是相对的，而其内部则是固定的，例如某种特定语言、某种生活方式、某种行动模式，或按戴维森的术语，某种“概念图式”①。之所以命名为“蒯因式”的，是因为这类理论首先在蒯因的《经验论的两个教条》一文中被明确提出，并在此基础上进一步衍生了“迪昂－蒯因论题”②。以此种方式来理解整体论的哲学家（无论支持或反对）大概有：蒯因、维特根斯坦（后期）③、库恩④、达米特⑤等等。

戴维森对于概念图式的理论做了如下描述：

> 概念图式是组织经验的方式；它们是对感觉材料赋予形式的范畴体系；它们是个人、文化或时代据以检测所发生事件的观测点。或许在这些概念图式之间无法通过翻译来沟通，因为对于企图进行翻译的人来说，在一种概念图式里表征一个人的那些信念、愿望、希望和点点滴滴的知识，在另外一种概念图式里没有真正的对应体。实在本身是相对于一种概念图式而言的，这也就是说，在一种概念体系里算作实在的东西在另外一种概念体系里可能并不是实在的。⑥

在戴维森的设想中，概念图式之间的相对性表现为图式内部的自洽和相互之间的不可互译、不可理解。

而与蒯因式整体论相对的戴维森式整体论中的对象语言则是无边界的、不特定的，相互依存关系不仅发生在以某一模型为整体的内部，其论域是世界的全部内容，或者说理由的全部逻辑空间。这种整体论是由戴维森对经验主义的第三个教条（即概念图式和

---

① 唐纳德·戴维森：《论概念图式这一观念》，见《真理、意义与方法》，第254—275页。

② W. V. O. 蒯因：《经验论的两个教条》，载《从逻辑的观点看》，见《蒯因著作集》（第4卷），涂纪亮、陈波主编，北京：中国人民大学出版社，2007年，第29—50页。

③ 即“语言游戏”理论，参考L. 维特根斯坦：《哲学研究》，陈嘉映译，上海：上海人民出版社，2005年。

④ 即“范式”理论，参考T. 库恩：《科学革命的结构》，张卜天译，北京：北京大学出版社，2022年。

⑤ 即达米特对整体论的评论，参考M. 达米特：《形而上学的逻辑基础》，任晓明、李国山译，北京：中国人民大学出版社，2004年。

⑥ 《论概念图式这一观念》，见《真理、意义与方法》，第254页。

内容的二分法），以及由此教条所得出的蒯因式整体论所进行的批判中以一种先验论证的方式提出的。① 在这种先验论证中，戴维森强调了认识过程中的三种东西，即对于自我、他人的心灵以及外部世界的认识，是并列的，没有任何一种相较于其他两种具有优先权。② 因此，不存在无法翻译或理解的特定语言，也不存在无法用因果和理由进行解释的行动模式。

在戴维森看来，蒯因式整体论，或者说概念图式理论对于世界中内容或实在的解释是中介性的，即图式是内容和对内容的解释之间的中介。而这其中隐含了两点：不同的概念图式间不可互译；内容或实在相对于特定概念图式，不同概念图式构成了不同的本体论理论。而戴维森式整体论中则不存在这种不可互译的图式作为中介。并且戴维森将概念图式和内容的二分法视为怀疑论的根源。③

戴维森对蒯因的批判主要集中于蒯因式整体论中隐含的图式相对主义会导致一个悖论：除非某人超越了相对主义，他就无法宣称存在这种相对主义；如果他没有放弃相对主义，他也就无法超越相对主义。④ 因为当我们同时承认两种完全不同的图式的正当性时，只有将两者放入同一个坐标系才是有意义的，但是图式之间的互斥又导致这样一个共同坐标系是不可能的，或者说当我们把两个（所谓的）图式放入这个坐标系时，它们就不再可能构成图式了，因此这种图式相对主义是无法被理解和辩护的。

依照前文强调的语言分层理论，蒯因式整体论的相对主义悖论可以被重构为对于这一问题的两难困境，即：元语言，特别是在关于整体论的理论中，是否与对象语言中的内容存在连续的相互依存关系？蒯因式的整体论在确定整体论论域中的内部关系之后，仍然试图以外部视角来对这一整体进行讨论，在外部视角中创造出一个先天中立的元语言（即戴维森所说的共同的坐标系），其中的内容不参与对象语言内容的相互依存关系，但又能够构成对于对象语言的高阶判断。这构成了一个悖论：因为能够进行高阶判断似乎就意味着存在某种依存关系（注意，这里说的不是高阶判断就是一种相互依存关系），即元语言和对象语言在语义或使用上不是无关的，对象语言对于元语言来说不是完全不可理喻的，因为无关和不可理喻意味着判断根本就是无法进行下去的，给出的判断都将会是无意义的。

因此，在戴维森式的整体论的全局性的视角下，蒯因式的整体论更像是一种分子论而非其所宣称的“整体论”。在蒯因式整体论的图景中，我们能够设想出无数个内部自

---

① 《论概念图式这一观念》，见《真理、意义与方法》，第263页。
② 《唐纳德·戴维森》，第164页。
③ 唐纳德·戴维森：《关于真理与知识的融贯论》，见《真理、意义与方法》，第336—365页。
④ 唐纳德·戴维森：《指称的不可理喻性》，见《对真理与解释的探究》，牟博、江怡译，北京，中国人民大学出版社，2007年，第279页。

洽且不可互译的概念图式系统，这和分子论的要求是一致的。

我们可以从戴维森对蒯因式整体论的批判中看到坚持戴维森式的全局性的整体论的理由，这个理由就在于可以避免概念图式相对主义的悖论。至此，本文以属加种差的方式对戴维森式整体论进行了一个初步的定义和说明。

此外，我认为以整体论这个名字来称呼戴维森的理论很可能是具有迷惑性和误导性的，对“整体”的强调实际上是不太恰当地凸显了一方面而又忽视甚至扭曲了另一方面，这使我们从理论的外部而非内部来观察这些理论的论域，因为只有我们自己处于这一论域外部时，我们才将其视为一个整体。蒯因的下述说法就是一个典型的案例：

> 我们所谓的知识或信念的整体，从地理和历史的最偶然的事件到原子物理学甚至纯数学和逻辑的最深刻的规律，是一个人工的织造物。它只是沿着边缘同经验紧密接触。或者换一个比喻说，整个科学是一个力场，它的边界条件就是经验……如果这个看法是正确的，那么谈一个个别陈述的经验内容——尤其如果它是离开这个场的经验外围很遥远的一个陈述，便会使人误入歧途。①

而在戴维森式的理论中，既没有“经验”，又没有“边缘”或“边界条件”，有的只是对整体内部的融贯性和相互依存关系的强调，对相互依存关系的量化并不需要外在之物作为参照。或许我们不应该把戴维森式的理论称为整体论，但是本文还是决定尊重哲学史和学术共同体对此的使用，以免造成更多理解上的困难。

（二）语言分层悖论

虽然戴维森式的整体论声称其指出并解决了相对主义的悖论，但一个更深层次的悖论紧随其后，根植于戴维森的理论框架当中，这个悖论关系到整体论的全局性是否能够得到确保。因为如果我们要同时坚持整体论上的全局性和方法论上的语言分层，那么就无可避免地遇到这样一个问题：如何才能在全局性的整体内部进行高阶判断？

高阶判断意味着我们必须要将判断中所使用的语词从整体中抽离，而这种抽离似乎在一方面意味着外部的中立元语言，在另一方面意味着抽离之后的整体丧失了全局性。在关于图式相对主义悖论的解决方案中，外在于整体的中立元语言是不可接受的。而在戴维森式的整体论，非全局性的论域也是不可接受的。因此这在两方面都是悖论性的。并且，即使在解释中的所有东西确实是按照整体论的原则来运行的，那么将这些东西总结成一个叫“整体论”的理论仍然涉及了高阶判断（之前我已经指出了这一点，对相互

① 《经验论的两个教条》，载《从逻辑的观点看》，见《蒯因著作集》（第 4 卷），第 47 页。

依存关系的量化是一个二阶理论），那么作为理论的整体论是否应该属于中立的元语言？这似乎导致整体论的理论本身也是悖论性的。

进一步地，一个显见的问题就在于，正处于高阶判断中的两者之间的关系是否能够被算作一种相互依存关系？因为我们更倾向于说处于同一语言层级的事物之间具有相互依存关系，不同语言层级的内容是不可以被放入同一个基础命题的。并且，这种说法得到了戴维森的相关观点的支持，戴维森在《关于真理与知识的融贯论》中所设想的融贯性产生符合性的观点表明，我们只能在信念（命题态度）层面具有融贯性，而不能把塔斯基式的真理论，即依靠真值条件来进行高阶判断的真理符合论看作融贯性的。相互依存关系是融贯性的要求，而高阶判断是符合性的要求，虽然融贯性和符合性可以通过戴维森的先验论证结合到一起，但这并不意味着高阶判断就是一种相互依存关系。与此相反，在戴维森的框架中高阶判断关系不可能是一种相互依存关系，否则我们无法区分融贯性和符合性，戴维森所坚持的塔斯基式真理论也会变成一种真理冗余论，而这在戴维森的哲学框架下是完全无法接受的。

因此，当这个悖论得到显现时，戴维森对图式相对主义的责难，乃至于对相互依存关系的全局性要求，就都变得十分可疑了。因为如果在高阶判断中不能构成相互依存关系，那么一方面说明了中立的元语言是形而上学可能的，能够进行高阶判断的语言并不参与到对象语言的相互依存关系中；另一方面说明了整体论并不是全局性的，论域中存在不与其他元素构成相互依存关系的元素。并且，一旦戴维森所构想的全局性不能成立，那么至少我们就不得不回退到宽容原则所要求的“大多数”上。而如果根据上一章中对宽容原则指导下的弗洛伊德主义方案的论证和说明，我们连“大多数”都无从保证，原子论将是最终归宿。

笔者决定以戴维森对塔斯基式的真理论在自然语言上的创造性应用为例，因为其中所涉及的互译性概念就是相互依存关系的一种具体且典型的例示。并且，不但戴维森本人对此有更多的相关论述，而且已经有其他人在某种程度上注意到了笔者想说明的问题。

M. 艾迪尔（Mohammad Adeel）在《语言和可互译性：塔斯基 vs 戴维森》（1991）一文中就指出了这样一个问题：在真理论中，塔斯基认为语言分层要求元语言和对象语言间严格区分且不可互译，并且戴维森继承了塔斯基在真理论上的主张；然而，在整体论中，戴维森又取消了概念图式，所以要求不能将语言划分为不可互译的多个部分。因此这看起来又构成了一个矛盾。[①] 这个矛盾在很大程度上是分层悖论带来的，元语言和对象语言的区别使得两者中的内容之间仅能够进行高阶判断，而非相互依存；而整体论又要求相互依存关系全局适用，这当然也包括元语言和对象语言的内容之间。

这个矛盾可以追溯到塔斯基和戴维森在对真理论解释上的差异，但显然又不止于此。塔斯基本人的真理论由于其不可互译的要求无疑与戴维森式整体论中的可互译性相矛盾，但这里我们要讨论的是戴维森的理论框架本身存在的矛盾。因此，对于艾迪尔提出的这个矛盾的说明就更为复杂，需要包含两个步骤：一是戴维森在真理论上如何将塔斯基的真理论从人工语言迁移到自然语言上，二是戴维森关于真理论的这种做法是否与其在整体论上的想法相兼容。

根据塔斯基本人的说法，任何语义学上封闭的语言，也就是这个语言同时包含了本应处于对象语言中的命题和本应处于元语言中的词项“真”，从而使得这个表达式的真能够在这个语言内部得到真值判断，都会产生自指悖论。并且，由于自然语言的论域是全局性的，那么命题和对此命题的真值判断就都处于其中，自然语言就是一个在语义学上封闭的语言，因此塔斯基主张这种真理论只能限制在构造在一定范围内的人工语言上使用。[②]

戴维森承认了塔斯基的说法，即“一旦允许所有这一切纳入这种语言，便造成语义上的自相矛盾”[③]，但他并不认为这与塔斯基式真理论在自然语言上的应用构成冲突。这似乎意味着戴维森并没有发现艾迪尔指出的关于语言分层的悖论：他只注意到了自然语言的全局性与塔斯基式真理论的冲突，而并没有注意到他自己的理论中对互译性的要求。

在一些早期相关文本，例如《真理与意义》中，戴维森将这种真理论应用于自然语言上时对塔斯基的这个主张回应道：

> 把乌尔都语或文德语的量词范围看作不足以产生一种关于“在乌尔都语中为真”或“在文德语中为真”的明确定义这种看法，对这两种语言是如何的不公平……在本质上，始终有可能出现这样的情况，即我们在理解另一个人的语言（真理概念）的过程中所把握住的某种东西是我们不可能传达给他的。无论如何，大多数具有一般哲学兴趣的问题都出现在相关的自然语言的某一部分的范围内，并且可以在此范围内构想出些许的集合论。当然这些评论不能满足自然语言是全局性的这

① M. A. Adeel, “Language and Translatability: Tarski Versus Davidson,” *International Philosophical Quarterly*, Vol. XXXI, No. 4, (1991): 419—426.

② 《语义性真理概念和语义学的基础》，见《语言哲学》，第 92 页。

③ 唐纳德·戴维森：《为约定 T 辩护》，见《真理、意义与方法》，第 50 页。

一要求。但是，在我看来，既然我们知道这样一种全局性会导致悖论，因此，这一要求是可疑的。①

如果我们以戴维森的整体论的视角来看他自己的这个回应，显然是不太合格的。因为，基于其对概念图式的批判，戴维森认为理解语义不需要预设先天的且排他性的某种特定的语言作为思想与世界间的中介，并且这种中介性语言可能导向怀疑论。② 无论是戴维森这里提到的乌尔都语或文德语，还是其他的像英语或中文之类的被划分好的各种语言，都是图式性的，因此按照他的说法是“并不存在语言这种东西，并不存在像许多哲学家和语言学家所假设的那种语言”③，那么我们就不能以某种特定的语言作为研究对象。此外，正如在这一部分我们所一直讨论的那样，拒绝图式观念就意味着拒绝不可互译性，④ 因此“本质上的不可传达”是不可能的。就戴维森式的全局性整体论而言，戴维森所关注的并不局限于通常的某种特定语言，而是全局性的整个自然语言。

或许是由于这些问题，戴维森在之后并未再以这种方式来讨论相关话题，并且艾迪尔的批评也并未涉及戴维森的上述段落。不过，艾迪尔对戴维森的批评仍然存在需要修正的空间。艾迪尔认为戴维森的真理理论，或者说语言分层在自然语言上得到应用的过程，应该被描述为“将一种自然语言，例如英语，分为两种语言，英语$_0$作为对象语言，而英语$_1$作为英语$_0$的元语言”⑤。但是，这面临着与刚才相同的问题，即论域理应是全局性的，而非处于某种特定语言内部。实际上，稍加寻找就可以发现这种描述的漏洞：以戴维森通常所举的例子为例，在“‘Es regnet’当且仅当 It’s raining”中的对象语言显然不是英语，而是德语，而在本文的语境中，作为对象语言的这句话则是三种通常所谓的语言的混合。因此，英语$_0$和英语$_1$的划分并不符合戴维森的本意，但是这种错误无关主旨。对于戴维森而言，把在英语上的区分换成在这一点上更符合戴维森的理论的在整个自然语言，或者说全局性论域中划分出自然语言$_0$和自然语言$_1$，似乎也并不影响艾迪尔所指出的矛盾仍然成立。

戴维森后来也确实是这么设想的。但似乎他完全没有注意到艾迪尔式的批评的可能性。在《彻底的解释》中，他将与塔斯基式真理论在自然语言上应用的过程描述为：

> 把一种真理理论详细地应用于自然语言这项工作实际上几乎毫无疑问地会被分为两个阶段。在第一个阶段里，不是针对整个语言，而是针对仔细划分出的一部分

① 唐纳德·戴维森：《真理与意义》，见《真理、意义与方法》，第 30—31 页。
② 唐纳德·戴维森：《通过语言的理解》，见《真理、意义与方法》，第 316—333 页。
③ 唐纳德·戴维森：《墓志铭的完全错乱》，见《真理、意义与方法》，第 250 页。
④ 《论概念图式这一观念》，见《真理、意义与方法》，第 269 页。
⑤ “Language and Translatability Tarski vs Davidson”.

> 语言来表征真理。这一部分语言尽管毫无疑问在语法上是简陋的，但却包含无限多的语句，它们可详尽无遗地体现整个语言的表达力。第二个阶段的工作是把**剩下来的每一个语句**与已为之表征真理的那些语句中的一个或（在具有含混性的场合下）多个语句相匹配。我们可以把真理理论在第一个阶段的工作所适用于的那些语句看作是给出了一切语句的逻辑形式或深层结构。①

戴维森在这段话中就明确了他确实是在全局性的自然语言内部进行的划分。并且我们可以进一步总结出两点：一是在自然语言中划分的元语言和对象语言之间存在明确界限；二是整个自然语言就是真值判断中的元语言和对象语言的并集，从自然语言中划分出的元语言和对象语言穷尽了自然语言中的所有元素。

那么，在戴维森的设想中，元语言和对象语言的划分和界限就是先天的，自然语言中的某些内容注定是元语言，而这些内容之外的其他内容则注定是对象语言。这意味着元语言和对象语言中的内容之间永远构成高阶判断关系，而不再有任何可能构成相互依存关系，因为高阶判断关系不是一种相互依存关系。因此，至少从戴维森提出的这种语言分层的结构来看，语言分层和可互译性确实构成矛盾和悖论。

此外，还有一个问题是，在戴维森的这个设想中，按照他的说法，似乎自然语言只能被划分为两个语言层级，而这无法处理更多层级的语言现象，而在原本的塔斯基式真理论中这是可以处理的，因为原本的塔斯基式真理论没有对何者是元语言，何者是对象语言作出先天的规定。例如，按照戴维森的设想，我们完全无法解释这个句子，但这对塔斯基式真理论根本不构成问题，我们只需将其分成三个语言层级就行了：

> “‘雪是白的’是真的”是真的。

在此基础上的进一步的问题是，戴维森的设想缺乏理论上的自我指涉的能力。之前已经提到，整体论是对相互依存关系的量化，因此对于内容而言是个二阶的理论。如果将自然语言中的所有内容全部都纳入了已经被划定好范围的元语言和对象语言中，并且除此之外论域中不存在任何剩下的内容，那么戴维森对这一过程和结构的描述，以及本文这里对此的讨论所用到的语言，到底是属于元语言还是对象语言？但是显然两者又都不是，毫无疑问，此处的讨论并没有脱离自然语言的范畴，但是这种语言同时构成了对元语言和对象语言的高阶判断。在一个合理的理论中，这种语言不应该是维特根斯坦在

① 唐纳德·戴维森：《彻底的解释》，见《真理、意义与方法》，第 187 页。

TLP的最后所设想的那种梯子。[①] 那么，就只好假设出一个中立的元语言，才能大致符合戴维森的设想中的要求，但是这种中立的元语言正是一开始戴维森就明确反对的东西。

因此，戴维森的理论在这个问题上陷入了悖论和困境。

如果我们现在来简短回顾上一章中阐述的戴维森的弗洛伊德主义方案所遭遇的困境，似乎与这里的语言分层的悖论在一定程度上具有类似的结构。两者都面临着整体论对相互依存关系的全局性要求与在整体中不得不作出的划分之间的矛盾。由此，我们可以猜测，这两个问题的解决思路是高度关联的。

（三）对戴维森式整体论的语境解释

本文为戴维森式整体论提供的的辩护策略是对其中的语言分层现象进行一种语境解释，即对全局性的论域中的元语言和对象语言做一种关于语境的相对化的解读：元语言和对象语言都不是全局性的，也就是说两者的集合都不可能与整体论的论域等势。并且，元语言和对象语言的集合的并集也不是全局性的，否则全局中就只有一个语境，使得我们不能再针对这一语境下的元语言构造元一元语言。真值判断乃至于任何高阶判断都发生在某一特定的语境，而非发生在全局性的自然语言的论域上。

元语言和对象语言的范围边界则视某一具体语境中所能涉及的内容而定，而语境的范围就是语境中元语言加上对象语言的集合。因为在现实的语言使用中，一段时间内涉及的内容总有范围和边界，这一方面由自指悖论所限制，这是逻辑限制；另一方面，也更重要的是，这也被人的注意力和工作记忆的容量所限制，这是物理（生理）限制。与此同时，语境的限定范围又必须足以构成一个二阶的判断，不然无法在其中区分元语言和对象语言；但一个语境中也只能出现与单个二阶判断中的判断句和被判断句处于同一层级的内容，这样才能确保语境中只出现两个语言层级，且这两个层级是相关的，否则应将其视为两个或更多语境。

在这种语境解释下，我们进一步引入使用和提及的区分，整体论中的分层悖论就可以得到这样的解决：假设F为全局性论域上的一个二阶谓词，p是论域中任意一命题。那么，在语境 C_1 中，F(p)是元语言中的内容，而命题p是对象语言中的内容，F(p)是对p的高阶判断，此处的p在元语言中为提及；然后，在语境 C_2 中，我们在某个层级

---

① 我这里指的是维特根斯坦在《逻辑哲学论》的6.54中的说法：

我的命题以如下方式起着说明的作用：理解我的人，当他借助于这些命题——踩着它们——爬过它们之后，最终认识到它们是没有任何意义的。（可以说，在登上梯子之后，他必须将梯子弃置一边。）

参考L. 维特根斯坦：《逻辑哲学论》，韩林合译，北京：商务印书馆，2013年，第120页。

的语言中判断 F(p)和 p 是相互依存的，即 I(F(p),p)，此处 F(p)和 p 在此层级中均为提及；最后，在将 C_1 和 C_2 中的内容都视为对象语言的语境 C_+ 中，我们在另一更高层级的语言中提到在 C_1 中 F(p)是对 p 的高阶判断，而在 C_2 中 F(p)和 p 是相互依存的，此处的高阶判断和相互依存关系均为提及。我们始终根据语境在全局性论域中选取一些内容来作为元语言和对象语言，而论域本身作为整个自然语言既不能算作元语言，又不能算作对象语言，也不能算作两者的并集，那么也就更不可能再讨论语义学上的封闭与否了。

在这种语境解释中，我们需要重新定义“一致性”的概念。此处将一致性重新定义为处在语境中的元语言中不存在矛盾，而非在全局性论域中不存在矛盾。因为在高阶判断虽然是逻辑关系，但是是二阶逻辑关系，因此对于“一致性”这种一阶逻辑的概念来说，既不能算作一致的，也不能算作不一致的，因为这根本就是不适用的。

并且，我们也需要重新对相互依存关系进行规定，即规定相互依存关系的传递性只有当处在同一语境中才能成立，跨语境的相互依存只有在高阶的语境中才会显现。

这样一来，我们不需要中立的元语言或共同的坐标系，只需要生成一个语境就能够完成高阶判断，并且高阶判断的双方也能够在新的语境中构成相互依存关系。因此我们也无需再担心这会有损于整体论论域的全局性了。

并且这种解释有助于回应一种对于塔斯基式真理论的批评。M. 格兰兹伯格(Michael Glanzberg)指出，塔斯基理论中的语言分层结构存在一个问题，即我们为何不能通过量化各个层级来为整个层级结构定义真相。如果我们能够对层级本身进行量化，那么我们可以设想这样一个谓词：“在某个语言层级上为真。”如果允许这样的谓词，并在某次真值判断中对自身所处的层级进行自我指称，那么我们又会回到自指悖论中。[①] 但是，这对语境解释来说则完全不构成问题。因为对层级，或者说语境的量化，在本质上是二阶的，因此这将会构造出一个新的语境。在语境中的高阶判断不可能成功地进行自我指称。

因此，笔者认为语境解释理论算是对戴维森式整体论的一种成功的解释，但这并不意味着这种理论没有任何可能的误解或质疑。以下笔者将进一步澄清语境解释理论中可能的问题。

第一个问题是某种可能的误解：语境解释是否不过是换了种说法的蒯因式的“整体论”，从全局的融贯回退到了部分的融贯，只不过是从图式的相对性变成了语境的相对

---

① M. Glanzberg, "Complexity and Hierarchy in Truth Predicates," *Unifying the Philosophy of Truth*, (Berlin: Springer Netherlands, 2015), pp. 211—243.

性，从而与戴维森的理论发生冲突？并且，我认为这种误解与语境解释在命名上所涉及的“语境”一词有关系，因为这个词以不同的意思被人们广泛使用于许多领域，并且其中的一些是以意在支持某种蒯因式的图式相对主义的整体论的形态而体现。

在哲学讨论中，将“语境”一词运用于某个语句时通常会产生两种意思：一种意在扩充当前语句的内容，强调的是这个语句所处的更大背景；而另一种意在将讨论严格限定在当前语句上，将其余无关的内容剔除在讨论之外。此处我无意评价两种“语境”的用法中何者才是对的，因为只有在其各自的语境下才能判断“语境”是否恰当。但我仍然要指出的是，在语境解释理论中的“语境”的意思和用法是后一种。

为了使这一点得到更加清晰的说明，在此笔者选取了卡普伦（H. Cappelen）和莱波尔（E. Lepore）在《不敏感的语义学》中所批判的某种关于语义的“语境主义”为例来说明。[①] 而之所以选这个，是因为根据这本书里的说法，戴维森的理论的某些推论和某种借助语境的理论是不兼容的，因此这加深了这一问题与本文的戴维森式主题的联系。

卡普伦所批判的这种“语境主义”的激进版本认为每一个表达式的意义都是语境敏感的，即由语境中超出语言范围之外的背景性内容所决定；而温和版本则认为只有部分表达式是语境敏感的。这显然是用的“语境”的第一种意思。卡普伦对这两种语境主义都进行了批评，虽然有部分哲学家认同温和版本但拒绝激进版本，但他认为“语境主义”的温和版本最终也会滑向激进，并且激进版本是完全错误的。由此，卡普伦最终提出了语义最简论，这一理论想表明的是表达式的语境敏感性应该被降至最少，超出语言范围之外的内容对语义造成的影响仅仅应保持在最低限度。

并且，卡普伦（或者更可能是莱波尔）在其论述中强调，他们提出的语义最简论是戴维森式的，因为这种理论使用了戴维森所提倡的在自然语言上的真值条件理论。的确，我们也能在戴维森的工作中找到类似的想法（虽然是这一想法在行动哲学而非语言哲学中的体现）：

> 由后期维特根斯坦所引发的这样一些言论，已得到许多哲学家的敏锐而深入的阐述。下面一点毫无疑问是真实的：当我们通过给予理由来解释一个行动时，我们的确是重新描述了那个行动而重新描述该行动就是将该行动置于一种模式之中，于是该行动便以这种方式获得了解释……但是这种理论错误地以为，因为通过将那个

① H. Cappelen, E. Lepore, *Insensitive Semantics: A Defense of Semantic Minimalism and Speech Act Pluralism*, (Oxford: Blackwell Publishing, 2005).

行动置于一个更大的模式中而予以解释，因此我们现在便理解了所涉及的那类解释。①

但是，笔者并不认为这就意味着本文提出的语境解释与戴维森的理论不兼容。我们可以考虑卡普伦对激进语境主义的一个反驳性论证，就会发现本文的语境解释与这种“语境主义”的差异：卡普伦认为，任何激进语境论者在解释某些语句在某个语境下的语境敏感性时，这种解释自身也会构成一个新的语境。而又由于语句的语境敏感性，在此新语境中提及的该语句就和原先的在那个语境中的语句的意义是不同的。所以，新语境中的语句完全就不能构成对原语句的解释。也就是说，这种“语境主义”会产生内在矛盾致使其无法被理解。②

这可以使我们直观地感受到这个反驳与之前提到的图式相对主义悖论在结构上的相似性：断裂的逻辑关系导致高阶判断的失效。因此，我们也就可以将这种“语境主义”划归为某种版本的蒯因式整体论，而语境解释恰好是建立在对此的批判的基础上的。并且由于语境解释和语义最简论共享了真值条件理论作为前提，语境解释在很大程度上是支持语义最简论的，而非相反。

我们可以从以下三点看出语境解释始终是在本质上区别于各种版本的蒯因式整体论的：首先，蒯因式整体论的范围是是特定的，有明确边界的，而语境解释的范围则与戴维森式整体论的特征保持一致，是无边界的、不特定的，在全局性论域中依具体情境而变化。其次，蒯因式整体论要求的是一个图式内部的整体性（即只发生在内部的相互依存），而图式外部则是其他可能的图式，以及中立的元语言，这两类事物并不参与到该图式内部所发生的各种依存关系中，而本文的语境解释则认为相互依存是全局性的，并不要求仅限语境中的内容就足以能够说明所有的依存关系。最后，此处的语境解释并没有预设跨语境的理解、翻译或者高阶判断的不可能，因此也不可能是一种要求不可通约或互译的概念图式相对主义，这一点也是和蒯因式整体论的最大区别。

在这种关于语境的说明之下，语境解释的语境只是一种范围限定，并且语境的范围是非常小的，甚至在通常仅被视为一段的对话，乃至于单独一句话中，由于语言层级的不断迁移，我们也能够分离出很多语境。各个语境之间的区别不仅仅在于所涉及的内容，同时也由所涉及内容的不同层级结构决定。考虑这个句子：

我认为戴维森对概念图式相对主义的批评是正确的。

---

① 《行动、理由与原因》，见《真理、意义与方法》，第395页。

② *Insensitive Semantics: A Defense of Semantic Minimalism and Speech Act Pluralism*, pp. 128–140.

这句话里面就出现了三个层级，并且由此构成了两个语境，即我对戴维森的评价和戴维森对概念图式相对主义的评价。并且，基于作为意义理论的真值条件理论，判断这句话中的语境的范围并不依赖于概念图式相对主义究竟是什么东西，或者戴维森对它的批评又是如何展开的，我们所需要的只是对语句的结构进行分析。

因此，语境解释中对何者能够构成一个语境就仅仅是语言结构上的考虑，而非对内容的规定。语境解释的“语境”对于主体而言更类似于“焦点”而非“背景”，在关于语境的焦点式的图景中，语境中的所有要素都是被直接且完全地呈现的，语境被限定在语句本身上，而不出现在语境中的内容则被忽略掉了；而在基于蒯因式整体论的关于语境的背景性的图景中，相对于直接呈现的语句，作为背景的语境隐藏在语句背后发挥作用。

卡普伦和莱波尔认为戴维森式的理论应当是语义最简论的，而语境解释不但不支持，甚至还排斥语境敏感性，因而也是语义最简论的。这样一来，我们就可以彻底打消对于语境解释与戴维森理论之间的可能的冲突的顾虑。

第二个问题仍然是关于这种语境解释与戴维森的其他理论之间的兼容性的。在戴维森与达米特的关于实在论和反实在论的争论中，戴维森坚持了普遍的实在论的立场，也就是说对于一个关于本体论承诺的陈述而言，真值的二值性或者排中律是成立的，二值逻辑对此是适用的；① 而与之相反的是达米特的普遍的反实在论的立场，即对于关于几乎任何对象的描述都可以基于非二值逻辑构造出反实在论。② 鉴于本文的主题，此处不再进一步讨论这些关于本体论的问题，但至少我们可以明确一点，就是基于某些理由，戴维森坚持排中律的有效性。

然而，在语境解释的模型中，处于语境之外的被忽略的命题似乎在真值判断上就构成了除了真假以外的第三种可能性，因此也就使用了某种反对排中律的三值语义学。这可能与戴维森的实在论所要求的二值逻辑和排中律相矛盾。

我认为这里的问题出现在将传统的经典逻辑的真值理论应用于自然语言时忽视了语言分层现象所产生的语境的存在：在我们所讨论的语境中，命题的真值是二值的，因为被忽略的命题根本就不在这个语境中；而我们的讨论所处的语境有别于我们所讨论的语境，我们的讨论将所讨论的语境中的元语言和对象语言都处理为对象语言，因此构成了一个新的语境，而在此语境中，那个可能会引发第三值的误解的否定符号仅仅处于对象语言中，而元语言中命题的真值仍然是二值的。因此，对非理性现象的语境分层中产生

---

① 唐纳德·戴维森：《真理概念的结构与内容》，见《真理、意义与方法》，第 92 页。
② 《形而上学的逻辑基础》。

分离的解释虽然造成了某种反对排中律的假象，但并不会在任何单一的语言层级中产生对三值语义学的依赖。也就是说，在一个新的元语境中的元语言可能将作为对象语言的对象语境的真值视为三值的，即在第三人称的陈述和表征中允诺了三值性，但这并不妨碍每个语境中的元语言，也就是主体当时所正在使用的融贯的语言是二值的。排中律只能适用于某个语境，而不能适用于整个论域，因为之前已经定义，一致性所要求的矛盾律也只能适用于语境，而非整个论域。

第三个问题是关于一个备选方案的：如果说导致语言分层悖论的部分原因在于我们将元语言和对象语言的边界进行了固定的划分，那么为什么我们不采取对全局性的自然语言进行不固定划分的方案，使得每次真值判断都会产生元语言和对象语言之间的新边界，并且元语言和对象语言的并集等于自然语言？

这是一种对上一节中提到的戴维森所设想的那种语言分层模式的改良版本，避免了对元语言和对象语言进行先天规定所导致的问题。并且这对于解决整体论和分层间的矛盾而言，和语境解释相比是等价的。但并不意味着在考虑到更多的因素之后我们仍然不能在这两者之间做出选择。之所以语境解释的方案优于这种方案，首先是由于这种方案下整个自然语言中仍然只有两层语言，因此这难以处理多于两层的语句；其次是这更符合有关人类的注意力和记忆结构的直觉；最后是语境解释理更有助于我们理解非理性现象，这也是下一章的内容（终于回归正题了），不固定划分方案仅仅有助于解决分层悖论，但无助于解决非理性悖论，甚至这是造成解释中的非理性悖论的根源之一（后文中会详细说明），而非理性悖论对整体论仍然构成威胁。

三　语境解释下的非理性

（一）不再需要宽容原则

现在，第一章最后的问题得到了回答：全局性的戴维森式整体论是合理的，也是必要的。而在完成了对这种整体论的解释之后，我们就可以着手构造一种更有效的对于非理性悖论的戴维森式的方案。

需要再次强调的是，正如第一章中对戴维森理论的预设的分析中所指出的那样，此处的整体论是关于命题态度的整体论，而非更为常见的意义整体论。因为此处需要的是命题态度在心灵中的相互依存，而非语词在某种客观中立的语言中的语义学上的相互依存。因此与之相应的，我们也只需要真值条件理论应用于对命题态度的解释，而非应用于解释某种客观中立的语言。

现在，笔者开始模仿戴维森对弗洛伊德主义的提炼总结，给出一个戴维森式理论框架下的对于理由说明解释的核心主张：

①只有信念能构成信念的理由，行动的理由是原因。这意味着我们可以将任意命题态度及其得以实现的事件都在解释中进行追溯，而且这一追溯是以证成关系和因果关系（也就是相互依存关系）的链状或网状结构为基础的。

②命题态度以整体论的形式被组织起来，并且这里的整体论必须是全局性，才不会导致某种图式相对主义悖论。这意味着主体心灵中的命题态度的相互依存的结构的论域必须是全局性的。我们需要拒绝使用概念图式、行为模式和严格指称来解释主体的行为。并且，这意味着在解释中我们不能容忍任何可能的不一致。

③在解释过程中我们采取的判断标准是塔斯基式的真理论。这意味着在解释中需要划分出元语言和对象语言的层级。

我认为这足以构成一套融贯自洽的理论，并且这些主张都可以在戴维森那里找得到。但更值得我们注意的是，这些核心主张中并没有宽容原则的位置。在第一章中笔者已经论证了宽容原则不足以很好地解释非理性现象，而接下来要做的则是更进一步，论证戴维森式的理论中我们根本不应该使用宽容原则，而应该直接使用全局性整体论。

虽然，在大多数情况下（也就是宽容原则所认为是融贯的那些情况下），宽容原则与整体论是保持同步的，这也是人们通常所关注的部分。但无论是对于解释非理性现象的问题，还是对于戴维森式理论本身的融贯而言，宽容原则与整体论之间的差异与距离都更值得我们关注。

尽管戴维森不断地强调宽容原则在彻底解释的实践中是一个先天必然的原则，[①] 而整体论的全局性要求仅仅只能被我们看作“一个暗示”。但是，从来源上看，所有意在支持宽容原则在符合性和融贯性上的要求的理由又实际上都是支持整体论的理由。而从功能和用途上看，戴维森试图以宽容原则来反驳怀疑论。[②] 但在这种反驳中真正能够发挥作用的实际上也是整体论对符合性和融贯性的全局性保证，宽容原则所要求的大多数反而为向怀疑论让步提供了空间。因此，实际上在戴维森的哲学框架和推理链条中，无

---

① 例如在《论概念图式这一观念》中，戴维森是这么说的：“宽容是强加于我们的：不管我们是否愿意，倘若我们想要理解他人，我们就必须认为他们在大多数问题上的看法是正确的。如果我们能提出一种使宽容性与理论的形式条件一致的理论，那么我们便做到了为了确保交流所能做到的一切。只有这种理论才是可能的，只有这种理论才是需要的。”

② 戴维森将主观性与外部客观世界之间的解释鸿沟视为彻底怀疑论的根源。一种标准的怀疑论的论证会采取这样的形式：(1) 如果我们想要认识客观世界的领域 W，那么就必须（中介性地）通过主体在某段时间的心灵领域 M。(2) 通过一个领域去认识另一领域的方法是，从此领域出发的有效演绎推理，得出关于另一领域的结论。(3) 只有演绎推理才是有效的。(4) 在 M 与 W 之间存在无法用演绎推理连接的解释鸿沟而戴维森试图用宽容原则（或者说整体论）对信念的要求来说明中介性的认知和解释鸿沟都在本质上是无法理解的东西。参见《唐纳德·戴维森》，第 175 页。

论在宽容原则之前还是之后，真正起到作用的都是在要求上更为严格的整体论，而非有所让步的宽容原则。那么两者在要求的范围上的差异应该如何解释？或者更重要的是，为什么戴维森不把整体论视作那个更为根本的原则，并在论证中直接使用整体论？

戴维森本人直接给出的理由在于："信念概念的一个很大特点在于它引出了在被认为是真的东西与真的东西之间的潜在差距。"① 但我认为这一理由并不与他的哲学体系相兼容，因为这不仅预设了独立于认知主体的真与作为中介的认知过程，还预设了认为两种"真"之间的对应关系：前者违反了他对认知中介和中立的判断坐标系的批评，② 后者违反了他对指称概念的批评，③ 并且因此这种说法实质上又会造成某种相对主义悖论。如果按照语境解释的模型，那么戴维森所设想的"潜在差距"并不存在，信念概念唯一能引出的差距是信念作为一种命题态度的二阶元语言属性与普通命题的一阶对象语言属性之间的差距。

D. 刘易斯（David Lewis）基于类似的原因认为，宽容原则可以说明为何彻底解释中解释者的理解可能是错的。并且刘易斯为宽容原则提供了一种进一步的解读，而笔者将其称为是一种拉卡托斯主义的解读，即在主体的心灵中区分理论术语和观察术语。理论术语远离经验并且不能得到经验的证实或证伪，而观察术语接近经验，并且能够得到经验的证实或证伪。④ 但我认为这样的辩护并不成功，因为戴维森自己已经否认了这种可能：

> 我从一开始就看不出如何在观察语句与理论语句之间划出一道界线。这有好几个理由，而与目前的话题最相关的一个理由是，观察语句与理论语句之间的区别最终建立在我已抛弃的那种认识论上的考虑的基础之上：观察语句直接以某种像感觉（感觉刺激的范型）那样的东西为基础，而这是一种我极力主张它会导致怀疑论的看法。⑤

因此，我并不认为宽容原则与全局性整体论之间的差异与距离真的能够被戴维森式的理论框架所容忍，那么在接下来对非理性问题进行解决的过程中我们确实也不再需要宽容原则了。

---

① 《关于真理与知识的融贯论》，见《真理、意义与方法》，第 338 页。
② 参见戴维森《论概念图式这一观念》及《关于真理与知识的融贯论》，见《真理、意义与方法》。
③ 参见戴维森的《无指称的实在》及《指称的不可理喻性》，见《真理、意义与方法》。
④ David Lewis, "Radical Interpretation," *Philosophical Papers* (New York: Oxford University Press, 1983), pp. 112.
⑤ 《关于真理与知识的融贯论》，见《真理、意义与方法》，第 353 页。

（二）对新方案的构想

至此，我们可以在戴维森式的理论框架下开始构想一种能够解决非理性问题的新方案了，而这种方案必须以戴维森式整体论为前提。

我认为，坚持全局性的整体论的一个很重要的原因和前提就在于所有心灵状态的产生和运行都处于同一套系统之下，并且其中的机制都是类似的，只有这样，我们才会认为可能的不同的概念图式是不可理解的悖论。而这又反过来使我们有足够的理由去拒绝在解释中预设并且过度依赖某种特设性的概念。非理性现象确实是一种异常，但是在一种更有效且更简洁的解释当中，非理性现象和理性现象就应该处于同一套系统，且以类似的方式产生。弗洛伊德主义方案看似是符合这一要求的，因为负责非理性现象的亚结构和负责理性现象的亚结构都以整体论（虽然只是蒯因式的整体论）的方式运行。但这两种亚结构除了名义上都属于主体之外，似乎在逻辑上再无任何关系，因此二者并不属于统一的系统。在第一章中笔者已经批评了弗洛伊德主义方案的特设性增加了无穷的解释负担，但此处更想要强调的是，特设性解释本身也是不符合全局性的整体论的。

在弗洛伊德主义方案中，戴维森对于理性或非理性的解释仍然试图坚持某种柏拉图原则，只不过是将这种原则应用于亚主体的结构上，而非整个主体。但在上文对整体论的讨论中，我们已经确信了一种戴维森式的整体论的论域应当是全局性的，因此不应在主体的全局性心灵中再去划分出更小的亚结构来作为论域，使得它们之间的相互依存关系不可能成立。

如果要在对主体的任何行为的解释中都确保整体论的论域的全局性，那么就需要确保相互依存关系对全局性论域中的任意两个命题态度都是成立的，即使是在对非理性现象的解释中也是如此。那么在非理性现象中，构成相互依存关系的两个方面，即因果关系和逻辑关系也一样是全局性的。因此戴维森的设想，即“存在因果关系，但却失去或歪曲了逻辑关系”显然也是不可行的，因为逻辑关系的缺失或歪曲会导致相互依存关系的失效。

对此，我的提议是，将非理性现象视作相互依存关系的传递性的失效，而非相互依存关系本身的失效。因果关系和逻辑关系是一阶属性，而这两种关系的传递性则是二阶属性。在对非理性现象的解释中，我们难以舍弃一阶属性，但可以考虑在二阶属性上让步。如果能以某种方式使命题态度之间的相互依存在某些情况下暂时失效，那么这个解决方案就将会是成功的，因为让两个命题态度未处于逻辑关系中，不代表二者不存在逻辑关系，这能使我们在确保主体的理性，或者说主体心灵的全局性整体性的情况下仍然能构造出非理性的情形。

基于上述理由，解决非理性问题的方式在于放弃对正常的理性活动抱有过多幻想。这种幻想的典型在于认为理性主体在处于理性状态下（包括作为理性状态的失败的非理性情形）的行为中能够做到全面的审慎考虑，例如戴维森的以下说法：

> 如果一个人在考虑到各种可能性之后认为某种方案是最好的，或者是正确的，或者是他应该做的，然而他却置之不顾转向其他做法，那么，他的做法就是不节制的。①

以及，

> 当然，"考虑到各种可能性"这个短语一定是仅指那些一个主体知道的、相信的或持有的东西，是他的相关原则、意见、态度和欲望的总和。②

之前的讨论已经表明了，这似乎是不可能的，并且这很可能是导致非理性悖论的根源。对此，一个更细致的批评来自 M. 布拉德曼（Michael Bratman）。他在对戴维森的意向性理论进行讨论时指出，戴维森的理论在解释主体的行为偏好时无法处理"布里丹之驴"式的问题：假设主体认为行动 A 和行动 B 对他来说是无差异的，如果戴维森的意向性理论中仅承认严格偏好（即 $P_A > P_B$），那么就不能解释主体对行动 B 的意向性的合理性；而如果戴维森的意向性理论中承认了弱偏好（即 $P_A \geq P_B$）的可能性，那么在实践推理中我们就不能得出一个集聚（agglomerative）的结果，从而无法在主体的行动中成功发挥证成与协调的作用。③ 这使得戴维森的理论陷入了又一个两难。

"布里丹之驴"式的事例虽然并不算是非理性的事例（因为在这样的事例中主体仅仅是无所适从，而并没有违背其偏好而做错什么），但这仍然关系到戴维森式的合理化解释的诸多细节。布拉德曼认为问题的关键在于戴维森的理论缺乏对未来的意向性的关注：在意向性的行动中，主体对情况的全面评估与他的行动之间没有时间间隔，这导致戴维森忽略了意向性活动的这样一种真实过程：

> 我们不会一下子采用这些计划的所有细节。相反，随着时间的推移，我们会对我们的计划进行补充和调整。作为这些计划中的要素，未来的意向迫使我们形成更多的意向，并限制其他意向和计划的形成。④

---

① 《意志薄弱如何可能》，见《真理、意义与方法》，第 463 页。
② 《意志薄弱如何可能》，见《真理、意义与方法》，第 488—489 页。
③ "Davidson's Theory of Intention," *Essays on Davidson: Actions and Events*, p. 24.
④ 同上。

布拉德曼对戴维森的指责显然在于戴维森对意向性活动或命题态度间的推理的解释存在两个问题：一是这种解释要求主体在行动中能够且必然考虑到各种可能性；二是这种解释采取的是一种无时间的模式，相互依存关系的传递性不受到限制，一旦主体开始实践推理，意向性或者命题态度的链条就会在理由的逻辑空间中无时间地完成推进，从而就能够在一开始就处理完他考虑到的各种可能性。而这是对正常的理性活动抱有的不合理幻想的典型表现。

另外需要补充的是，我猜测戴维森并非没有意识到这一点，但在他的理论中，对理性活动的限制表现为宽容原则，即将理性活动限制在一个大多数的范围上。这种做法缺乏对理性活动过程的细节和机制的考虑，并最终导致了戴维森在除开宽容原则的大多数之后的那一小部分行为的解释上彻底放弃了理性的连续性。而在这里构想的新方案中，我们需要做到只是暂时断开。

这样一来，如果回到本文最开始所给出的那个用于分析非理性现象的框架中，现在需要做的就是让我们在某些情况下能够同时切断理由$_1$和理由$_2$向心灵整体追溯的连接，以中断无限制的推理，而这种做法在实质上是一种戴维森所谓的亚里士多德分析，即“失去积极联系”。只不过在戴维森的叙述中，原本的亚里士多德分析只切断了理由$_2$向心灵的追溯，却没有涉及理由$_1$的过程。这是因为戴维森似乎并不认为理性的过程和机制是与非理性相同的，但这却是这里我们对新的解决方案的要求。

总之，解决非理性问题的新方案应该是一种坚持戴维森式整体论的改良的亚里士多德分析。并且在解释了这种方案是如何发挥作用的之后，还需要说明这种方案是如何避免戴维森对亚里士多德分析的批评的。

（三）对非理性现象的语境解释

之前我们已经得到了本文的一个重要论点，即对命题态度整体论的语境解释，而由于整体论问题与非理性问题在结构上具备一定程度的相似性，以及更重要的，我们对新的解释方案的要求也是语境式的，那么这一解释很可能可以应用于对非理性问题的合理化解释。依照这种语境解释，语言的分层是普遍必然的，任何语言现象都处于语境之中，那么任意一个非理性现象自然都是处于某个语境之中的。在此基础上，我们就可以给出一个基于语境解释理论的方案，对非理性的命题态度的不融贯进行进一步的说明：

假设在全局性论域中有任意命题态度 p 和 q，且 p 和 q 之间具有相互依存关系；再假设有任意语境 C_1，C_2，以及对 C_1 和 C_2 的对象化描述的二阶语境 C_+；p 同时是 C_1，C_2 中的元素；q 是 C_2 中的元素。那么在 C_2 中，p 和 q 具有因果关系和推论关系，而在 C_1

中则没有这样的关系，因为 q 根本就不在其中。那么在 C_+ 中，我们就只能将 C_1 描述为 $\neg q$ 的，从而在 C_+ 中将 C_1 与 C_2 对比，并以此把处于 C_1 中的现象视为非理性的。

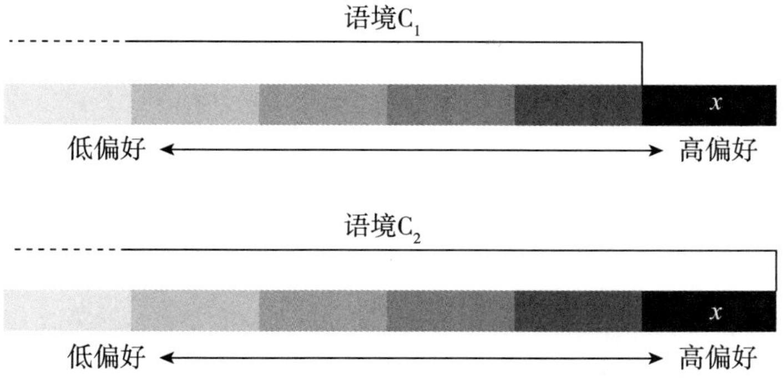

表 3－1　语境解释下主体关于事件的偏好序列

此处以一个主体关于事件的偏好序列来说明。事件 x 不在语境 C_1 中，因此在 C_1 中我们只能够得出 $\neg x$；而事件 x 出现在语境 C_2 中，因此在 C_2 中我们能够得出 x。然而，只有当我们把这两个结果都放在语境 C_+ 当中，才会看上去构成矛盾。但在引入了语境解释之后，我们知道了 x 和 $\neg x$ 不在同一个语境中，并且在各自的语境中也不构成矛盾，因此在 C_+ 中不能得出主体持有不同的偏好是矛盾和非理性的。这个例子具有典型的亚里士多德分析的结构。

也就是说，命题态度之间的不一致是相对于语境分离的情况下而言，非理性悖论中实际发生的理由$_2$是处于某个特定的语境中的，与心灵整体中的前提命题态度并不处于同一个语境。而之所以我们会认为非理性的过程是矛盾的，是因为这个悖论的语境和这个悖论所描述的语境在根本上是不同的，在描述这个悖论的过程中将原语境中的元语言和对象语言都转化为对象语言，从而生成了一个新的语境。

在这种语境解释中，我们就能够说明任意两个归属于主体的命题态度在任意一个语境的同一个层级中是如何保持一致的，在语境中并没有对相互依存关系的传递性造成任何损害。因此语境解释严格贯彻了戴维森设想的理性主义的背景框架，同时也对非理性现象进行了一定的解释。

另外值得注意和强调的是，某个命题态度是否出现在某一语境中这件事本身不一定完全都是理性的或意向性的，也就是说语境的范围对于主体来说可能会是不可控的。例如思维不由自主的跳跃，被身体上的头晕、疼痛等种种不良反应限制了注意力的范围，或者被外在的某些刺激吸引了一部分注意力，从而使得当前的语境中的思考被打断，这些都会导致语境的范围发生不可控的变化。

例如在冥想或者专注的过程中，我们会主动去将语境限制到较小的范围；或者在头脑风暴的过程中，我们也会主动扩大语境的范围，因此在某些情况下我们能够意向性地去控制语境的范围。语境范围的意向性和可控性意味着欲望的参与，即主体是否在任意一个将目标语境作为对象语言的一部分的语境中存在对于目标语境的范围的意向，特别是欲望。而且这种意向不可能出现在目标语境之内，否则会构成自指悖论。我们总是意向性地、有欲望地去冥想或头脑风暴，但在通常情况下我们并不会意向性地去头晕、头痛，即使主体真的有想要头晕的意向，如果他真的开始头晕，那么这个意向和头晕之间通常也不会具备因果关系。

实际上，非理性悖论的关键也在于非理性的行为表现的产生是非意向性的，或者说是不可控的。而在命题态度上无论是因果关系还是逻辑推理关系都是意向性的，因此无论是将这种不可控归结于因果关系还是推理关系，都会是不成功的。而语境解释就能够很好地将非理性现象的产生的不可控转移到非意向性的语境范围上，从而解决了非理性悖论。

但是这种不可控，或者说无意识并不预设另外一套潜藏的运行系统，与精神分析学所描绘的那种潜意识的图景，即潜意识中仍然存在某种理性运行的可能性，完全相反，本文完全无法做出这样的预设。因为一旦承认了这种可能性，就又会导向弗洛伊德主义的心灵划分方案中设定的那种多套理性系统在心灵中共存。这不在语境解释方案的计划当中，并且之前也已经给出过反驳的理由。当理性活动并未涉及某些命题态度时，或者说这些命题态度并未出现在主体当前正在处理的语境中时，它们就处于某种失活的休眠状态。

现在需要处理的是一些相关的问题。

第一个可能的问题在于，一个语境中的内容的前提或推论也应当属于这个语境，因此不存在具有相互依存关系的两个命题态度却在语境中被分离的情况。对此的回应是，如果相互依存的命题态度就要处于同一语境中，而相互依存是全局性的，那么这个语境也就应该是全局性的，这样一来似乎语境解释就是不必要的了。

但是，在上一章对语境解释的澄清中就已经强调了，使用语境概念的目的在于将讨论严格限制在当前的句子上，而非描绘它们的背景或影响。上一节中也指出，推理过程是受到限制的，主体不可能将他的推理以及由此产生的推论无限制地纳入当前的语境。因此，语境中的内容的前提或推论不出现在这个语境中是完全正常的一件事。

另一个问题是，是否存在一个语境包括所有的命题态度，使得这些命题态度不得不出现在这个语境中。这与上一章中提到的戴维森本人的设想在结果上是类似的，如果存在这样的全局语境，将会导致语言只能被分为固定的两层，这样一来我们既没有必要对语言分层，也没有必要在全局中分割语境了。

这个问题的关键在于其推论性的结论，即我们的意向或心理状态对我们而言始终不是完全透明的。意向内容和意向状态分属不同的语言层级，一阶属性无法推导出二阶属性，因此我们无法从“某人相信 x”推导出“某人相信‘某人相信 x’”[①]。进而，处于语境之外的命题态度对处于这个语境中的主体来说也是不透明的，或者用戴维森的话来说就是“失去了与主体的积极联系”，因为我们在语境的限制内同样也无法构造对语境之外的内容的高阶信念。

根据这两条，我们可以进一步推断出，特定语境的范围对处于该语境中的人来说也是不透明的，我们无法处在一个语境中觉知到这个语境是什么样的，只能重新构建一个针对此语境的元语境，在其中将这个语境中的元语言和对象语言都处理成对象语言，才在逻辑上可能认识到这个语境的全貌。否则会在逻辑上导致自指悖论。

通过这一点，我们可以判断出语境解释理论达到了之前的预期。在语境解释理论的刻画下，主体的心灵具备逻辑能力，但缺乏逻辑的传递能力，这种缺乏在一部分情况下（也许是大部分情况）不会显现出来（或者说是不可观测的），因此在解释上被视为理性的；而在另一部分情况下则显现出来了，从而在解释上造成了非理性现象。

（四）直接的冲突

但是，在这种命题态度分属于不同语境的情形中，我们所能够处理的只是具有一致性但未出现在同一语境中的命题态度，如果把两个仅仅只是在语境中分离的命题态度拿出来放在同一个语境下，它们并不会是不一致的。而如果似乎看上去主体真的在同一个语境中持有两个明显不一致乃至于矛盾的命题态度，甚至他主动宣称自己确实做到了这一点，也就是说命题态度发生了分歧而非仅仅是分属不同语境，那么我们应该如何使用语境解释解决这个问题？

这个问题也是第一章中谈到的戴维森所认为的亚里士多德分析的问题的关键所在。戴维森在对亚里士多德分析的批评中将更为宽泛的非理性产生的不一致区分为无意识的情形和直接冲突的情形，这似乎说明他已经注意到了某些命题态度在推理中被忽略掉的可能性。如果依照语境解释的图景来重构戴维森对非理性悖论的分析，并且在戴维森的分类法下语境解释确实是一种亚里士多德分析的话，那么当戴维森批评在亚里士多德分析中并没有涉及两个命题态度产生了直接冲突时，他所说的“直接冲突”的情况实际上是当处于同一个语境中时仍然会发生矛盾。同时，基于这种区分，戴维森也会承认在亚里士多德分析中，或者说语境解释之下，我们至少可以完全解决当处于同一个语境中就

---

① 即 Believe（x）→Believe（Believe（x））是违背逻辑规则的。

不会有任何问题的情况。但更为关键的是，戴维森能够指出这是亚里士多德分析的问题，就说明戴维森有能力将这两种情形区分开来。

然而有意思的是，如果按照戴维森本人在缺乏语境解释理论的情况下的一贯思路，就应该对命题态度的真值坚持一种全局式的二值性，而这样一来我们将是根本无法合理地区分这两种情形的：如果理性下保持一致的情形算作一类，那么无意识和直接冲突的情形都是对此的否定，这在逻辑上没有区别；而如果把理性和无意识放在一起，无意识的情形只是一种特殊的理性情形（因为总的来看仍然保持了一致性），只有直接冲突构成否定，那么这种分类既不符合关于非理性的直觉又不符合关于非理性的定义，因为这无法在命题态度都为真的情况下排除主体因为无意识的忽略所造成的不按最优解的行动的可能性。因此，戴维森为非理性悖论构造的既坚持全局性论域，又坚持二值逻辑的解释模型是不成立的，他也无意识但又十分合理地进行了语境式的解释，并且他完全有能力意识到这一点。①

不过，这并不是重点，重点在于接下来我们如何处理直接冲突的情形。

首先我们需要搞清楚同一个语境下命题态度的矛盾究竟是什么意思。根据前文的讨论，在语境中我们仍然坚持二值逻辑，那么在分歧的情形中处于同一语境且相互矛盾的两个命题态度就只能是相对于同一个真值条件一个为真另一个为假。如果我们坚持认为主体持有任意命题态度都是可以通过理由说明的方式来解释的，那么我们就只有认为能够证成其中一个命题态度的理由链（或者说证据链）和能够证成另一个命题态度的理由链在任何情况下都是不能连接在一起的，亦即构成这两个命题态度的理由是必然不可通达的，并且这种不可通达的必然性不是由对可能情形的列举得出的，而是通过形而上学的规定，或者说，是由定义导致的。也就是说，为了保证同一语境中产生矛盾的合理性，就需要宣称两者是形而上学不可通达的，这样我们才能分别对其进行不同且不互通的合理化解释。

这种解决方案看似说得过去，但是，如果我们同时坚持戴维森式的“融贯产生符合”，那这将会形成一个新的非理性悖论：如果融贯性确实能产生符合性，那么知道一个命题态度是有理由的，就意味着这命题态度是一致的，进而是真的。但是问题在于，现在这个命题态度是假的，而且我们还知道其理由。

而对于这个悖论，我能想到的解决方法在于：有理由的命题态度当然应该为真，只是应该为真的不是那个假命题态度本身，而是“信念主体持有那个命题态度”的信念。

① 有趣的是，发生在戴维森身上的这件事似乎就是一个非理性的典型案例，并且可以通过语境解释来得到说明。

这个信念在语境中处于元语言层面，而那个假命题态度本身则被排除在语境的元语言外，实际上是一个在当前条件保持不变的情况下不可能在任意一语境中成为元语言表达式的对象语言表达式，并且被主体有理由地伪装成了一个元语言表达式。

我们以“雪是白的”为例：我们不会觉得“雪是白的，但是他相信‘雪是黑的’”会是不一致的，因为“雪是白的”和“雪是黑的”根本就不在同一个语言层级，而如果把这句话改写成“雪是白的，但是‘雪是黑的’”，就有可能造成不一致的假象，一个并非主体的命题态度的表达式被伪装成了主体的命题态度。并且我们不能把这句话改成“雪是白的，但是我（即说话主体）相信‘雪是黑的’”，因为这样实际上是将前一句“雪是白的”也变成了主体的信念，整句话就变成了“我相信‘雪是白的’，但是我也相信‘雪是黑的’”，而这显然是元语言层面不一致的，从而导致了非理性现象的发生。

戴维森最初定义的亚里士多德分析中缺乏语言分层，因此不能将直接相互冲突的命题态度分离至不同的语言层级或语境。但语境解释作为一种能够进行语言分层的亚里士多德分析，则可以做到这一点。这样一来，导致不一致的命题态度就被转化成一个对象语言中的陈述，从使用变成了提及，从而保证了一个语境中真正的命题态度，也就是元语言中的命题态度始终保持一致。在这种情况下，与正常的命题态度发生矛盾的那个伪装的“命题态度”在心灵整体的逻辑推论过程中一直保持的是被提及状态，而与其内容并无关联，只有当处于语境中并看似发生冲突时，它才是误认为被主体按照其内容来使用。

并且，我们可以将这一伪装的过程还原到亚里士多德分析的标准情况上。虽然这种伪装的“命题态度”仍然有着因果和逻辑过程，但并非主体内正常的相互依存关系的体现。现在以虚构作品的内容为例。J. 塞尔（John Searle）对虚构作品的看法是：“虚构作品的作者假装做出断言，但实际上他并没有做出。”[①] 那么，在一个直接冲突的非理性情形中，主体（可能是这一虚构的作者，也可能是其受众）忽略或忘记了这些断言作为虚构内容的事实，或者忽略、忘记了他创作或获得这些内容的因果和逻辑过程，将这些东西排除在了当前的语境之外。然后主体在这一语境中又加入了真实的、通过常规的因果和推理得出的命题态度，那么这就使得这些虚构的“命题态度”和真正的命题态度产生了不一致。

因此，戴维森在对亚里士多德分析中所区分的两种非理性现象的情形都是可以得到语境解释方案的合理解释的，而且也不会构成悖论。

---

① John Searle ,“The Logical Status of Fictional Dis-course,”*New Literary History*, No. 6(2),(1975): 319—332.

并且这种情况并不是非理性的特例，某些实际上被视为是理性的情况也完全可能是这样的，例如在推理中运用了未经反思而是由他人传授但正确的知识。这满足了之前对新的解释方案的构想，即理性的情形在机制上与非理性的情形是相似的。但这些情况会在某些可能的情形或语境中发展为非理性，并被我们所识别。

结 语

对于解决非理性悖论，相较于弗洛伊德主义的方案，本文的这种亚里士多德分析的语境解释的方案更合理，更符合戴维森的理论框架，也更符合直觉。在对非理性现象进行辩解时，我们也往往会说考虑不周导致忽略了某些东西，而非心中划分出的两方在争斗，这更像是寓言故事的情节而非严格的哲学回应。

并且，语境解释理论为我们构造了一种新的关于心灵的图景。在主体的心灵整体，或者说理由的逻辑空间中，我们不是可以无视时间和空间而得以畅通无阻地到达其中的每一个命题态度。虽然在全局性整体论下所有的命题态度都是归属给主体的，但这并不意味着主体能够同时且瞬时掌握命题态度间所有的相互依存关系。因此，语境解释下的主体既具有全然的理性，又具有受到限制的理性。

总之，本文对诸多问题的解决都严重依赖于对戴维森式的命题态度整体论的语境解释。并且，虽然语境解释理论缺乏来自戴维森本人的直接支持，但笔者认为这仍然是他的理论体系所必然带来的推论，并且如果语境解释是不允许出现在戴维森的理论中的，那么戴维森的诸多论断将会是不可理喻的。本文所遇到的绝大多数问题都具有这样的结构：由于戴维森本人未能意识到他关于某一问题的具体方案中的矛盾，因而出现了进一步的问题，但在一种与戴维森式的理论相兼容的解释当中，问题总是能够被化解的。

因此，我们就可以通过对戴维森式整体论的语境解释，为非理性悖论提供一种较之戴维森本人所给出的解决方案更优的解决方案。

（彭文楷，四川大学哲学系硕士生）

伦理学

威廉斯道德运气对通常道德理解的挑战

——兼论虚构主义作为一种接受道德运气的立场

吴鹏

摘要：道德运气问题因为对于“通常理解”的道德产生了巨大的挑战而成为一个不断被提起的话题。然而和大多数论文从规范性的角度关注道德是否应该考虑运气不同，本文在接受道德运气存在的前提下主要关心道德运气如何挑战了道德的通常理解。此外本文专注于威廉斯对道德运气的论述，由此反思三个问题：是怎样的道德理解使得道德运气问题成为一个问题？威廉斯对道德运气的论述中具体挑战了哪些道德理解？如果认同威廉斯承认原有的道德理解是成问题的，那么还能够如何看待道德？本文试图指出，如果不预设道德的客观性与独立性的话那么道德运气只是个琐碎的问题；而威廉斯在对道德运气的讨论之中挑战了道德的客观性、独立性、控制原则、道德至上以及道德的绝对性；最后，本文支持乔伊斯对遭受质疑的道德所采取的虚构主义立场，因为仍然有工具性的价值来支持通常理解的道德继续存在，而语境的区分则可以让人在批判性语境中承认道德的虚假同时在日常生活的语境中真诚地遵守道德。

关键词：道德运气　道德直觉　内格尔　威廉斯　虚构主义

道德运气问题常常被表达为一个规范性问题，即道德运气现象挑战了我们通常理解（ordinary thinking）中的道德判断不能超出行动者控制范围的要求，[①] 使得我们必须发问道德判断是否应该考虑运气。而如果应该考虑，那么需要考虑到什么程度？这一规范性问题或许可以被认为主要追随内格尔的提问方式，而只是将威廉斯的论述，例如高更的例子以及“行动者憾恨”（agent-regret）作为对内格尔所区分的结果运气（resultant

① 这一要求被简称为控制原则（control principle）。

luck）的额外的论证。

但这并不是讨论这一问题的唯一方式，或者说这一问题本身包含了诸多层面的混合，不同学者的论证目标也大相径庭。首先在描述性意义上就可以将问题聚焦于道德运气是否真实存在，例如试图将道德运气现象归因于人类认识能力有限的托马森（Thomson）以及将行动者遗憾归于一种“慷慨”的沃尔夫（Wolf），他们都试图消解道德运气的存在从而在根本上避开道德运气问题。[①] 而如果拒绝接受这种消解道德运气的策略而选择支持道德运气的存在，例如沃克尔（Walker）与哈特曼（Hartman），那么便需要解释为什么人们会有这样的错误，即为什么人们对于道德的通常理解或者道德直觉（moral intuition）与道德运气现象如此不相符合，此外也需要在规范性意义上说明如果道德运气存在那么是否应该放弃控制原则。[②]

在这一问题所包含的混合中还格外值得注意的是，威廉斯在《道德运气》中所试图阐明的内容很可能远远不同于内格尔在同名论文中所做的工作。例如，尽管徐向东也主要从规范性出发处理道德运气问题，但他同时也注意了威廉斯关于道德运气的一些论述并不能简单划归到规范性的问题之中去，例如道德价值不能和其他价值完全分割开的观点，[③] 这被他认为是引入了一些“元层次”的内容。唐文明在他的论文《论道德运气》中这一区别有更清晰集中的说明，他认为内格尔和威廉斯所试图通过道德运气而说明的内容并不相同，前者试图揭示运气在一个客观的道德领域内所产生的影响，而后者则从伦理生活与道德的关系这一视角来“对现代道德概念进行根本性反思”，并强调了威廉斯对道德至上这一道德直觉的挑战。[④]

本文同样不接受将威廉斯的论述完全还原到对结果运气的讨论上，同时主要在道德运气对道德理解的挑战这一层面上来展开问题，试图更完整清晰地说明威廉斯挑战了哪些道德的通常理解或道德直觉，或者说，使与道德运气现象相冲突并进而使道德运气成为一个问题的“通常理解”或“道德直觉”究竟包含哪些含义。

于是，本文分为三个部分：第一部分试图说明，如果道德运气问题真的是一个内格尔表达中的“哲学问题”，这实际上预设了对于道德的客观性与不可还原性的理解，否则这将只是个琐碎的问题，因而能够得出“通常理解”中的两个元素。第二部分则聚焦

---

① 见 Thomson Judith, “Morality and Bad Luck, ”*Moral Luck*（ed. Statman; New York: State University of New York Press, 1993）及 Susan Wolf, “The Moral of Moral Luck, ”*Philosophic Exchange*, No. 1(2001):4－19.

② 见 Margaret Walker, “Moral Luck and the Virtues of Impure Agency, ”*Metaphilosophy*, No. 2(1991)及 Robert Hartman, *In Defense of Moral Luck: Why Luck Often Affects Praiseworthiness and Blameworthiness*（New York: Routledge, 2017）.

③ 徐向东、陈玮：《道德运气与能动性的界限》，载《哲学分析》2022 年第 3 期。

④ 唐文明：《论道德运气》，载《北京大学学报（哲学社会科学版）》2010 年第 3 期。

威廉斯关于道德运气的论述，并集中分析在他的论述中是哪些道德理解遭到了挑战，同时这些挑战又是否可以被轻易消解。第三部分则试图回应，如果接受了道德运气的存在并且同时通常理解所遭到的挑战并不能被轻易消解，那么还可以采取虚构主义的建议，即存在工具性的价值来支持通常理解的道德继续存在，而无需采取废止主义的做法即彻底放弃现有的道德理解。

一　内格尔道德运气问题下的道德理解

（一）道德运气

什么是道德运气？一个简单的例子对于理解这一术语会很有帮助：假设有两个疏忽的司机 A 和 B，他们都没有及时修理已经有些损坏的刹车系统，然而同一天晚上 A 突然发现一个狂奔的小孩从路口蹿出而他没刹住车，导致这个孩子被撞死了；而幸运的 B 则平安无事地回家了。这种情况下很可能同时认为 A 和 B 都是应当被谴责的，然而人们很可能对 A 有着比 B 多得多的愤怒。但 A 和 B 的不同遭遇却显然与运气有关，而如果毕竟 A 不能控制是否会有一个狂奔的小孩从路口蹿出，那么撞到人的结果似乎也不应该为 A 带来更多的指责，毕竟恐怕没人希望自己会被不能控制的事情指责，例如恐怕不会有人在被绑架了而不能上班后遭到指责，因为显然大多数情况下是否被绑架并不取决于被绑架者。甚至，当视角转换为特殊的当事人时，例如被 A 撞死的小孩的父母，他们更不可能用指责 B 的疏忽一样的语气去指责 A；此外，A 也几乎不可能用 B 面对自己疏忽的方式来看待自己实质上导致了他人死亡的疏忽。

在此意义上可以说道德运气现象意味着：那些影响道德评价、道德判断，或者说影响旁观者与行动者如何看待自己的行为或事态，可能并不完全依行动者而定，换言之并不完全在行动者的掌控之下，因而应该被归属于运气，但行动者却要在道德评价上承担这些运气的后果。

（二）内格尔道德运气问题中道德的客观性与不可还原性

这一问题看上去是一种现象和设想的冲突，内格尔的表达或许也传达了这一点："凡在某人所做之事有某个重要方面取决于他所无法控制的因素，而我们仍然在那个方面把他作为道德判断对象，那就可以称之为道德运气。"① 而众所周知的是，内格尔引

① Thomas Nagel, *Mortal Questions* (Cambridge: Cambridge University Press, 1979), p. 26.

入了四种道德运气：结果运气（resultant luck）、环境运气（circumstantial luck）、构成性运气（constitutive luck）、因果运气（causal luck），分别宣称行为的结果不完全受控制、所处的环境不完全受控制、能够成为怎样的人不完全受控制、处于怎样的因果链条之中不完全受控制。如此，几乎可以认为不存在完全受到行动者控制的行为或事态。

然而在反思上述表达时可能会疑惑：这里存在什么问题么？或者，即使存在一个问题那为什么不是琐碎的，因为看起来不过又是一个不被遵守的规则罢了。

留意到这一问题的奇怪之处[①]是很有必要的，因为否则道德运气根本就不是个问题。例如，如果发现实验室中大部分人往往倾向于不按规范操作，那么很可能需要做的事情只不过是纠正操作罢了，为此可以进行课程教育、进入实验室前的培养或者设立奖惩与监督制度等等。或者，如果确实发现实验员普遍采取的不规范操作并不是出于懒惰或者一种只关乎短期利益的盲目行为，而是出于一些真正合理的理由的话，那么所需要做的也就是根据这些合理的理由来修改实验室规范，以继续使得实验室规范能够发挥作用就好。

如果道德运气问题也是如此的话，那这恐怕根本就不是一个严肃的哲学问题，更改道德规范或者纠正人们的行为就可以了。然而有一个有力的理由可以用于反驳这一类比：几乎不会有人说“期望道德能够继续发挥作用”。当实验室规范被说“发挥作用”时，这似乎意味着：

（1）实验室规范本身不是什么客观的或者实在的东西，它并不被认为是被发现的事实，而只不过是出于各种理由被创制出来的，以后也还将不断更改的东西；

（2）实验规范自身似乎并不具有独立的价值，它的价值依附于实验室乃至科学的价值，如果这个实验室被毁弃了，或者这个世界突然彻底了放弃了这些科学实验，那么这一实验室的规范所具有的价值可能也就一并消失。

而关于道德的直觉却几乎是相反的，即：

（1）道德判断似乎更被相信是可以发现的事实，当我们与他人道德辩论的时候就像在辩论一种逻辑真理或科学事实一样声明各自的主张是必然、普遍的，而如果一旦能够说明对方的辩论中夹杂着偏私的内容，另一方就可以说明对方所做的根本就不是道德辩护。

（2）同样，通常理解中道德观念也不认为道德价值来源于其他价值，好像可以用其他价值来补偿道德代价（moral cost）一样，相反，道德价值应该是独立而不依赖其他

---

① 尽管内格尔对此似乎有所提示，但并没有展开处理，也没有进而分析他所用的“通常理解”或“道德直觉”中具体应该包含什么。

价值的，因而也不可能被还原为其他价值，因此即使一个采取谋杀行动却偶然间救助了对方的杀手也不会因为事实上救助了生命而被认为是仁慈或善良的。

在这个意义上，道德直觉更可能符合内格尔对道德的如下描述：“任何人都无法从道德反思的领域中离开：它就在那里。”[①] 道德的语境是客观的语境，同时其价值也不能被还原为其他价值，而只能就它自身而进行反思。并且，如果不预设这样上述道德判断的客观性和道德价值的不可还原性，那么控制原则也将不再重要。因为：

（1）如果不坚持道德判断应当是客观的，那么，对待道德判断的态度将类似于对衣品的评价。这种主观的评价似乎只是意味着一种赞同或否定的态度，因而即使被赞同也同样可能下一秒就遭受否定。而人不可能要求他人的这种态度还必须遵守某种原则。

（2）如果相信道德价值是来自其他价值的话也无法采取控制原则，因为人行动的结果总是超出控制的，而如果道德价值可以被还原为行动结果的偶然价值的话，那么控制原则根本就不可能真的被应用。

于是，出于这种对于道德的理解或许已然可以赞同内格尔的“我们所处理的不是一个理论的设想，而是一个哲学问题”[②]，因而不可能“寻找更精确的条件”，像修改实验室规范那样修改道德规范。但是又为什么不强行纠正人们必须按照道德规范来行动呢？内格尔认为，当人们把通常理解的道德规范应用于更为复杂的实际情况时，道德运气现象的存在是无比自然（因而无法被轻易纠正）的，而不是某种伦理或逻辑上的错误。[③]

于是，在此可以总结说，对道德运气问题感到不安而不是琐碎的前提是，道德的通常理解中包含了一种道德判断的客观性与道德价值的不可还原性的要求，如果缺乏这两点，那么甚至控制原则都不再重要，同时这一问题也将变得琐碎，最终类似于前述不遵守实验室规范那样的问题。于是，如果道德运气问题真的是一个问题，那么这蕴含着被其所挑战的通常理解中至少包含了道德判断的客观性与道德价值的不可还原性。

二　威廉斯意义上的道德运气对道德理解的挑战

（一）道德价值是最高的价值么？

威廉斯对于道德运气的分析在很大程度上不同于内格尔。他在分析道德直觉时还加上了“道德价值具有一种特殊的、实际上至高无上的重要性或者尊严”[④]，这来自威廉

① Thomas Nagel, *The Last Word* (New York: Oxford University Press, 1997), p. 21.
② *Mortal Questions*, p. 26.
③ *Mortal Questions*, p. 27.
④ 威廉斯：《道德运气》，徐向东译，上海：上海译文出版社，2007年，第31页。

斯对于康德伦理学为什么受欢迎的一种分析："康德主义只是表面上令人厌恶：……它提供了一种诱惑，在面对世界的不公正时向人们提供了一种安慰。"[①]

威廉斯以高更的例子引出道德运气，这一例子远比"两个疏忽的司机"要更为复杂。这一例子可以简述为：假想存在一个叫高更的人，他很看重道德，然而他感到他的人生必须要通过成为一名伟大的画家才能具有意义，并且同时他感到必须要抛家弃子而前往塔西提岛才能完成这一目标，于是尽管他百般纠结最后还是选择了离开家庭。威廉斯在此认为，高更不可能像康德所说的那样在选择时就为自己做出辩护而无需等待，相反，他是否能做出辩护很大程度上取决于运气，取决于他是否成功地成了一名了不起的画家。

但这一点是足够令人吃惊的，以至于让人怀疑威廉斯对康德的理解可能存在问题，因为康德认为道德辩护不会受结果改变，而内格尔对此的评价更容易被认同，即，即使高更能做出某种辩护那也和道德无关，[②] 高更无论如何都是一个道德上有所亏欠的人，而我们即使出于别的原因去理解他那也至少不是在道德的意义上，因此高更的例子根本不是一个道德运气的例子。

但威廉斯在《后记》中发问："问题仍然存在：我们要将对高更的感谢放在哪里呢?"[③] 很容易被忘记的是威廉斯特意选出高更的例子是因为高更为人类带来了极具艺术价值的产出，而人们或许早已习惯了艺术家在一定程度上可以免除道德上的指责。因而，威廉斯在这里提醒着一种道德价值与其他价值的缠绕，例如回想生活中对于高更的评价时很可能会发现，人们可能并没有如康德主义那么明确地进行指责。人们好像因为他带来的艺术价值太过巨大，而倾向于认为他"情有可原"或者"也能理解"，虽然仍然可能会说上几句"虽然他的做法有点……"然而更急不可耐地想要说出来的或许是"但是他的作品真的十分伟大"，甚至可能还会补充说"艺术家嘛，毕竟是艺术家嘛"。在这些含混而纠结的态度中威廉斯试图说明的正是，我们对道德的通常理解是含混的，一方面似乎它有着康德主义式的至上价值，另一方面似乎道德价值又在这一巨大的艺术价值面前被撼动了。

这种价值的缠绕在实践推理中变得更为令人不安，同时也让同情高更的人显得更容

---

① 《道德运气》，第 31 页。众所周知的是无论威廉斯还是内格尔，在对道德运气的叙述中都以康德伦理学为主要的对手，然而近期也有论文在这一议题上有力地支持康德伦理学可以与道德运气兼容，"可以把康德与运气论者的差异看作一种视角的差异，与其说他们是一种相互反对的关系，不如说是一种相互补充的关系，他们不是对对方的瓦解，而是一种丰富，二者完全是可以相容的"。见马寅卯：《"道德价值"与"道德运气"》，载《哲学研究》2020 年第 4 期。

② *Mortal Questions*, p. 28.

③ Bernard Williams, "Postscript," *Moral Luck*, p. 255.

易被理解。这里可以引入威廉斯提出的“行动者遗憾”（agent-regret）概念而无需额外的例子。这一概念意味着，当某个行动者反思自己的行为时，即使这里没有任何道德错误，他也宁愿自己没有做过这件事，并且同时感到自己有去补偿的义务。[①] 这显然是某种生活中常见的现象，但问题是，在这样对行动的反思中不受控制的结果影响了对行动的赞同或否认，哪怕行动本身是道德的。于是，如果在实践推理中人可能否认一个行动，即认为一个人其实根本不该去做某件事，但同时那件事是合乎道德的，那么这一现象本身就足够否认道德具有最高价值了，因为在这类情形中道德价值已经不再能为行动辩护。于是反过来，如果某个行动明明是非道德的，但人们却感到似乎难以否认，因为他们的确非常欣赏这一行动所带来的其他的价值，那么这也可能不是完全不能理解的：毕竟同时极为欣赏某个行动的结果，却又同时强烈谴责这一行动仿佛这一行动根本就不应该被做出，这似乎很难在同一个反思者身上存在。

然而即使如此也可能有人会主张说，上述对同一行动的欣赏与谴责的态度可以兼容并存，前者只是欣赏结果，而后者是对行动本身的拒绝，而考虑到道德价值是最高的价值，那么即使因为非道德的价值而欣赏结果，也仍然应该拒绝行动本身。而威廉斯的回应则是：

> 如果我被躲避、憎恨、不被爱和鄙视，尤其是我自己也这样看待自己，但被告知这些反应在任何意义上不是道德上的时，我仍然看不出这会给我带来什么安慰，或者它对其他人提供了什么指导。[②]

将行动的后果划出道德的范围，考虑到上述的实践推理，那么结果将可能只不过是：道德价值将只不过是一种价值而已。因为，人们实际所生活于其中的伦理生活会受到来自其他价值的巨大影响，如果此时道德不能给予辩护并继续指导行为，告诉人怎样的行动是值得赞许的、怎样的行动是值得谴责的话，这样的道德还能被认为有多么重要么？一个道德的行动却完全可能因为对其他价值的巨大戕害而导致行动者“被躲避、憎恨、不被爱和鄙视”，并且生活于其中的行动者本人也可能如此看待自己，那么在他的反思中当他认为自己其实根本不应该做出那一道德行动时，我们一定要无情甚至傲慢地谴责他么？当某个孩子出于某种正义的要求而将亲人甚至亲朋好友挨个送入监狱，但最终却流落街头而无人再愿意帮助宛如警察的他时，至高的道德价值真的还能给予他某种

---

① 《道德运气》，第 41 页。

② *Postscript*, p. 254. 正是在这一意义上，纳斯鲍姆对运气的描述让人感到不安，“一件毫无来由发生的事情，在我毫不知情的情形下就可以改变我的一生。”见努斯鲍姆：《善的脆弱性》，徐向东、陆萌译，南京：译林出版社，2018 年，第 7 页。

慰藉么?

如此可以总结说，当威廉斯通过高更的例子指出了通常道德理解中道德价值的含混，一方面包含了道德至上，另一方面却似乎又可以被其他价值所部分地弥补，甚至可能为了其他价值而放弃道德价值，因而使道德至上的观念遭到了挑战，这也让道德变得似乎没有那么重要，至少不是唯一重要之事。

（二）道德直觉必然包含控制原则么

威廉斯格外关注行动者的视角，而面对同一个行为行动者和旁观者将可能有很不同的感觉。例如在前述的“行动者憾恨”中即使旁观者感到行动者是无错的，但行动者仍然可能感到自己负有某种责任。前者很可能出于控制原则而认为行动者的憾恨以及补偿的冲动只不过是一种“慷慨”。然而，当以第一人称视角去看待这个问题的时候将可能发现控制原则遭到了丢弃。

如威廉斯所暗示（却没有展开）的，如果一个行动合乎道德却造成了糟糕结果的行动者表现得无比冷漠，那么他很可能招致人们的怀疑。① 由于人的认识具有局限性，我们实际上不可能知道一个人真实的意图是什么，因而有时倾向于认为行动结果暗示着意图，例如一个成功杀人的人更像是有意杀人，而一个杀人未遂的人可能其实并不是真的想杀人而之只是想恐吓。② 然而显然行动者也明白这一点，他不可能像证明数学题一样去证明自己的动机到底是什么。沃克尔用完整性（integrity）③ 来解释这一现象，他赞同威廉斯说，如果上述的造成糟糕后果的行动者表现得很冷漠并且很快就感到他是无罪的，那么“我们可能会说，他很轻率，或者她在自欺欺人，或者更简单和更强烈的感觉是，这个人缺乏完整性”④。相反，完整性在如下情形中得到了体现：“一个人招来他无法控制的错误或可怕后果，此时人们期望他不是陷入否认、低落或瘫痪之中，而是能找到资源来解决或补救（那些错误和后果）。”⑤ 在这个所有人都只是有限理性存在者的世界上，人们通过这种尽可能对风险的纠正来维持的完整性以形成某种稳固的自我，这一自我既要求承担行为的责任，也意味着向他人做出了一种承诺：我是一个能负责的行动

---

① 《道德运气》，第 41 页。

② 这一策略被称为认识论证（epistemic argument）。有趣的是，这也同时是否认道德运气存在的一种主要策略，见“Morality and Bad Luck”以及《道德运气与能动性的界限》。

③ “完整性”的概念对于威廉斯而言也非常重要，然而，在威廉斯的意义上这个词主要指一个人通过“根本计划”而解释自己的人生，并把自己的人生意义高度地与“根本计划”的实现绑定在一起。而沃克尔理解的完整性则更为含糊，而感到“难以描述”，见“Moral Luck and the Virtues of Impure Agency,”p. 19. 但我们或许可以认为他的完整性更关注一个人对于自己的生活以及自己在他人眼中的评价是否有所掌握的感觉。

④ “Moral Luck and the Virtues of Impure Agency”.

⑤ “Moral Luck and the Virtues of Impure Agency”.

者，我不会逃避那些偶然遭遇的困难。这对于伦理生活无比重要，而如果某个人没有表现出这个特质反而在任何事件中都仔细划分自己能控制的部分并进而撇清责任，那么这个人几乎会被认为是不可信任的。

于是，尽管在一种不偏不倚的第三人称视角下道德直觉包含了控制原则，然而在第一人称视角之下却反而可能有一种不包含控制原则的道德直觉，这使人感到必须向他人进行说明、承诺。如唐文明所说，“如果承认命运是我们生活中至关重要的构成性力量，那么，承担来自命运的某些责任就很自然了”①。

（三）道德要求是无条件的么

最后，视角的转换还意味着道德价值在一些极端情况下将对于一个行动者彻底失去吸引力，换言之，这一价值可能在第一人称视角下遭到放弃，并且进而可能导致道德要求不再对部分行动者有效，而这或许是对通常理解的道德冲击最大的地方。回到高更的例子，威廉斯提到高更的“根本计划”（ground project）是成为一名伟大的画家，这意味着“这种计划与他②的存在密切相连，并在很大程度上给予他的生活以意义”③。这显然不是一个处于普遍的道德观念之下，而是与行动者自身的偏私的欲望高度相关。如魏犇群所总结的，对于威廉斯来说“人生意义的保全是道德辩护的前提，而非相反。不偏不倚的道德调节的是各个有意义的人生之间的关系，而道德本身无法充分地回答‘我应该如何生活’这一根本的伦理问题”④。

于是，对于威廉斯而言，高更所需要获得的辩护本身就不需要是道德辩护，相反，是某种实践推理中经由多种价值和理由的综合而对行动本身的辩护，即对这一行动本身的赞同，而道德在其中并非唯一的理由，而只不过是一种理由，而且是低于根本计划的理由。于是，当旁观者指出高更的行动是错误的时候，威廉斯的高更却能反驳说：“我做的是正确的行动，因为我必须要当一个艺术家，否则我还不如去死。”这显然挑战了道德要求的无条件性，即好像遵守道德无需出于任何理由，而只是因为道德“它就在那里”并且对行动给予了要求。同时，也正是在这里才真正能理解为什么高更的例子是一个道德运气的例子，因为当高更决定抛妻弃子而追求艺术的时候，他无法提前预知自己

① 《论道德运气》。尽管我这里说明的行动者显得诚惶诚恐，然而并不一定如此，这一行动者主动承担风险的道德直觉完全可以有另一种形式表现出来：“一个被置于严峻道德考验之中而没有经受住考验的人当然会认为他遭受了道德上的坏运气，但一个经受住了考验的人或许会庆幸自己被抛入那样的极限处境，使他有机会展现他的道德力量和伦理品格。”同上。

② 这里的“他”是泛指，并非特指高更。

③ 《道德运气》，第 18 页。

④ 魏犇群：《人生意义先于道德——重思威廉斯对道德的批判》，载《福建论坛（人文社会科学版）》2020 年第 3 期。

是否真的有艺术天分，也无法预知自己是否真的能获得艺术上的成就。而唯有当他真的具有天分，真的能获得艺术上巨大的成就后，他的人生意义才不是某种荒谬的妄想，因为显然如果某人认为自己的人生意义就在于创造永动机，同时他为此做出了无数偷窃行为的话，他荒诞的人生意义根本无法为他恶劣的行动辩护，相反，只要他足够理性以至于能理解一些基础的物理学知识那么他也将感到自己的行为完全是一种错误，至少他应当感到是一种错误。于是，唯有高更那依赖运气的天分和成就能够给予他的行动以一种非道德的辩护，以使得他的行为即使不道德却仍然能被认为是正确的、是应该被做出的。而如果事实是他根本没有天分，或者他实际上就不能够获得艺术上的成就，那么此时“我做的是正确的行动，因为我必须要当一个艺术家，否则我还不如去死”则根本无法为他辩护，因为他根本没有当上艺术家，他仅仅成了一个抛妻弃子的疯子或者小丑罢了，而他的根本计划、人生意义也只不过是疯子荒诞的呢喃。

于此可以总结说，威廉斯试图展现在一些极端情况下道德要求可能会失效，这使得道德要求的无条件性遭到了挑战。这意味着即使存在道德要求，行动也可能可以有所辩护地拒绝遵守道德要求，尽管这种辩护的取得有时依赖于运气，因此甚至使得对人的行动的评价中道德评价是否是重要的一部分都可能会依赖运气。

三　对废止主义的拒绝以及虚构主义的回应

（一）以工具性价值为理由拒绝废止主义

现在考察第三个问题：如果接受了道德运气的存在，那么应该进而放弃原有的道德理解么？如果不是的话，又还能够如何看待它的持续存在呢？

首先考虑，为什么人类至今还没有放弃掉那种通常理解的道德观念？然而同时却也很难轻易选择一种废止主义（abolitionism），即如果相信道德概念中充满了错误，那么就应该彻底地废止它。并且一旦接受废止主义，那么将遭遇“道德运气难题”（puzzle of moral luck），即为什么这种被承认为错误的通常道德理解是如此普遍而盛行呢？[①] 难道道德运气这一早就被注意到的现象一直没有引起那些哲学史上的伟大哲学家们的注意么？

如果确信通常理解的道德满是错误因而不可能通过内部的理由来证明自己不应该被废止，或许一些外部的、作为工具性的价值可以为放弃废止主义提供理由。例如一种常

---

① *In Defense of Moral Luck*, p. 118.

见的说法是，如果彻底放弃掉道德，那么人类将会陷入毁灭。这一说法貌似合理，如果彻底放弃原有的道德观念，那人们还应该如何互相合作呢？如果认为道德价值缺乏客观性、独立性同时也不是绝对的更不是至上的，那似乎也只能相信他人都是只为私利而行动的群狼了，那么几乎不可能想象任何社会合作还得以可能。然而乔伊斯认为这一论证是幼稚的，因为如果只是为了社会合作的话，那么人们都有着审慎的理性这一点足够签订契约，也足够建立法律和惩罚机制，于是对道德的废除并不必然导致社会合作不再可能。① 但乔伊斯并不主张废除道德，他对此提出了理由：

> 道德信念的一个重要价值是，它们正是作为这样一种权宜之计（expedient）发挥作用：即补充和加强那些审慎推理的结果。……绝对命令的独特价值在于它们使计算保持沉默，当干扰力量如此轻易地劫持了我们的审慎计算时，这是一件有价值的事情。②

换言之，通常理解的道德观念使得人们能够更谨慎地坚持审慎推理的结果，这一点是重要的，因为我们作为人而言往往倾向于为了短期利益而违反契约。③ 想象一下，如果我们每次在做选择的时候都去衡量背叛他人带来的利益与合作的利益后再去行动的话，那么我们几乎不再可能相信任何人，因为我们几乎不能保证在每一个选择中都能维持合作的利益大于背叛的利益，而这正是乔伊斯认为原有的道德所发挥的作用。对此可以总结说，即使并不认同通常理解的道德，也可以出于它能加强审慎推理的结果而继续采用它。④

（二）虚构主义的建议：批判性的语境与道德语境的区分

然而，即使出于这一原因而不去废止它，又还能够如何看待它的持续存在呢？难道应当提议说，在哲学家们与政治家们内部同意道德是虚假的，而继续出于工具性价值而让民众热心地相信道德就是客观、独立、绝对、且至上的么？这是不可接受的。然而还

---

① Richard Joyce, "Moral Fictionalism," *Fictionalism in Metaphysics* (ed. ME. Kalderon; New York: Oxford University Press, 2005), pp. 299—300.

② "Moral Fictionalism," p. 301.

③ 斯密也提出了近似的理由，去除其中的神学预设之后大体可以表达为：人类显然并非全知全能，那么道德运气的存在则反而是一件好事，它使得我们明白"要尊重自己同胞的幸福，唯恐自己会做出任何可能伤害他们的事情，哪怕这是无意的"。见斯密：《道德情操论》，蒋自强、钦北愚、朱钟棣等译，北京：商务印书馆，2017 年，第 113 页。

④ 必须说明的是，乔伊斯并非面对道德运气难题而提出这一理由的，而是当他接受"错误论"（error theory），因而感到"道德是虚伪的"之后说明为什么我们不应该彻底放弃道德。然而尽管并非同一个语境，我认为实际所面对的是同一个问题，因为当我们接受道德运气之后，我们同样会感到我们通常理解的道德是"虚伪的"，而乔伊斯的理由同样能说服我们继续采用这样的道德概念。见"Moral Fictionalism".

可能有怎样的态度去面对它呢？如果试图更改现在的道德理解以适应道德运气的威胁，那么内格尔的提示将再次作为一种警告，“我们所处理的不是一个理论的设想，而是一个哲学问题”，我们并不能像改变实验室规范那样轻易地去改变道德理解，尤其是当内格尔展开四种道德运气之后几乎找不到一个空间去完全避开道德运气的威胁。

本文认为，乔伊斯提出的道德虚构主义或许能为这一困境提供一个富有启发的建议，即对某类理论或信念采取虚构主义立场，这意味着一方面相信这种理论或信念蕴含着错误，但仍然在许多语境中继续使用这种这样的理论，就好像不存在错误一样。[①] 尽管在一些“批判性的语境”（critical contexts）中可以断定我们所使用的道德语句是错误的，然而出于一些工具性的价值或其他理由使得并不必须在所有语境中都如此。尽管听上去容易遭遇困难，但这并非不可能，甚至，这样的情形已然十分常见。例如在颜色和文学作品的情形中都是如此，当某人在物理课上学习到颜色只是物品所反射的特定频段的波长的时候，他真诚地确信这一点同时也需要在课堂中就这一点来进行交流，然而这并不意味着当他在日常生活中说“苹果是红色的”的时候他就在欺骗或不真诚。尽管在一个类似于课堂这样他必须仔细审视自己的信念与表达的批判性的语境中他会认为这样的表达是错误的，然而当他向朋友说“看那件白色的衬衣”的时候他并不会觉得这句话有什么不妥。文学作品中也是如此，人们为文学作品中的人死亡而哭泣再正常不过了，但同时又可以在一个批判性的语境当中去思考作者为什么要安排设置这样的剧情。

换言之，虚构主义的立场建议我们可以在伦理生活的语境中继续使用过往的通常理解的道德语言。例如一名刚刚在课堂上讲解“道德语句全是错误的”的错误论者，在下课看到课桌上有一个钱包时却仍然可以对自己说，“我不可以拿走它，而必须将它交到失物招领处，这是道德的要求”，这就如学过光学的人说“看那件白色的衬衣”一样丝毫不令人奇怪。如果接受了虚构主义的立场，那么就不必在任何时候都绝对地信任道德的所有承诺，这同时也为不遵守道德留下了可能的空间，尽管这显然是极为狭窄的空间，并且也可以继续相信当自己选择违反道德要求时，他人仍然可以非常合理地以道德语句来斥责乃至惩罚我们。

最后，在乔伊斯的例子中有一个例子值得引起注意，即孩子们玩游戏的例子：当孩子们在游戏时装作是一只熊来说“我是一只熊，我要吃了你”[②]，孩子们显然不是在进行某种被归为非认知主义的表达：例如，孩子其实是在说“我赞成我是一只熊，并且我赞同我想要吃了你的态度”；这根本不是在“玩游戏”。相反，在游戏中孩子假装自己真

---

① Richard Joyce, *The Myth of Morality* (Cambridge: Cambridge University Press, 2001), p. 185.

② “Moral Fictionalism”.

的是一只熊，并且认为，如果自己真的是一只熊的话那么就该“吃了你”。将道德语句想象为一种游戏中的语句有着一些好处。例如孩子们在游戏中为了大家博弈的乐趣而采取“胜利至上”或者“分数就是一切”的理念这非常容易理解，他们在其中表现出对这些理念的确信并且对那些不想赢的玩家感到丧气，因为这样的玩家使得其他玩家博弈的乐趣可能大幅减少，然而他们还明白，在游戏之外他们还是朋友，这一事实将使得他们感到游戏中的理念即使是普遍而需要所有人遵守的，却同时还需要顾及友谊而实际上会有所克制。这与人们日常对道德的使用也是兼容的，我们并不完全生活在道德语境之中，[①] 尽管这无比重要而我们也在其中渴望着道德价值，然而在高更的例子中，人们或许出于对高更带来的艺术价值而使得对他进行道德判断时实际上保持了一种克制，或者至少能够不必非要说“高更完全做错了，和这些艺术价值相比，我宁愿他完全没有做过这样道德败坏的事”。

（吴鹏，四川大学哲学系本科生）

① 例如当我们看望妻子时我们显然不会用道德语句来表达，比如“我是出于义务来看望你的”，相反我们会使用其他语境中的语句，例如“因为我爱你”。

过免于遗憾的幸福人生

——罗尔斯与威廉斯论生活计划

—谈知辰—

摘要：日常观念认为，生活计划会促进我们收获幸福。罗尔斯将这一观念哲学化，并以此为基础建立了体系化的生活计划理论。威廉斯是这一理论的重要批评者。本文主要考察威廉斯的批评是否成立。本文梳理了威廉斯文本中的三个批评，同时挖掘出“运气—评价”批评，并依次对它们进行了反驳。本文的结论是，威廉斯的批评并不成立，我们依然可以按照罗尔斯的理论，过一种免于遗憾的人生。本文的工作可以为理解生活计划和幸福的关系提供启发。

关键词：生活计划　幸福　遗憾　罗尔斯　威廉斯

导　论

生活计划（life plan）是我们对于自己的时间和精力等资源的一种结构性安排。我们时常会听到诸如此类的说法：“要尽早制订人生的计划”“生活有规划，发展才有方向”。长者常常将这些建议告诉年轻人，家长也会用这些说法来要求孩子，每个人对于未来也的确会有多多少少的规划。本文注意到，这些说法与做法无疑预设了下述前提：生活计划的制订会促进我们收获幸福。那么，这一预设是成立的吗？如果是成立的，那么我们应该按照怎么样的方式来制订人生计划呢？

约翰·罗尔斯（John Rawls）在《正义论》（*A Theory of Justice*）第三编中，提出了一种生活计划理论（life plan theory，以下简称为PT），将人们的上述生活经验做了体系化的表述。在他看来，如果一个人在理性选择与理性慎思（rational deliberation）后，选定了一种理性的长期生活计划，并且付出足够的努力执行，而且他也有理由相信这一计划会得到实现，那么他就会感到幸福；纵使他的计划最终失败了，他也不会为此感到遗憾（regret）。[①] 在这个意义上，制订理性的生活计划，可以让我们过一种“免于遗憾的幸福人生”。那么，罗尔斯的这一理论是成功的吗？

对于 PT，学界主要存在两类批评：一类否定“生活计划”概念本身的合理性，从而说明 PT 是失败的［如拉莫尔（Charles Larmore）[②]］；另一类承认“生活计划”的合理性，但是否认 PT 是成功的（邓伟生[③]）。威廉斯（Bernard Williams）是后一种批评的代表人物。在《道德运气》（*Moral Luck*）和《个人、品格和道德》（*Persons, character and morality*）[④] 这两篇文章中，他对 PT 有三个批评：PT 把人生当作待填满的矩形、PT 蕴涵保守策略、事实上不存在固定又相关的偏好。限于篇幅，本文仅以罗尔斯和威廉斯的文本为核心，考察后一类批评是否成立。

本文的结论是，威廉斯对罗尔斯的批评并不成立。为了说明这一点，第二节将重构 PT，梳理罗尔斯对“过免于遗憾的幸福人生”的论证。第三节将介绍威廉斯对罗尔斯的三个批评，并且依次说明，这些批评都是对 PT 的误解。鉴于威廉斯以“道德运气”批评体系化的道德学说，第四节将通过威廉斯对道德运气的论述，构造一种对 PT 的道德运气批评。继而通过援引罗尔斯文本，尤其是罗尔斯对“遗憾”“羞耻”的表述，本文尝试论证这一批评不对 PT 构成威胁。如果本文的分析是正确的，那么我们依然可以以 PT 为参照，过一种免于遗憾的人生。本文的工作可以为理解生活计划和幸福的关系提供启发。

一　PT 与“过免于遗憾的人生”

罗尔斯对 PT 的建构，是从对“‘好’（good，或译作“善”）是什么”的追问中开始的。

“好”是事物所具有的一种性质。“这是一把好刀”“这是一个好方法”都是这一性质的例示，这种句式可以被概括为“A 是好 x”。在罗尔斯是看来，对“好”的定义包括三个阶段：首先，A 是好 x，当且仅当，A 在更高程度上具有人们可以理性地要求 x 的性质（例如，更高、更快）。其次，A 是对于一个人的好 x，当且仅当，具有生活计划的此人，在每次使用 A 时，A 都在更高程度上具有这些生活计划可以理性地要求 x

---

① Rawls John, *A Theory of Justice* (Revised Edition; Cambridge, MA: The Belknap Press of Harvard University Press, 1999), pp. 359－360. 本文对于《正义论》的引文，是在何怀宏等人译本上对个别概念进行了修改。［罗尔斯：《正义论》（修订版），何怀宏、何包钢、廖申白译，北京：中国社会科学出版社，2009 年］以下不再一一标明。

② Larmore, Charles, "The Idea of a Life Plan," *Social Philosophy & Policy*, No. 16(1), (1999): 96－112.

③ 邓伟生：《人生计划、运气与美好人生》，载《现代哲学》2019 年第 1 期.

④ 均收录于 Williams, Bernard, *Moral Luck: Philosophical Papers* 1973－1980 (Cambridge: Cambridge University Press, 1981).

的性质。最后，还需要说明第二步中的生活计划本身是理性的（rational）。[①]

要注意的是，这里定义的“好”仅仅是一种“手段一目的”模型意义上的“理性”（rationality），它在道德上是中立的。换言之，在PT中，一个生活计划可以既是好的，又是道德上邪恶的。在PT的整个讨论中，“道德”的概念都没有出现。[②] 此外，还需要看到“理性”“好”“人生计划”在一定程度上是相互解释的。故而，那些被一个具有理性生活计划的人所需要的东西，就可以被看作好的。[③]

在罗尔斯看来，制订计划就是通过对时间的安排来组织我们的活动，从而使得我们的欲望或目标以“一种有效与和谐”的方式达到满足。一个生活计划由很多子计划组成，它既可以是长期的，也可以是短期的。[④] 说明了“计划”的概念后，罗尔斯通过“理性选择原则”和“理性慎思”这两个概念，来界定理性的生活计划。总的来说，**一个人运用理性慎思和理性选择原则选择出的生活计划，就是理性的生活计划**。

理性选择原则（principles of rational choice）是一组能够帮助人们做出理性选择的原则。罗尔斯例示了如下三个原则：有效手段原则，即假设两个计划同样可取，而一个的实现手段比另一个更加有效，那么选择前者就是理性的；容纳原则（principle of inclusion），即假设两个计划同样可取，选择那个能实现更多目标的计划就是理性的；较大可能原则（greater likelihood），即假设两个计划同样可取，选择那个更可能实现的计划就是理性的。这些原则同时适用于长期和短期计划的选择。[⑤] 理性选择原则不足以让我们排列出不同计划之间的优劣次序，故而，一个合理的计划还需要理性慎思。

理性慎思是一项仔细的（careful）反思活动，在这一活动中，一个人会“借助于所有的有关事实构想出实现这些计划会是个什么样子，并据此确定出能够最好地实现他的那些更为基本的欲望的行动方案”[⑥]。这项活动有三个理性假设：首先，这个人在反思中的计算或者推理没有错误；其次，这个人对于他真正需要什么没有误解；最后，这个人关于自己的境况和实现每一个计划的后果的知识都是准确的和全面的。[⑦] 当一个人的选择满足了这三个假设时，他的选择就是在占有全部信息的情况下做出的，这时的计划可以被称为**客观上理性**的。然而，考虑到生活中这三项预设很难达成，故而，当一个人尽其所能地进行了理性慎思，他的选择就是**主观上理性**的。PT中所说的“理性计划”，

---

① *A Theory of Justice* (Revised Edition), pp. 350—251.

② 这里的背景是罗尔斯对善的弱理论和强理论之间的区分，参见 *A Theory of Justice*, pp. 347—351. 本文不展开。

③ *A Theory of Justice*, p. 350.

④ *A Theory of Justice*, pp. 360—361.

⑤ *A Theory of Justice*, pp. 360—365.

⑥ *A Theory of Justice*, p. 366.

⑦ *A Theory of Justice*, pp. 366—367.

就是这种主观上的理性计划。

罗尔斯还以例示的方式，介绍了理性慎思中可能用到的四条原则。相比于理性选择中的原则，这里的原则更加偏向于对目标本身的确定。① 第一条是推延原则，即如果现阶段还不能在自身相互排斥的目标中确定一个目标，那么理性的选择就是暂时不做选择。② 第二条是拒绝时间偏爱的原则，即仅仅凭借时间上的或先或后，某一目标不能变得更加重要。第三条是连续性原则，即人是时间上的连续体，较早的欲望或需要与较晚的欲望或需要之间是处在相互影响中的，故而，在做长期计划时，有必要进行通盘考虑。第四个原则是增加对未来的考虑原则，这是从二、三中推理而出的。人们可能都会有忽视未来的倾向，但是考虑到未来并不能因其久远就不重要，所以为了纠正这样的倾向，人们应当在选择目标时多考虑未来。③

通过上面的说明，PT 就建立起来了。值得注意的是，在 PT 背后实际上有一条“控制原则”（control principle）：

我们仅仅在评价我们的那些因素处在我们控制之中的程度上，是道德上可评价的（morally assessable）。④

这是典型的对道德责任界定，即应当蕴涵能够（ought implies could）。控制原则似乎是符合我们的道德直觉（第四节的道德运气批评尝试挑战这一直觉）。虽然如前所说，PT 是道德中立的，但是罗尔斯在类比的意义上使用了这一原则：

我们仅仅在决定我们是否理性的那些因素处在我们控制之中的程度上，是理性上可评价的。

正是基于这一原则，罗尔斯才会将 PT 的要求放在主观上理性的计划，而不是客观上理性的计划。这一原则在人心理上的反映即为免于遗憾的感觉（the absence of regret）。⑤ 我们遗憾的对象仅仅限制在，那些本可以做到却没有做到的事情上；对于客观上的信息限制、能力局限，我们不必有所遗憾。在这个意义上，罗尔斯说：“一个理性的人总是使自己这样地行动，以便无论事情后来变得如何，他都永远不需要责备（blame）自已。”⑥ 可见，在 PT 中，理性计划和使得人免于遗憾的计划是等价的。

---

① *A Theory of Justice*, p. 365.

② 刘莘：《〈正义论〉导读》，成都：四川人民出版社，2019 年，第 241 页。

③ *A Theory of Justice*, pp. 369—370.

④ Nelkin, D. K., “Moral Luck,” *The Stanford Encyclopedia of Philosophy* (Summer 2021 ed.), Metaphysics Research Lab, Stanford University, https://plato.stanford.edu/archives/sum2021/entries/moral-luck/.

⑤ 有人将“regret”翻译为悔恨（何怀宏）或憾恨（陈嘉映）等。由于这几个词在中文中没有明显的语义区分，本文统一称之为“遗憾”。

⑥ *A Theory of Justice*, p. 371.

那么，这样的理性人生计划为什么能让人感到幸福呢？罗尔斯说："当一个人……的理性计划正在（或多或少）成功地付诸实践，并且他有理由相信（is reasonably confident that）他的计划能够实现时，他是幸福的。"幸福的两个条件是，理性计划付诸实践，而这一计划又可能实现。这里的付诸实践是这个人自己在坚持计划的前提下，孜孜不倦地努力。与理性概念类似，这里的幸福也只能被称为**主观上的幸福**。纵使这两个条件被满足，一个人也未必就能真正实现自己的计划，**在客观上收获幸福**或成功，毕竟"(客观）幸福的获得总是意味着一定程度的好运气"[①]。

总之，在罗尔斯看来。如果能够制订出理性计划并且付诸实践，在有理由相信这一计划可以实现的情况下，一个人就是幸福的。纵使最后计划失败了，他也有不会有遗憾。在这个意义上，PT 可以让我们过"免于遗憾的幸福人生"。

二　论威廉斯对 PT 的误解

让我们转向威廉斯对罗尔斯的批评。本节将说明这些批评都是对 PT 的误解。

威廉斯的第一个批评是，PT 把人生当作了一个待填满的矩形。威廉斯说："(PT）在我看来只是意味着对一个人自己生活的一种外在看法，这就类似于要用某些东西来优化地（optimally）填充的一个矩形。"[②] 但是罗尔斯忽视的地方在于，这个矩形的延续（continuation）和大小都取决于一个人自己。

问题在于威廉斯没有说清楚"矩形"究竟指的是什么。本文的一种猜测是，威廉斯在批评罗尔斯把不同的理性计划带给人的收获看作可以通约的（commensurable)。[③] 即存在一个平台（即"矩形"）可以衡量不同收获的价值。但是，不同计划之间具有的价值可能是不可通约的。例如，一个人在前十年选择了好好学习作为生活计划，而后十年选择远离书本放弃知识作为生活计划。在这个意义上，"矩形"不是固定的，而是可以被打破的。第二种猜测是，矩形指的是一种根本（the ground）的人生计划，这种计划赋予人的生活以意义。罗尔斯误以为这种根本计划是一经确定便不能再改变的，但是实际上它随时可以被一个人所调整。[④]

威廉斯的意思似乎不可能是第二种。因为威廉斯本人恰恰就提倡这种能够保证一个

---

① *A Theory of Justice*, p. 360.

② *Moral Luck: Philosophical Papers* 1973－1980, p. 12. 本文对威廉斯的引文参考了徐向东的译本，以下不再一一标明。

③ 类似的论述参考 MacIntyre, Alasdair, *After Virtue* (London: Duckworth, 1985).

④ 显然，这两种猜测并不一定符合威廉斯的原意。但是考虑到威廉斯文风的跳跃，在二手文献不足的情况下（限于时间，本文主要参考了 Jenkins, 2006)，本文已经尽了最大的努力来理解他的意思。

人的品格（character）和人格同一性（personal identity）的根本计划。[①] 即使的确是第二种，这也是对罗尔斯的误解。PT 是关于一个人在生活中如何做计划的一般性理论，并不适用于威廉斯意义上的“根本计划”。在 PT 看来，这种一劳永逸，如同“一锤子买卖”的根本计划是不存在的，人生始终要进行着不断的理性慎思，调整既有计划。[②] PT 中有总体计划（the whole plan）的概念，但是仅仅出现在对“一些与时间有关的原则”的探讨中，[③] 并非 PT 的核心。

与此相关的是，国内有学者将罗尔斯的“life plan”翻译为“人生计划”[④]，这极具误导性。在中文中，“人生”指的是“人的整个一生”，而“生活”则兼有“人的整个一生”和“一生的某些片段”两重含义。考虑到 PT 涵盖的范围既包括长期的计划，也包括短期的计划，并没有专门强调“人的整个一生”的含义。故而，本文主张将“life plan”译为“生活计划”。将这一概念翻译为“人生计划”，会使得读者误以为 PT 是针对威廉斯“根本计划”的理论，这会隐蔽两人之间的差别。

那么，威廉斯意思可能符合第一种猜测，这同样也是对罗尔斯的误解。第二节曾指出，PT 中的“好”和“生活计划”是相互解释的概念：人们把人们东西确定为好的[或有价值的（valuable）]，取决于他们的生活计划要求某物所具有的性质。但是罗尔斯并不在“有价值的”这一角度，而是在“免于遗憾”的角度谈论生活计划带给人的收获。换言之，生活计划之所以会让人有收获，是因为每当人们想到已经尽力做了自己想做之事，无论最终成功与否，自己都已经尽力了。这种收获是一种情感层面的免于遗憾感（the feeling of the absence of regret），而不是有价值（valuable），故而不存在“价值不可通约”的问题。在威廉斯的例子中，前后十年的生活计划带给人的价值是大相径庭的，但是前后的免于遗憾感可以是一样的。

威廉斯的第二个批评与第一个相关。他认为尽管罗尔斯本人对生活计划应当保守还是冒险保持开放，但是 PT 实际上鼓励保守的策略。PT 追求“免于遗憾”，实际上将每个人当作了“未来的受托人（trustee）”。生活中，一位财产的受托人如果采取过于冒险的策略，即使没有对财产所有者的利益造成伤害，也依然会收到所有者的谴责。故而，为了避免被谴责，他可能会采取较为保守的策略。类似地，一个人要追求“免于遗憾”，即未来的自己不会谴责现在的自己，也同样会采取类似的保守策略。但是这种策略会排除掉一个人通过冒险来获得人生价值的可能，这是对人的极大限制。[⑤]

---

① *Moral Luck: Philosophical Papers* 1973—1980, pp. 12—13.
② *A Theory of Justice*, p. 367.
③ *A Theory of Justice*, p. 369.
④ 见《人生计划、运气与美好人生》。
⑤ *Moral Luck: Philosophical Papers* 1973—1980, pp. 12—13.

这个批评也是对于PT的误解。这个批评如果成立，需要预设人生的总体计划或根本计划；正是有了这个横跨整个一生的计划，一个人前后所要追求的价值才能是一致的，那么，他才能被看作未来的托管人。然而，PT始终对于计划的变更留下余地，并不要求人有如此夸张的计划。故而，一个人担心被未来谴责，当且仅当，他担心自己没有在力所能及的范围内做到最好，而不是担心他过于冒险，损害了未来赋予自己的“财产”。在这个意义上，罗尔斯说，按照PT，“（一个人）所冒的任何危险必定是值得的，因此，倘若发生他可能预见的最坏的事情，他仍然能够相信他所做的是站得住脚的”①。事实上，看起来威廉斯是把他对效用主义（utilitarianism）的理解带入PT中了，以为PT中存在“通用货币”（currency），这种货币在人生不同阶段都有价值，② 但是PT显然并非如此。

顺便还可以澄清威廉斯对PT的另一个误解。威廉斯说，PT主张“因为无知以及一些其他因素的影响，对生活中的遥远时刻打折扣看起来确实是理性的”③。这是对PT极其幼稚的误解，罗尔斯恰恰反对这一点。第二节已经介绍了理性慎思的四个原则，其中有一条正是增加对未来考虑的原则。

第三个批评与第二个批评是关联的。威廉斯认为，PT预设了存在一组既固定（flexible）又相关（relative）的偏好。但是事实上并非如此。“一个人的所在所为以及他所过的那种生活支配了他后来的欲望和判断”，故而，如果通过未来实际上的偏好来确定现在的计划，那么这些偏好不一定能是固定的（因为现在还没有）；如果通过现在我们已经具有的偏好来选择未来的计划，那么这些偏好可能和现在有没有什么关系。现在与未来之间的割裂感，使得不存在一组固定且和各个阶段都有关联的偏好。④

这个批评依然是对PT的误解。和第二个批评一样，威廉斯也是把罗尔斯的理论当成了一种用以制订根本计划的理论，然而事实上并非如此。在罗尔斯这里，偏好、欲望、目标，乃至于计划，都是可以改变的。前面已经澄清，PT对于一个计划的评价是“免于遗憾”，而这种免于遗憾只是一种感觉，而不是类似于“通用货币”一般的价值，所以，PT不需要这组“既固定又相关”的偏好。

如果上述的分析是正确的，威廉斯对PT批评就都仅仅是误解。

---

① *A Theory of Justice*, p. 371.
② *Moral Luck: Philosophical Papers* 1973—1980, pp. 34—35.
③ *Moral Luck: Philosophical Papers* 1973—1980, p. 31.
④ *Moral Luck: Philosophical Papers* 1973—1980, pp. 31—25.

三　“运气－评价”批评及 PT 的回应

威廉斯是一个极有洞察力（insight）和原创力的哲学家，他始终对体系化的道德哲学持有很强的批评。[①] 故而，即使上文的分析说服了威廉斯，他也未必会放弃对 PT 的批评（虽然 PT 本身并非道德哲学理论，下面还会展开这一点）。我们还需要考虑除此之外，他还会提出怎么样的批评。

为此，我们需要梳理一下二人[②]在第三节的论战。概而言之，威廉斯认为，PT 给人确定了一个不可改变的、横跨一生的计划，这一计划为人生的不同阶段提供了类似于通用货币一样的价值，基于这一理解，他批评 PT 限制了人，而且具有错误的假设。而罗尔斯的回应则在于澄清这一误解，即说明 PT 没有为个人确定如此夸张的计划，而能够使得计划带给人收获的，仅仅是不后悔的感受，而非通用的价值。事实上，罗尔斯的这一回应诉诸了第二节所说的“控制原则”。换言之，PT 把运气排除在对人生计划的评价之外。这一评价在情感上的反映体现：

一个人不会为理性计划的失败而感到遗憾，当且仅当他已经在力所能及的范围内落实了这一理性计划。

我们可以将这一原则称为**免于遗憾原则**（the rule of regret’s absence）。要注意的是，PT 不仅仅声称这一原则是规范性。而且也会将之作为描述性的原则看待。换言之，PT 声称这一原则符合人们的直觉，因为人们经过反思后，实际上就是按照 PT 做事的。

然而，威廉斯恰恰会质疑免于遗憾原则。这一批评可以从《道德运气》中挖掘而出。在这篇文章中，威廉斯以康德式道德哲学为靶子，通过对于“回溯性评价”和“遗憾”等概念的分析，利用高更和卡列琳娜的例子，尝试挑战人们对控制原则的道德直觉。[③] 要注意的是，威廉斯批评的是道德哲学，而如第二节所说，PT 本身不是一种道德理论。不过，本文认为威廉斯批评的实质在于，通过说明“运气”和“评价”之间的联系，从而反对那种排除运气的评价理论。故而，有理由认为，他的批评同样也可以适用于 PT。我们可以将这种批评称为**“运气－评价”批评**。

既然 PT 声称免于遗憾原则符合直觉，威廉斯就构造了高更的例子，来挑战这一直觉：

高更是一位生活在伦敦的白领。为了过上他认为可以追求自己艺术才能的生

---

① Jenkins, Mark, *Bernard Williams*(Montreal: McGill-Queen’s University Press, 2006).

② 这里仅仅是拟人化的说法，罗尔斯本人并没有直接对威廉斯做过回应。下同。

③ *Moral Luck: Philosophical Papers* 1973－1980.

活，他背离了人类社会提出的一些确定的和紧迫的要求，抛弃了家庭，独自前往海外小岛研习绘画。在他做这一决定时，他还尚且不能判断自己是否能成为富有创造力的艺术家；并且，这种才能也只能在这种艺术实践中才能得到检验。最后他成功了，成为彪炳史册的艺术家。①

对于高更，威廉斯可以补充许多的假设，例如高更的计划是根据理性选择原则做出的，而且经过了充分的理性慎思，故而，这一计划符合 PT 所说的“理性计划”。此外还需要假设他已经尽全力去执行这一计划了。接下来，威廉斯邀请我们做一个反事实设想：高更失败了。威廉斯指出，在这时，高更会对自己感到遗憾。

有人可能会觉得威廉斯的推论过于草率，为此，威廉斯区分了外在失败和内在失败。前者例如他在前往小岛的路上，不幸遭遇海难，导致他丧失了作画的能力；后者是他经过多年的艰苦尝试，发现自己的确没有艺术天赋。前者是由于**外在运气**的缺失，后者则是**内在运气**的缺失而导致的。威廉斯把这一种情况排除了出去。他认为，如果高更发现自己没有艺术天赋，他一定会为这一计划的失败而深深遗憾。由此证明，免于遗憾原则是错误的。②

罗尔斯可能会批评高更的论断实际上是反直觉的。换言之，按照大多数人的设想，高更未必会对自己感到遗憾。至少，威廉斯应该拿出更多的实验哲学上的证据，来说明实际上人们具有威廉斯所说的这一直觉。为了继续反驳 PT，威廉斯会诉诸人格同一性来论证，遗憾是人格同一性的必要条件：如果人们不对之前所做的事情抱有遗憾，我们就缺少人格的同一性，难以形成品格（character）。③ 罗尔斯会继续回应道，威廉斯混淆了“评价一件事好与坏”和“承认一件事是否存在”，故而，不对既往的人生计划产生遗憾，并不会使得一个人缺乏人格同一性。

有论者关注到了“运气一评价”批评，但是他的结论和本文相反：PT 无法回应这一批评。④ 本人认为这种观点是错误的。这是因为它未能注意到，罗尔斯还可以拿出更为强有力的如下理由来回应威廉斯。事实上，罗尔斯承认人们会对某种“好”的缺乏而感到遗憾或羞耻（shameful）。⑤ 例如，丧失了机会，或者浪费金钱，等等。这种羞耻可能是与道德有关的（因给他人带来痛苦而感到羞耻），也可能是和道德无关的（例如，因自己没有才能而失败）。总之高更的确会感到遗憾，这里也存在混淆：高更是因理性

---

① *Moral Luck: Philosophical Papers* 1973－1980, pp. 22－23.

② *Moral Luck: Philosophical Papers* 1973－1980, pp. 23－25.

③ *Bernard Williams*, p. 82.

④ 《人生计划、运气与美好人生》。

⑤ 在罗尔斯那里，这两个概念有较大区别，这里略去。参见 *A Theory of Justice*, pp. 388－390.

计划失败而遗憾，还是因为才能的缺乏而遗憾，还是因为在道德上伤害了自己的人而感受羞耻。这些感情混杂在一起，即使是威廉斯本人也无法强有力地说明，高更遗憾的就是理性计划的失败。故而，高更的例子不会对免于遗憾原则构成挑战。①

看起来，威廉斯的理由要么是过于诉诸直觉，要么缺少详细的论证。如果本节为罗尔斯所作的辩护是成功的，那么“运气一评价”批评并不会对 PT 构成威胁。

结　语

本文重构了罗尔斯的生活计划理论，并且依次反驳了威廉斯文本中的三种批评，以及被挖掘出来的“运气一评价”批评。如果本文为这种理论所作的辩护是成功，那么我们依然可以按照这一理论的指导，选择理性人生计划，过一种免于遗憾的幸福人生。

本文仅仅回应了对罗尔斯理论的后一种批评。以拉莫尔为代表的前一种批评是否成立，还需要继续考察。此外，对于支持道德运气的辩护有多种方式。② 这其中是否还可以挖掘出对罗尔斯的批评，也需要进一步探究。此外，本文也没有探析罗尔斯理论相比于威廉斯对于人生计划的理论的竞争力。

本文相信，至少就为自己设定的论证目标来说，本文的工作已经足够了。无论如何，本文希望这里的工作可以为理解生活计划和幸福的关系提供启发。

（谈知辰，北京大学哲学系硕士生）

---

① *A Theory of Justice*, pp. 389－391.

② “Moral Luck”.

道德责任与决定论的相容之难：反思阶层欲望理论

——周子星——

摘要：哈里·法兰克福在论文《自由意志和人的概念》中通过提出阶层欲望理论将自主性作为定义自由的重要标准，并基于此论证了道德责任与决定论相容的可能。这一理论对意志的探析启发了后来众多新相容论者，但过于依赖行为者欲望的内部统一使该理论缺乏足够的说服力，同时其对决定论强度的轻视也使其面临了在生活中无法处理的归责难题。本文指出了阶层欲望理论的可行性过度依赖较模糊的定义阐释，以及对实际情境的设想过于简单。因此该理论虽然具有开创性，但论证的有效性需要在概念定义中排除大量的实际情况，并非一个成熟的归责理论。

关键词：相容论　道德责任　操控论证

引　言

哈里·法兰克福（Harry G. Frankfurt，1929—2023，以下简称法兰克福）在论文《自由意志和人的概念》针对人自我内部的统一提出了阶层欲望理论，重新定义了人的自由。这一理论建立在其论文《可供取舍的可能性与道德责任》的基础上，在这篇论文中，法兰克福通过提出著名的“法兰克福式反例”证明了存在**因外界因素干扰无法采取其他行动，但依然要对自己的行为负责**的情况，以此对可供取舍的可能性原则（PAP）提出了批评——在这里，可供取舍的可能性原则（PAP）指的是：“一个人只有在他本来能够采取其他行动的情况下，才能为他当时所采取的那个行动负责。”法兰克福式反例强调了行为者的意志与道德责任的直接关系，表明了客观环境下**行为者是否具有其他选择**并非决定道德责任的核心因素。但在《可供取舍的可能性与道德责任》一文中，法兰克福并没有详细说明行为者的意识如何影响了道德责任。将行为者的意识过于简单地区分为愿意与不愿意显然难以进一步讨论，因此在《自由意志和人的概念》一文中，法兰克福进一步提出了阶层欲望理论，通过细化行为者的意识结构，将阶层欲望与自由的标准进行了关联，以此重构对自由的定义，使自由与决定论和道德责任相容。法兰克福通过对行为者意识活动的过程进行了经验性的分析，试图将人们处理复杂、甚至存在内部矛盾的意识的过程作为是否自由以及是否承担道德责任的标准，这样自由与道德责任便能与**不具有其他选择的可能性环境**相容。

然而法兰克福的这一理论并非无可争议。事实上该理论存在一些论证上的缺陷，并会在一些情境下得出显然有悖于直觉的结论。因此即使法兰克福的新相容论产生了巨大的影响，但依然没能以很有力的方式在其与不相容论者的争论中占据绝对的上风。

对于法兰克福式反例的讨论已经形成了一个独立的问题，因此出于篇幅考虑以及阶层理论建立在法兰克福式反例的结论基础上这一背景，笔者将暂时先略过围绕法兰克福式反例的争论，在后文直接简单地介绍并采用其结论，以阶层理论为主要的讨论对象。

一

法兰克福认为人的意志是某种能够推动人行动的欲望，而意志内部又存在多个阶层——即一阶欲望与二阶欲望（以此类推也可以有更高阶层的欲望，之后将统称为高阶欲望）。一阶欲望是人对自己的行为的欲求（want to do）；二阶欲望则是对一阶欲望的欲求（want to want）。人可以同时拥有多个一阶欲望与二阶欲望，他们之间可以是不同的甚至彼此冲突的，而最终能够在多个一阶欲望中胜出，推动行为者的行为的一阶欲望被称为意志。面对不同的一阶欲望与二阶欲望，行为者希望其中某一个一阶欲望成为自己的意志时，这个希望便被称为“二阶决断”。

在阶层理论中，二阶决断是判定人是否自由的重要标准，是“人和其他动物的本质区别”，行为者也被这一标准所区分。人们的欲望存在多个阶层，这些阶层逐级反思，在多个不一致的欲望中选择，最终驱动行为者的行为。如果一个人没有形成自己的二阶决断，对自己欲望不存在反思与倾向，这个人便不能被称为“人”，法兰克福将其称为“放任者”，认为他们没有形成自己的人格。当一个人形成了二阶决断时，便存在两种情况：当一个行为者的二阶决断与意志相符，他的最终行为受到他二阶决断所选择的一阶欲望的驱动时，这个人就是自由的，需要为自己的行为负责；当一个人的二阶决断无法控制自己的意志，他的二阶决断所选择的一阶欲望无法驱动他的行为时，法兰克福认为这个人是不自由的，无需为自己的行为承担责任。①

在阶层理论中，一阶欲望是人最直接的本能，二阶欲望是人对自己拥有的一阶欲望

① Frankfurt, H. G., “Freedom of the Will and the Concept of a Person,” *The Journal of Philosophy*, No. 68(1), (1971): 5–20.

的反思。而相比于二阶欲望，二阶决断超越了**“我希望自己拥有什么一阶欲望”**，进一步反思了最终**能够驱动行为**的一阶欲望——**意志（显然作为个体，我们在大多数情况下并不能实现所有的一阶欲望，此时二阶决断便起到在多种一阶欲望中选择的作用）**。当一个行为者内部的欲望与意志达成了一致，这个行为者便是自由的。这与法兰克福《可供取舍的可能性与道德责任》一文的结论相辅相成，行为者自由与否关键在于行为是否由行为者的欲望驱动，而外部环境是否给予了行为者其他选择的可能性并不是判定他是否自由的关键。①

二

阶层欲望理论的提出对相容论的讨论产生了巨大的影响，也不乏对该理论的质疑，其中笔者认为无限倒退批评与控制批评对于阶层欲望理论构成了比较有力的反驳。

根据阶层欲望理论，行为者高阶层的欲望会对相对低阶层的欲望进行逐级反思，对低阶层欲望进行确认，最终形成高阶决断，筛选出驱动最终行为的意志。然而二阶欲望与二阶决断概念解决了一阶欲望的存在与意志的选择问题时，也为二阶欲望的由来带来了麻烦。按照阶层欲望的作用路径，我们可以说二阶欲望的产生是因为我们有三阶欲望，三阶欲望决定了我们想要拥有哪些二阶欲望；而之所以拥有这样的三阶欲望则取决于我们四阶欲望的欲求，以此类推，那么欲望的尽头在何处，真正决定了所有反思的根源性的意识从何而来？

法兰克福本人在提出这一理论的同时便预见了这个批评，而他选择通过提出“决定性的一阶欲望”来回应这一质疑。他认为当一个人对自己的某一个欲望足够坚定的时候，他的一阶欲望便能影响其更高阶的欲望，逐级向上影响。此时对这个一阶欲望的决定性认同足以切断对更高阶意志的反思的需要，反思的需求便不会无限地展开，而是在一开始便得到了统一。

这个回应让人不甚满意。这个论证看似回避了对高阶层欲望与决断的无限需求，但与阶层欲望理论本身的核心是矛盾的，同时还引入了一些存在疑问的概念。根据原本的阶层欲望理论，高阶决断对存在冲突的低阶欲望具有反思与决定的权力，抑或说低阶的欲望与决断是由更高阶的反思来决定的，而这便与低阶欲望反映理论中，低阶欲望的选择影响高阶欲望的决断这一路径矛盾。同时，一个足够坚定的、足以向上影响的低阶欲望，这个“低阶欲望”事实上似乎属于高阶欲望，而“被影响的高阶欲望”则成为被决

① Frankfurt, H. G., “Alternate Possibilities and Moral Responsibility,” *The Journal of Philosophy*, No. 66(23), (1969): 829-839.

定的低阶欲望（显然根据法兰克福的定义，高阶与低阶是相对的），此时便可以发现，这两种路径事实上是一样的，都是不同阶层的欲望逐级影响，它也依然没能解决一开始的问题，即这个“坚定”的意志从何而来？阶层欲望理论中似乎缺乏一个决定所有欲望的产生，同时独立于所有欲望外的概念。法兰克福赋予了欲望如此重要的地位，关乎人的根本概念与自由，却在解释欲望的产生时陷入了内部的循环，这反而提高了“自由”与成为“人”的门槛，我们无从知晓是什么让我们拥有欲望，拥有自由，也就无从知晓如何避免成为一个没有决断的放任者。

针对这一质疑以及有点孱弱的回应也引出了该理论在论证过程中存在薄弱之处。法兰克福在论文中通过构造情境来对阶层欲望理论进行阐述，接着直接进入了对该理论的实际应用的讨论。对于为何将人的意识划分为不同阶层的欲望，人的欲望之间为何是如此配合联系的，法兰克福均未做出解释，而是直接默认了人的意识本就是以这样的一个流程驱动行为的。诚然法兰克福的解释是符合生活中的经验认知的，对于这一理论在相容论中的应用方式也有充分的解释，但他并没有足够的论证支撑这一理论的真实性，而仅仅强调了它的可用性。虽然我以为概念性的提出缺乏严谨的来源论证并不一定对其运用产生非常大的挑战，但当概念的定义会影响到其运用时，我们便需要对这一概念重新进行考量，此时来源论证上的缺陷就会显现出来。因此针对无穷倒退质疑所引发的一系列运用中的风险，阶层欲望理论需要进一步补全来源上的论证，明确作为欲望的意识是如何出现、并最终影响一个自由的人的行为的。

在实际应用阶层欲望理论的过程中，依然存在判断结论与我们的道德直觉不一致的情境。假设这样一个情境：一个流浪汉非常饥饿，他一方面想偷东西吃，但同时也不希望自己实行偷窃行为，且此时他形成了“希望自己不实行偷窃行为的欲望”的二阶决断。但他最终屈服于强烈的饥饿欲望，选择了与自己的二阶决断不相符的偷窃行为。按照阶层欲望理论的判断，这个流浪汉的意志与他自己的二阶决断不相符，他没能像法兰克福所强调的那样达成内部欲望的一致，因此他是不自由的，无需为自己的偷窃行为负有道德责任。

但这个判断在大多数情况下都很难被道德直觉认可，我们会认为此时阶层欲望理论的辩护范围显得过宽了。法兰克福将行为者内部欲望的一致性作为自由的充要条件，但没有对内部欲望的不统一进行仔细的讨论。这里似乎存在一个不对称的情况：**内部欲望一致是由本人做出的统一，因此行为者是自由的，需要为行为承担道德责任；内部欲望无法达成一致时，这样的不一致的结果也并未受到外界因素的强制影响，但却无需为自己的不统一承担责任**。如果说行为者的欲望是阶层欲望理论中道德责任的决定性因素，那我们可以说第二种判定默认了当行为者的本能意志不服从它自己的高阶决断的时候，高阶决断更能代表行为者最核心的欲望,[①] 高阶欲望在其中被赋予了更大的权重，而本能意志被判定为一个相对外在于行为者核心欲望的控制因素。但显然在日常的生活中我们只会说“这个行为者的意志不够坚定”（此处的意志区别于阶层欲望理论中的意志，根据日常用语的含义，这句话可以被理解为“这个人的高阶判断的力量不够坚定”）。那么当一个人反思性的高阶决断的力量不够强大，无法对自己的本能意志进行控制时，为何将高阶判断控制力的不足与本能意志的过于强大作以与外部控制一样的处理，**这样的处理将人最终驱动的行为的意志看作了一种“异己”的力量**。如果说高阶决断相较于本能意志更能体现人的核心欲望，那么内部不一致所体现的高阶决断能力的薄弱造成的行为也应该由行为者承担，而不是在同出于行为者内部的不同阶层的欲望不一致时便将欲望的冲突作为外界的操控进行处理。此处对于不同阶层欲望的冲突处理得过于简单了。

三

上文中我针对阶层欲望理论内部粗糙的部分提出了反例与质疑。然而即使能进一步精致处理内部多重欲望的冲突情况，阶层欲望理论也仅仅是初步完成了理论内部的自圆其说，它依然需要面对其对相容论最核心的攻击：人类所有意识在来源上的被操控可能。如果行为者所有的意识都在不同程度上受到主体外的操控，那么无论行为者内部的多重意识以何种方式催动行为者做出行为，这些意识与其催生的行为都间接地由行为者外的因素所决定。当我们用阶层欲望理论处理佩里布姆提出的四组操控论证时，阶层欲望理论的孱弱便十分明显。

德克·佩里布姆（Derk Pereboom）在《自由意志、能动性与生命的意义》中提出了一个著名的四例**操控论证**（a four case manipulation argument）。佩里布姆通过四个例子来质疑决定论与道德责任的兼容可能，它认为在这些情境下，即使行为者满足了相容论者对自由的所有界定，都依然不需要承担道德责任。

> 例子一：存在一批脑科学家通过科技控制了普拉姆做出决策前的思考，且这个操控对普拉姆是有效的，科技手段能控制普拉姆杀害怀特。而这个被控制的普拉姆具有以下特点：
>
> 1. 在普拉姆的众多一阶欲望与二阶欲望中，原本便存在杀害怀特这一欲望。当科学家们控制普拉姆做出这个决定时，普拉姆内部的欲望是一致的。
>
> 2. 普拉姆本身便具有自私自利的倾向，科学家们操控他做出的选择是符合他

---

① 在这里我选择了用“核心欲望”这个词来表达一个被认为最能代表人的理性的因素，也是阶层欲望理论中最终决定“是否自由”“是否需要承担道德责任”的核心判断因素。

原本的性格特征的。①

在这两个特征下，普拉姆即使被科学家所操控，但他的行为依然符合他自身的思想特征，其内部的欲望是一致的。即使没有科学家的控制，他也极有可能做出同样的二阶决断。因此根据阶层欲望理论的判断，普拉姆具有完好的自主性，应该负有道德责任。

> 例子二：存在一批脑科学家从普拉姆出生开始操控他的大脑。因此普拉姆所有的性格特征与道德反应都是出自科学家们的设计。科学家们通过精密的推测将普拉姆的性格塑造成了一个自利且一定会杀害怀特的人。此时被操控的普拉姆有以下特点：
>
> 普拉姆根据自己的性格特征形成了杀害怀特的一阶欲望与二阶欲望，并做出了希望杀害怀特的一阶欲望成为自己的意志的二阶决断。②

根据阶层欲望理论的判断，例子二中的普拉姆自发地形成了杀害怀特的欲望，同时在具有自主性的情况下对这个欲望进行反思，最终达成内部的一致，因此这个情景下的普拉姆也应该承担道德责任。

> 例子三：普拉姆处在一个强调自利的社会下，他从小接受这个社会的教育，形成了自利的性格。因此面对杀害怀特的欲望，受到自利社会的影响的普拉姆决定杀害怀特。③

这个例子的普拉姆和例子一、例子二中的普拉姆一样具有完好的自主性，内部的欲望达成了一致，因此依然需要承担道德责任。

> 例子四：普拉姆所处的世界符合决定论者的描述，所有事情的发生都受到因果关系论的影响。自普拉姆出生后，外界的一切塑造、影响着他的性格与决定。这样的性格促使他产生了杀害怀特的欲望，并在具有自主性的情况下对这个欲望进行反思，达成内部的一致。④

同例子三，这个情形下的普拉姆也应该承担道德责任。

以上便是佩里布姆提出的四例操控论证。按照阶层欲望理论，以上四个情境中的普

---

① 德克·佩里布姆：《自由意志、能动性与生命的意义》，张可译，南京：译林出版社，2022 年，第 100 页。

② 《自由意志、能动性与生命的意义》，第 101 页。

③ 《自由意志、能动性与生命的意义》，第 102 页。

④ 《自由意志、能动性与生命的意义》，第 103 页。

拉姆都是自由的，都应该为杀害怀特这一行为负有道德责任。然而佩里布姆认为根据我们的道德直觉，以上四个场景中的普拉姆都无需承担道德责任。上述四个例子都存在一个超出普拉姆控制（甚至认知）范围，但对他的行为具有决定性操控的因素。因此普拉姆的欲望与行为都被超出他的控制的影响因素所决定。例子一与例子二中普拉姆的欲望受到他人的操控，例子三与例子四中佩里布姆将“被他人操控”转换为一个决定论视角下的世界，并提出如果我们的直觉认为例子一与例子二中的普拉姆不应该承担道德责任，那么决定论世界观下的普拉姆也无需承担道德责任，则相容论者提出的对自由与道德责任的判定方式并不能让承担道德责任的可能与决定论共存。类似的道德直觉在日常生活中是十分常见的。2004 年美国一名孕妇被杀害后，腹中的婴儿被剖腹取出。然而在此案审理之后有数万人公开请愿要求赦免凶手，原因是凶手自童年开始便受到了多次虐待，大量人认为凶手在童年时期受到的虐待对她的思想造成了负面影响，最终促使她犯下罪行，因此她不应该为她自发的罪行负有全部责任。①

操控论证下的决定情境与法兰克福式反例中的决定情境有一定的区别。在法兰克福构造的反例中，虽然布莱克试图操控琼斯，但他并没有事先决定琼斯的意志。具体来说，当琼斯自己行动的欲望符合布莱克的希望时，**布莱克不会对琼斯的行为进行干涉**，此时琼斯才需要承担道德责任；当琼斯的欲望不符合布莱克的预期时，布莱克才会干预琼斯的行为，取消琼斯其他的选择，此时琼斯不需要承担道德责任。但于此处法兰克福默认了一个前提，**他认为与道德责任直接相关的推动行为的因素——行为者的自行决定真的是行为者自己决定的**。而操控论证便是针对这个预设提出了反例。操控论证中所有的外界因素不存在不发生作用的情况，它们都通过不同的方式控制了普拉姆做出决定的过程。因此所有“自行决定”与“内部统一”的自主性在这四个例子，以及决定论的世界观下都是普拉姆的错觉。如果这个被操控论证质疑的预设被证明为假，阶层欲望理论的可信度便会大大降低。

四

事实上法兰克福并非没有考虑过以上的情景。他在《自由行为的三种概念》一文中对类似于例子一和例子二的假设做出过简单的回应。

针对例子一的情况，法兰克福认为其中精神与行动每一步都受控的人即使可能有多阶层的欲望与决心，但是“根本没有他自己的性格或倾向，没有理由期待他有甚至最低

① Jessica Lussenhop, Lisa Montgomery, “Looking for Answers in the Life of a Killer,” [EB/OL]. (2021-1-13) [2024-5-19]. https://www.bbc.com/news/world-us-canada-55587260.

程度的连续性和可理解性，而这对人来说是本质性的要求”。因此法兰克福虽然认同这种情况下行为者无需承担道德责任，但此时的行为者不能被称为一个具有正常认知的人，因此这并不是在阶层欲望理论的研究对象中，不能对阶层欲望理论构成挑战。

而针对例子二的情况，法兰克福本人的描述是：“神经学家赋予他的受控者一个稳定的性格或程序，此后，他并不非常频繁地改变这个性格或程序……因此受控者后来对内外环境的反应是被这个程序而不是恶魔/神经学家的进一步的干预决定的。”在这个基础上，法兰克福期望这个受控者与程序形成统一，在这个机械程序给予的空间中寻求自主性与复杂的欲望结构。他期望这一预设的反应程序对人的细节控制并非完全面面俱到，即使行为者最初的性格已经被设定，但在此之后行为者的欲望与意识并非完全受到初始性格的影响。此时行为者的自主性是可以被认可的，因为此时他也可以被称为是自由的，需要为自己的行为承担道德责任。①

但这两个回应并不十分让人信服。针对“程序性干预”，法兰克福的回应选择了弱化这类决定论设计范围的广度，或是说忽略了不同因素间存在的因果决定的稳定性。法兰克福**寄希望于如果这个干预并不是时时刻刻存在的，仍存留有空间供受控者选择**。但不相容论者完全可以拒绝这个弱化的存在，法兰克福必须直面决定论者的世界观——**这个世界中所有的发展都是有缘由的，都被自己所不可控的因素控制，因此改变其中某一个因素必然会造成一系列有固定结果的连锁反应**。在这样的世界观下，法兰克福所希望的“合适的程序”是不存在的。同时，法兰克福并没有给出为自己的理论辩护所需要的“空间”。即那些具有偏离行为者相较于第一种时时刻刻被控制的受控者，第二种受控者虽然表面上在一次性干预后没有被强制改变自己的行为，但那仅有的一次干预（例如性格的塑造、家庭环境的改变）都在引导着他的行动，而他所谓“自由的欲求”都由这个被塑造的性格决定，只是一种自由的错觉罢了。在这个意义上，他依然不是一个自由的行为者。

而针对第一个例子中时时刻刻被控制的受控者，法兰克福也承认这一情况下，受控者并不因为反思下的欲望与意志得到了统一而应该承担道德责任，但法兰克福以这个行为者“缺乏作为人的本质性要求”来将这一情况排除在阶层理论的适用者之外并不是一个可行的做法。正如我在上文所说，在为相容论辩护的时候，不应该简单地忽略决定论可能达到的强度。如果我们将所有缺乏自主性的人都排除在了讨论之外，就不可避免地要考虑一个核心问题，即自主性本身的可靠性。决定论者认为，大量的自然科学与社会

① Locke, D., Frankfurt, H. G., "Three Concepts of Free Action," *Proceedings of the Aristotelian Society, Supplementary Volumes*, No. 49(1975):95-125.

科学研究表明人们的欲望与选择会受到大量外界因素，例如环境、遗传、基因等行为者不可控的因素的影响。因此在这个意义上，所有人的每一个意识活动、产生的每一个欲望与决断都不是来源于行为者自己，而是受到其控制范围外的外界因素的影响，这也可以被看作一种“时刻存在的控制”。因此当我们引入这个因素时，人人都很有可能是“被排除的人”。

四例操控论证仅仅是一个开端，在佩里布姆之后有大量的哲学家对这个论证提出了反驳与进一步的补充细化。鉴于主题与篇幅，对于针对操控论证的具体讨论不会再进一步继续深入。受到操控论证挑战的并不仅仅是阶层欲望理论，目前几乎所有的相容论理论都会对操控理论进行讨论与回应，可以说操控论证是相容论无法回避的一个疑难。而在操控论证的挑战下，我认为相比于后继之人，阶层欲望理论对于这一质疑的回应是不足的。可以看出在构建阶层欲望理论的时候，法兰克福并没有过多地考虑一个强大的决定论世界观，因此针对上文中所提到的类似质疑，其回应的有效性都极大地依赖决定论的实际强度，可以看出法兰克福在构建阶层欲望理论时提出的条件概念都超出了决定论允许的范围（例如因果决定论中“欲望”与“决断”的真实性都是存疑的）。假使决定论对于世界的控制程度足够深足够精密，阶层欲望理论所依赖的概念的根基便会收到动摇，其回应也没有了发挥空间。

当然，尽管在上文中笔者对阶层欲望理论提出了一些不满与疑问，但这些质疑都仅仅是针对法兰克福自己对阶层欲望理论的解释。作为新相容论者的代表，法兰克福提出的阶层欲望理论启发了后来更多更精细的相容论的出现，其中也有一些理论弥补了阶层意志理论中的缺陷，对不相容论者的质疑提出了有力回应。然而不可否认的是，作为新相容论的早期代表，法兰克福的阶层欲望理论是个大胆但不乏粗糙之处的理论，若不能对那些漏洞进行进一步的完善，阶层欲望理论的合理性与可行性必然会受到一定的影响。

（周子星，四川大学哲学系本科生）

论加总原则与人的分离性反驳

——刘欣雨——

摘要：加总（aggregation）原则作为一种数量原则，通常被认作功利主义的核心特点。功利主义面临的主要反驳之一是人的分离性反驳。这一反驳认为，功利主义未能尊重个体，未能给予每个人平等而独立的关注。因此，在这种情况下，加总原则本身的合理性就亟待澄清和证明。尽管它在日常道德直觉中看似自然，但支撑这一直觉的依据是否可靠仍然不明确。陶雷克就对这一直觉持怀疑态度，认为任何基于数量考虑的道德推理，都无法满足对个体应得的道德关心，进而提出了对包括加总原则在内的一切数量原则的系统性反对。本文的任务是：分析陶雷克反对这一原则的理由的实质，从不同角度来构思人的分离性如何可能威胁到加总原则，并一一拒绝这些可能。

关键词：加总　陶雷克问题　人的分离性　尊重

一个理想的社会中，每个人的必要需求总是能够得到基本满足。以医疗资源为例，由于任何时候都有许多人生病，那么理想的情况便是，所有病人都能得到必要的治疗直至痊愈。然而，由于医疗资源的稀缺性，这样的理想情况从来都不存在。在过去的新冠疫情中，疫苗、病床、急救药物这类物资和医护人员的人力时间等等都是有限的，这种稀缺性使得为每一个需要治疗的人都提供完全的治疗是不可能的。既然我们无法为所有人提供治疗，谁接受治疗，谁不接受治疗，便成为一个艰难的抉择。这个决定涉及不同治疗者之间的利益冲突，我们该如何分配稀缺的医疗资源，才能让那些无法得到治疗的人觉得合理？

通常情况下，我们会优先将诉求者诉求的严重程度纳入首要考虑。就像在战争或自然灾害发生后，医疗小队总是会优先抢救伤势严重的受害者。除此之外，在诸如此类的救援情形中，我们通常还会秉持一种“救的人越多越好”的直觉，认为人数在相关情形中是一个重要的道德考虑项。然而在一些哲学家看来，如果我们所考虑的是一种冲突性分配情形，那么在这一情形中诉诸数量原则将是可疑的。所谓冲突性分配情形，是指在一些特殊情形[①]中，由于双方的诉求都具有内在合理性，并且由于资源本身的不可分割性，我们的选择会不可避免地会具有非此即彼的特点。在怀疑者看来，如果作为决策依据的是被救助人员的数量，那么这个决策的合理性程度就会大打折扣。对于这些哲学家的反直觉立场所作的著名阐明，当数陶雷克（John Taurek）。

一　陶雷克对加总原则的诘难及其理由

陶雷克在《人数真的重要吗?》的开篇，描绘了这样一种有关医疗资源的冲突性分配情形：

> 我有一些救命药物。有六个人需要这种药物治疗，如果没有得到恰当的救治，他们都会死去。然而，其中的一个人需要全部的药物才能存活，其他五个人每一个人只需要五分之一的药物。试问，我应该怎么做?[②]

假设不考虑那六个人的任何身份情况——比如其中是否某个人的存活会间接使得更多人活下来，因为那个人即将发明癌症特效药，或某个人是个十恶不赦的罪犯；也不考虑其中是否有老弱病残——而是把每个人都平等地设想为还能再活相同时长的普通人。那么大多数人对这一情形的道德直觉会是："我应该把药物平分成五份从而救五个人，而不是把药物全部用在一个人身上来救一个人。"

而陶雷克却否认了这一直觉，认为这一直觉背后的数量原则——即在类似冲突性分配情形中，数量是道德决策所考虑的一个决定性因素——是不可接受的。在陶雷克看来，每一个人的生命都具有独特性和独立性（质性），因此只通过一种量上的累加，1+1是不能大于1的。陶雷克设想了那五个人主张救自己而不是救那一个人的理由[③]："……如果你继续活下去，你也可以合理地认为会实现至少一样多的快乐余额。但你没有看到吗，这还有第二个人。如果他继续活下去，他一样会得到一个不错的'快乐—痛苦'的净余额。而且，这还有第三个、第四个和第五个人。我们现在并不是叫你去死以使得我们五个人中的任何一个人能够实现自己的快乐余额。因为你也可以认为自己能够在生命中实现同样的东西。然而，认为你自己在生命中可以实现我们五个人加总在一起的令人愉悦的净余额将是多么的不合理。"

---

① 我们会在下文中看到这一类特殊情形的代表：陶雷克情形。
② 约翰·M. 陶雷克：《人数真的重要吗?》，王藓时译，载《哲学分析》2019年第4期。
③ 《人数真的重要吗?》。

在陶雷克看来，在这一情形中，救五个人的主张必然是把五个人的福祉加总(aggregate)起来，从而得出将负担加诸一人之上的负价值能够被五人的总福祉所合理化的结论。陶雷克认为，由于这一种推理是由置身事外的一方所做出的冷漠推理，即便不是令人憎恶的，也不免被人诟病为愚蠢的。因此，既然数量原则不能表达对每个人的平等关心和尊重，那么就需要被摒弃，我们宁可接受一种诉诸运气但给了每个人一个平等机会、从而尊重了每个人的抛硬币法：正面朝上，救一个人；反面朝上，救五个人。

初看之下，大多数人无疑会认为陶雷克的反对和给出的替代方案是荒谬的，就像结果论者诺克洛斯（Alastair Norcross）所言，考虑陶雷克问题是不必要的："除非我们想跟随约翰·陶雷克（这个名单很可能还包括菲利普·福特和朱迪斯·汤姆逊）进疯人院。"① 而我们之所以会有这样的直觉，是因为我们总是朴素地认为，如果生命具有内在价值（intrinsic value)②，那么救一条生命会是善的，救更多的生命会造就更多的善，也即：

> 内在善性原则：内在善性本身是好的，并且如果这个善性数量很多，那么加总起来的善性将很大。③

那么，陶雷克对这一原则的反对，真的仅仅只是一个无病呻吟的质疑吗？如果是这样，由陶雷克问题引发的诸多争论，到底又在讨论什么呢？从这一疑问出发，笔者将考察陶雷克在反驳数量原则时给出的几个理由，并分析它们是否合理。

首先我们考虑的是"不更差"（no worse)④ 理由。在上文中，陶雷克把五个人主张自己的诉求能够加总起来超过一个人的推理称作一种"置身事外"的推理，是冷漠而不可接受的。之所以如此，是因为陶雷克认为，在把"多多益善"的逻辑运用到人身上时，会混淆了人和物品所具有的根本区分⑤："我不会把他们看作具有一定的客观价值的东西，像对待物品的客观价值那样来决定人的客观价值，然后计算出五个人的价值的总和，随后再与一个人的价值相比较。如果不是因为这些对象是和我一样的生物——对于他们而言所要发生的事情极其重要，我不会这么在意他们是生是死……我所关注的是

---

① Norcross, Alastair, "Two Dogmas of Deontology: Aggregation, Rights, and the Separateness of Persons," *Social Philosophy and Policy*, No. 26(1), (2009): 76—95.

② 在伦理学中，内在价值是指任何因其自身就有价值的属性。内在价值是一种非工具价值，即它自身就是自己的目的，而不是用来实现其他目的的工具。

③ Parfit, Derek, "Can We Avoid the Repugnant Conclusion?" *Theoria*, No. 82(2), (2016): 110—127.

④ 即多数人的死亡不比少数人的死亡更差。

⑤ Sanders, John T, "Why the Numbers Should Sometimes Count," *Philosophy & Public Affairs*, No. 17(1), (1988): 3—14.

对于某个人而言的损失（the loss to this person)。”[①] 也就是说，当对象是生活中的美好事物，比如彩票中奖、美好的假期和值钱的物件时，“多多益善”这一逻辑是所有人包括陶雷克都能够欣然接受的。但是，陶雷克认为当对象是人时，这一逻辑就不适用了。也就是说，每当我们试图从外部进行一种客观比较时，就会把人当作了物品，而负担只能是对于某个人而言的负担，所以道德评价所涉及的也必须是针对具体的某个人而言的损失。因此，当结果涉及不同人的时候，一个结果不会比另一个结果更糟，“更多”也并不意味着“更好”：五个人的生存并不比一个人的生存更好，五个人的头痛也不会比第六个人的头痛更糟糕。

那么，一种“置身事内”的视角是什么呢？这便涉及陶雷克给出的第二个理由：道德关心的第一人称理由。“Pietà 失去一条胳膊对我而言非常重要，但这不是因为 Pietà 会想念它。像我一样的生物失去一条胳膊对我而言非常重要，这仅仅是因为我知道他会想念它，就像我会想念自己的胳膊一样……我对他们的遭遇有着深刻的同情。我对他们遭遇的关心主要在于我意识到他们每一个人都极其关心自己的遭遇，就像我在他的位置上会关心自己的遭遇一样。”[②] 也就是说，在陶雷克看来，从“同情”这一道德角度出发可以为我们提供了另一个非加总的理由。如果同情心是道德关心的一种，那么在道德决策会给某一方负担极大的情况下，道德关心就会对我现在所同情的人的福祉产生压倒性的力量，这种力量是如此强烈，以至于可以超过其他所有的关切。当我们以这种方式参与道德决策时，我们会与每一种可能的负担者的处境共鸣，而每个人要求对我们以这种方式与他们共情时，每个人的要求都是如此之大，以至于所有其他要求都显得微不足道。从这个角度来看，这种形式的同情本质上是非加总性的，所以这些互竞的诉求是无法调和的，[③] 我可以同情地想象自己处于某一个人的位置，但我不能把自己想象成一群人，只能把自己想象成这群人中一个具有代表性的成员，或者把自己想象成他们中的每一个人。因此，从这么一种道德同情出发，决策者只能换位思考某个痛苦降临到自己身上时的具体感受，是无法想象多个数量的痛苦是怎样的，这些多个数量的痛苦的叠加也就不会使得它比单一痛苦更具有重要性。

以上两个理由互为表里，进一步给出一个很强的结论：只有从感性出发，能直观体验到的苦难才具有道德重要性。也就是说，对于陶雷克而言，我们并不能判断一个情况从整体而言客观上更好了，因为这在他看来会直接导致数量优先主义，从而使一个道德

---

① 《人数真的重要吗?》。

② 《人数真的重要吗?》。

③ Kogut, Tehila, Ilana Ritov, “The ‘Identified Victim’ Effect: An Identified Group, or just a Single Individual?” *Journal of Behavioral Decision Making*, No. 18, 3 (2005): 157—167.

决策具有非个人性（impersonal）。

但是，以上这种对价值判断的客观视角持完全否定的态度无疑是过于极端的。首先，这样一种只依靠同情认同过程的道德推理本身是可疑的。我们不能因为这种方法利用了一种心理上真实存在的道德关怀形式，就可以证明这种方法是唯一正确的。其次，我们能够看到，陶雷克实际上并不会在任何情形下都反对一种"救的人越多越好"的直觉，只是在冲突性分配情形中作出如此主张。因此，一种客观性视角的存在本身是应该坚持的，这是我们讨论能够出发的基础。在此基础上，我们应该进一步考察的是，为何在冲突性分配情形中，陶雷克会认为这一客观视角下自然拥有的数量原则直觉会失去效力。那么，当陶雷克在坚决反对加总时，到底是在诉诸什么理由呢？笔者认为，在陶雷克在出于同情的视角主张我们应该站在每一个人的视角来考虑问题时，在拒绝数量原则可以作为冲突性分配情形中道德考虑的依据时，是根本上认为不同生命间不能进行加总，是在诉诸"人的分离性"（the separateness of persons）这一反驳。

二　人的分离性反驳的含义

在现代政治哲学中，功利主义往往被认作一个极具争议的理论，罗尔斯（John Rawls）在《正义论》中所做的杰出贡献是其中一个重要原因。该书提供了许多反对功利主义的论据，其中一个要点便是人的分离性反驳。[①] 这一概念自罗尔斯提出以后，在二十世纪六十年代到七十年代间得到了不少回应，高蒂耶（David Gauthier）、内格尔（Ernest Nagel）和诺奇克（Robert Nozick）等人纷纷表达了类似的观点。[②] 如今，"人的分离性"已是政治哲学中的一个基本概念，它强调个人的独特性，认为每个人都是一个独特的实体。并且，由于个人从根本上是不同的、相互独立的，每个人的利益、权利和福祉都应独立考虑。从广义的角度来解释，人的分离性反驳认为，要尊重人与人之间的区别，就必须将人与人之间的权衡（不同生命之间）与个人内部的权衡（一个生命之内）区别对待。与之相对的，他们无疑会认为功利主义的逻辑没有尊重人与人之间的区别，认为功利主义者在追求最大福祉数量时，预设了一个"超级人"，一个异己的、漠不关心每个具体生命的集体生命体存在。因此，在牺牲一个人福祉来换取更大利益时，补偿并没有发生在个体之内，而是发生在人际，这是这些反功利主义者所无法接受的。

如此来看，陶雷克从根本上来说没有反对数量原则或者说内在善性原则，而是反对

---

① Rawls, John., *A Theory of Justice* (ed. Rev; Cambridge: Harvard University Press), 1999.

② Gauthier, David, *Morals by Agreement* (Oxford: Oxford University Press, 1986); Nagel, Thomas, *Mortal Questions* (Cambridge: Cambridge University Press, 1979); Nozick Robert, *Anarchy. State and Utopia* (New York: Basic Books, 1974).

它在人际权衡情形时被使用，因为在这一情形中，给出牺牲和获得补偿的并不是同一个人。也正是从这一点出发，陶雷克才能够有理由地认为五个人的生存并不比一个人的生存更好，会认为我们在考虑道德问题时必须诉诸第一人称的理由，因为人与人之间是相互分离的，每个人都拥有不可侵犯的生命价值。陶雷克问题于是也就是这么一个老生常谈问题的再次提出：理论上拥有不可侵犯的绝对尊严的人，其权利在现实化过程中，在与他人权利发生冲突的过程中，会受到哪些限制，这些限制的限度又在哪里，其“绝对”尊严在这些限制面前，是否又被打了折扣从而受到侵犯。

需要注意的是，本文的目标不在于为功利主义提供一种理论辩护，而是为某个版本的加总原则/数量原则做辩护。在具体实施过程中，从一方面来看，尽管我们的任务是证明“个人分离性”不对数量原则或加总原则构成反驳，但是由于加总原则作为功利论的实践方法与功利论密切相联，使其本质上具有强烈的功利论色彩，我们在对加总原则的辩护过程中，必然会把对功利论的相关质疑纳入重要考虑；从另一方面来看，由于数量原则并不捆绑于功利论，功利论面临的理论困难并不会对数量原则造成困境，所以我们的目标不是为功利论辩护，而是在考察对功利论加总特性的诸个反驳中，哪些是误解了加总原则的，哪些是加总原则确实需要予以修正的。

为达成这一目标，我们首先可以划分出两种意义上的人的分离性反对：

（1）弱意义上的：人的分离性问题反对的是功利主义，没有直接攻击加总原则。

（2）强意义上的：人的分离性问题既成功反对了功利主义，又反对了包括加总在内的一切具有结果论结构的理论。[①]

其中，弱意义上的反对是罗尔斯在《正义论》中所使用的，而较强意义上的反对则是陶雷克所使用的，即反对任何形式的加总本身。本文关心的便是第二种意义上的反对。当反加总论者声称，加总违反了人的分离性，非加总原则尊重人的分离性时，是不能单纯诉诸人的分离性本身来反对的，而是需要进一步澄清，我们彼此之间具有分离性这一事实在规范意义上具有何种意义以及会带来哪些约束，并且这一约束是否能够导向人的分离性和非加总性的道德原则的结论。要想回答这个问题，首先需要明白的是，人的分离性问题存在哪些预设和蕴含，以及它们是否合理、能否证明非加总原则比加总原则更具有合理性。有不少加总原则支持者直接地讨论过这个问题，在此主要将考虑的是诺克洛斯、布林克（David Brink）、帕菲特（Derek Parfit）和广濑（Iwao Hirose）对这个问题的回应，从而分别从不同角度来构思人的分离性如何可能威胁到加总原则，并一一拒绝这些可能。

① 具有结果论结构的道德理论一般从促进价值或善的角度来定义义务或正确的行动。

首先，我们可以考虑加总原则是否一开始就在前提上违背了人的分离性，这涉及了有关加总原则的预设不当反驳。在一些反对者看来，加总原则违背了人的分离性前提，并具有一种不可接受的形而上预设：没有单一的个人，只有作为复数的人类。正如高蒂耶所言："假设人类是一个超人，其最大的满足是道德行为的目标……但这是荒谬的。个人有需求，而非人类有需求；个人寻求满足，而非人类寻求满足。一个人的满足并不是任何更大满足的一部分。"① 在反对者看来，当我们使用加总方法时，我们似乎犯了预设不当的错误。

但是，绝大多数使用加总原则的哲学家在使用加总原则时并不预设了这样一种过强的前提。就像诺克洛斯所质疑的那样："这一指责的形而上版本会是什么呢？反结果论者真的认为结果论者相信存在一个'超级人'，这个'超级人'由每个人拥有相同本体论地位的普通人组成吗?"② 也就是说，一种具有功利论色彩的、有关人的形而上观点，却并不一定由功利论所产生。前者（即一种蕴含着功利主义色彩的形而上学个人观）作为一个少见的例外，代表人物是帕菲特③。诺克洛斯认为，尽管可以说帕菲特个人理论支持了某种意义上的人与人之间的分离性并不重要的预设，④ 但是其他并不从这个前提出发的数量原则支持者可以独立于这类个人观的正确与否。

并且，在实际运用中，我们也可以看到数量原则实际上并不会直接地与人的分离性事实产生冲突。人的分离性主张，人在某种描述性意义上是独立的——人各自有着自己的独特身体和经验，有着独属于自己的欲望、目标和喜怒哀乐——很难想到这一事实会被任何一个具有合理性的道德理论所反对。任何道德理论都可以接受这样一个微不足道的事实，即不同的人过着不同的生活，每个人的生活都应分别得到尊重，差别只是在于，不同理论会说自己在以不同的方式尊重人的分离性。例如，数量原则也不会接受把张三和李四的利益共同算作一份，而是会把张三和李四的利益分别地算作两份。从这个意义上，数量原则本身在把每个人的利益当且仅算作一份时，也是看到了每个人拥有不

---

① David Gauthier, *Practical Reasoning: The Structure and Foundations of Prudential and Moral Arguments and Their Exemplification in Discourse* (Oxford: Oxford University Press, 1962), p. 126.

② "Two Dogmas of Deontology: Aggregation, Rights, and the Separateness of Persons".

③ 照帕菲特所捍卫的还原论者的观点，一个人是一个实体，但不是独立存在的实体。一个人在任何时期的存在就寓于其大脑、躯体、思想的思维、行动的实施以及许多其他的物理和精神事件的发生之中。个人是一个实体，这个实体是指存在一个单一的意识状态能够对数个经验具有一个共意识，但是拒绝承认需要被归属于同一个经验主体。这些现象背后并没有一个本质，现象以外一无所有。在这种个人观下，帕菲特将维持个人同一性、作为进一步事实的"我"，替换为经验间的连接以物理的和心理的方式呈现的关系 R，并认为这一个人观能够为功利主义提供一定支持。

④ 有意思的是，尽管帕菲特本人也承认自己个人同一性理论能够为功利论提供一些支持，但是布林克则提出，帕菲特的还原论个人理论也能够合理利己主义提供支持，并不一定会导向功利论、结果论。参见 Brink, D. O., "Rational Egoism and the Separateness of Persons," in *Reading Parfit* (Oxford: Blackwell Publishers, 1997), pp. 96—134.

同的生活，尊重了人的分离性。

三　对加总原则的再辩护：两个策略

如果加总原则并没有犯预设错误，人的分离性反驳无法从这一层次攻击数量原则，那么只剩下一种可能，即人的分离性问题是在其他层面上攻击功利论以及加总原则：加总犯了道德错误，没有正确地尊重人的分离性，违背了平等关心原则，没有给予每个人以平等的关心。

那么，从这一层面对加总进行辩护的策略大致有两个方向：

（1）论证加总原则所犯的这一“错误”本身是所有道德立场所不可避免地蕴含的。

（2）论证加总原则从根本来说尊重了人的分离性这一事实。

我们将在接下来的论证中展开对这两点的说明。

1. “你也一样”（Tu quoque）论证

帕菲特在《理与人》中讨论权衡问题时，提到了这么一种反驳：对一个人造成的负担不能被其他人的利益所道德地平衡，即使对其他人的利益大于对这个人的负担。帕菲特将这一反驳称为“对平衡的诘难”（the objection to balancing）。[①] 正如前文已经指出的那样，这一反驳逻辑至少可以在三个哲学家那看到：罗尔斯、内格尔和诺奇克。他们都认为，由人的分离性可以得出，对一个人造成的负担不能被给另一个人带来的好处所平衡。

也就是说，根据个人生命内部的统一性原则：由于每个人生命内部具有一致性，这个一致性为发生在个人生命中的牺牲－补偿提供了基础，所以牺牲－补偿发生在个人生命内部是可证成的。

而当这一原则与“人与人之间具有分离性”这一描述性事实发生联系时，便会得出这么一种人的分离性反驳的含义：牺牲－补偿只有发生在个人生命内部时才是可证成的，如果发生在不同生命之间，就会因为缺乏一致性基础而失去合理性。[②]

但是，人际之间加总的支持者是完全可以不接受这一对功利主义的攻击的。人际之间加总的支持者可以接受一种分配正义观，从而区分非道德的牺牲和道德化的牺牲－

---

① 德里克·帕菲特：《理与人》，王新生译，上海：上海译文出版社，2016 年，第 482 页。

② 尽管在本文中，人的分离性反驳和个人生命内部的一致性原则在作用相似，但是在其他情形中，这两者的差别会更为明显，比如当大家诉诸人的分离性概念来批判优先主义，认为“优先主义在以下方面没有认真对待人与人之间的区别：它对顺利的生活和不幸的生活是同一个人的可能生活还是不同的人的生活不敏感”时，他所诉诸的更多是个人生命内部的一致性原则，因为在此涉及的是单个人的情形，并没有涉及人际情况。具体参见 Crisp, “In Defence of the Priority View: A Response to Otsuka and Voorhoeve Reply,” *Utilit As*, No. 23(1), (2011): 109－114.

补偿的区别，进一步主张只有道德化的牺牲—补偿是合理的。

我们可以首先来看何为非道德的牺牲。布林克对何为非道德的牺牲做了如下解释："根据福祉损失的大小来衡量牺牲的大小。通过与人们在其他可能的分配中的福祉进行比较来衡量一种分配所涉及的损失大小。例如有 A 和 B 两种可能的政策，而我在 B 中的福利水平低于 A，那么选择 B 就意味着我作出了牺牲……就会得到这样的主张，即如果一种分配为了给其他人提供福利——无论这种福利有多大——而对一个人造成了无补偿或净福祉损失（无论这种损失有多小），那么这种分配在道德上就是不可接受的。"[①] 之所以这样的牺牲是非道德的，是因为它没有诉诸道德原理来衡量一种分配的合理性，而是通过诉诸了一个非道德的经济学公式——帕累托公式。帕累托公式的大致内容是："如果一种选择对某些人来说比另一种选择更好，而且对其他人来说至少同样的好，那么这种选择就比另一种选择更好。"[②] 举例来说，可以比较 x 和 y 两种情形，每种情况包括相同的两个人获得的不同的利益点数。x ＝（7，10）和 y ＝（7，9），帕累托原则会认为 x "严格"来说比 y 好，这一严格性体现在帕累托原则完全排除了可选情形中人际牺牲—补偿的发生。

但是，正如广濑和布林克所指出的，依托于帕累托这一经济学原理的非道德的牺牲实在是设置了过于严苛的分配约束[③]，导致几乎所有的道德决策都会违背这一要求。并且，这一过高的分配约束某种意义上与经典自利论的要求契合，使得诸种非加总原则——如最大化最小原则和词序原则——也不符合这个版本的牺牲—补偿要求。

以最大化最小原则为例。在罗尔斯论证所谓的作为公平的正义的概念时，出现了类似于最大化最小原则的东西。最大化最小原则是理性选择和决策理论中的一个原则，它认为，基于风险和不确定性考虑，正确的决策是使最小结果最大化的决策，即让这种情况下的最坏结果好于所有其他选择中可能的最坏结果。而这一原则体现为罗尔斯所认为的、作为公平的正义核心的两个正义原则的其中一个原则：差异原则。差异原则指出，尽管社会的经济的不平等的现象是可允许的，但是社会和经济不平等的安排应使社会中处于最不利地位的成员获得最大利益。这一原则作为一个典型的非加总原则，要求最大

---

① Brink, D. O., "Consequentialism, the Separateness of Persons, and Aggregation," *The Oxford Handbook of Consequentialism* (Oxford: Oxford University Press, 2020), pp. 378－400.

② Hirose I, *Moral aggregation* (Oxford: Oxford University Press, 2015), p. 38.

③ 值得注意的是，加总原则还可能面临着来自斯坎伦的契约论反驳。斯坎伦认为，某个原则要想是正当的，就必须使得自己对所有人能够证成，道德原则的合理性必须考虑到每个人在特定情况下的实际观点。然而，这一赋予每个人以否决权的方式又会引发另一个困难，正如布林克和广濑指出，这会引发"最差诉求的独裁"，使得这一契约论式的反驳同样面临过高要求的反驳。参见 Brink, D. O., "The Separateness of Persons, Distributive Norms, and Moral Theory," *Value, Welfare, and Morality* (Cambridge: Cambridge University Press, 1993), pp. 252－89; Hirose I, *Moral Aggregation* (Oxford: Oxford University Press, 2015), p. 87.

限度地增加那些生活得最差的人的利益——哪怕这笔预算如果用在其他人身上会带来更多的总体福利。因此它通常被称为有关正义的最大化最小原则。

出于文章旨趣的原因，我们在此不讨论这个原则本身的合理性，而只是关注这个原则本身的特点。我们可以看到，这个原则具有一个论断：身处最差处境中的人享有绝对的优先权。而从上文我们得知，能够反对加总本身的一种道德要求诉诸了帕累托最优，从而要求每个人受到的“可能”待遇不能遭受损失。这一“可能”待遇于是蕴含了这么一种情况[①]：假设有A，B，C三个人，他们之间的福祉水平一个比一个低。现假设有三个分配方案，如果C在第三个分配方案中获利最大，那么最大化最小原则要求我们无论如何都需要选择第三种方案，但是显见的是，A和B本可以在前两种分配方案中获得更高的利益，从这个角度，A和B的福祉也被牺牲了，而这一牺牲也并没有得到补偿，在罗尔斯这里，“……不仅要求条件较好的人接受较低的前景，以便条件较差的人能够受益，而且要求条件较好的人接受较大的绝对损失，以便条件较差的人能够获得较小的绝对收益”[②]。因此，尽管最大化最小原则本身是一个非加总性的原则，罗尔斯可以说他的理论没有忽视社会中的任何群体，保证了人人享有平等的基本自由以及人人享有公平的平等机会，但是这一点并没有能够证明，这两个原则最为严格地尊重了人的分离性，完全地拒绝了人际的加总。

因此，由于各个立场出发的道德理论在实际处理分配问题时都会无可避免地涉及“非道德化的牺牲”，那么加总原则本身就是无罪的，错误的是这一不合理的分配约束。这一论证旨在得出这么一个结论：从道德原则出发，我们不能得出对人际牺牲一补偿的完全拒绝。

2. 道德化牺牲论证

因此，一种弱意义上地对牺牲的道德化解释就有必要了。布林克和帕菲特均认为，道德化的解释意味着更改行动不合理的条件：为了他人的利益而给另一个人造成不正当的损失或负担是不可接受的。也就是说，不合理的不再是人际加总本身，而是一种任意的人际加总。“不正当”条件在限定人际加总的同时，也使得一种道德化的牺牲的选择向我们敞开。

我们可以通过对比不同道德理论的牺牲观更好地理解道德化的牺牲的含义。根据功利主义，使得牺牲合理化的是总体上量的增加。而与之相对的，经典自利论则主张，如果是由“我”来被补偿，那么当前的负担就是合理的，但如果是其他人被补偿，这个负

---

① 在广濑的《道德加总》中，广濑构造了更多类似的例子来论证罗尔斯的正义原则同样无法通过帕累托约束。参见*Moral aggregation*, p. 38.

② “The Separateness of Persons, Distributive Norms, and Moral Theory”.

担就算不上合理时，是在潜在地进一步宣称，如果涉及的是不同人间的负担和利益，那么无论如何都是不能在道德上被合理化的，也即："某人的负担不能因其他人所得到的利益而合理化。"根据利己主义，使得牺牲合理化的是"我的"牺牲会得到补偿。这两种牺牲，一种走向完全的客观，只从整体利益来考虑牺牲的合理性；另一种则走向了完全的主观，只从是否是"我的"来考虑牺牲的合理性，前者这样的牺牲观由于忽视了分配正义而无疑应该被我们拒绝，后者这样的牺牲观所采纳的完全主观视角，也是在我们问题开始时就予以拒绝的。

那么，有什么原则是我们能够合理同意的呢？帕菲特认为，在为上文的"我的"牺牲观做一个修正后，这个命题便是每个人能够合理地同意的："某人的负担不能因其他人所得到的纯粹（mere）利益而合理化。"

怎么理解此处的"纯粹利益"呢？波特莫尔（Douglas Portmore）认为，在"行动者把某人仅仅（mere）当作一种手段"的情形中有三种情况："(a) 他们将该人视为一种手段，(b) 该人没有根据所有相关信息自主同意被如此对待，并且 (c) 该人可以合理地拒绝以这种方式被对待。"[①] 这个增加的"纯粹"，实际上要求着一种合理性，要求着我们对行动者一相关利益的适当考虑，既有着对经典功利主义的限制，也是对自利论中任何人际的补偿都是不合理的拒绝。也就是说，我们应该同时拒绝：

（1）某人的负担不能因其他人所得到的利益而合理化。

（2）加之一个人的负担可以由其他人所获得的纯粹利益所合理化。

因此，重要的是一个横贯于过于主观和过于客观之间的约束标准桥梁，这一桥梁借用帕菲特的话来说就是"加之一个人的负担可以由其他人所获得的比例合适的、正当的利益所合理化"[②]。这一道德化牺牲的命题是在事实上"道德上优先"的，也即，它并不反对对"我的"牺牲的考虑，也不反对功利论所体现的加总原则，而是强调两者之间应该具有一个合理的张力，两方的要求都不是绝对优先的。

因此，在冲突性分配情形中，加总原则本身是没有理由被特别地排除的。道德化的要求并不会禁止我们采取加总原则，并且它在冲突性分配情形中反而更好地符合了我们"在负担相同的情况下，越多越好"的道德直觉。我们不能因为道德决策依据中出现了发生在人际的道德计算就认为我们的决策是不合理的，没有尊重人，因为错误的从不是

---

① Portmore, Douglas W, "Consequentializing Agent-Centered Restrictions: A Kantsequentialist Approach," *Analytic* Philosophy, No. 64,4 (2023):443—467.

② 《理与人》，第 481 页。

数量原则或加总原则本身，而是对其的不当使用。[①] “人的分离性反驳”并不会导向任何一个具体的分配策略，并使得我们拒绝其他任何一种分配策略。[②] 一个牺牲是正当的还是不当的也不能只看我们在考虑过程中是否使用到了道德计算。反对者们或多或少都认为这一量化的计算过程本身会损害人的独特性和独立性，违背对人的平等关心，故当“1+1+1+1+1>1”作为一个道德计算时，将是不成立的，不能作为我们道德决策的依据。而在对这一道德计算的反驳的考察中，我们在逐一分析中力图展示，完全拒绝接受数量原则只会走向它的极端主观化的对立面，要么会把道德的内涵近乎利己主义化，要么会通过一个非道德化要求把道德的要求设立得过高。[③]

结　语

本文的目标在于证明：尽管人的分离性反驳对于功利主义来说会是一个问题，但是并不会对加总原则构成重大威胁，人的分离性原则与加总性的道德原则相容。

为达成这一论证目标，本文考察了从人的分离性出发对加总原则的几个反驳。以对加总的形而上反驳为起点，确定了对加总的真正反驳：加总犯了道德错误。对道德错误的解读有两种，一种是人的分离性问题带来的“反对平衡诘难”，经过分析，我们可以看到对加总的这一指控实际是不合理的，因为它与帕累托原则结合，从一个经济原则而非道德原则出发，预设了过高的非道德化要求，而这一要求哪怕是很多非功利论道德原则也是无法达到的。另一种解读是“道德化牺牲”解读，而通过对这一解读的分析我们可以看到，人的分离性的这一解读并不反对加总本身。

从纯粹功利的角度看，只要牺牲是充足的，即当牺牲给某些人带来的利益至少与牺牲给另一些人带来的负担（通过或者不通过加总）一样大时，牺牲便能是正当的。这样一种认为没有哪种损失在本质上比另一种损失更严重的道德理论，似乎并不能以一种可信的方式将牺牲道德化。因此，尽管加总原则本身在道德决策中是不应该被排除的，但

---

① 在负担不同的情形中，如果我们对数量原则进行无限制使用就会是不当的。例如，我们会倾向于认为，当一方诉求是免除死亡，另一方诉求是免除1秒的头痛时，无论后者的数量有多么巨大，都无法超过前者的重要性。本文将会在第三章具体展开这一点，进而讨论数量原则的限制问题。

② 值得补充的是，尽管人的分离性的提出者和主要支持者是契约论者和平等主义者，并认为人的分离性问题至少支持了自己的主张，但并没有从人的分离性开始，引出一个普遍的道德立场，进而展示这一普遍道德立场是如何引导我们得出某个独特道德原则的论证。可参见 McKerlie, Dennis, “Egalitarianism and the Separateness of Persons,” *Canadian Journal of Philosophy*, No. 18, 2 (1988): 205–225.

③ 此外，斯坎伦试图用非加总的方法得出在陶雷克情形中我们应该救多数的结论。但是不少哲学家指出，斯坎伦得出我们应该营救多数的推理过程依旧会是加总性的。具体论证过程不在此展开，可参见 Otsuka, Michael, “Scanlon and the Claims of the Many Versus the One,” *Analysis*, No. 60, 3 (2000): 288–293; Parfit, Derek, “Justifiability to Each Person,” *Ratio*, No. 16, 4 (2003): 368–390.

进一步的问题将在于，如何恰当地规定和约束加总，使得它可以是正当的。[1]

我们已经看到，仅仅依靠一种同情认同过程的道德推理是无法解释数字的，尽管这种对每个人处境的设身处地的独立关心，本就是尊重对人的分离性的自然体现，进而平等地满足每一个特殊需求，尊重了人的分离性。但是，即使对于提出“同情理论”的休谟，在他看来同情也必须经过修正，需要具有一个第三人称所提供的更不偏不倚的视角，[2] 才有资格成为道德判断。而这种修正似乎正是加总可能看起来合适的视角。

（刘欣雨，四川大学哲学系硕士生）

① 本文限于篇幅原因，无法展开讨论这一问题。

② 参见大卫·休谟：《人性论》，关文云译，北京：商务印书馆，2016 年，第 624 页。

美学

实践的历史危机与美学回应：黑格尔客观精神向绝对精神过渡的一种解释方案

罗子皓

摘要：黑格尔“美学”需要被放入其哲学体系中加以研究，这意味着作为绝对精神第一环节的“美学”要面对从客观精神到绝对精神的过渡问题。倘若注意到在客观精神最后阶段“法哲学”的“国际关系”问题，以及“世界历史”和“历史哲学”中“世界历史个体”创造性激情行动造成的实践与规范之间的张力，“美学”的出场就需要被置入这样一个复杂处境加以理解。本文将说明这一过渡的内在动力机制及其可能导向，涉及1）“激情”与“反思”的张力如何在“世界历史”中凸显，并在可能的情况下进行转化；2）这种创造性的实践行动被黑格尔在“美学”中定位在现代性历史处境，而应对方式则是以“广博心灵”（一套社会历史意义感知机制）来塑造艺术的“典型”形象——给出对社会历史条件变化中“新”处境的理解；3）因而作为现代艺术形式的“浪漫型艺术”，以其更关注内在复杂的心情、想象与感觉，因而发挥风险预感与感性调节的社会实践功能；4）最终，处于“世界历史”极大开放性与偶然性的个体、民族、国家在对艺术作品审美感受中获得对当下处境的预感，基于这些不断生成并以“经典”持存的人类感性图谱（精神图谱），各个民族真正深层次的交流、互通与共同体的联结才有可能。

关键词：黑格尔　世界历史　美学　实践　现代性问题

一　“法哲学”的失灵与“世界历史”的展开

在《法哲学原理》的最后部分，黑格尔提出“世界历史”构想，来应对和扬弃“内在特殊性和外在偶然性就以最大规模和极度动荡的嬉戏而出现”[①] 的国家之间的相互关系（国际关系）。诚然，基于交互性主观自由的复杂结构及其内生风险，确实能够将国际关系类比于市民社会。在主观自由最大化的市民社会，其中的每个人都以自身为目的，所以“一切癖性、一切秉赋、一切有关出生和幸运的偶然性都自由地活跃着”[②]。在国际关系中，个别国家作为特殊意志的独立主体，以内在的福祉为目的，自在自为地行使着自身绝对的权力，因而也是主观自由的最大化与现实化。

但是，市民社会的特殊性能够通过“需要的体系”完成特殊与普遍的统一：个人的利己需要同社会的普遍福祉交互在一起，市民社会中个体的行动自发地以共同的市场要求为规范和准则。然而，国际关系中的独立国家将自身的福利作为对别国关系中的最高原则，并且“国际法中自在自为的东西保存着应然的形式，因为它的现实性是以享有主权的各个不同意志为依据的”[③][④]。在此意义上，黑格尔对康德“超国家共同体”的设想提出了严肃批评，即“永久和平”的依据仍然是自在的，享有主权的特殊意志，无法真正形成一种普遍的、可规范化处理的法则与中介——只具有形式上的意义。因为每个特殊的国家都是作为自在的和完全独立的整体自身，所以“并没有任何权利来对国家作出裁判，决定什么是自在的法，并执行这种裁判”[⑤]。国际关系带来的境况与“伦理法”通过“家庭—市民社会—国家”形成的稳定伦理实践基线极其不同：当“伦理性的整体本身和国家的独立性都被委之于偶然性”[⑥]，作为伦理性整体国家的稳定性如何保证？此时，相较于探讨一个应然的形式（超国家共同体），黑格尔显然更想通过引入“世界历史”部分，将问题从“如何规范”转化为“如何理解”。这既将实践与规范之间的矛

---

① 黑格尔：《法哲学原理》，范扬、张企泰译，北京：商务印书馆，2021年，第398页。

② 《法哲学原理》，第225页。

③ 《法哲学原理》，第392页。

④ 关于这一部分的详细讨论在陈浩《无哲学的世界历史——基于黑格尔〈法哲学原理〉的体系建筑术考察》一文中。此篇文章对《法哲学原理》体系中的“世界历史”难题有很细致的综述与澄清，也是当代对“世界历史”问题处理的一个研究进路。其中，陈浩与佩佩尔扎克（A. Peperzak）对黑格尔用“世界历史”来解决国际关系的问题，给出了类比“市民社会辩证法”与“抽象法演证逻辑”的两种不同的理解方式。在佩佩尔扎克看来，黑格尔并没有按照抽象法的逻辑，将“特殊意志在社会和共同体的约束与陶冶之下，成功上升为普遍意志，从而实现了真正的相互承认”。（陈浩，2023）而是放弃了“超国家共同体”的契约方案，直接从法哲学体系外部引入了世界历史，以至于过快地从客观精神转向绝对精神。而陈浩则是将问题进行转化，试图在“看不见的手”与“理性的狡计”的类比处理中，重新完成特殊与普遍的统一。但是在对“世界历史的个体”的分析中，他认为“理性的狡计”与“市民社会辩证法”之间要么只具有形式的相似性，要么就是以取消特殊与普遍的对立来处理问题。因此黑格尔的世界历史是无哲学的，虽然在他主观设想中试图在法哲学原理体系内部提供一个特殊与普遍的统一方式，但是在实际的效果上是失败的。不过，根据陈浩的工作，值得反思的是这一失败带来的更大推进：是否在从客观精神向绝对精神的过渡中，“世界历史”对国际关系问题的失败，实则是对法哲学规范方式的整体否定和扬弃？是否黑格尔此处思考的并不是法哲学体系内部的逻辑演证方式所能把握的偶然性状况，而是试图从“世界历史”中凸显出国际关系问题背后更加广阔且动荡的偶然性领域？

⑤ 《法哲学原理》，第393页。

⑥ 《法哲学原理》，第398页。

盾推到极致，又为精神自我完善进程的展开做了铺垫，这涉及：

（1）国际关系的偶然性在世界历史的广阔范围中被激烈地扩大。在这一可怖的画面中，重要的问题已经全然不是建立一个具有规范效应的法，而是在悲痛的情绪中寻找一个对重大历史事件可进入的理解途径；

（2）这种理解并不是只在主观领域提供“满足感”的可解释系统，而是势必需要真正关注到历史的客观现实；

（3）哲学的世界历史提供了自然序列与反思序列交互运作的反思机制。

以下将展开论述：

（1）在世界历史的视角下，“偶然性”以极其强烈的程度涌现。① 这不仅是个别国家之间的战争与冲突，更是具有替代性与毁灭性的道德苦难，“一幅最为可怖的图画，激起了最深切、最无望的愁怨情绪，而绝不能够找到任何安慰”②。个别国家间的持衡性战争并不算作具有转折性的“精神事件”，世界历史所包含更大的偶然性因素尤其体现在替代性的国家战争，以及具有创造性的“世界历史的个人”创立新国家之中。这种毁灭性的力量不仅仅是颠覆现实意义上的国家主权，更重要地是对一个“现行的、被承认的种种义务、法律和权力”③，连同对“已定制度的种种的可能性”④ 进行基础性的毁灭和打击。因而，这一极具否定性力量的“创造的观念”，才是对国家持存更具威胁和风险的。创造本身的否定性无法以规范化的方式处理，其正是以反规范（创造新规范）的面目出现的，而对于这一原则的理解正是在世界历史（作为对偶然性程度的扩大）的意义上才可能。所以，世界历史无法在法哲学体系建构上提供任何规范，它没法提供，也不能提供。但是，世界历史却凸显了实践领域的有限性——相较于提供一个似乎能够解决国际关系的应然形式，更重要地是如何在精神的无限进程中理解悲剧性的历史现象

---

① John W Burbidge 的专著 *Hegel's Systematic Contingency* 中基于“世界历史”的偶然性问题展开对黑格尔体系的重新阐释和庄振华《历史有无逻辑——基于〈逻辑学〉的黑格尔历史哲学再审视》一文从两个方向关注到“世界历史”的关键。其中，John W Burbidge 更加关注历史的“偶然性”部分，强调包含在世界历史进程中的风险处境，突出“偶然的现实及其摩擦性的相互作用是实现理性普遍性的必要手段”（“所有这些都融入了一种严肃对待历史的哲学，在这种哲学中，偶然的现实及其摩擦性的相互作用是实现理性普遍性的必要手段”）（Burbidge，2007），并最终指向了绝对精神的理想世界建构（这体现在 Burbideg 在该书的第十三章“Building the World as It Ought to Be”，以及在处理完世界历史偶然性与目的论问题后，在文章的末尾所说：“只有当哲学通过对逻辑的研究变得明智，使我们能够识别理性本身的结构时，我们才能认识到理性如何利用历史的激情来产生自由。但这使我们超越了历史，进入了绝对精神的领域。”）；而庄振华更关注历史的“必然性”部分，强调在过去与现在之间一种深度的动态均衡，凸显人在未定之天的历史之中的自我提升。（庄振华，2023）虽然两人都给出对“世界历史”问题的内在理解，但对于真正“哲学的世界历史”如何产生以及绝对精神在世界历史中如何发挥效力却并未涉及。对于这一问题，在本文看来正是没有关注到黑格尔《美学》在其体系中的地位，以及从世界历史到美学的内在连接如何完成而造成的。

② 黑格尔：《历史哲学》，王造时译，上海：上海书店出版社，2006 年，第 19 页。

③ 《历史哲学》，第 27 页。

④ 《历史哲学》，第 27 页。

本身。实践看来失灵的事件，在精神的无限来看其实都是其自身的自我展开进程，因而不仅存在着应对危机的作用，更重要地是一个形态展现及其进路反思的需要。作为对实践与认识更高的综合，世界历史要求着一个容纳“自由创造”，将规范化进程及其对立相统一的反思模式，即作为精神自我展开与自我运动的过程——精神的普遍原则。

（2）当黑格尔在《历史哲学》绪论乙部分来处理世界的最后计划时，他认为如果仅仅明确一个普遍的、抽象的精神原则来代替天意和命运，这种主观的希望和理想性的设想则“仅仅是为自己而存在的东西”。因而，虽然康德的历史哲学能够在主观希望领域给出一个超出历史经验的普遍可理解原则，并且依据这一“普遍历史原则”，人类便能在主观层面超出已经存在的历史（经验历史），进而在观念和理解中，完成对人类自身的教育、完善和进步。但这仅仅是在单纯理性限度内的主观希望，它既会使得已经发生的历史事实被忽略，又会对未来抱有盲目的希望和期待，始终面对着理想与现实的张力。

因此，黑格尔给出的解释方案不是主观性的，而是一定要求现实化和客观性。这既体现在《法哲学原理》最后部分 342 节“解释和实现”①、343 节“外化和过渡”②、346 节“自然的直接现实性”③ 这些用词上，同时还在《历史哲学》文本（乙）部分的第二个主要问题，即“世界历史计划的实现”中反复得到强调。他在批评“原始的历史”与“反省的历史”后，给出了哲学的历史的真正内涵，即一条“自然发生序列”与“意义反思序列”的交互反思方式。

“原始的历史”是历史家自身经历或“亲眼所见”的行动、事变和情况，历史的记录就是将这些自然发生的事情，通过文字转化到内部的观念中。黑格尔认为这些史学家如同诗人，他们的历史书写就是对身处环境“感觉材料”的图画再现。因为只是再现和反映，所以他们的叙述在时间和范围上都是有限的。但恰恰因为他们生活在“题材的精神中间”④，所以反思也是不必要的。在此意义上，“原始的历史”并不是精神的世界历史本身，因为这些民族并没有自身意识，“它们属于观念朦胧的民族”⑤，而精神在世界历史的展开，是同精神的自我认识和把握相关的。

---

① “世界历史是理性各环节光从精神的自由的概念中引出的必然发展，从而也是精神的自我意识和自由的必然发展。这种发展就是普遍精神的解释和实现。”（《法哲学原理》，399 页）

② “精神的历史就是它自己的行为，因此精神仅仅是它所做的事，而它的行为就在于把自己，在这里是作为精神，变成它自己意识的对象，并在对自己解释自己中把握自己。这种把握是它的存在和原则，完成这一把握的同时也就是它的外化和过渡。”（《法哲学原理》，400 页）

③ “历史是精神的形态，它采取事故的形式，即自然的直接现实性的形式。因此，它的发展阶段是作为直接的自然原则而存在的。”（《法哲学原理》，401 页）

④ 《历史哲学》，第 2 页。

⑤ 《历史哲学》，第 2 页。

然而，精神的世界历史一开始就是以反思形态展开的，这不仅是在面对可怖的世界图景时，为了获得知识和行动的稳定基础，不得不去寻找的可理解方式；更重要的是，只有在一个具有“法律意识”的国家之中，在一个为了维持自身的稳定并且需要对重要的行动产生记录兴趣的国家中，“记忆女神”才能够给予它们永恒性。因为只有在这些具有自身自觉的国家中，才能产生对自身行动清楚的反思。

主观自由与普遍意志真正的统一体现在作为精神的客观性和现实性的法律之中。法律作为普遍的定在，既是将个人的行动以及行动的边界与共同体的普遍意志统一起来，同时也在这种统一进程中，反思到历史中的各类复杂行动、事件、结果以及精神形态的变迁。所以，如果有一个民族在其自身的发展中经历了无数的纠纷、战争、革命和灭亡，但它缺乏客观性来为自己和为别人在法律中被承认、规定和思考，那这个民族就无法成为国家。在此意义上，历史与国家共同出现，对历史的意识（反思的意识）成为促成国家形成自身自觉，进而产生客观规定的前提条件，而自在自为国家的产生，也真正作为世界历史的开场。

（3）在《历史哲学》中，黑格尔给出了反思性历史（反省的历史）的四种形态，分别是：a）“普遍的历史”、b）“实验的历史”、c）“批评的历史与”d）“概念的历史”。他认为“反省的历史”处理的核心问题，就是在历史的时间性进程中，如何理解过去与当下，如何处理当下处境和历史事件的鸿沟。其中，a）“普遍的历史”与b）“实验的历史”[①] 之间的问题在于：a）“普遍的历史”以主观的抽象观念，在形式意义上拼贴了真实的历史事件，而无法具有真实的历史事件作为基础；b）“实验的历史”则过于强调当下的现实处境，而不合时宜地再现“过去”，“一个灰色的回忆不能抗衡‘现在’的生动和自由”[②]，历史无法在当下处境中提供行动准则和道德规范。并且，c）“批评的历史”实则是对历史的荒诞想象，而这是对历史事实的抛弃，并认为其价值并不与根基的真实相关，只是与幻想的任意相关。最后，d）“概念的历史”因为达到了普遍的观点——作为对民族精神的展现——能够完成向哲学的历史的过渡，这种反思与民族历史的全部结构具有内在联系。

与以上“反省的历史”不同，黑格尔认为真正的历史哲学（历史反思）是自在自为的。也就是说，历史反思并不以主观领域的自由创造来统摄现实的历史事实，而是在历史事实中反思。不同于“原始历史”无反思性的一面，这种反思既是一个民族对自身发展进程的自觉，又是精神自身在历史事件的变化中揭示自己、认识自己并把握自己的过

---

① 黑格尔在《历史哲学》中将“反省的历史”划分为“普遍的历史”、“实验的历史”、“批评的历史”与“概念的历史”。

② 《历史哲学》，第6页。

程。同时，它也不是“反省的历史”——一个外在于客观历史的主观想象，而是在过去的历史发展进程中（差异化的进程中），来获得一种进程性的普遍化：基于以往事件，经由理性反思，可在目前的反思序列中获知这一进程的原因和意义。但同时，当下正在发生的“自然发生序列”永远保持着开放性与偶然性，它不断地在当下的现实处境中遭遇偶然，并反复引起意义反思。这既体现在《历史哲学》文本中，黑格尔用“人类激情”与“观念”作为世界历史的经纬线的论述中，同时还在《法哲学原理》第三章第345节、第346节以及第347节反复提到的两条历史区分，一条是“自然的直接现实性”，另一条则是“精神的自我意识”。上文中的“自然发生序列”就表示这种“自然的直接现实性”，而“意义反思序列”则指向“精神的自我意识”。

因此，黑格尔实际上提供了一个能够基于以往客观事件来理解并获得合理性解释的，在反思序列中的普遍的综合统一进程，同时又保留了一条在“自然发生序列”的当下处境中不断展开，基于“人类激情”的创造性实践行动。在此意义上，“人类激情”与“观念”作为世界历史的经纬线，实则就是“自然发生序列”与“意义反思序列”的相互证成——“自然发生序列”对“意义反思序列”的无限展开，“意义反思序列”对“自然发生序列”的理性综合——才是世界历史内在的动态运作机制，才是精神在无限的历史中不断自我认识、自我理解并自我把握、自我展开的过程。是以，“激情”之所以被作为“世界历史计划”的工具和手段，并不是在人类自身的当下行动中意识到的，“这种事业躲避着他们，所以它不可能是他们的客体和目的”[①]，而是在历史的“意义反思序列”中才被意识到的。这种反思的合理性并不在“自然发生序列”中提供任何普遍性规范，相反，这些人类激情的行动是在“意义反思序列”中才作为精神形态来展现的，也只有在“意义反思序列”中才获得它的世界历史意义。

总结而言，黑格尔完成了三个层次的转化。首先，国际关系问题因为普遍性中介环节的丧失凸显了实践与认知（激情与反思）的张力；其次，在世界历史的毁灭性战争与英雄自由的国家创建中，以规范化来处理偶然性的方式遭到否定。对于实践与认知更高的综合需要包含“创造的观念”的普遍原则与规范化的普遍的原则的统一，这要求历史性的“意义反思序列”；最后，相较于在对行动和目的反思中给出一个应对危机的实践方案，更重要地是在历史的差异化进程中（包含着否定与完善要求）呈现一个更高的综合方式，即作为精神自我展开与自我运动的过程，也就是历史哲学的“自然－反思”序列。

① 《法哲学原理》，第402页。

二 《历史哲学》的“自然-反思”序列

通过以上部分的论述，可以给出世界历史“自然一反思”序列运作机制的内在关系：

a. 自然序列是反思序列的客观作用范围，并且这也是反思序列自身合理性原则所要求的；

b. 自然序列为世界历史带来行动上的开放性，反思序列为世界历史提供基于现实的可解释性；

c. 反思序列通过基于精神原则的筛选、整合、分析与排序，赋予自然序列中的偶然事件以世界历史的意义。

关于这一运作机制的进一步澄清可以通过以下三个问题：

（1）包含巨大丰富性的自然序列中发生的历史事件，是否全部能够无限地被反思序列综合进精神的自我运动过程之中？

（2）反思序列如何在自然序列中把握到合理性，自然序列是否能被识别为具有这种合理性？

（3）为什么这一“自然一反思”序列的运作方式就是世界历史本身的发展方式？这一反思能够带来对未来事件的预测吗？

以下将分别展开：

（1）“自然发生序列”是由人类激情来推动的，黑格尔认为，这种人类的激情是“对利害关系的关心”，“这指全部个性忽略了其他一切已有的或者可能的关心和追求，而把它的整个意志倾注于一个对象，集中它的一切欲望和力量于这个对象”①。世界历史的图景之所以可怖并充满无望的愁怨情绪，正是因为这些特殊个人的私利行动，可以完全不顾及法律和道德的种种限制，并且这种企图也不能被判断为恶，甚至有时“主要地同善良的企图和正直的目的相连结”（诸如以公平、正义为原则的战争）②。因而，当这种基于人类自身意志的行为在历史上带来巨大的沉重教训时，世界历史无非就显示出一幅混乱的、无理的图景。在这种悲伤的情绪下，我们的反思自然发生，人类理性要求寻找一种可理解的方式。

此处包含了在人类的感知识别中对自然序列所有偶然性事件的最初一层筛选，在

① 《历史哲学》，第21页。
② 《历史哲学》，第19页。

“自然发生序列”中“一部分是毫无价值的，还有一部分是肯定的、真实的”[①]，即只有那些具有重大转折，使得人类热情受到损失，给人类自身带来巨大悲痛情感的事件，才会自然地引起我们自身的反思。而那些平淡的、更加日常的历史事件，往往在一开始不会引起过多的感知，因而也并没有一开始就被理性的反思注意到。因此，“自然发生序列”对“意义反思序列”是必要的，因为其带来的悲痛情感，触发“意义反思序列”。并且这也说明，“意义反思序列”对“自然发生序列”的排序起初也就是从这些具有转折性的历史事件开始的。

（2）“盲目的必然性”在《小逻辑》第 147 节中指的是自由与必然之间的对立，是“由于认为是如此的事和实际发生的事与应如此的事和应该发生的事，处于矛盾之中”[②]，这在世界历史中表现为以上所描绘的那样一种混乱的、急需被反思和理解的历史现状。如果反思序列不要陷入那样一种盲目的必然性，则一定需要有某种内在的排序原则——“盲目的必然性”[③]对应世界历史的“自然－反思”序列，“实质的内容”则对应自然序列已经发生的，人类热情驱动下将自身内在冲动现实化的内容；“孤立散漫的情况”指的是黑格尔所批评的以天意或命运为原则的反思排序方式。因为这种情况的内容，“本身实系空无的，因而转变为它自身的否定面，这样就成为已经实现了的实质的内容”[④]。这势必要求着一种非宿命论世界历史的理解，也就是说，我们的“意义反思序列”需要有包含目的因的原则：反思不能仅仅是对过去事件在时间上的排序，也不能是单纯的主观性抽象排序，而是“一物之所以是一物乃是通过它自己本身，这虽然可以说是中介性的，但它却同时能扬弃其中介过程，并把它包含在自身之内”[⑤]。

这其中包含从偶然到必然新的联结，也是黑格尔用世界历史替代传统命运观的方式。在《历史哲学》中尤其体现在黑格尔举出的“火烧房屋”[⑥]的例子，他认为在人类基于“手段－目的”链条而实现自身欲望的过程中，同时会产生一种“附加的结果”，即人类行动的副产物。这些副产物虽然并不在个人的“手段－目的”链条中，但是却不同外在于人类的“命运”，而是内在于人类自身行动之中。在此意义上，“意义反思序

① 《历史哲学》，第 30 页。

② 黑格尔：《小逻辑》，贺麟译，上海：上海人民出版社，2008 年，第 286 页。

③ “一种具有双重形式的内容：一方面作为已经实现的实质的内容，一方面作为孤立散漫的情况的内容，这些情况好像是一肯定的内容，而且最初令人觉得它们好像确实是那样的肯定的内容。”（《小逻辑》，285 页）

④ 《小逻辑》，第 285 页。

⑤ 《小逻辑》，第 284 页。

⑥ 黑格尔在《历史哲学》中举出了“火烧房子”的例子：有这样一个人，为复仇心所驱使——也许由于一种正当的复仇心，那就是因为受了另外一个人的损害而发生的，——烧了另外一个人的房屋。这桩行动自身，立刻和若干并不直接有关的情形发生了一种联系。他认为在世界历史里面，人类行动除掉产生它们目的在取得的那种结果——除掉他们直接知道欲望的那种结果之外，通常又产生一种附加的结果。

列”排序就是需要从那些特殊的偶然历史事件中，发现这种内在于人类自身行动的必然性的一面，并且认识到，因为这种必然性内在于人类自身，所以在自由行动而导致的历史事件中，是能够获得必然性认识的。

（3）需要进一步澄清的是，获得必然性的认识，并不代表在世界历史的“意义反思序列”中能够完全意识到精神的普遍原则，因为世界历史是一个不断展开的过程，作为有限存在者，我们的反思是在一个“自然一反思”的交织序列系统中的，这意味着，虽然能够从“自然发生序列”中，通过“意义反思序列”，在自身内部排序出一个具有内在一贯性的理解层级。但是，一方面，因为“自然发生序列”仍然不断发展，总有激情的折损触发新的历史反思；另一方面，“意义反思序列”的排序方式并不是全然稳定的，总会有反思与再反思来根据新的处境对已有方式进行修正。也只有这样，世界历史才不是封闭的，而是可以在历史事件与当下的处境中不断修正和重新排序的人类理性自身的展开过程，也正是在这种“反思一再反思”的模式下，自由与必然性之间才不会出现对立，而是作为精神自身否定的环节，不断地完善的。

有限者的反思总是依据过去已经发展的事件和当下现实处境的感知，来运用理性进行排序，而那个历史必然性的理念是无法被完全把握和反思到的。虽然在自由的行动中，能够通过“自然一反思”序列获得某种一贯性，但是并不能认为这种一贯性就是属于无限者的必然性。此处包含更加内在的关联方式，即再反思和反思的整体概念图景的完全兼容，这指向“理性的狡计”(die List der Vernunft)。[①]

黑格尔在《小逻辑》与《世界历史》的本文中都提及“理性的狡计”[②]（die List der Vernunft)。“理性的狡计”的运作机制可以概括为三点：

1. 利用工具；
2. 让被利用的工具彼此互相影响、互相削弱；

---

① “理性狡计”作为黑格尔“历史哲学”的核心概念被大量地讨论，在传统的讨论中，都会将其在理论哲学层面视为平衡“激情”与“理性”之间的方式，并且这是以“激情”只是作为“理性”的手段被加以利用。但是在 *Hegel's Systematic Contingency* 整体上考虑黑格尔历史哲学的偶然性问题时，它关注到“理性的狡计”中包含的历史行动的自由问题。而这种解读也将“法哲学”与“历史哲学”更加贯通起来。他认为，因为个人和国家都是有限主体，其目标也总是有限的，在此意义上它们对自由的获得也总是受到现实条件的限制。唯一理想的状态即为自由是过程，目的与其手段是同一个。但是恰恰因为历史偶然性的存在，存在“理性的狡计”带来的实践与规范之间无法调节的张力，所以只有当哲学通过对逻辑的研究，认清理性本身的结构时，有限存在才超越了历史，进入绝对精神的领域。

② “它始终留在后方。在背景里，不受骚扰，也不受侵犯。它驱使热情去为它自己工作，热情从这种推动里发现了它的存在，因而热情受了损失，遭到祸殃——这可以叫做‘理性的狡计’。”（《历史哲学》，30页）“理性是有机巧的，同时也是有威力的。理性的机巧，一般讲来，表现在一种利用工具的活动里。这种理性的活动一方面让事物按照它们自己的本性，彼此互相影响，互相削弱，而它自己并不直接干预其过程，但同时却正好实现了它自己的目的。”（《小逻辑》，358页）

3. 在不直接干预的情况下，实现自身目的。

如黑格尔在《历史哲学》中“建筑房屋”的例子，人们利用各种材料，通过发觉这些材料内部的关系原则，例如力与力之间的排斥，而使其相互支撑，并最终完成其自身建造房子的意图。所以，一方面，对理性自身而言，世界历史是其自身的展开，它将世界历史中的人物、民族、国家作为实现它的目的的工具，并且因为它们的行动本身就依据理性，因而在其作用下，便会出现互相的冲突、影响与削弱，而理性“超脱其自身于它们之外，但同时又保存其自身于它们之内”[①]；另一方面，对世界历史中的个人而言，在他自身的热情受到损失时，便展开对历史的反思，并渴求从中获得理解的一贯性。当他运用理性来对历史事件进行排序，在“自然一反思”序列中反复修正，并最终意识到自身行动中内在具有的必然性时，通过这一系列的过程，“理性的狡计”就能够被察觉。在此意义上，“理性的狡计”一开始就是反思性的，因为它无法在“自然发生序列”进程中直接干预历史活动，而只能在特殊性相互斗争引起的反思中才能够显现。并且，这种反思在世界历史中，又完全内在于人类自身的历史行动，进而通过“自然一反思”序列被揭示出来。因此，世界历史的进程就是在“自然一反思”序列中揭露自身合理性的进程——而这一进程之所以能够在世界历史的展开中被揭露，就是因为理性本身具有的“狡计”能力。

至此，黑格尔通过引入“世界历史”的运作机制，在更大的尺度中使得在国际关系最后，以及世界历史之中难以把握和极度动荡的偶然性局面，得到在理性必然性层面的理解、排序与揭示，这使得客观精神领域中实践与规范的失灵问题，在更大的历史反思中，成为一个基于“自然一反思”序列的精神无限自我完善进程。然而，虽然历史哲学以“自然一反思”序列来对世界历史展开反思，并给出历史事实和意义赋予之间的连结方式，但其一方面只提供了一种滞后性的反思合理性，并不能真正影响到自然发生序列中的历史事件；另一方面虽然“自然一反思”序列的运作机制能够提供一种包含意义理解、价值排序与内在合理性发掘的历史理解方式，但这种排序如何筛选、展开和处理，则并未在《历史哲学》中被清楚说明。[②]

---

① 《小逻辑》，第 358 页。

② 对于“历史哲学”反思的局限性问题尤其在 John W Burbidge 的文章 *Teleology and History* 中被加以说明。他认为，尽管历史是客观精神的最高阶段，但是因其仍然不断地受到外在偶然性的困扰，因为所有的历史只有在现在阶段才能被赋予意义，而现在和未来是不确定的，总是在受到“激情”行动的冲击。在此意义上，只有在绝对精神环节，才能使某种历史目的的最终因被人类所把握，其中，艺术它提供的方案就是呈现出包罗万象的视野。但是他的解读将黑格尔的绝对精神理解为了整体的历史最终因，从而仅仅将艺术视为对某个“不可见者”的展现，并且因为其需要感性形式，因此要被过渡到宗教和哲学的阶段。他忽略了艺术先于宗教和哲学对“偶然性”问题的处理方式，即艺术真正深入偶然性的“创造性”之中，这种最初察觉及其自由的创造力为最终的理解和分析提供了基础，并且始终保持着偶然与必然间的张力。

是以，“历史哲学”似乎又重新陷入一种在激情与反思间更大的张力，因为反思总具有滞后性：如果说在“法哲学”中的滞后反思还能建立普遍性规范，来重新约束和指导实践，那么在“历史哲学”中的反思则既无法形成规范，同时也无法对激情式的创造性实践有任何效应。是以，势必需要再关注“激情”，也就是注重其中的“创造性”实践。这种“创造性”因此也有可能只是一种含混的用法，直到我们的理解（在理想状态下）最终可能澄清说，这种含混的用法其实可以彻底地用一系列更清晰的行动理由、处境和效果分析来取代。但即使如此，对“存在某种尚待分析和确定的、新出现的现实处境”的初步刻画，也表明“创造性行为”在此处的用法同时提示着对待分析的变化及导致变化的自由能力，并且与最终理解和分析结果同样重要的，还有对此类提示的最初察觉（更何况，这种能被察觉到的创造，未必在事实上就能被彻底理解）。

三　历史反思的现代性处境与艺术美的理想

以上章节凸显出“世界历史”的问题场域，并给出历史哲学处理历史事件的“自然—反思”序列。不过，即使历史哲学给出了对“世界历史”合理性反思的运作机制，但因其实践层面的滞后性，使得历史反思中稳定的意义链条总是处于不断地被打破和再修正之中。因而，《美学》一开始就被黑格尔置入现代性的情境之中。[①] 除过在序言中表明“艺术对我们现代人已是过去的事了”[②]，他还在关于“理想的定性”的讨论中，对理想艺术最适宜表现的世界与当今世界的特征进行划分：一个是“个体独立自足的英雄时代”；另一个是“散文气味的现代情况”。在此区分下，黑格尔进一步给出了艺术美的理想如何把握这一处境的方式，这涉及：

（1）黑格尔在《美学》中对“世界历史”问题重新定位，即在现代的“散文世界”中如何通过历史反思展开对当下处境的理解；

（2）“自然美”部分展现美学与世界历史的关联性；

（3）通过区别“自然美”与“艺术美”，揭示出在当下处境中，心灵的“敏感”如何开启并触发“广博心灵”的时代理解。

以下将分别展开：

（1）黑格尔认为，理想的定性就其本身来看就是“高贵的单纯，静穆的伟大”，一

---

① 这一观点在张汝伦的文章《对黑格尔〈美学〉的几点思考》的第三部分被详细探讨，他认为只有将黑格尔《美学》放入黑格尔对现代性现状及其问题的讨论语境中，才能明白艺术的调和作用，即恢复世界整体性和有机性的统一。同样对美学现代性处境的观点在罗伯特·皮平（Robert Pippin）和雷蒙德·格斯（Raymond Geuss）的讨论中也作为底色被理解。

② 黑格尔：《美学》（第一卷），朱光潜译，北京：商务印书馆，2018年，第15页。

方面，它是神性中本身包含的统一性和普遍性；另一方面，神性的定性又会显现在人的感觉、情绪、意志和活动里，而这具体就展现为一种和谐愉快的自由。在此意义上，如果一般世界的情况需要符合理想的个性，那就需要满足这种“本身统一的有实体性的自由自在的状态”①，这被黑格尔称为“独立自足性”②③。

a. “独立自主性”要求在有实体性的普遍性中见出主体性格的形象。在艺术创造中，这种主体的特别性格并不是在思想中特有的东西，而是“主体的性格和心情所特有的东西”④。并且无论是在艺术创造和欣赏中，这种个性与普遍性的统一一定是直接性的，也就是并不需要通过思想的推理和分辨，就能够在形象的直接表现中感受到。在此意义上，“英雄时代”就完全满足以上特征。黑格尔尤其将这一时代在历史中定位为希腊时代，“这种有实体性的东西与个人的欲望，冲动和意志的直接的统一就是希腊道德的特点”⑤。希腊英雄们以自己的性格和意志去行动，服从自己的判断并承担行为的一切后果，在此情况下，他们无须遵循另一种独立的法律，而是“要以他的全部个性对他的全部行动负责”⑥。黑格尔举出希腊时代的英雄人物赫克里斯，荷马史诗中英雄与首领的关系，以及骑士制度下圆桌英雄与大帝的关系皆如此，这些英雄们独立地选择跟随或离开某个团体，并独立自主地根据自己的意志和能力去行动。

b. 与以上独立自主的“英雄时代”完全对立的则是“现代的散文状况”。黑格尔特别举出在《法哲学原理》中那个“法律、习俗和权利形成了普遍的理想的自由所具有的定性”⑦ 的真正现代国家⑧。他举出在现代国家中“惩罚”和“报复”的区别：“惩罚”包含了用普遍的规定的法律对犯法者发生效力的过程，通过公众权力机关，按照普遍的标准来判罚；而“报复”则是要依据报复者的个性，需要他“独立自主地”根据自身的利害关系、个体情感和自身对正义的了解展开行动。在真正的艺术表现里，“报复”才真正体现出个人的性格，在其报复行动中，道德的和正义的行为完全具有个人的性格。但是在现代社会中，此种行为既是被判定为违反公共权利，同时又造成一种滑稽。因此，正如黑格尔一开始在序言中所说，现代世界的理想形象十分狭窄，个别主体只能在

---

① 《美学》(第一卷)，第 229 页。

② 《美学》(第一卷)，第 230 页。

③ “只有在个性与普遍性的统一和交融中才有真正的独立自足性，因为正如普遍性只有通过个别事物才能获得具体的实在，个别的特殊的事物也只有在普遍性里才能找到它的现实存在的坚固基础和真正内容（意蕴)。”[《美学》(第一卷)，230 页)]

④ 《美学》(第一卷)，第 232 页。

⑤ 《美学》(第一卷)，第 237 页。

⑥ 《美学》(第一卷)，第 240 页。

⑦ 《美学》(第一卷)，第 233 页。

⑧ “在真正国家里，一切个人的感觉方式、主体的思想和情感都必须受法律的节制，都必须和法律协调……在这种普遍性里个人的生命显得是被否定了的或是次要的，无足轻重的。所以在这种情况之下，就找不到我们所要求的独立自主性。”[《美学》(第一卷)，235 页]

很小的范围中才能完全按照自己的意愿来行动。不过同时，这种近代的主体性格在内在的情绪和性格方面却十分丰富，虽然这些情绪受制在客观的普遍性之下，但是艺术创造却跟随情境的变化，进入更广泛的日常散文中。

倘若我们将这一区分放入世界历史的语境，便会发现“英雄时代”的特征正好与在各个时代发生转折时“世界历史的个体”的特征相同。但是如果在“英雄时代”，也就是现代国家还未诞生的时期，“世界历史的个体”依据自身激情的创造性行动并不会导致一种历史悲剧，而是恰恰符合那个时代整体的一般情境（独立自主性）。从前文的论述中可以看到，此时的“世界历史”并未开始。是以，“世界历史”之所以具有激情与反思（创造与规范）间的巨大张力，正是因为在“散文气味的现代状况”中，个体的独立自主性在法律的普遍性中被否定了。在此状况下，个人激情的创造与已有的普遍规范才出现巨大的矛盾，而历史的“自然一反思”序列也正是在此状况下才展开。

在此意义上，黑格尔的《历史哲学》一开始就处于散文气味的当代境况，虽然他在《法哲学原理》中承认近代完全发达的市民政治生活情况的本质和发展是便利并符合理性的，但是他通过引入国际关系中实践与规范的冲突，以及在世界历史中激情与反思的矛盾表明：在现代国家规范最完善的地方，“我们却也不放弃而且永远不会放弃对于现实的个体的完整性和有生命的独立自足性所感到的兴趣和需要”①。因为1）个体的完整性格的独立自主性在现代国家的实践中被限制与否定，这带来了主体内部巨大的分裂；但是2）在国际关系以及世界历史中，这种个体的独立自主性却从来没有被某种规范真正地压制，而是以极大的创造性破坏现存的一切规范；而3）这在当下的散文状况中才具有更深刻的含义，因为这已经不仅仅是对历史寻求一种合理性的理解和把握，而是面对当下个体的现实处境，一种完整的独立自主性的创造如何可能？因为“理想的完整中心是人，而人是生活着的，按照他的本质，他是存在于这时间、这地点的，他是现在的，既个别而又无限的”②，所以精神从客观阶段进入绝对阶段，一定不是在心灵层面（主体内部）建立一个“理想王国”，它一定要直接牵涉“生活的平凡的散文”——时代的社会历史特征。在此意义上，艺术、宗教和哲学分别采取了不同方式，而艺术则是以感性的方式表现最直接的统一。

① 《美学》（第一卷），第248页。

② 《美学》（第一卷），第313页。

（2）在世界历史中总有一些微小的事情，会以意想不到的方式产生巨大影响力的结局①，这尤其体现在《世界历史讲演录》序言丙部分呈现出世界历史的偶然性画面后，黑格尔写道：

为了一桩细微的结果，居然可以费九牛二虎之力；而从显然是渺小的事情上，却发生了一番巨大的事变。随时随地都有最庞杂的一群事变，把我们卷入漩涡中去。（《历史哲学》，67页）

"世界历史"充斥着各种偶然性，尤其是在某些重大转折性事件前端，在我们并不清楚的"渺小的事情上"却发生了重大变化。如果仅凭"反思"，这种微小的变化是无法在一开始就被察觉到的。这种巨大事变前端的"渺小事情"具有细微、琐碎、难以被概念化的特质，因此才使得反思只能以滞后的方式展开。

同样，在《美学》"自然美"部分C."自然美的缺陷"的第二节"直接个别客观存在的依存性"和第三节"直接个别客观存在的局限性"部分中，黑格尔对这些"历史情绪"也有着大量的刻画。② 这既是在表现客观自然中个体的局限性，同时也是在说明当下的人类生活状况，而这与"世界历史"带来的偶然性极剧扩大的局面基本相同。因此，"世界历史"的状况不仅是在规范层面对实践的冲击，更重要的是，它是现代社会的真实处境，并与每一个人息息相关。

在此意义上，艺术如何处理自然美的缺陷实则就是在说，面对现代性的分裂处境，艺术能够发挥怎样的作用，人类心灵将以何种方式应对。而这正涉及历史哲学的"自然—反思"序列如何筛选和处理自然事件的问题。在第一章第三节第二部分"自然—反思"序列的内在关联中，历史哲学仅仅以一种发生学的方式提供了"情感—反思"模式，而并未说明为什么这种由重大事件引起的情绪变化具有某种普遍性，以至于能够在

① 海登·怀特在其《元史学》第二章开篇运用大量的应用和描写，展现出历史中蕴含着的复杂情绪变化，在他看来，黑格尔在《历史哲学》序言中无时无刻都展现的这种情绪特征是同历史的"偶然性"密切相关的，这一方面是历史现实带来的真实感受，另一方面，在海登·怀特看来这恰恰展现出历史与艺术的亲缘性。"诗比历史更真"这一从亚里士多德时期就出现的观点在此处得到更进一步的阐释，海登·怀特正是看到对于历史，我们不能仅仅拥有一个当下的最终理解与分析，而忽略其在历史当下造成的情绪与伤痛，而"诗比历史更真"实则体现出诗歌艺术中包含着历史的真实情绪。这些情绪并非单一的、瞬间的、滞后的，而往往是差异性和整体性的统一。在时代变革前，不同的艺术作品采取具有差异的感性形象，但是却往往能够指向一种共同的整体结构的变化，其中包含着丰富的情绪，而历史反思恰恰是在此基础上展开的。

② "因为个人依存于他所碰到的外在的影响，如国家的法律、公民的关系之类，无论它们是否合乎他的内在的心意，他都必须向它们屈服……无论个人怎样坚持他自己的目的，只促成有助于他自己利益的事业，他的意志的独立自由却仍然多少是形式的，取决于外在情况和偶然机会的，受自然障碍妨害的。"［《美学》（第一卷），192页］"穷困，忧虑、忿怒，冷淡，情欲的烈焰，对片面目的的执着，变化无常，心灵方面的分裂，对外在自然的依存，总之，人类生存的全部有限性都造成了个别面貌的偶然特点及其经常的表现。"［《美学》（第一卷），194页］

人类心灵中引起普遍的悲痛情绪。而在《美学》中，这种对情绪的最初体察与提炼体现在“自然美”中心灵的“敏感”特征。

在《美学》“自然美”① 部分 A. “自然生命作为美”中，黑格尔则指出人类心灵中的一种特殊观照方式，即“敏感”（Sinn）②。在德文中黑格尔用“Sinn”这个词来表示“敏感”的概念，而英译本则翻译为“sense”（感觉），俄译本为“对外形的感觉”，本文采用朱光潜翻译的“敏感”。在朱光潜的注释中，他认为黑格尔的“敏感”是“介乎感觉与思考之间的一种心理功能”③。正如上述段落所说，“敏感”实则是一种在感性观照中直接关联内在本质的运作机制，这种观照方式能够使我们认识到自然生命全体的内在统一，从而克服概念与感觉之间的分裂。黑格尔认为这恰恰是一种真正的审美态度所具有的观照方式，并且这本身就是一种人类所具有的感知方式。他在提及自然界的划分以及歌德对动植物形态的研究工作之后，进一步指出“敏感”的几种特征：

a. 只能产生一种概念的朦胧预感；

b. 充满敏感的观照还朦胧预感到一种符合理性的前进过程；

c. 在了解历史和叙述历史时，我们也可以通过个别的事件和人物，暗地里就把它们的实在意义和必然联系显示出来。④

以上“敏感”的特征使得黑格尔美学一开始就不同于单纯的“感性”感觉，而是本身就关联着感受的特殊性与概念的普遍性，也就是说，在美学提供的观照模式下，某种特殊感受本身也具有一种普遍性的时代感知，或者说，能够被转化为某种普遍的认识。并且，这种“敏感”不是滞后反思性的，而是具有某种“预感”性质，也就是能够在理性反思之前，就通过某些特殊环节的变化，获得某种内在的必然性。虽然无法用清晰的概念来认知，但却同样具有一种意义的普遍性和可传达性。作为一种审美观照方式，

---

① 现存的三卷本黑格尔《美学》，是由其学生霍托（Hothos）根据黑格尔的课堂讲义连同笔记一起编撰而成。每一卷处理着不同的美学问题，整体上，第一卷主要在谈论艺术的基本准则，第二卷在谈论艺术的不同类型，第三卷主要涉及不同的艺术门类。其中尤为特殊的是，在第一卷的《美学》“全书序论”和“总论美的概念”之后，就进入“自然美”的部分，而这一部分却显得与整个美学“格格不入”，正如马丁·塞尔（Martin Seel）所说：“在任何现存的抄本中，没有一段文字与对艺术美的主要讨论如此脱节。”（Martin Seel，1974）而他也在文章中证明，这一部分是霍托特意安排，其原因也跟黑格尔反复在讲座中对比艺术和自然的关系相关。单从黑格尔《美学》体系内部来看，对于“自然美”的谈论实则是在为艺术美作准备，“关于自然美的章节致力于这一指导原则的准备性发展，在这里，它的特殊性绝不是孤立地对待的，而是始终对艺术美的地位进行预期，并偶尔瞥见各种艺术的过程”（Martin Seel，1974）。

② “敏感”这个词是很奇妙的，它用作两种相反的意义。第一，它指直接感受的器官；第二，它也指意义、思想、事物的普遍性。所以“敏感”一方面涉及存在的直接的外在的方面，另一方面也涉及存在的内在本质。[《美学》（第一卷），167 页] 人体现象的无比优越性在于敏感，它虽然不是到处都实在现出感觉，至少是有现出感觉的可能。[《美学》（第一卷），188 页]

③ 《美学》（第一卷），第 166 页。

④ 《美学》（第一卷），第 167 页。

"敏感"使得一种非概念的模糊轮廓在开始被察觉，这使得在"世界历史"领域中的实践困境似乎有着某种可以解决的方式，而这就基于"敏感"的特点。

（3）黑格尔在"自然美"中以"敏感"的特性将"心灵"与自然的社会历史处境联系起来，并以其对细微情绪的朦胧感知，指出其对历史"自然发生序列"的一种预感。但是这种"敏感"仍然是在"自然美"部分，它仍有缺陷。这体现在：

首先，虽然基于"敏感"人们可以从日常的"散文"中察觉到些许变化与历史情绪，但是这种感受仍然是个别的，具有极强的私人特征。如果艺术创作仅仅基于"敏感"的模糊性，那将导致情感的难以传达：在面对同一处境时，每个人完全会有自身特殊的感受，而这也指向不同极其细微的情感差异；

其次，这些差异虽然对于个人而言是重要的，但它无法揭示出时代的共同感知，仍然陷落进被偶然性和外在形状玷污的日常事物中，它既无法展现出唤起大众的普遍感知，也无法体现心灵的自由；

最后，这些创造往往使得艺术陷入某种"自律"的状态中，转而以建立某种"理想王国"的方式，对时代的社会历史问题视而不见。

倘若艺术仅仅以"敏感"作为其内在本质，那么黑格尔美学也就仅仅停留在一种康德式无利害的"美感"之中，这恰恰是黑格尔所批评的。在黑格尔谈论到理想本身时，他将"真正的艺术作品"与心灵相关联。艺术作品就是对心灵的生命的展现，与单纯自然物的领域，昆虫之类低等物领域等非自在自为的存在不同，心灵的生命的展现不能仅仅是例如骚动、运动能力、性欲、忧虑和恐惧等全然受到外在偶然性影响的活动，而是：

> 只有受到生气灌注的东西，即心灵的生命，才有自由的无限性，才是在实际存在中对本身为内在的，因为它在它的外观里能回顾本身，停留在本身。[《美学》（第一卷），199 页]

a. 这种"生气灌注"是真正的艺术作品所需要的，同时也是完整的"心灵的生命"状态。如果说在自然中，心灵具有一种朦胧的"敏感"能力，可以对某种时代现实有一些差异性的预感与理解。那么在艺术中，这种特殊化的感受需要被更进一步地提炼，作为心灵的外现，它需要具有某种"典型性"。[①] 此时，心灵对社会历史处境的把握已经不单单是模糊的审美感受，而是对当下时局的深刻洞察，以及能够以具有"一般意义象

---

① "具有心灵意蕴的现实自然形式在事实上应该了解为具有一般意义的象征性，这就是说，这些自然形式并不因为它们本身而有意义，而只是它们所表现的那种内在心灵因素的一种外现。"[《美学》（第一卷），220 页]

征性”的形象，把内心中察觉到并观念化的感性材料凝定成可被传达的经典。艺术的“典型”形象与心灵的“广博”是相关的，只有对社会历史现状有着清楚的理解，并创造出某种可将这种理解鲜明传达的形象，才使得艺术作品具有真正的“生气灌注”。①在此意义上，古典型艺术选择刻画古希腊诸神，亦或基督上帝形象，正是因为此时宗教已与社会历史的方方面面相关联，其精神自身就具有着可被传达的“典型性”，而艺术所需要做的就是将这种观念以可感的形象展现出来。

然而在现代社会，也就是随着唯理化进程不断分工的市民国家中，社会历史处境变得极为复杂（世界历史状况），宗教精神的丧失使得心灵遭受极大的分裂。在此状况中，艺术的统一性体现在，随着时代处境的转变，艺术能够更为敏感和迅速地深入极具变化的现实之中，并从琐碎日常中流变的偶然现象中揭示出心灵的自由与广博。黑格尔举出缪里洛的《乞儿们》这幅画，他认为虽然画面表现的是“两个衣服破烂的穷孩子在吃西瓜和葡萄”②，其内容并不展现历史的宏大叙事，也不描述宗教的神意行动，只是关注到现代社会中底层人民的日常生活，但这些孩子“浑身都流露出一种逍遥自在、无忧无虑的神气”③。朗西埃在《美感论》中同样关注到黑格尔对这幅画的评价，他认为黑格尔对缪里洛绘画中的少年“自由欢乐的感觉”的评论④包含两方面：“一是现代人凭自身意志创造出自己世界的自由，一是古代的神所体现出的无欲无为的自由。”⑤ 这两种自由需要同时在现代性的社会中存在，而这掀起了一种新的“感性革命”，因为艺术和审美提供了一种空间（美术馆）来消解艺术家地位带来的不平等，一套机制（艺术市场）来消解艺术品层级和内容差别的不平等，一种认识（审美认识）来将自由的实现放在更大的历史语境之中。在此意义上，浪漫型艺术对时代现实的把握进入对无数差异性的综合之中，虽然它仍以“自由”的实现为核心，但早已深入历史“新处境”的不同切面，并创造出具有现代社会历史意义的“典型”形象。

---

① 对于黑格尔在《美学》中对“审美调和”（Aesthetic reconciliation）的看法，现今以罗伯特·皮平（Robert Pippin）和雷蒙德·格斯（Raymond Geuss）为主的黑格尔左派将这一调和视为社会意识形态发挥的作用，也就是个人同社会制度的和解途径，在此意义上两人共同强调审美调和的现实作用，尤其是如本文中指出的对社会历史现状的了解和把握；但是另一方，如 Mark Alznauer 则将这种“审美调和”仅仅限制在审美的领域，并且尤其强调这种和解的内在性，即艺术为我们提供了思考现代生活的矛盾而不否认它们的机会，而“审美调和”的作用则是在艺术欣赏中我们有能力克服对世界的依赖并获得最终的满足。在本文的语境下，后者对黑格尔美学的实践能力过于看轻，诚然艺术当然可以使我们在主观中获得克服有限性并达到某种无限的感受，但是这样一来绝对精神的领域就成为一个在主体内部如何获得超越性意义的理想，因其并不涉及任何现实行动和理解，所以就无法得到任何现实层面的可证实性，但这恰恰是黑格尔所不认同的。在本文中，尤其是将“心灵”同“社会历史意义之网”（一种集体性主体）相等同的解释，可以对 Mark Alznauer 在其文章 *Hegel on Aesthetic Reconciliation* 中的观点作出回应。

② 《美学》（第一卷），第 217 页。

③ 《美学》（第一卷），第 217 页。

④ 《美学》（第一卷），第 217 页。

⑤ 朗西埃：《美感论：艺术审美体制的世纪场景》，赵子龙译，北京：商务印书馆，2016 年，第 47 页。

b. 在黑格尔《美学》文本的不同部分，“心灵”被作为一个核心概念反复提及，一方面“艺术美”由心灵产生，是心灵特征的外化；另一方面艺术又能够将心灵在前进过程中造成的自己和“此岸”的分裂加以弥补。如果我们不加区分地将心灵理解为某种本体论意义上的先验结构，那黑格尔的《美学》就会陷入一种循环解释框架，艺术也会进入一种神秘主义的解释中。然而黑格尔既不是简单地将美学仅仅当作向宗教和哲学过渡的一个阶段，来为整个形而上学概念体系服务，同时又不是如谢林般将艺术视为一种理念，一种“绝对”，从而揭示出艺术更高的任务——艺术神话。在他对康德和席勒的评价中可见，虽然康德以“无利害”的审美观照，开启了“艺术自律”的领域。通过指出审美状态中知性与想象力之间的自由活动，他在审美状态中阐明了一种“共通感”的先验结构，并以“无目的的合目的性”展现出美学对实践和认知鸿沟的综合方案。但是，艺术因此被置入一种无历史的状态中，其所有目的只是展现出一种创造的丰富与审美状态的主观性。康德对真实内容的摒弃是黑格尔所批评的，在此意义上，他尤其看中席勒对艺术实践的强调，他认为席勒的“美感教育”正是在现实中将理性与感性统一的重要进路，这既是艺术的真正使命，又真正地将普遍性与特殊性、自由与必然、心灵与自然统一起来。他看到了席勒美学的重要价值，即将艺术作为“中介”来进入与其他精神原则的广泛互动之中。其中最重要的，就是进入社会、国家的共同体之中，并成为这一共同体精神的展现。

在珊特考伦著名的“经典阐释”书系对黑格尔《美学》最新的权威解释中，黑格尔美学的社会历史性被额外强调，这可以被归结为以下两点：

（1）艺术并非“自律”，它不是依靠自身的内容和形式而展现出精神的最高旨趣，它一定是需要被放置在更广泛的社会历史理解之中，作为对社会历史之精神的“感性”显现，而成为精神自我理解的最高感性形式。正是在其他文化自我理解的媒介中，艺术的类型分期依据其时代特征便被划分出来，古典型艺术与希腊文化精神之间的联系，浪漫型艺术与现代性社会原则的关联，这一转变恰恰不是在纯粹艺术史内部展开的，而是只有在整个社会历史的文化转型中，才能够被理解的；

（2）在现代的唯理化进程中，“理性教化”成为民族国家发展的重要途径，这尤其体现在《法哲学原理》中建立起的不同法律规范，通过理性工具分工，完成一整个实践伦理基线的塑造。这一现状虽然使得艺术成为“过去的”（Vergangenheit），但艺术及其感性特质恰恰对其分裂状况起到弥补作用。艺术在其发展进程中不断地进入社会、国家和民族的现实历史处境中，以感性方式在不同文化精神自我理解的各类原则中发挥综合与调节的“中介”机制，并将文明中具有实体性的文化精神揭示出来，使其担负起塑造精神共同体的作用。①

以上两点的概括凸显出黑格尔美学深刻的社会历史特征，这既是艺术以其特殊性与其他精神原则展开实践的互动，又揭示出艺术对社会、国家和民族现实性处境自我理解的重要性与实践行动的可能性。在此意义上，《美学》中被反复提及的“心灵”实则指向了这种与现时处境相关的社会历史之网，它既深刻理解和把握时代文化精神原则，又以其创造性将社会历史的真实性揭示出来，把流变琐碎的现象凝定为具有永恒性的艺术，并在不同的原则中相互传达与交流。②

基于以上理解，黑格尔在B.“理想的定性”中通过：“一般世界情况⟶有定性的情景（冲突）⟶动作（情节）⟶人物性格（情致）”这一艺术创作的过程及其标准的意义才越发清楚，一方面，这是“广博心灵”体察时代的方式，它首先需要整体感知时代的一般状况，进而以其对社会历史现状的处境理解，自由地创造出一个具有冲突的特殊情景，从而将完整的行动链条展现出来。是以，人物的性格便在其通过行动与整个时代的一般情况和差异化的特殊处境的对抗与和解中不断鲜明；另一方面，艺术创造也只有在充分把握时代的一般以及当下的特殊处境之后，才能创造出具有可传达性的典型形象。在此意义上，美学与世界历史更深层次的关系便得以说明，面对“自然发生序列”与“意义反思序列”的时序差异，美学作用的方式是指出“自然发生序列”中更广泛的创造性行动，除了带来转折性的“英雄实践”，历史中自由民众对时局前端情绪变化的敏感与把握，在艺术作品中被包含社会历史意义的典型形象所展现。其中既体现出心灵挣脱自然束缚的自由创造力，又在与时代社会历史各精神原则的交互中展现其综合性与可传达性。至此一系列的现时行动便能够在进入历史的“意义反思序列”之前，以可感的形象达成某种时代情感，既使社会历史现状被更清晰地感知，又使得心灵对自由的追求得以实现。

四　“浪漫型艺术”的历史实践功能

在历史反思的现代性处境下，美学也进入浪漫型艺术的“最后花朵”中，黑格尔指

① Sandkaulen, Birgit, "1. Einleitung: Über das Projekt einer Philosophie der Kunst", G. W. F. Hegel: *Vorlesungen über die Ästhetik* [ed. Birgit Sandkaulen; Berlin, Boston: De Gruyter (A)], 2018. 1-22.

② 对于将“心灵”视为“社会历史意义之网”的观点，从罗伯特·丕平在其著作 *After the Beautiful: Hegel and the Philosophy of Pictorial Modernism* 中有着一些澄清。丕平认为黑格尔作品中的“*Geist*”——英译“*Spirit*”，中译“精神”——这种译法使得“*Geist*”和“*Natur*”之间出现了对立的理解。实则在黑格尔那里，“*Geist*”是一种自我知识的综合形式，即理解为一个集体性主体，一个继承了艺术、宗教与哲学的意志并实现这些共同体的意志，而艺术就在可感层面上发挥作用。而在本文对黑格尔《美学》文本的解读中，这种作为“集体性主体”的理解与“社会历史意义之网”具有共同内涵。本文对艺术的现实功能及其与其他精神原则相交互的观点，正是在实践层面澄清这个共同体意志如何在艺术中显现出来，并以可感形式发挥作用。

出："艺术现在所要表现的不再是在它的某一发展阶段中被认为绝对的东西，而是一切可以使一般人都感到亲切的东西。"[①] 在此意义上，如何去把握艺术在当下现实处境的任务和作用方式，对于历史的现代性处境和艺术而言都极其重要。本章将以前两章的内容为基础，关注浪漫型艺术的历史实践功能，这包含：

（1）现代艺术具有特殊状况，尤其是从古典型艺术到浪漫型艺术的转变过程中，人类心灵与社会感知机制出现的"新"处境。这种"新"变化既是历史的实践出现危机的内在原因，也是浪漫型艺术更加注重主体的内在世界，并广泛地深入一切有限事物之中的缘由；

（2）艺术的历史就是通过形象的编码对时代的各种信息进行调整的机制——整个人类文明中的艺术形象都成为大众感知时代、体察风险、捕捉情绪的感性形象图库。基于此，各个民族真正深层次的交流、互通与共同体的联结才有可能。

以下将分别展开：

（1）首先，艺术类型的转变与历史的发展阶段相互关联，因为艺术是"广博心灵"的外现，而"广博心灵"又同整个时代的社会历史处境相关，所以艺术的内涵与时代所呈现的社会特征（尤其是文明文化）密切相关。从古典型艺术转向浪漫型艺术的过程，也正对应着世界历史从古希腊不断进入现代社会的过程。在《美学》文本中，虽然黑格尔认为古典型艺术是理想艺术的典范，它使得感性显现和精神本身达成统一，但是无论是在序言表示的对当前艺术使命的理解，还是在"浪漫型艺术解体"中指出艺术在今天的作用等内容，都可以表明黑格尔在谈及艺术及其效应时，都立足于当前的现代处境，现代性及其问题正是《美学》的底色，而浪漫型艺术正是现代艺术的类型。[②]

其次，正如在本文 2.1 部分通过《美学》对《历史哲学》的现代性定位，也就是在"散文式"的现代社会中，历史叙事才出现了实践与反思的张力。黑格尔在浪漫型艺术的第一章中就整体回顾了基督教产生反映出的整个社会的文明结构变化，他提及"精神的主体性"[③]，实则指向整个社会的文明状态越发关注内在心灵生活。此时，不同于古希腊时期，艺术展现的是理想诸神的"自由欢乐"，在现代，艺术在基督教精神的指引下，尤其是耶稣"道成肉身"之中，关注到人自身"精神的内在生活"，包含内心的感觉、想象和心情。因为此时，整个现代社会的状况不再被置入一个彼岸的王国或者一种目的论的历史进程之中，它的稳定性不再由一个外在于人自身的"命运"结构所规定，

---

① 黑格尔：《美学》（第二卷），朱光潜译，北京：商务印书馆，2018 年，第 381 页。

② 在沃尔特·杰施克（Walter Jaeschke）的文章《浪漫艺术的形式》中，他也明确地指出黑格尔将浪漫主义的概念与现代概念相等同，并用浪漫型艺术概念代替现代概念做法，并指出在黑格尔看来，所有的现代艺术都是浪漫型艺术。（Walter，2018）

③ 《美学》（第二卷），第 276 页。

而是如“世界历史”问题所揭示的那样——进入极度的动荡与偶然之中。历史中缺乏意义理解的自由创造行动，使得现代社会的人们总是反复陷入内在的冲突、分裂以及各种强度的情绪之中。

伴随此处境，艺术对社会历史状况的把握得以拓宽，因为“心情的历史就无限丰富，可以适应永远在改变的环境和情景，表现为最繁复的形象”①，所以此时社会历史状况不再以某种稳定的理想被“广博心灵”纳入，而是以深入日常生活的琐碎和无限丰富的感性材料之中，成为一切心灵内在最为真实的感受，因为外在的世界已经全然被心灵所感知把握和呈现在艺术的形象之中。此时，“广博心灵”对不同差异性处境有着多元化的感知，但是因为：

> （人类）对自己的情感和情境的无限方面进行观察、思索和表达，凡是可以在人类心胸中活跃的东西对于这种人类精神都不是生疏的……任何旨趣都不会被排除掉，因为艺术现在所要表现的不再是在它的某一发展阶段中被认为绝对的东西，而是一切可以使一般人都感到亲切的东西。[《美学》（第二卷），380 页]

是以，“浪漫型艺术”以其对社会历史处境的深入体验与把握，而形成的反应当下内心感觉、想象和心灵作品，才真正地达成对实践历史危机的回应。面对“世界历史”一些重大转折性事件前端的细微情绪变化，尤其是在那些并未有明显波澜，但却使内心有些许混乱和颠倒之感的一般日常生活中，“浪漫型艺术”真正发挥了某些“地震声纳”般的预感工作。最为典型的例子就是黑格尔反复提及的荷兰风俗画：“对微细东西的注意和关注”——这些在绘画中体现的人物形象——展现出了那个民族所处时代的精神状况以及风险危机。他们的形象以荷兰风俗画的形式被永久地保存下来，因为“艺术的任务首先就见于凭精微的敏感……窥探到它的实际存在中的一瞬间的变幻莫测的一些特色，并且很忠实地把这种最流转无常的东西凝定成为持久的东西”②。

（2）除了对当下处境中细微事件与情绪变化的捕捉，美学的运作机制同时带来了一种历史与当下新的“真正客观和适配方式”。这体现在黑格尔对两个观点的批评：①艺术家主观地根据自己时代的文化发挥效力；②对过去时代谨守纯然客观的忠实。他对观点 1 的批评在于，这完全有可能是艺术家对过去时代的无知、缺乏文化修养，以及对自己时代文化盲目的骄傲或者仅仅是对受众喜好的迎合，这样的观念会使得艺术作品沦陷到当今时代流俗的观念与麻木的感受中。而对于观点 2 的批评在于，这种对过去时代精

---

① 《美学》（第二卷），第 284 页。
② 《美学》（第二卷），第 370 页。

神全方位的把握，可能仅仅是形式的历史的精确和忠实，因为这种再现空洞无物，并且也丝毫没有对当下处境和情感变化的察觉，这种观念使得艺术作品并不具有任何情感的可传达性。

因此，艺术真正客观和适配的方式，就是“把一种情境的实体性的内容（意蕴）以及心灵的实体性的因素所借以具有生气并且表现为实在事物的那种丰富的强有力的个性揭示出来”①。也就是说，真正的艺术作品本身就具有一种可传达性，这种可传达性正是基于对社会历史处境充满感受“广博心灵”：因为我们的内心生活包含对历史与当下不同处境的现实感知，而在艺术创造性的活动下，便会为这种感知寻求一个适宜表现其内涵的方式。并且正因为这是人类心灵最直接的感受与创造，便一定具有可传达性与永恒性。这种永恒基于一整套社会感知机制所构成的时代图谱，所以能够在不断发展的未来新处境中被同样具有“广博心灵”的个体所察觉，进而在其对当下时代的情绪感知中综合进新的理解与内容。因此，世界历史进程中不同民族精神的感性显现的不同艺术形式，完全能够以共通的感受被古今的不同民族所体察，并进一步唤起更深沉的交互与理解。在此意义上，真正的艺术作品将历史与当下时代联结，这种联结并不是简单地将过去民族的艺术形式在当下重新再现，也不是完全基于当下时代来空泛地运用历史中的素材，而是通过对历史中不同艺术作品中承载的，包含着细微情绪、风险感受、精神结构等等的民族精神的真正共通。这种“共通感”（common sense）不仅仅在回顾中被感受到，同时还在当下的处境中基于自身的情绪变化所察觉到。进而，当下的细微情绪又能够在心灵的创造活动中被凝结进一个妥帖的感性形象中，这个形象既呈现出当下时代的精神状况，同时又将自身综合进一个不断创造与发展的艺术历史的统一进程中。

世界历史进程中包含着的细微且繁复的情绪，都可以用艺术的方式去呈现。这种呈现并不是在反思中的概念理解，而是始终处于不断开放的当下时代，并创造性地联结古今各个民族精神，持续地塑造着一个以社会历史感知机制为基础的普遍网格。艺术作品不断纳入当下时代的情绪感知，并创造出新的可感空间，同时，历史中能够承载不同民族精神的艺术作品被纳入艺术史，其中包含的复杂感知也被永恒地保存在那些感性形象中。当下时代的人们又总是能够从中直接感受到什么，而又在当下现实中同样感受到什么。而恰恰是因为过去时代的艺术作品所包含的情绪与精神，才为当下时代的情绪捕捉提供了可以进入的线索与可能图示。在此意义上，艺术的历史就是通过形象的编码对时代的各种信息进行调整的机制——整个人类文明中的艺术形象都成为大众感知时代、体察风险、捕捉情绪的感性形象图库。因而这些处于极大开放性与偶然性的个体、民族、

① 《美学》（第一卷），第354页。

国家才能真正在对艺术作品审美感受中获得对当下处境的预感，并且也基于这些已有人类感性图谱（精神图谱），各个民族真正深层次的交流、互通与共同体的联结才有可能。

在散文气的现代处境中，美学（艺术）以其感性特征和心灵创造的普遍性，将更广泛、更丰富的特殊情境包含其中，并在世界历史的“自然一反思”序列之前，提供着预感的可能性。其中，尤其是“浪漫型艺术”，因其更敏感地关注到历史事件和当下处境中主体情绪和感受的细微变化，便在当下的日常散文中更好地发挥着某种“实践创造的可能”。并且，这种创造能够在历史中适配地关联过去与当下，进而展现出在更广阔历史中不同民族间相互交流与理解的可能。

（罗子皓，四川大学哲学系硕士生）

哲学教学教改研究

“科教产教”多元融合实践育人体系建设

——以四川大学哲学系为例*

——黄钰舒星——

摘要：哲学作为人文社会科学的重要组成部分，对于培养学生的思辨能力、批判精神和创新思维具有不可替代的作用。随着科技与教育的深度融合，以及产学研一体化的深入发展，如何培养既具备扎实理论知识又拥有实践创新能力的高素质人才，已成为哲学教育改革的核心任务。在新的时代背景下，四川大学哲学系认真贯彻“科教产教”多元融合的育人理念，围绕国家战略与社会需要，不断提升专业人才培养的社会需求适应度，注重学生实践能力培养，从“哲学实践、实践哲学”两个维度，探索构建“三全育人、五育并举”的哲学专业特色实践育人体系。

关键词：科教产教　多元融合　五育并举　实践育人

2024年9月10日，习近平总书记在全国教育大会上明确指出，要统筹实施科教兴国战略、人才强国战略、创新驱动发展战略，一体推进教育发展、科技创新、人才培养。纵深推进大众创业万众创新是深入实施创新驱动发展战略的重要支撑，大学生是大众创业万众创新的生力军，支持大学生创新创业具有重要意义。哲学作为人文社会科学的重要组成部分，对于培养学生的思辨能力、批判精神和创新思维具有不可替代的作用。然而，传统的专业教学方式往往过于注重理论讲授，一定程度上忽视了学生的实践能力和创新精神的培养。随着科技与教育的深度融合，以及产学研一体化的深入发展，传统哲学学科面临教学模式与实践需求脱节的问题。因此，如何通过科研、教育、产业与教学的深度融合，构建一套科学合理的哲学学科实践教学体系，培养既具备扎实理论知识又拥有实践创新能力的高素质人才，已成为哲学教育改革的核心任务。

---

* 本文系四川大学本科教改项目“科教产教双融合视域下的哲学专业实践教学体系研究”（2024）、“人工智能催生跨学科实践教育新模式——以U大学为例”（2024）阶段性成果。

四川大学哲学系历来注重实践实习，早在 1987 年到 1992 年就连续六年组织学生到基层“代职实习”，实践效果较好，产生了积极的社会影响。在新的时代背景下，四川大学哲学系认真贯彻“科教产教”多元融合的育人理念，围绕国家战略与社会需要，不断提升专业人才培养的社会需求适应度，注重学生实践能力的培养，从“哲学实践、实践哲学”两个维度，探索构建“三全育人、五育并举”的哲学专业特色实践育人体系。注重实践实训，全面提升学生创新能力，哲学系先后建立了金堂县五凤溪家风文化学院（中国哲学村）、千高原艺术空间、三联韬奋书店（成都）、四川卓安·庭立方律师事务所、四川仪陇宏德中学、青羊区苏坡街道等实践实习基地，设计高质量实践教学课程，丰富学生实习实践样态；深化科教融汇，为学生提供学术实践平台。编辑出版综合性学术刊物《思问》辑刊，是国内首个设有独立学生编委会的哲学辑刊，成员均为哲学本科专业学生，在专任教师的指导下，深入了解了学术论文正式出版的全过程，形成了出版社、编委、投稿者三者之间良性互动的综合性学术训练平台。除此之外，哲学系还以第二课堂为载体，师生共建思问哲学社、诚社、古琴社、江安柏拉图学社、观象美学社等学术社团，延展学生的课外哲学学习与学术实践活动。

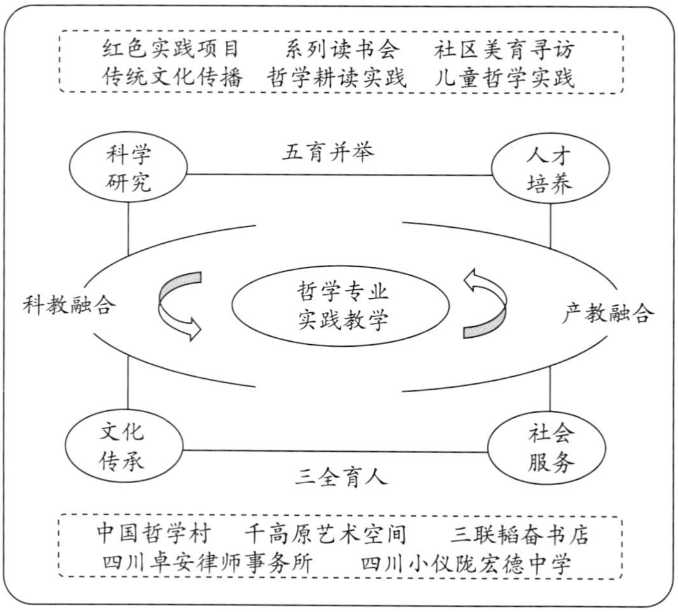

哲学实践育人体系构建

注重实践教学，既是延续哲学专业实践教学传统，也是落实“五育并举”的重要抓手。哲学专业实践教育以“五育并举”为内核，立足于哲学学科内涵，将实践教育与专业教育相结合，统筹规划和设计覆盖德育、智育、体育、美育和劳育各方面的实践实习基地，整合校内外实践实习资源，充分发挥马克思主义哲学、中国哲学、美学、科技哲学和伦理学等学科优势，课程设计注重知识的综合应用和创新性探索，不仅仅是单一的实践体验或职业教育，更多的是将创新创业教育贯穿人才培养全过程，在实践教育中内嵌哲学理念，确保学生能够在实践中得到充分锻炼，促进学生全面发展。

一　哲学实践：传承红色基因，培养未来思想家

（一）德育为先，以德润心：课程思政，修身修心，树立正确价值观

哲学教育以立德树人为主旨，探索理论教育与实践教育相融合的新思政模式，构建思政育人、课程思政相结合的大思政育人格局，培养担当民族复兴大任的时代新人。

强化哲学社会科学的育人作用，坚持“价值塑造——能力培养——知识传授”三位一体的人才培养定位，扎实推进课程思政建设。深入挖掘哲学课程中的思政元素，包括哲学理论中的思想精华、哲学史上的英雄人物和事迹、哲学思考中的人生哲理等，将思想政治教育的内容和方法融入哲学专业的教学过程中，使哲学教学不仅仅是知识的传授和思维的训练，同时也成为学生思想品德和道德情操提升的重要途径；另一方面，以红色教育、美育和体育等为切入点，以丰富的第二课堂及课外学术活动为抓手，在润物细无声中做好学生的思想政治教育工作，培养学生的世界观、人生观和价值观。

发挥导师引领作用，建立“综合导师制”，形成“班主任一学术导师一学业导师一专业课教师一辅导员一管理服务”全方位育人“大学工”育人机制。由校院领导担任名誉班主任，组织形式多样的活动，就学习与生活、观察与思考、平凡与伟大、担当与奉献、生命与健康等主题与学生面对面交流，在密切的指导活动中，引导学生树立正确价值观，让学生更好地了解科研学术工作，能接续前辈学人经史传统中义理与实学兼重的风气，注重现代学术视野下的人文理想，活用经典以切时代、社会之现实问题。

探索理论教育与实践教育相融合的新思政模式，组织学生到“德乡”仪陇县等地开展爱国主义教育和暑期社会实践，在新时代新征程中感悟乡村振兴与农村发展，深入学习红色文化，寻找共同足迹，赓续红色血脉；与苏坡街道共建红色育人高地，促进哲学学科发展与东坡文化实践落地。

（二）智育为重，以智慧内：研学结合，科创引领，勇攀科学高峰

1. 强化专业特色培养

制定科学合理、个性化的人才培养方案，强化学生在学习上的主体地位，充分发挥主观能动性，做到“因材施教”，促进学生全面发展，提升学生在不同学习阶段的磨合

能力，缩减不同阶段的“适应期”，提升学习效率和科研效能，探索个性化、动态化、定制化的人才培养机制；优化课程体系，精炼核心专业课，聚焦基础学科知识体系和认知规律，设计和再造核心课程的结构和内容，开设一批贴近学科前沿和实际应用的选修课程，构建具有更高挑战度、创新性、高阶性和科学性的课程体系。同时，在课程设置中引导学生关注人工智能的道德伦理问题，培养他们的社会责任感和职业道德意识；重视语言运用，积极发挥哲学系海外名校博士师资充分的优势，为学生开设古代汉语和古希腊语、拉丁语、德语等古典及现代外语；制定激励政策，制订完善各项激励制度，激励学生刻苦钻研、关切家国。

2. 不断深化科教融汇

为学生提供重大科研平台，学生可加入导师课题组开展科研工作，将科研能力纳入考核，鼓励学生申报各类科研课题和研究项目；引导学生跨学科交流，组建跨学科学术团队，形成本、硕、博一体化学习平台，促进不同层次学生间的交流学习，发挥朋辈引领的作用；以赛促学，重点支持学生参与“互联网+”和“挑战杯”等科创竞赛，着力将科研优势转化为人才培养优势，为学生创造优良的创新实践、科研训练条件。

3. 提供学术实践平台

编辑出版《思问》辑刊，是国内首个设有独立学生编委会的哲学辑刊，打造哲学专业教育教改论文、学生优秀论文和优秀创新项目发表平台。在哲学系专任教师的指导下，学生编委会全面参与刊物组稿、编辑和出版工作，形成了出版社、编委、投稿者三者之间良性互动的综合性学术训练平台。《思问》辑刊作为少数向本科生开放的专业学术平台，鼓励学生发表原创性成果，增进了国内本科生之间的学术交流，充分彰显了四川大学哲学系“爱智、包容、笃行”的办学旨趣。

4. 鼓励学术交流互动

充分整合哲学系学术资源，设立“思问”系列讲座，打造“德国哲学系列讲座”“逻辑、认知与互动系列讲座”“中希文明互鉴哲学系列讲座”“澄观美学讲堂系列讲座”“西方哲学与东方逻辑讲坛”等立足各学科特色与优势的主题讲座，为学生提供与学术大师面对面交流和学习的机会，拓宽学术视野；鼓励支持学生参加高水平学术会议，以文会友；组织召开“疑思问辩”哲学学科本科拔尖学生论坛，邀请全国各高校本科生共同参与讨论并做主题发言。会议全程由学生负责组织和运行，哲学系专任教师担任论坛点评嘉宾，与同学们深度交流。帮助学生了解哲学前沿问题，培养学生的哲学思考和写作能力。通过参与论坛，提升学生哲学素养，培养创新思维，激发科研潜能，促进学生全面发展；打造“热望•空中图书馆”学业辅导站，开展专业课学习交流互动，整理本科哲学生必读书单，邀请各教研室主任从夯实哲学通史知识基础和精研所在哲学二级专业方向两个角度推荐图书，作为哲学生大学四年最基本的阅读要求，帮助学生养成探究学习的习惯，形成勤奋好学、善于思考、追求真理的优良学风。

5. 组织特色读书会

利用"思问哲学社""诚社""江安柏拉图学社"等哲学系社团，由专任老师指导，开展"胡塞尔读书会、正文读书会、行上读书会、笃非读书会、拉康伦理共读小组、童年读书会、儒学专项读经会"等系列经典读书会。以哲学领域的经典著作及哲学方向的核心问题为导向，组织学生深入研读文献，了解哲学领域的前沿方向，掌握哲学研究方法，激发学习兴趣，培养自主学习能力，建立面对重大哲学问题的信心和勇气，并成功孵化多个国家级、省级和校级大学生创新创业项目。

6. 拓展国际化教育

依托学校专设的本科生"大川视界"国际访学机制和哲学系建立的与利兹大学、罗马一大等合作平台，开展学生国际化培养，形成与国（境）外一流大学优势学科专业、国际领先科研团队联合培养拔尖人才的良好机制；积极整合川大国际周和哲学系海外背景教师的资源优势，邀请国际学者来校访学，开展学术前沿和国际周系列讲座，与师生共同探讨哲学问题，促进跨文化交流；设置专项经费，支持学生国际化培养。专门为拔尖学生开设雅思培训班，签订语言能力和出国培训合作协议，打造学生出国留学一站式服务。

7. 重视创新创业教育

根据不同年级特点，制定贯穿本科四年的学业、职业规划指导规划。坚持产学研相结合，开展访企拓岗行动，到庭立方律师事务所开展"刑辩文化"实习实践，参访刑辩文化馆，了解中西方刑辩文化的起源和发展，感受刑事辩护的力量；充分利用校友资源，校企联合打造"时行"生涯规划工作坊，广邀业界精英和优秀校友担任社会实践导师，开展形式多样的职业体验与适应性课程，将事业发展和行业发展前沿引入课堂，开阔学生的行业视野，为学生拓宽就业渠道。

二 实践哲学：体美劳全面发展，高质量回馈社会

（一）体育为本，以体强身：强健体魄，强国有我，焕发青春力量

师生共建"猫头鹰骑跑团"，积极参与环校跑、校友骑行等体育活动，开展丰富多彩的跑步打卡活动，在校内形成了一定影响力。组建篮球队、羽毛球队、排球队、足球队等，开展丰富多彩的体育活动，积极参与成都大运会等重大赛事志愿服务，强健体

魄，砥砺意志，凝聚和焕发青春力量。

（二）美育为根：以美塑颜：以美育人、以文化人，提升艺术素养

1. 美学教育

将哲学专业教学与美育有机结合，开设“美学导论”“中国艺术史论名著导读”“美学经典原著研读”“公共艺术、考古与美育”等相关课程，不断深化专业学科教学中的美育价值，培育学生审美和人文素养；打造美育教学空间，以第二课堂为载体，开设古琴课、绘画班等特色课程，举办古琴音乐会和绘画作品展，让学生了解美，学习美，拥有对美的把握能力。

2. 美育实践

指导成立校级美学社团——观象美学社，核心成员均为哲学专业本科生，致力于开拓学习美学、推广美学，弘扬中华优秀传统文化的平台；与千高原艺术空间、三联韬奋书店（成都）在美学、艺术哲学、艺术实践等方面联合开展相关实践活动；培育立项国家级美育大创项目“以社区美育为途径的成渝城市群文化影响力提升方案研究”（主持人：罗子皓，指导教师：余玥、张怡）、“西南地区文化振兴创新研究——以‘腹地中国’艺术在四川省高校美育中的实践为例”（主持人：唐家蕊，指导教师：韩刚、黄铮），探索拓展高校美育的内涵和路径，促进不同学科之间的交叉融合和互动，为哲学研究提供新的思路和视角；联合库闻书店、成都交响乐团等，组织观影会、音乐会等；探索社区美育实践，指导拔尖创新学生罗子皓参与2023年成都双年展示平行展项目，担任社区专题执行策展人和专题研究员，此次活动具有较大的影响力和公众关注度，在一定程度上推动了“公共美育”成都模式的形成。支持本科生王婷等入驻“I创街”，创立IN THE GARDEN庭栖自然美学空间，面向全校师生，开展丰富多样的校园美育实践活动。

（三）劳动为荣，以劳育品：磨练意志，增强技能，弘扬劳动精神

1. 开展劳动理论教育

依托新生研讨课、形教课等，为学生普及劳动科学知识、劳动相关法律法规与政策，弘扬劳动精神，引导树立正确的就业观。

2. 创新劳动实践教育

将社会实践和劳育、智育结合，融汇田园劳动与哲学知识学习。组织学生到中国哲学村（贺麟故居）开展“诗书传家、锄经种德”家风文化传承实践耕读实践，感悟一代

哲学大师的家风文化、艰苦的求学历程和崇高的学者风骨，让学生具体了解文科人才如何实现“乡村振兴”的发展战略，并且结合自己所学知识，帮助文化产业宣传建设；培育立项省级劳动教育大创项目“晴耕雨读——传统耕读文化在当代劳动教育中的理论价值与实践应用”（主持人：孔维昀，指导教师：吴瑶、戴森宇）；开展寝室文化卫生评比活动，提高独立生活能力；组织校园草坪清理和开心农场等活动，定期进行除草、翻土和种植，培养公共服务意识，提升服务劳动能力。

三　多元融合实践育人体系的应用效果

哲学系立足于哲学学科内涵，将实践教育与专业教育相结合，课程设计注重知识的综合应用和创新性探索，不仅仅是单一的实践体验或职业教育，更多的是在实践教育中内嵌哲学理念。通过专业实践教学，教学质量明显改善，学生基础训练系统扎实，科研训练严格规范，专业特色突出明显，综合素质全面提升；另一方面，实践教学还取得较好社会效益。实践教育关注社会服务与成果转化，与实践基地合作，将科教成果转化为实际产品和服务，助力精神文明建设与城市文化影响力提升，为社会经济发展作出贡献。

（一）学生综合素质全面提升

培养出了适应社会要求又具备哲思性判断力，有志向、有兴趣、有天赋的哲学青年人才。学生基础训练系统扎实，科研训练严格规范，专业特色突出明显。学生具有较高的逻辑思维能力，有思考和分析当下社会重大理论和现实问题的初步能力，有较强的口头表达能力和文字写作能力。近年来，学生参与各级科创训练项目近 70 项，获得各类奖项 30 余项。哲学系多次荣获四川大学暑期社会实践先进集体表彰，哲学本科生叶子同学主持完成的“巴蜀青年播春风川大学子薪火传——关于川大师生对四川地区早期马克思主义传播贡献的调研报告”获第十七届“挑战杯”国家级特等奖。哲学系学生参与重要国际会议及全国性会议并进行主题发言或提交的论文获得会议嘉奖近 30 人次，学生能够进行专业化的哲学论文写作，也能够面向大众开展哲学普及性质的讲座。

毕业生职业发展良好，专业对口率高，学院毕业生跟踪调查显示，毕业生和用人单位对毕业生就业情况的满意度均较高。通过调研，多数用人单位认为哲学系毕业生大多具备高素质专业人才的潜质，能满足用人单位的选人用人需求，体现了哲学系在教学中深入思考社会实践与学生融入社会的有机结合。哲学系将实践教学当作学生走进社会的桥梁，有利于学生在短时间内适应社会、适应环境，发挥才能，取得成绩。同时也从侧面展现出哲学专业培养的科学性和前瞻性，与当前发展趋势相一致。

（二）教师教学水平显著提升

实践教学要求教师由单纯传授知识到注重培养学生知识转化综合能力的多重转变，充分调动了教师教学的积极性和创造性，为教师发展搭建实践锻炼平台。培养有理想追求、甘于奉献、开拓进取、对系校发展作出实际贡献的事业中坚，造就了一支结构合理、素质优良、教学科研兼备的教师队伍，为哲学系高质量发展提供有力支撑。

（三）取得较好的社会效益

充分发挥学科优势和学科特色，将科学研究、人才培养、产业发展和实际应用紧密结合，形成良性循环、优势互补，产生良好社会影响，助力精神文明建设与城市文化影响力提升。

哲学实践教学注重人才培养、科学研究、社会实践基地的双向互补，与实践基地合作，共同开展前瞻性、创新性的研究，为教师科研项目、学生大创项目的创新成果转化和创业项目落地提供场景化应用和实验平台。将科教成果转化为实际产品和服务，拓展服务领域和渠道，提高服务水平和质量，为社会经济发展作出贡献。与成都七中、仪陇宏德中学等学校合作，开展“哲学进高中”等系列科教活动，推动高等教育优质资源向中学延伸；以科创项目为依托，开展哲学教育普及实践。哲学系逻辑学普及大创团队和儿童哲学大创团队精心设计多门哲学普及课程，为社会公众带来深入浅出的哲学课程，取得良好的社会效益。

结　语

哲学系积极探索“科教产教”多元融合实践育人体系构建，为学生提供有责任感、使命感和成就感的社会性角色体验和有效的职场技能提升渠道，帮助学生走出“象牙塔”，在实践中寻求对哲学的深度理解和创造性转化，激发学生的学习兴趣，培养创新意识和解决问题的能力。学生能接续前辈学人经史传统中义理与实学兼重的风气，注重现代学术视野下的人文理想，活用经典以切时代、社会之现实问题，为未来职业发展打下坚实的基础。

（黄钰，女，四川大学哲学系助理研究员，主要研究方向为教育管理；舒星，女，四川大学哲学系助理研究员，主要研究方向为中国古代史、编辑出版）

基于中华优秀传统文化传承的“形势与政策”课程教学实践

——以某西部高校哲学系为例[①]

韩媚 陈建美

摘要：摘要：本文以某西部高校哲学系为例，探讨基于中华优秀传统文化传承的形势与政策课程教学实践。课程围绕“第二个结合”（马克思主义基本原理同中华优秀传统文化相结合）展开，先进行教材分析，明确以党的二十大报告及习近平总书记相关讲话等为理论依据；再分析学情，指出哲学专业学生具备一定理论基础，但在理论理解与实践运用上存在障碍；进而确定以文本学习和启发式提问为主的教学思路。课程内容包括梳理“第二个结合”的提出进程、历史生成逻辑与重大意义，引导学生阅读讨论《在文化传承发展座谈会上的讲话》，解析中华文明的突出特性及相关延伸问题。这种教学有助于学生深入理解党的理论，重塑文化观与历史观。

关键词：第二个结合　形势与政策　优秀传统文化　教学实践

党的二十大报告中指出：“中国共产党人深刻认识到，只有把马克思主义基本原理同中国具体实际相结合、同中华优秀传统文化相结合，坚持运用辩证唯物主义和历史唯物主义，才能正确回答时代和实践提出的重大问题，才能始终保持马克思主义的蓬勃生机和旺盛活力。”[②] 其中，“第二个结合”是习近平文化思想的全新结晶，需要全党、全社会深入学习和理解。“形势与政策”是大学生思想政治课的重要组成部分，是学习、消化党的新理论的极佳课堂。在“形势与政策”课上学习“第二个结合”的理论，运用

---

① 本文为四川大学教改项目“基于中华优秀传统文化传承的高校思政课程建设探究”（项目编号：SZQ20230105）阶段性成果。

② 习近平：《高举中国特色社会主义伟大旗帜 为全面建设社会主义现代化国家而团结奋斗——在中国共产党第二十次全国代表大会上的报告》，《新华网》，2022 年 10 月 25 日，http://www.qstheory.cn/yaowen/2022-10/25/c_1129079926.htm.

理论分析时事政治，有助于当代大学生深入理解党的理论，重塑自身文化观、历史观。本文以中华优秀传统文化传承为关切点设计一节“形势与政策”课程，按照一般教案的逻辑呈现课程内容，落实教学实践。

一　课程前期分析

（一）教材分析

本课程没有固定教材，一般结合党的方针、政策、重要会议精神，提炼理论内容，结合当下热门的时事政治材料，开展教学活动。具体到课程主题，相关文件内容主要有：十九大报告关于“推动中华优秀传统文化创造性转化、创新性发展”的内容，二十大报告关于“两个结合”的论述，习近平总书记《在文化传承发展座谈会上的讲话》《开辟马克思主义中国化时代化新境界》等，尤其是《在文化传承发展座谈会上的讲话》系统提出“中华文明的突出特性”“两个结合的重大意义”“更好担负起新的文化使命”等内容，为我们理解和实践“第二个结合”提出了方向和途径。

（二）学情分析

本校的形势与政策课程是按照专业、年级开设，学生的认知基础大致相同。哲学专业的专业必修课包括马克思主义哲学史、中国哲学史等，对马克思主义和中国哲学的基本原理有所掌握，可以借助本课程凝练哲学问题。在技能上，学生理论素养较高，可以接受具有一定深度的理论讲授，有较强的文本阅读能力，可以独立完成文本阅读的工作。由于“两个结合”尤其“第二个结合”是我党新的理论成果，学生在如何理解理论，如何将理论运用到实践分析方面还有一定的认知障碍，需要教师详加引导。

（三）教学思路

课程围绕“第二个结合”的相关材料，有逻辑、有层次地开展讲解。在课堂上带领同学认真学习理论材料，尤其是《在文化传承发展座谈会上的讲话》及相关研究成果，以便更深入、更全面地把握知识。由于讲授对象有一定的文本阅读和提问、思考能力，教学采用启发式提问的形式，以提高学生的主动性和积极性。

二 课程内容设计

（一）导入部分

1.“第二个结合”提出的进程

2021年7月1日，习近平总书记在庆祝中国共产党成立100周年大会上的讲话明确提出“把马克思主义基本原理同中国具体实际相结合、同中华优秀传统文化相结合”①。2022年10月16日，党的二十大报告中完整表述了“两个结合”。2023年6月2日，习近平总书记在文化传承发展座谈会上明确提出“第二个结合”的表述，系统提出“中华文明的突出特性”“两个结合的重大意义”“更好担负起新的文化使命”等。

2.“第二个结合”的历史生成逻辑

“第二个结合”的提出，是中国共产党历经百年革命、建设和改革得出的重要经验和原则，具有深厚的历史积淀。②

新民主主义革命时期，毛泽东同志将《汉书》“修学好古，实事求是”古为今用，将“实事求是”确立为共产党人的思想路线和行动原则，并在《实践论》中改造中国传统知行观以构建科学的实践观，清算了当时严重危害党的教条主义、经验主义。社会主义革命和建设时期，毛泽东同志在《论十大关系》中提出要以“古为今用、洋为中用”的原则对待传统文化和外国文化。在思想文化方面，提出“百花齐放，百家争鸣”的原则，吸收中国过去的和外国的一切有益文化。改革开放后，邓小平同志重新确立“实事求是”的思想路线，随之恢复百花齐放、洋为中用、古为今用的文化政策，提出物质文明与精神文明“两手都要抓，两手都要硬”的思想。江泽民同志提出要“与时俱进”，“立足本国而又充分吸收世界文化优秀成果”。胡锦涛同志强调要辨别传统文化中陈旧和糟粕的内容，去芜取精，促进中华优秀传统文化的价值内涵和表达形式的时代化改造，使之为现代社会服务。党的十八大以来，习近平总书记立足中华民族伟大复兴目标，高度重视中华优秀传统文化，强调中华优秀传统文化是“中华民族的根和魂”，是“我们最深厚的文化软实力，也是中国特色社会主义植根的文化沃土”。

可以说，“第二个结合”的理论成果是我党在长时期实践中淬炼出的真知。

---

① 习近平：《在庆祝中国共产党成立100周年大会上的讲话》，《新华网》2021年7月1日，http://www.qstheory.cn/yaowen/2021－07/01/c_1127615372.htm.

② 参见王文娟：《“第二个结合”的生成逻辑与实践要义》，载《吉首大学学报（社会科学版）》2023年第5期。

3．“第二个结合”的重大意义[①]

第一，“结合”筑牢了道路根基。中国特色的关键就在于“两个结合”。中国特色社会主义道路首先是社会主义，这是从马克思主义那里来的；同时，中国文化中朴素的社会主义元素也提供了中国接受马克思主义的文化基础。第二，“结合”打开了创新空间。“结合”本身就是创新，同时又开启了广阔的理论和实践创新空间。第三，“结合”巩固了文化主体性。

（二）阅读和讨论《在文化传承发展座谈会上的讲话》

提供10分钟左右让学生细读文本，充分发挥哲学生的文本阅读和理解能力，通过提问式引导，带领学生学习文本结构和要点。

（1）文件讲了哪三个方面？其逻辑顺序是什么？

三个方面：第一个方面，深刻把握中华文明的突出特性；第二个方面，深刻理解“两个结合”的重大意义；第三个方面，更好担负起新的文化使命。

参考答案：第一方面是对“第二个结合”中“中华优秀传统文化”特性的描述，回答的是“是什么”的问题；第二个方面是分析马克思主义与中华优秀传统文化的“结合”方式，及“两个结合”在新时代社会主义建设中的重要意义，回答的是“为什么”的问题；第三个方面告诉我们进行结合时需要坚持的原则，回答的是“怎么做”的问题。（逻辑顺序根据学生的理解言之成理即可）

（2）围绕第一个方面“深刻把握中华文明的突出特性”，结合哲学专业课所学知识，举一些具体的例子，讲一讲中华文明的突出特性。

①中华文明具有突出的连续性。

“中华民族具有百万年的人类史、一万年的文化史、五千多年的文明史。”[②]“中华文明是世界上唯一绵延不断且以国家形态发展至今的伟大文明。”[③]有许多文化现象可作为此特点的例证，如汉字和汉语的持续使用、正史《二十四史》的无间断书写、《十三经》作为承载中华文明的知识系统，其源头上溯三代，研究延续至今。

②中华文明具有突出的创新性。

“中华文明是革故鼎新、辉光日新的文明。”[④]历史上有很多伟大人物把握时代脉搏、务求革新，如汤武革命、周公主导的殷周制度之变、孔子对三代文化的创造性继

---

① 参见习近平：《在文化传承发展座谈会上的讲话》，载《求是》2023年第17期。

② 《在文化传承发展座谈会上的讲话》。

③ 《在文化传承发展座谈会上的讲话》。

④ 《在文化传承发展座谈会上的讲话》。

承、秦始皇变封建为郡县、王安石变法等。中国新民主主义革命是应对内忧外患和世界变局的情况下从血与火中摸索出来的伟大革命，而新中国的成立、改革开放等无不具有脚踏实地、仰望星空的创新气魄。

③中华文明具有突出的统一性。

“中华文明长期的大一统传统，形成了多元一体、团结集中的统一性。”① “大一统”的观念由《春秋公羊传》明确提出，一直主导着中国古代的正统观念。《三国演义》表达过一个朴素的历史观“天下大势，分久必合，合久必分”，但从人心所向来看，分是部分野心家的欲望，合却是人心所向、大势所趋。

“中华文明的统一性，从根本上决定了中华民族各民族文化融为一体、即使遭遇重大挫折也牢固凝聚，决定了国土不可分、国家不可乱、民族不可散、文明不可断的共同信念，决定了国家统一永远是中国核心利益的核心，决定了一个坚强统一的国家是各族人民的命运所系。”② 中国是一个统一的多民族国家，民族融合的潮流在历史上从未间断。

④中华文明具有突出的包容性。

统一不是单一，而是能够包容多元文化。从历史上来看，各民族的融合也是各民族文化的多元融合；中外文化交流的历史源远流长；佛教、伊斯兰教等外来宗教在与本土文化的融合中完成了中国化。中华文明不仅注重人与人、文明与文明的交流与融合，也注重天人的合一，如“亲亲、仁民、爱物”“民胞物与”“万物一体”等观念皆强调对于自然万物的安顿。

⑤中华文明具有突出的和平性。

“和平、和睦、和谐是中华文明五千多年来一直传承的理念，主张以道德秩序构造一个群己合一的世界，在人己关系中以他人为重。”③ 《中庸》讲“致中和，天地位焉，万物育焉”，中华文明不但讲究和谐，而且有系统的方法维护和平，如在人与人关系中推行“己所不欲勿施于人”的伦理金律，在国与国关系方面，古有朝贡体系（而非殖民体系），今有独立自主的和平外交政策。

在这部分，学生可根据《在文化传承发展座谈会上的讲话》的具体内容再做一些延伸。

---

① 《在文化传承发展座谈会上的讲话》。
② 《在文化传承发展座谈会上的讲话》。
③ 《在文化传承发展座谈会上的讲话》。

（三）延伸问题的讨论

可供进一步讨论的问题[①]：

（1）中华文明的五个特性之间是否有什么关联？

连续性和创新性密不可分。“连续不是停滞、更不是僵化，而是以创新为支撑的历史进步过程。”[②] 连续如果没有创新则是僵化的，创新如果没有连续则会在过分的否定中断裂。

连续性与统一性互为前提。中华文明的“连续性”并非孤立的历史延展，而是以“向内凝聚”的统一性为深层保障；反之，这种统一性也不是静态的秩序维系，而是文明连续发展的必然成果，二者构成“前提 — 结果”的双向循环。[③]

包容性保证和丰富了统一性。“中华文明从来不用单一文化代替多元文化，而是由多元文化汇聚成共同文化，化解冲突，凝聚共识。”[④] 中华文明的包容性，也是中华文明连续性、创新性、和平性得以实现和彰显的必要途径。

中华文明的和平性，是中华文明包容性的价值表现。中华文明的包容性，不仅体现为对多元文化、不同族群的接纳与融合，更在价值层面外化为“以和为贵”的和平性，这种和平性既是包容性的必然结果，也是包容性得以持续践行的行为准则。

（2）“连续性”为什么在“五个突出特性”中排在首位？

“连续性对于我们认识和把握中华之道具有奠基性意义。”[⑤] “中华文明是世界上唯一绵延不断且以国家形态发展至今的伟大文明。”[⑥] 连续性是中华文明区别于其他文明最突出的特征，我们首先应该思考为什么中华文明能够延绵不断。“中华文明具有自我发展、回应挑战、开创新局的文化主体性与旺盛生命力”[⑦]，我们应注目于中华文明突出的主体性与旺盛的生命力，始终坚持走自己的路，始终以充足的信心直面时代问题。其次，我们应思考中华文明的其他几个特性对于连续性的意义，应以创新的方式不断自我革命，以统一、包容的姿态谋求延续，并与世界其他文明和平相处。

（3）中华文明的包容性特征如何防止文明主体性的丧失？

中华文明的包容性不是无序的大杂烩，也不是无原则的包容，是在挺立文明主体性

---

① 本部分的提问参考张志强：《中华之道：中华文明突出特性的哲学阐释》，载《史学理论研究》2024年第3期。

② 《在文化传承发展座谈会上的讲话》。

③ 《在文化传承发展座谈会上的讲话》。

④ 《在文化传承发展座谈会上的讲话》。

⑤ 《中华之道：中华文明突出特性的哲学阐释》。

⑥ 《在文化传承发展座谈会上的讲话》。

⑦ 《在文化传承发展座谈会上的讲话》。

前提下的有机容纳。中华文明的包容性是“天下一家”原理的价值体现①，天是最高原理，世界整体都可容纳于其下。对天的信仰不同于一神教意义上的宗教信仰。一神教的信仰认为世界是神的造物，在世界之上有更高的主宰；对天的信仰则强调世界的自然生生，认为天理就在世界万物之中，万物的生生本身就是目的。中华文明的包容性也不是抽象的包容，而拥有一整套与其他文明的交往原则，其哲学基础是推己及人的忠恕之道。

结语：课程教学意义总结

总体而言，《在文化传承发展座谈会上的讲话》对于我们系统理解“第二个结合”，探索在新时期如何更好地传承和活用中华优秀传统文化具有指导性意义。文本在学理上有一定深度，鉴于哲学生良好的文本阅读和提问、思考能力，一种基于文本细读的问题导向式教学是富有意义的。这种教学将有助于哲学生深入理解党的理论，重塑自身文化观、历史观，并由此指导自身的专业学习，把个人的学术规划与时代需求结合起来。

（韩媚，四川大学哲学系与宗教所党总支副书记；陈建美，四川大学哲学系助理研究员）

---

① 《中华之道：中华文明突出特性的哲学阐释》。

图书在版编目（CIP）数据

思问．第三辑 / 熊林主编．-- 成都 ：四川大学出版社，2025．6．-- ISBN 978-7-5690-7934-0

Ⅰ．B-53

中国国家版本馆 CIP 数据核字第 20251RE911 号

书　　名：思问（第三辑）
Siwen（Di-san Ji）

主　　编：熊　林

选题策划：张宇琛

责任编辑：张宇琛

责任校对：于　俊

装帧设计：冯雨柔

责任印制：李金兰

出版发行：四川大学出版社有限责任公司
地址：成都市一环路南一段 24 号（610065）
电话：（028）85408311（发行部）、85400276（总编室）
电子邮箱：scupress@vip.163.com
网址：https://press.scu.edu.cn

印前制作：四川胜翔数码印务设计有限公司

印刷装订：四川煤田地质制图印务有限责任公司

成品尺寸：185mm×260mm

印　　张：21.125

字　　数：505 千字

版　　次：2025 年 8 月 第 1 版

印　　次：2025 年 8 月 第 1 次印刷

定　　价：89.00 元

扫码获取数字资源

四川大学出版社
微信公众号